阅读成就思想……

Read to Achieve

# 资产配置的艺术

[美] 戴维·M. 达斯特（David M. Darst）◎ 著

郭 宁 汪 涛 章国标 ◎译 王冠亚 ◎ 审译

THE ART OF
ASSET
ALLOCATION
第2版 SECOND
EDITION

中国人民大学出版社
· 北京 ·

**图书在版编目（CIP）数据**

资产配置的艺术 ：第2版 ／（美）戴维·M.达斯特
（David M. Darst）著 ；郭宁，汪涛，章国标译.
北京 ：中国人民大学出版社，2025. 3. -- ISBN 978-7
-300-33477-6

Ⅰ. F830.593

中国国家版本馆CIP数据核字第2025Y6Y567号

**资产配置的艺术（第2版）**

［美］戴维·M.达斯特（David M.Darst） 著

郭 宁 汪 涛 章国标 译

王冠亚 审译

ZICHAN PEIZHI DE YISHU（DI 2 BAN）

| | | | |
|---|---|---|---|
| **出版发行** | 中国人民大学出版社 | | |
| **社　　址** | 北京中关村大街 31 号 | **邮政编码** | 100080 |
| **电　　话** | 010-62511242（总编室） | | 010-62511770（质管部） |
| | 010-82501766（邮购部） | | 010-62514148（门市部） |
| | 010-62515195（发行公司） | | 010-62515275（盗版举报） |
| **网　　址** | http://www.crup.com.cn | | |
| **经　　销** | 新华书店 | | |
| **印　　刷** | 北京联兴盛业印刷股份有限公司 | | |
| **开　　本** | 720 mm×1000 mm　1/16 | **版　次** | 2025 年 3 月第 1 版 |
| **印　　张** | 23.25　插页 2 | **印　次** | 2025 年 3 月第 1 次印刷 |
| **字　　数** | 345 000 | **定　价** | 139.90 元 |

# 本书赞誉

自25年前我进入这个行业以来，达斯特关于资产配置的观点就一直是颠扑不破的至理名言。他至今仍然是华尔街最有影响力的人物之一。

吉姆·克莱默（Jim Cramer）

CNBC《疯狂金钱》节目主持人、财经网站 TheStreet 专栏作家

戴维·M.达斯特对于资产配置可能比任何人都了解得多。任何认真研究这门学科的学生都应该经常读一读这本书。

巴顿·M. 比格斯（Barton M. Biggs）

特雷西避险基金（Traxis Partners）公司创始人和管理合伙人

每个人要想获得投资成功，关键是在最重要的资产配置上做出对的决策。关于这一主题，戴维·M.达斯特的书是最好的，它充满了信息、洞察力和正确的判断。

查尔斯·D. 埃利斯（Charles D. Ellis）

耶鲁大学投资委员会前主席

《赢得输家的游戏》（*Winning the Loser's game*）作者

《资产配置的艺术（第2版）》是一个拥有巨量投资信息和见解的宝

库……可以帮助投资者实现他们的财务目标。

马丁·L. 莱博维茨（Martin L. Leibowitz）

摩根士丹利美国投资组合策略师

《解密回报率手册》（*Inside the Yield Book*）作者

在前所未有的市场波动中，聪明的资产配置在今天比以往任何时候都显得更加重要。戴维·M. 达斯特选择在《资产配置的艺术（第 2 版）》一书中分享他数十年的投资实践经验，以造福专业投资者和个人投资者。

赛思·A. 卡拉曼（Seth A. Klarman）

包普斯特（Baupost）集团管理合伙人

《安全边际》（*Margin of Safety*）作者

《资产配置的艺术（第 2 版）》是华尔街投资版图中不可或缺的一道亮丽风景。

塞缪尔·L. 海斯（Samuel L. Hayes）

哈佛大学商学院雅各布·H. 希夫（Jacob H. Schiff）

投资银行学教授、荣誉教授

# 推荐序

投资的目的是提升资本的购买力。这意味着投资组合的税后回报率必须要超过通货膨胀率。"真实的"的投资回报率应该有多高，实现这一目标的方法所蕴含的风险有多大，正是资产配置所关心的核心内容。

对于包含多种资产的投资组合来说，资产配置是收益函数中最重要的因素。但是我们却把大量时间和金钱放在投资管理人的选择和评估上，对资产配置关注不够。本书希望能够改变这种现状，纠正人们对资产配置的忽视。

我和戴维·M.达斯特都相信投资回报趋均值回归（regression to the mean），或者说投资回报倾向于回归长期平均值的趋势是投资过程中最强大的力量之一。正如温斯顿·丘吉尔所说的那样："你能看见多远的过去，就能预测多远的未来。"

布林森（Brinson）、辛格（Singer）和比鲍尔（Beebower）在《金融分析家》杂志（*Financial Analysts Journal*）上就投资组合业绩的决定性因素发表过几篇学术研究文章。在对1977—1987年间82个美国大型养老金的多资产投资组合进行研究后，他们发现91.5%的回报率差异源自资产配置策略的不同。美国信怡泰投资有限公司（SEI）的研究显示，97个大型养老基金的回报率差异，87%可以归因到资产类别的选择上。汉密尔顿·约翰逊（Hamilton Johnson）的一项研究表明，如果对股票、债券和现金进行正确的配置，在过去的10年间，其年化回报率可以达到平衡型基金（balanced fund）平均回报率的三倍。

在多元化、多资产投资组合中，大约 90% 的投资业绩差异来自资产配置，而不是经理人选择，这是有道理的。在 20 世纪 80 年代长达 3 ~ 5 年的时间里，美国股票和国际股票的年化回报率之差高达 1000 个基点。在这两类资产中，排名前四分之一的投资经理与排名前四分之三的投资经理的年化回报率差异只有 300 个基点。

优秀的资产配置工作会让投资组合的总体回报率高于投资组合中各资产回报率的加总。一些大型养老基金，例如通用电气公司的养老基金，通过睿智的资产配置，成功地实现了这一目标。同时，美国劳工部的一项研究表明，在过去 20 年里，养老基金计划的年均回报率都低于单个资产的回报率。这些养老基金往往是在股票和债券表现非常好之后，才开始重仓这些资产，而不是在这些资产取得良好表现之前就重仓持有了。这就像驾驶汽车在蜿蜒的山路上向前疾驰，司机眼睛却紧紧盯着后视镜，观察刚刚走过的弯路，而不是注视前方。

我相信资产配置一定会获得更多的关注，未来的投资明星很可能是那些做出正确资产配置的个人、信托受托人、基金管理人和受托管理人（committees）。当前备受关注的管理人选择问题，可能不再那么受重视。把很多管理人组合在一起，可能会得到不同的风格，不同管理人之间的业绩会相互补充或抵消。例如，当成长型股票火爆的时候，成长型股票投资经理的良好业绩就会被价值型股票投资经理相对较差的业绩所抵消，反之亦然。

没人像戴维·M.达斯特这样勤奋，坚信资产配置的价值，并对投资实践保有热情。这并不是一份轻松的职业，它是一门科学，更是一种艺术，或者更甚于此。作为一名投资者，我和达斯特一起共事过很多年，他所著的这本书一直都是我的"特殊"藏品。

巴顿·M.比格斯
摩根士丹利投资管理公司创始人
特雷西避险基金公司创始人和管理合伙人

# 前言

你现在拿在手中的这本书提供了大量的实用信息，可以帮助投资者在不同的市场环境下进行资产配置。如图 P-1 所示，《资产配置的艺术（第 2 版）》提供了一套全面的工具、表格、图形、矩阵、工作表和使用指导，用来说

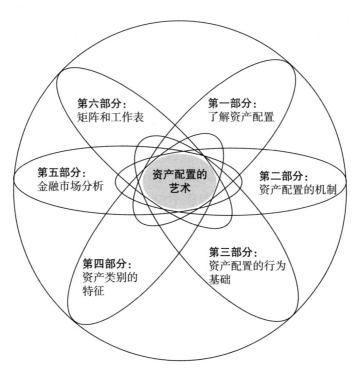

第六部分：
矩阵和工作表

第一部分：
了解资产配置

第五部分：
金融市场分析

资产配置的
艺术

第二部分：
资产配置的机制

第四部分：
资产类别的
特征

第三部分：
资产配置的行为
基础

图 P-1    本书的重要主题

明：（1）资产配置的基本原则；（2）资产配置的机制；（3）资产配置的行为
基础；（4）16 种主要资产类别的基本特征；（5）对金融市场进行分析的一系
列方法。此外，投资者将从（6）矩阵和工作表中受益，因为这些矩阵和工
作表是为在现实条件下成功进行资产配置而设计的。

为了应对不断变化的资产价格和不断丰富的投资目标，投资者渴望了
解投资知识，需要合理和务实的资产配置和投资策略建议。本书就是为了帮
助个人投资者提升金融思维和行为能力而著的，适用于不同财富水平的投资
者：（1）可支配金融资产在 10 万美元及以下的 9600 万美国家庭（资产总计
3.4 万亿美元）；（2）可支配金融资产在 10 万 ~100 万美元的 1600 万美国家
庭（资产总计达 5.6 万亿美元）；（3）可支配金融资产在 100 万 ~1000 万美
元的 220 万美国家庭（资产总计达 6 万亿美元）；（4）可支配金融资产超过
1000 万美元的 10 万美国家庭（资产总计达 2.2 万亿美元）。

许多其他投资者、中介机构、投资银行、发行人、监管者、教育工作者
和学生，还包括专业的投资机构、美国以外的投资者、公司和政府中负责财
务金融事务的人员以及监管机构也能从本书中获益。就目前所知，金融领域
类似的读物很少。

尽管许多投资者喜欢按章节顺序来阅读，但也有一些读者可能希望先阅
读最核心的四章，以此为主干，再根据阅读进程将其他章节加进来。图 P-2
给出了阅读本书的一种有效的方法。

在图 P-2 中，本书最核心的四章被放在了中间，读者可以快速清晰地了
解资产配置最重要的主题和实务。在读了这几章之后，投资者可以：（1）开
始进行资产配置的过程；（2）在开始进行资产配置之前，继续阅读第 9 章、
第 4 章、第 8 章、第 3 章和第 7 章；（3）同时进行上面的第 1 步和第 2 步。

表 P-1 给出了九个特别的主题，列出了它们在本书中的具体位置，并
说明了它们对于投资者的意义和价值。这些特别的主题主要包括：（1）资产
配置的基础；（2）如何进行资产配置；（3）对个人投资者行为的深入分析；
（4）16 种主要资产类别的关键特征；（5）资产配置工作表；（6）资产配置再
平衡机制；（7）资产配置的分析架构；（8）资产配置的工具和概念；（9）如

何分析资产的回报率（rates of return）。

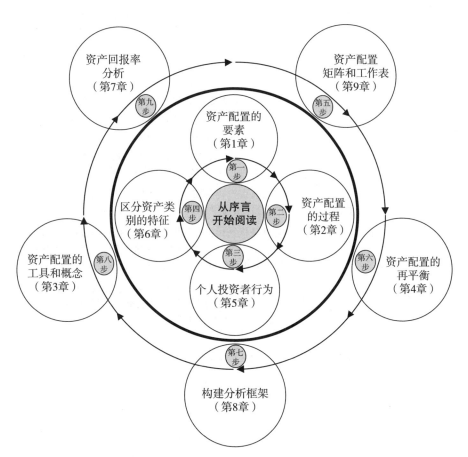

图 P–2 阅读本书的方法之一

表 P–1    《资产配置的艺术（第 2 版）》一书的特别主题

| 每个主题<br>对应的章节 | 主题 | 对于投资者而言，这些主题的意义和价值 |
| --- | --- | --- |
| 1 | 资产配置的<br>基础 | 描述资产配置的步骤、含义和基础，并指示资产配置何时<br>起作用，何时不起作用 |
| 2 | 如何进行资<br>产配置 | 根据财富水平对不同的投资者需求进行检测，并根据风格、<br>目标和投入检查各种类型的资产配置 |

续前表

| 每个主题对应的章节 | 主题 | 对于投资者而言，这些主题的意义和价值 |
|---|---|---|
| 5 | 对个人投资者行为的深入分析 | 探讨许多影响个人投资决策和思考、行动和意见模式的关键行为因素 |
| 6 | 资产类别的特征 | 总结了16种主要资产类别的主要特征、选择、优势和风险，列出了与其他资产类似的资产，并解决了在极端压力条件下的资产配置和资产保护问题 |
| 9 | 资产配置工作表 | 回顾了基于心态、前景和年龄的资产配置指南和周期，概括了投资者的情况、投资前景和潜在的投资范围 |
| 4 | 资产配置再平衡机制 | 调查了所有资产再平衡的优势、劣势、方法和条件，包括传统的和另类的资产、集中头寸和个人持有 |
| 8 | 分析资产配置的框架 | 评估各种分析结构，以帮助投资者评估社会分析、市场周期分析、情景分析、投资者满意度分析、战略实施分析、财务比较分析和金融环境分析的有效性 |
| 3 | 资产配置的工具和概念 | 从实际角度解释市场价格如何反映信息、资产的回报如何相互关联、资产的回报如何补偿投资者承担的风险，以及投资组合优化模型如何发挥作用 |

　　在写作过程中，我有幸汲取了他人的智慧和见解。他们来自大型金融机构，包括摩根士丹利、高盛、花旗集团、美林、瑞士联合银行、瑞士信贷、JP摩根大通、汇丰银行、富达、先锋、太平洋投资管理公司（PIMCO）、雷曼兄弟、美国富国银行、德意志银行、美联银行、美国银行等。由于篇幅所限，我无法将他们的名字一一列出，对此我深感抱歉。这些对成书有帮助的人包括资产配置专家、经济学家、投资组合经理、量化策略分析师、金融顾问、投资代表、研究分析员、法律和合规专家、人力资源和市场负责人、投资银行家、机构销售、交易员、图表和创意服务人员、运营和技术专家、分公司经理和能干的助手以及为他们提供了强有力支持的行政人员。

　　在这里，我还要感谢我的家人，因为他们一直鼓励着我。我要向我的妻子黛安·达斯特（Diane Darst）、我们的孩子伊丽莎白·达斯特（Elizabeth Darst）和小戴维·M.达斯特（David M. Darst），以及我的兄弟姐妹表示感谢。

　　"艺术"一词可追溯到拉丁语，最终可追溯到其古老的印欧语系词根"ar"，意思是"组合"。在现代词典中，艺术的定义包括：（1）表达美丽的、吸引人的或有意义的事物；（2）掌握一门技艺或学问的原则或方法；（3）任何人类活动的技能。除了"艺术"这一术语的定义外，我在书名中加入"艺术"一词还有一个重要的原因，那就是本书运用了130多幅插图和图表，旨在帮助投资者快速掌握和牢记重要的资产配置和投资概念。我希望投资者通过阅读本书，在这门重要的艺术（当然更是科学）的帮助下，能够在任何市场环境下都获得成功的投资。

# 目录

---

## 第一部分 | 了解资产配置

# 第二部分 | 资产配置的机制

## 第三部分｜资产配置的基础

## 第四部分｜资产类别的特征

## 第五部分 | 金融市场分析与投资视角

## 第六部分 | 战术和战略

# 了解资产配置

# 第 **1** 章

## 资产配置的要素

### 概述

本章的目的在于介绍资产配置的相关主题，包括资产配置为什么这么重要、资产配置包括哪些具体的细节问题，以及资产配置如何才能匹配投资者的财务思维。

另外，本章同时还介绍了一些关于资产配置的基础概念和见解。首先，我们探讨了资产配置的基本含义，包括利用资产的不同特点构建一个强大有效的投资组合，对资产进行权重调整，对给定的资产类别进行投资数量的限制，实现充分的分散化投资。其次，我们还利用图表逐一详细地分析了资产配置的过程和步骤。

本章详细解释了在资产配置过程中处于基础地位的资产、市场和投资者等关键概念，并在随后几章中对这些内容进行了深入细致的分析和解读。在这里，我们关注资产配置的风险与收益，并对资产配置表现优秀和一般的金融市场环境进行比较。最后，本章还研究了通货膨胀对购买力的影响，以及影响投资者选择保本型资产或增值型资产（两种基本的资产类别）的关键因素。

## 资产配置的含义

对不同类型的投资者来说，资产配置有不同的内涵。对许多专业投资者而言，资产配置常常意味着：（1）计算不同资产类别的预期回报率、标准差和相关性；（2）将这些变量输入均值方差最优化模型（mean-variance optimization program），以选择具有不同风险和回报的投资组合；（3）根据投资机构的目标、历史、风险偏好、投资限制以及其他因素，分析和执行最优资产配置方案。

对个人投资者而言，资产配置不一定需要这些严格的计算过程。一般来说，个人投资者在进行资产配置时需要特别关注以下两点：（1）税收法规以及给定资产类别的税后投资收益；（2）投资者的个人动机、个人和家庭财务情况、市场周期以及长期发展前景。

影响个人投资者资产配置的战略性问题包括：满足代际收入要求的时机和量级；衡量、承担和有效补偿所承受的风险或损失的能力；衡量回报的绝对业绩目标和相对业绩目标以及参照标准；一个或多个集中的投资头寸的影响；个人持有的艺术品、珠宝或收藏品；重要的金融负债，如抵押贷款和垫头借支（margin borrowing）。

在详细分析投资者的财务状况和投资目标之后，一个严谨的资产配置过程将按照图 1–1 所示，逐步有效地展开。

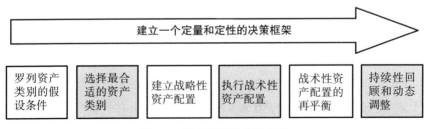

图 1–1　资产配置的有序步骤

第一，投资者及其投资顾问对资产配置的预期回报率、风险以及资产类别之间的相关性等各项假设进行衡量，并给出相应的假设。第二，投资者和投资顾问应选择最适合投资者情况和目标的资产类别，设定风险水平以实现总资产预期回报率的最大化，或者设定总资产预期回报率以实现预期风险的最小化。第三，投资者应该制定一个长期的资产配置方案（有些投资者称之为"战略性资产配置"）。长期来看，这个方案应该是最优的。未来的投资组合将围绕这个方案来优化。第四，投资者应以战略性资产配置为基础，实施战术性资产配置方案。第五，在许多情况下，投资者会按照战略性资产配置的框架对资产进行再平衡。这里需要注意考虑税务和交易成本。第六，投资者应不时地回顾资产配置，以确保其在整体上匹配投资者当前的情况、心态、对每个资产类别和整个金融市场的预期。

对许多投资者而言，资产配置不仅意味着对回报率、标准差和相关性进行数学上的最优化求解，还有更深刻的意义，部分重要意义如图 1–2 所示。

**综合不同类别资产的特征**

将各类别资产的风险收益特征组合起来，构建一个比任何单个资产都强大的投资组合

**再认识和权衡资产配置核心要素**

包括时间跨度、资本保值目标和预期回报来源

**设定最小和最大的约束条件**

确保有充分的代表性而不是过于集中

**资产类别多元化**

让投资组合的特征满足客户的风险回报偏好，并对无法化解的波动性进行补偿

图 1–2　资产配置的基本含义

重要的是，资产配置综合了不同类别资产的各种特征，在此基础上构建出来的投资组合，与组合中的单个资产相比，具有更好的风险／回报特征。此外，资产配置也是一个不断再认识和权衡的过程，其中需要权衡的最主要的是投资者的时间跨度、资本保值目标和预期回报来源。

同时，资产配置有必要调整和设定投资组合中资产权重的最小和最大比例，以确保各类资产具有充分的代表性，而不是过度集中在某一类资产上。最后，资产配置要致力于资产类别和特定投资之间的多元化，以使投资者的投资组合的预期风险回报状况与其设定的风险收益偏好相一致。资产配置不是在有限数量的资产类别中寻求市场机会，而是通过多元化，谋求在足够长的时间里以较低的风险提供更高的收益，并适当补偿投资者承受的无法消除的波动性。

究其本质，资产配置的核心在于解决以下四个基本问题：（1）股票和固定收益资产的最佳配置比例是多少？（2）国内资产和海外资产的最佳配置比例是多少？（3）选择谁做参考货币以及非参考货币敞口应该是多少？（4）传统投资和另类投资的最佳配置比例是多少？在上述问题背景下，投资者还要重点关注两个关键的投资决策问题：（1）投资者能够承担多大幅度的下跌或者波动？（2）投资者是倾向于定期进行调整还是相机抉择，或者完全不在意？

## 资产配置的基础

为了提高资产配置的成功率，投资者需要采用缜密的、前后一致且经过仔细思量的方法来解决资产配置的基本问题。图1–3向我们展示了一些最重要的基本问题。

在资产层面，资产配置需要考虑以下几个方面。

**1.资产类别的选择**。投资者需要进行深入分析，决定配置哪些资产，排除哪些资产。例如，在所有的固定收益类资产中，投资者需要考虑的是选择

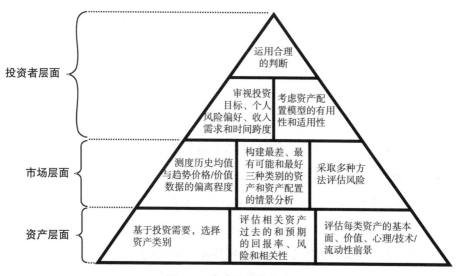

图1-3 资产配置的基础

含税的证券还是免税的证券，或者二者同时持有，并且需要决定所选证券的级别（投资级别、高收益级别或者兼而有之）、期限（短期、中期、长期或者长中短相结合），以及其他特征。一些影响资产类别选择的因素包括：（1）用于投资的资金规模；（2）投资者可以用来考虑资产配置的时间；（3）投资者的个人情况、经验、市场预期、偏好与厌恶；（4）其他因素，包括交易成本、效率、流动性和可见的社会影响。

**2. 资产风险回报特征的评估。** 在确定了投资范围之后，投资者需要测算每一种资产的风险、回报和相关性的历史表现，并给出预期水平。投资者必须仔细分析和认真思考这些重要的变量——风险、回报和相关性，与历史上的高点和低点相比，它们是保持原有趋势还是出现了反转。

**3. 每种资产类别的前景评估。** 我们应该根据严格选定的衡量标准评估不同资产类别的价值，帮助投资者了解以下几方面的信息：（1）潜在的经济和金融基本面；（2）按照历史水平和相对其他资产的估值；（3）影响资产价格的心理、技术和流动性因素。其中，基本面因素包括：经济、货币和财政大环境；公司利润增长以及通货膨胀或通货紧缩预期；政府、汇率以及政策的变动。估值因素包括资产估值模型的类型、输入变量和适用性；估值的特定标准（比如，对股票来说，有市盈率、市净率、市销率、股息回报率以及回报率差价）。心理、技术和流动性因素包括：投资者持有的资产状况以及买卖不同资产类别的资金流入流出情况；投资者情绪因素；公司及内幕人的买卖行为；以及其他影响投资者行为的因素，比如现金比例以及垫头借支活动等。

在市场层面，资产配置需要考虑以下几个方面。

**1. 测度差异程度**。图表可以帮助投资者在考虑市场周期和长期趋势的背景下，评估某种资产的价格和价值处于什么水平，以及当前价格和长期价值之间的接近或差异程度。例如，金融市场上，许多投资者会关注某一类别资产的风险和回报偏离其历史平均水平所持续的时间和幅度。

**2. 情景分析**。进行一系列情景分析的目的是帮助投资者理性地评估各种经济和金融事件发生的可能性。这样一来，投资者就可以了解最差、最有可能、最好的情况是什么，以及它们对特定资产和投资组合的影响有多大。当这些事件发生时，对于随之而来的情绪和投资变化，投资者可以做好充分的准备。

**3. 风险估算**。任何发生的或者未发生的对资产和资产净值产生影响的因素都是风险，这种认知已经深入人心。风险估算、风险评价和风险控制在任何资产配置活动中都应该扮演重要的角色。其中，最常见的风险测量指标包括：（1）投资回报率的标准差；（2）在给定的时间范围内，比如一天、一周、一个月、一个季度、一年甚至更长的时间，当最糟糕的情况发生时可能的损失；（3）从波峰到波谷的最大振幅；（4）资产价格重新上涨到前一峰值水平需要多长时间。

在投资者层面，资产配置需要考虑以下几个因素。

**1. 投资者状况审视**。资产配置需要考虑投资者自身的情况，包括：（1）投资目标、经验、情绪以及心理上的各种特征；（2）投资者的家庭人口、收入和财富情况，目前和将来家庭成员的变化，以及其他随时间推移可以预测到的资本流入和流出情况；（3）资产配置投资活动的时间跨度。

**2. 模型的有效性分析**。一方面，金融、投资和资产配置模型都服务于现实目标，这些模型在资产配置过程中，都会运用符合逻辑的推理过程、定量方法和分析规则。另一方面，对模型的过度依赖也会带来严重的弊端。投资者要尽可能地研究过去和未来的金融状况、极端事件和其他情况：（1）模型在什么时候最有用；（2）模型在什么时候没那么有用。

3. **判断的运用**。也许，资产配置中最重要的基础要素是对构建投资组合的每个阶段和持续的投资活动进行合理的判断和理性应对。为了实现这一目标，投资者应该保持合理的质疑精神，尽力找出投资组合整体或者其构成部分中的错误推论、不恰当或不正确的假设，以及薄弱环节。

## 资产配置的风险和回报

### 资产配置的优点和缺点

资产配置工作的一个主要优点是它可以改善投资组合的风险回报水平。正如本章前面提到的，为了实现这一目标，投资者在探寻不同类别资产的最优配置比例时，会考虑以下几个因素：（1）投资者的需求与性格；（2）进入投资组合里的各类别资产的特征，包括风险、回报和相关性系数；（3）金融市场的前景预期。资产配置的一个核心目标是在存在一定风险的情况下实现回报率的提升，或者在一定的回报率情况下降低总风险。对特定的投资者来说，要在任意时间范围内实现成功的资产配置，就需要以合适的比例将合适的资产与合适的风险回报特征相结合。

资产配置的一个主要缺点是，它可能会错失某一类或多类资产价格大幅且稳定的上涨机会。从 1995 到 1999 年，标准普尔 500 指数的涨幅分别为 37.5%、22.9%、33.4%、28.6% 和 21.0%，这让众多投资者开始关注美国大盘股，同时对资产配置的分散化投资及其有效性失去了兴趣和信心。讽刺的是，从历史的角度来看，股票、债券、商品、不动产和其他类别资产的价格大幅上涨（下跌）都表明，这时资产配置往往会做出再平衡的决策，卖出涨（跌）幅过大的资产，进行有效的风险分散，展现资产配置的作用。但此时，投资者却难以抑制自己追逐强势资产的冲动，希望赚得更多，到最后却亏得更多。

## 资产配置何时起作用

资产配置可以很好地控制风险，提高投资回报，在某些金融市场环境下，实现这些目标比在其他市场环境中更容易。当市场环境出现下列一项或者多项条件时，其效果更明显。

**1. 资产价格轮动上涨**。如果没有某一类资产的回报率连续多年都超过其他类别资产的，那么资产配置将会带来不错的收益。资产配置通过分散持有不同类别的资产或提供风险敞口，使得投资组合可以从表现良好的资产中获利，同时还可以避免配置过多表现不好的资产。

**2. 稳定的关系**。如果资产类别的回报和风险（用回报的方差或标准差来衡量）以及资产类别之间的相关性在长时间内保持稳定，那么资产配置的收益表现很可能会符合预期。

**3. 低相关性**。资产配置理论的一个基本假设是在同一时期内，主要资产类别的价格不会同涨同跌，会呈现出不同方向和程度的涨跌。所以，资产配置通常能够利用不同资产类别走势方向相反的特征来发挥作用，反之亦然。

**4. 稳定的成分 / 结果特征**。一个好的食谱应该保证即使厨师使用的原料出现小的偏差，他做出的食物也依然美味。同样地，资产配置的比例出现小的变化时，资产配置的结果也不应该有大的变化。当投资者认真地进行资产类别的选择和权重配置时，整个投资组合的风险回报情况应该是一个比较稳定的状态。即便某项资产或者多项资产的表现与历史走势或投资者的预测偏离较大，整个资产配置的结果也不应该发生大的变化。

**5. 合理的再平衡调整**。在资产配置的过程中，有一个十分重要却常常被忽视的步骤，那就是需要时刻关注价格走势，并根据价格走势的偏差对不同资产的权重进行调整。通常情况下，根据资产价格的循环波动对其进行动态再平衡调整是明智的行为。在资产配置再平衡调整时，投资者也需要做到避免过早放弃或卖出走势强劲的资产类别；同时，投资者还要避免重仓持有走势疲软的资产类别。

**6. 投资者的判断与技巧**。资产配置的最终结果高度依赖投资者在资产类别、资产管理者和某些情况下特定资产品种的选择和权重配置方面的判断和技巧。掌握这些技巧并不容易，投资者需要有耐心、悟性、洞察力，还要有果敢、务实、坚定、灵活和现实主义的态度，以及强大的自控能力和自知之明。

## 资产配置何时不起作用

在某些情况下，资产配置产生的结果可能不好，偏离投资者最初的设想，导致这种结果的原因可能有如下一个或多个。

**1. 异常的金融市场环境**。当一种资产（比如美国成长型大盘股）的表现连续几年远远好于另一种资产（比如中盘股、价值股、新兴市场股票或者债券）的表现时，投资者可能会对资产配置的作用失去信心。在这样的环境下，投资者：（1）紧盯着最成功的资产，并希望自己能从中获益；（2）因为资产配置给出的配置方案表现较差，会很失望，不重视资产配置；（3）更关注总资产回报背后的主要驱动资产，而忽视了资产配置所具备的风险管理和风险控制功能。简而言之，资产配置中估计的预期回报率往往以各类资产估值向长期均值回归为基础，但在牛市或熊市中，估值与长期均值的偏离可能会变大而非缩小。

**2. 不稳定的关系**。资产配置的另一个基本原则是，基于历史数据的表现，主要资产类别的预期回报、风险以及预期相关性系数能够保持在一个相对稳定的水平上。从长期的角度来看，这个稳定的关系是没有问题的。当这些长期相对稳定的关系被打破时，或长期表现为一种异常模式时，资产配置产生的混合回报会大幅偏离预期。

**3. 增长的相关性**。当各类别资产之间的相关性较高时，它们往往会同时涨跌，这时资产配置就很难通过有意义的分散化来降低风险。在信息技术高度发达的时代，借助衍生品这样的市场中介产品，世界不同地区以及不同类别资产的联系越来越紧密，价格的相关性也越来越高。当市场不稳定或金融危机频发，投资者本想依赖多元化的资产配置来减轻冲击时，这会表现得越发明显。一些在全球范围内配置资产的投资者会从行业（如能源、制药或消费品等行业）、币种或主权信用等维度来构建他们的投资组合。如果这些资产因子的相关性突然提高，那么这个阶段资产配置的有效性就会降低。

4. **不稳定的成分 / 结果特征。**假设投资者的资产配置组合中一些细小的调整就会引发投资组合结果的大幅波动，那么这样的资产配置过程就不大可能产生令人满意的结果。因此，通过改变配置的变量输入，对资产配置模型的敏感性进行测度是非常必要的。在简单的情况下，这种测度用一个计算器便可以完成，但在更复杂的情况下，需要借助编程才能实现。通过这些敏感性分析，投资者可以判断资产配置框架体系的优势和不足。

5. **不合理的再平衡活动。**当思考是否对投资组合进行再平衡以及如何进行再平衡时，投资者的脑海中应该牢记两个关键问题。一是再平衡的频率。有的投资者按季度进行再平衡，有的投资者则会间隔一到三年甚至更久的时间周期进行再平衡调整。二是设置再平衡的调整门槛。当某项资产的价格发生剧烈波动，引起资产权重发生改变时，投资组合就需要调整。当投资者过于频繁地调整或者调整频率过于缓慢时，资产配置的效果就会大打折扣。

6. **投资者的失误。**人总会犯错，过度自信会忽视风险，而过度谨慎则会无法准确地估算风险。从某种意义上讲，资产配置的存在是基于这样的基础：没有人能够准确地预测市场表现。但是，投资者却可以通过投入时间和精力，使整体资产的风险回报特征与自己的风险承受能力、投资期限、收入需求和税收状况相匹配，以此缩小期望结果与实际结果之间的差距。


## 保值型资产和成长型资产


对长期投资者而言，购买力风险和市场价格波动风险一样重要。对短期投资者来说，由于没有机会对年份好和年份差的投资业绩进行对冲，因此市场价格波动风险便显得比购买力风险更重要。

因此，根据资产配置的周期和对购买力风险的关注，我们将投资组合分为两类：（1）在长期资产配置中，股票或股票类资产的配置比例较高，这些资产具有更高的长期回报和更大的风险波动；（2）在短期投资组合中，投资者更重视保值型或长期稳定性金融资产，配置的固定收益证券比例更高，它们的长期回报率相对较低，但波动也较小。图 1-4 总结了这些投资者在资产配置上的关注点。

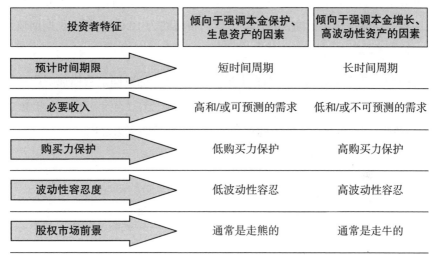

图 1-4　保值型资产和成长型资产

回报率要求明确且能够采取长线投资的投资者会选择从投资组合和／或资本增值中，拿出少量本金，目的是谋求股息和利息的增长，而不是构建一个严格通过利息和分红来满足特定收入目标的投资组合。在长期收益型投资者看来，对利息和分红明确的资产的过分强调，意味着低配长期而言回报率更高的权益类资产，如股票、不动产、VC 和 PE。所谓"总收益法"，就是要综合考虑长期的资本增值和明确的分红和利息。这种投资理念深受大学基金会的青睐。这些大学基金会将其支出规定程式化，从而确保投资组合的计划年度总收入总是高于其固定支出和指定用途的本金支出的两者之和。

## 通货膨胀对购买力的影响

资产配置中两个最基本却总被忽视的因素是时间和购买力。如果投资者能够进行长期资产配置，资产在好的年份和差的年份里回报率有高有低，当时间跨度拉长，会达到一个稳定的长期收益水平。

历史数据显示，对多数主流资产类别（包括债券和股票）而言，投资者的持有期越长（1年、5年、10年、20年），所实现的回报率越接近资产的长期年平均回报率（标准普尔500指数回报率约为10.6%，美国长期国债回报率约为5.4%）。

即便是处于温和的通货膨胀水平，超过20年的时间也会侵蚀资产的购买力。图1-5给出了1%～15%的不同通胀水平，在1年、5年、10年和20年等不同时间长度里，投资者的剩余购买力与初始购买力之比。

| 年通货膨胀率 | 1年后 | 5年后 | 10年后 | 20年后 |
|---|---|---|---|---|
| 1% | 0.99 | 0.95 | 0.90 | 0.82 |
| 2% | 0.98 | 0.90 | 0.82 | 0.67 |
| 3% | 0.97 | 0.86 | 0.74 | **0.54**\* |
| 4% | 0.96 | 0.82 | 0.66 | 0.44 |
| 5% | 0.95 | 0.77 | 0.60 | 0.36 |
| 6% | 0.94 | 0.73 | 0.54 | 0.29 |
| 7% | 0.93 | 0.70 | 0.48 | 0.23 |
| 8% | 0.92 | 0.66 | 0.43 | 0.19 |
| 9% | 0.91 | 0.62 | 0.39 | 0.15 |
| 10% | 0.90 | 0.59 | 0.35 | 0.12 |
| 12% | 0.88 | 0.53 | 0.28 | 0.08 |
| 15% | 0.85 | 0.44 | 0.20 | 0.04 |

图1-5　最初购买力中的剩余比例

\* 表示按照税前计算，投资者需要的资产价值应为原始价值的1.85倍，才能保持购买力不变。

如图1-5所示，我们假定资产的本金价值保持不变，在年化3%的通货膨胀水平下，20 年后投资者的最初购买力将损失 46%（1 减去剩余的 0.54）。在这样的情况下，投资者需要获得 85% 的回报率才能维持购买力水平不变。如果考虑税率的影响，则需要的回报率更高。

　　从现代金融发展的历史来看，通货膨胀率时高时低，不可能一直保持在同一个水平上，有时甚至为负数（通货紧缩），这是因为通货膨胀与货币政策、国内外的经济环境、币值、贸易情况、生产者和消费者的预期以及其他因素都有关。尽管从长期时间范围考虑，我们不能确定未来的年通货膨胀率会一直为正数，但历史情况表明，在过去很多年的时间里，通货膨胀率确实对货币购买力形成了不同程度的侵蚀，这既是客观事实，又是一类重要的风险，投资者对此应有清醒认识并做好应对的准备。

# 第 2 章

# 资产配置的过程

## 概述

为了更好地理解资产配置的过程，投资者需要认真地考虑不断变化的财务需求、各种类型的资产配置，以及资产配置如何与其他投资原则相互作用。投资者的资产配置需要根据自己的财富水平在不同时期进行动态调整。本章所要探讨的就是投资者在财富积累的开始、建设和实现阶段，如何通过资产配置来满足相应的需求。

关于资产配置的主要类型——风格、导向和变量输入，我们都会在本章进行讨论。资产配置的风格可能是保守型、稳健型或者激进型；资产配置的导向可能是战略性、战术性或者两者兼而有之（混合性）；资产配置的变量输入可能是定量的、定性的或者两者兼而有之（混合的）。本章还将介绍一种名为业绩归因（performance attribution）的过程，向大家解释如何分解投资者战略性基准收益贡献因素，这种战略性基准收益是相对于投资者实际投资过程中的战术性业绩而言的。

本章的结尾部分介绍了资产配置过程如何影响投资风格和行业板块、地区和国家、证券、投资管理人、货币和市场时机等方面的选择。

## 财富水平、收入需求与资产类别要匹配

当投资者经历不同的财富创造和实现阶段时，他们的需求和关注点也会随之发生变化。同时，与他们的投资组合相适应的资产类别也会发生变化。图2-1描述了这样一个渐变的过程。

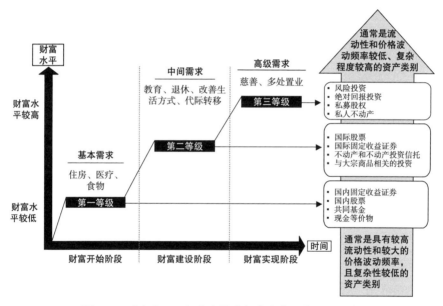

图2-1　财富水平、投资者需求与资产类别的匹配组合

1. **财富开始阶段**。在财富开始或者播种阶段，投资者主要关心的是基本需求，如住房、医疗、饮食、衣服和保险。如果还有盈余的资产，那么投资者应该考虑较容易理解、有较好流动性的资产类别。这些资产通常包括：现金等价物、国内股票及国内固定收益证券，可以直接持有或通过共同基金间接持有。

2. **财富建设阶段**。在财富快速积累和建设阶段，投资者的需求会有所扩大，开始将教育、生活方式的改善和资产的代际转移纳入考虑。这时，他们可投资的资产类别也扩大了，不仅包括财富开始阶段的资产类别，还将国际股票、国际固定收益证券、不动产和不动产投资信托、大宗商品纳入投资范围。

3. **财富实现阶段**。在获得大量财富的情况下——处于财富实现阶段，投资者可能通过合并或收购、证券发行或继承等方式获得了巨额财富，他们的需求可能会再次提升，开始考虑慈善和多处置业。在这个阶段，投资者可能会考虑进一步扩大投资范围，纳入更高级的资产。这些资产的特征主要体现为流动性较差、价格波动频率较低、设计更复杂。这些资产包括风险投资和绝对回报投资，比如对冲基金、母基金（FOF）、私募股权、私人不动产等。

请注意，图 2–1 中给出的匹配关系只是一个一般性指导原则。在许多情况下，在财富实现阶段的投资者会充分考虑在财富建设和开始阶段遇到的各种投资方式和投资产品。不过，作为一般规则，在低财富阶段的投资者应该避免投资于高财富阶段投资者所考虑的资产类别。

## 资产配置的类型

投资者资产配置活动涉及的领域本质上描述和确立了投资者的投资活动范围，接下来我们需要考虑资产配置的具体类型。投资范围可以根据地理区域和资产类别来界定，可以局限于一个国家或地区（例如北美、欧洲、拉丁美洲或亚洲），也可以局限于股票、债券和现金等类别。资产配置的类型则可以根据风格、导向和变量输入等不同的维度来划分，当然也可以将多种方式融合在一起，如图 2–2 所示。

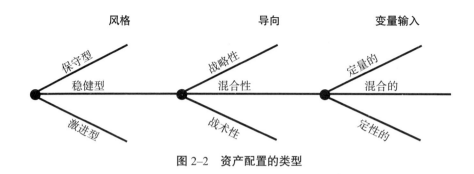

图 2-2　资产配置的类型

## 资产配置风格

资产配置根据风险可以划分为保守型、稳健型和激进型三种类型。当然，我们很难在任何市场环境下都将某种资产或者投资者性格划分为保守型、稳健型和激进型，因为这些投资组合的风格与当前的主流投资形式和市场环境呈现出相互影响、相互依赖的关系。一个高质量的资产配置风格在市场环境稳定且通货膨胀率比较低的大背景下，可能会被认为是高度保守的（例如配置了较高比例的债券和现金）；但当市场动荡不安、通货膨胀率较高且利率和债券价格大幅波动时，这个资产配置又会被认为是非常激进的。

在 21 世纪，保守型资产配置风格的特征包括：（1）减少激进型资产的配置，包括股票资产、高收益和新兴市场债券、不动产、绝对回报投资、对冲基金、私募股权投资和风险投资、海外投资和外币投资；（2）增加保守型资产配置，包括现金和短期投资、固定收益证券、国内投资和本币投资。

在相同的市场条件下，激进型资产配置风格的特征包括：（1）增加激进型资产配置，包括股票资产、国外投资；（2）还可能同时减少保守型资产配置，包括现金和短期投资、固定收益证券以及国内投资。

在类似的金融市场环境下，稳健型资产配置居于保守型资产配置和激进型资产配置之间。

资产配置风格的其他特征包括投资组合的目标和预期价格走势。总的来说，保守型资产配置风格应该表现出较低的价格波动（以投资组合回报率的标准差来衡量），同时投资组合的分红和利息收入占收益的比例较高，资本利得的占比则没有那么高。与此形成鲜明对比的是，激进型资产配置风格构建的投资组合会表现出较高的价格波动，同时其回报中较大的一部分是由资本利得而不是分红或利息贡献的。稳健型资产配置风格构建的投资组合则介于两者之间，价格波动会高于稳健型但低于激进型，回报则是现金收入和资本利得的综合体。

## 资产配置导向

如图 2-2 所示，资产配置导向可以分成战略性资产配置和战术性资产配置，以及二者的结合（混合性资产配置）。战略性资产配置会提供最佳的长期资产配置，对短期市场波动的关注较少。战略性资产配置应该反映：（1）投资者对金融市场和具体资产类别走势的中长期看法；（2）对资产配置长期目标的特定要求，会导致资产配置向某一特定方向倾斜（例如偏好某种货币，或回报的波动性较小且流动性较低，或潜在回报的确定性较低）；（3）监控和管理长期风险的各种方式及其可靠性。

战略性资产配置服务于几个重要的目标。它有助于确定在长期资产配置中将哪些种类的资产纳入投资范围。例如，有些投资者会以书面的参数标准确定并详细地解释他们对某些资产类别的长期持有偏好，如小盘股、新兴市场股票、可转换证券或不动产投资信托。一般来说，战略性资产配置的变化相对比较小，主要受以下因素的驱动：（1）投资者对风险的态度和回报率目标发生改变；（2）各资产类别回报率、标准差和相关性的预期发生改变；（3）出现了一些新的投资者之前未曾考虑过的资产类别。

总体的战略性资产配置可以用书面文件的形式呈现，这既可以是一份独立的文件，也可以是投资策略报告的一部分，它能够为战术性资产配置活动提供指导。在策略范围内，投资者可以在战略性资产配置的基础上进行一定程度的偏离，来确定具体的战术性资产配置。例如，某个战略性资产配置中高等级债券配置了 30% 的权重，并允许有 10% 的战术调整空间（也就是说，高等级债券的配置权重可以在 20%～40% 的范围内波动）。

为了提高战略性资产配置的作用，投资者可以为每一种资产选择合适的代表指数，构建一个混合基准回报率（blended benchmark return），从而可以对战术性资产配置进行评估。表2-1给出了一个示例，告诉我们如何去测算。

如表2-1所示，在战略性资产配置基准回报率（第5栏）与投资者战术性资产配置的样本比较中，资产配置的实际回报率比战略性资产配置基准高了440个基点，即4.4%（第6列减去第5列，20.9%–16.5% = 4.4%）。

表2-1中的第7、8、9栏通过经营绩效归因分析法对总收益进行了绩效分解。绩效归因能够将收益的来源和配置层次相联系：（1）哪些来源于战略性资产配置，一般用基准回报率来代表（每种资产的战略性资产配置权重乘以代表每种资产的指数回报率而得出）；（2）哪些来源于战术性资产配置，即在战略性资产配置的基础上，通过配置偏离取得的超过战略性资产配置基准的那部分收益（投资者对每种资产的战术性资产配置权重乘以投资者对每种资产指定的工具或指定的经理人所实际获得的总收益）。

简单来说，绩效归因可以帮助我们把回报差异的程度归因于：（1）战略性资产配置和战术性资产配置的差异；（2）投资者（资产管理者）业绩与每种资产的基准指数相比较的差异。同样的方法也可以运用到给定的资产类别上。例如，我们对美国大盘股组合进行绩效归因，以确定有多少回报来源于：（1）行业配置权重对标准普尔500指数的偏离；（2）行业内部特定证券选择与行业基准证券组合的差异。

如表2-1所示，在战略性资产配置基准回报率与投资者战术回报率之间4.4%的差异中，2.0%可以归因于资产配置决策，2.4%可以归因于投资者的战术回报率与基准指数回报率的差异。从另一个角度来看，在4.4%的超额回报中，有3.4%来自美国大盘股（其中1.6%可归因于战术超配美国大盘股，即由45%提升至50%；剩余的1.8%则归因于投资者自己或外聘管理人在美国大盘股上的选股能力带来的额外收益，这部分收益达到了32.5%，超过了标普500指数当年28.6%的回报率）。另外，0.8%的回报差异归因于新兴市场股票［其中0.5%是由于战术性低配了这类资产，即仅配置了2%，而战略配置中则为5%；其余0.3%则归因于投资者自己或外聘管理人实现的选股额外收益，而 –17.0% 的回报率超过了国际金融中心指数（International Financial Center Index，IFCI）–22.0%]。此外，0.5% 的回报来自美国长期国债［其中，由于投资者在这类资产上的配置（30%）与其战略资产配置完全一致，因此战术平配美国长期国债并未产生超额收益。而剩余的 0.5% 则完全归因于投资者自己或外聘管理人实现的额外收益，这部分收益达到了 14.6%，超过了伊博森咨询公司（Ibbotson Associates）的长期政府债券指数]。战略配置基准回报率和投资者战术回报率之间的差异，由日本股票、高收益债券和现金组成的资产类别的作用微不足道，或者稍有负面影响。

当市场情绪过于亢奋或者悲观的时候，投资者很容易受到诱惑，改变自己的战略性资产配置。这时，战略性资产配置恰恰是我们重要的参考指南。市场的大起大落常常动人心神，此时如果要回应短期市场波动，我们最好从战术性资产配置的角度出发来应对这些机会和挑战。战略性资产配置应该是深入思考、足够理性、严谨有序且有条不紊的，这样才能帮助投资者做出最合理的投资决策。

与战略性资产配置相比，战术性资产配置的形式多样、目标多元。有些投资者将长期变化看作一系列短期变化的综合，他们会更在意战术性资产配置；有的投资者则用战术性资产配置来对战略性资产配置进行强化或抵消。常见的战术性资产配置的时间跨度为一年，但也有一些机构和个人投资者会以季度、月度甚至周来进行战术性资产配置调整（或者至少通过开会的方式来讨论调整事项）。

通常情况下，当投资者坚定地认为一种资产被严重高估（或低估）时，战术性资产配置会被采纳。战术性资产配置会根据前面的判断调低（或调高）该资产在组合中的比重。在有些情况下，投资者可能会使用交易所交易的一揽子产品、指数期货、期权或其他衍生工具来快速调整风险敞口。由于战术性资产配置对价格变化非常敏感，并具有机会主义的特性，一些特殊形式的战术性资产配置的风险管理就可以包括价格预警、限价或止损订单、同时交易技术以及在险价值（value-at-risk，VAR）模型。

在实践中，许多投资者会把战略性资产配置和战术性资产配置结合起来

表 2-1　典型的战略性资产配置的战略和战术基准回报率（%）

| 资产类别 | 指数 | (1) 投资者的战略性资产配置 | (2) 投资者的战术资产性配置 | (3) 战略性资产配置近一年的指数总回报率 | (4) 投资者最近一年的战术回报率 | (5)=(1)×(3) 资产类别对综合战略资产配置基准回报率的贡献 | (6)=(4)×(2) 资产类别对战术投资者战术回报率的贡献 | (7)=(6)-(5)=(8)+(9) 战略性资产配置基准回报率和战术回报率的总差异 | (8)=[(2)-(1)]×4 可归因于战术性资产配置决策的差异 | (9)=(1)×[(4)-(3)] 可归因于战术回报和指数回报率的差异 |
|---|---|---|---|---|---|---|---|---|---|---|
| 美国大盘股 | 标准普尔500指数 | 45 | 50 | 28.6 | 32.5 | 12.9 | 16.3 | 3.4 | 1.6 | 1.8 |
| 日本股票 | 明晟①日本指数 | 5 | 3 | 5.1 | 4.0 | 0.3 | 0.1 | -0.2 | -0.1 | -0.1 |
| 新兴市场股票 | 明晟新兴市场自由指数 | 5 | 2 | -22.0 | -17.0 | -1.1 | -0.3 | 0.8 | 0.5 | 0.3 |
| 美国长期国债 | 伊博森咨询公司长期政府债券指数 | 30 | 30 | 13.1 | 14.6 | 3.9 | 4.4 | 0.5 | 0 | 0.5 |
| 高收益债券 | 高收益（瑞士信贷高中级）指数 | 5 | 5 | 0.6 | -1.0 | 0 | -0.1 | -0.1 | 0 | -0.1 |
| 现金 | 30天短期美国国债 | 10 | 10 | 4.9 | 5.2 | 0.5 | 0.5 | 0 | 0 | 0 |
| 总计 | | 100 | 100 | | | 16.5 | | 4.4 | 2.0 | 2.4 |
| | | | | 综合战略基准总回报率 | | 16.5 | | | | |
| | | | | 投资者综合战术策略总回报率 | | | 20.9 | | | |
| | | | | 战略回报率与战术回报率的总差异 | | 4.4 | = | 2.0 | + | 2.4 |

① MSCI是 Morgan Stanley Capital International（摩根士丹利资本国际）的缩写，这是一家总部位于纽约的美国公司，中文名为明晟公司。该公司专门为全球股票指数、数项目投资编制指数，类似于我们平时所说的沪深300指数、中证500指数等。只是编制的机构和选取的成分股等不同。明晟指数在全球金融市场具有广泛的影响力，其编制的指数中，有大量指数做许多手握重金的全球顶级基金被动级联结踪。

使用。战术性资产配置能帮助投资者预测并对资产价格的重大变化做出回应（就好比在越洋帆船比赛中，舵手也会做出短期调整）。战略性资产配置基于长期考虑，做出长期规划，以实现几年甚至几十年的目标（就好比在越洋帆船比赛中，先绘制一张越洋航线图，然后开始航行，并执行从起点到终点所需的大规模机动策略）。

## 资产配置的变量输入

图 2–2 列出了需要输入的变量参数，投资者可以用它们来确定整个投资组合中各资产类别的投资比重。投资者可以借助定量模型、定性判断或者二者相结合的方式来确定各类资产的比重。

定量方法通常包括几个步骤，其中大多数工作可以通过硬盘、光盘或网上的资产配置软件完成，这让此项工作变得很轻松。

第一步，投资者应挑选可投资的资产类别和子类别。第 7 章的表 7–1 给出了详细的资产列表明细，包含 25 个资产类别和子类别，加上基准指数或基准来源，可以帮助投资者追踪这些资产的回报率情况。表 7–1 还给出了这些资产类别在较长时间间隔中的投资回报率和标准差，当整个时期的数据无法获得时，我们可以用短期数据来代替。

第二步，投资者需要就以下几个因素做出假设：（1）未来的预期回报率；（2）所考虑资产类别的风险（用标准差来衡量）；（3）每对资产类别预期回报率之间的相关性。一开始，许多投资者会以不同时间框架内的投资效果，例如以过去 5 年、10 年、20 年、30 年的回报率、标准差和相关性作为参考。

第三步，一种所谓的投资组合最优化程序能够产生一系列可能的资产配置方案，每个方案都有自己的预期风险和回报率。在众多的配置方案中，我们可以推导出市场有效前沿的资产配置方案。这些方案要么是在给定的总资产预期回报率水平下风险最小的一组资产配置方案，要么就是在一定风险水平下预期回报率最高的一组资产配置方案。

第四步，在认真评估了投资组合最优化程序给出的资产配置方案后，投资者很可能会在投资组合允许的最大值和最小值范围内设定各类资产配置权重的上、下限水平。在这最后一步中，投资者对投资组合最优化程序设定了相应的限制条件。

在实践中，许多投资者只会参考，而不是严格按照投资组合最优化程序给出的结果行事。正如飞行员会同时使用自动控制模式和手动模式来驾驶飞机一样，投资者也需要看到这些模型是基于对回报率、风险和相关性的预测。这些预测可能与过去相似，也可能不同。有时，这些预测需要根据交易成本、税收、监管和报告来调整，有时则不需要。因此，投资者需要根据自己的情况和偏好来认真评估模型和模型输出的结果。

如前所述，定性方法在投资组合构建过程中同样可以发挥作用，它既可以和定量工具配合使用，也可以作为投资组合的初始变量。资产配置定性因素常常严重依赖于对历史数据、图表、统计工具以及其他模型的分析。定性资产配置方法与定量资产配置方法最大的区别在于，它主要建立在投资者自己的判断和其他投资顾问的建议上，而非数学模型或软件程序上，投资者确定初始投资组合的权重后，在适当的时间间隔范围内再进行调整。

一般来说，定性资产配置方法涵盖基本面判断（如经济指标、盈利预测、货币状况以及工资、价格和生产力趋势的变化等）、估值标准（如实际利率、回报率曲线的斜率、市盈率、市净率等），以及心理/技术/流动性标准（如资金流、投资者情绪指标、波动性指数以及价量关系等）。投资者需要给出一个绝对数值或者长期均值上下一倍标准差的范围。

定性方法的另一个重要构成部分包括就假设的、过去的和预期的回报率，以及不同资产类别的关系与值得信赖的人士展开讨论或咨询，从而测试其准确性、一惯性以及实际可操作性。在选择定性和定量资产配置模型的输入参数时，投资者需要不断反思，依赖常识，并相信理性的思考，这方面怎么强调都不过分。如果没有人类的才能、意志和智慧来谋划这一切，所有模型、理论和基于规则的配置方式都是没有意义的。

## 资产配置与其他方法之间的联动

对一定时间内取得较好投资业绩的资产配置来说，资产选择和再平衡的技巧要与其他方法结合起来使用。在很多情况下，几乎所有才华横溢、经验丰富、知识渊博的投资者都需要在一定程度上依赖于管理人、投资咨询专家、评级机构、市场资讯和券商提供的各种专业建议。图 2-3 列出了影响资产配置的选择决策，随后我们会讨论这些选择决策的原则。

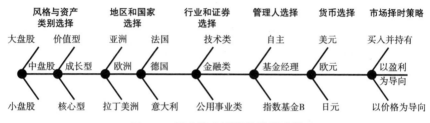

图 2-3 影响资产配置的选择决策

### 风格与资产类别选择

如果将资产配置比喻为挑选一片森林，那么风格与资产类别选择就是选择树种的过程。风格与资产类别选择涉及主题、行业或群组选择。除了股票之外，这个方法也适用于其他资产的风格选择。在某些金融市场环境中，特定资产类别的大多数子资产往往趋向于同向变动；而在其他金融市场条件下，资产子类别的回报会表现出很大的差异。因此，投资者应该关注这些差异，不论这些差异是否实际上被用作特定资产类别内部细分的标准。

例如，对债券资产来说，投资者可以按照信用评级（从投资级、较高级债券，到较低级、高收益债券）、到期时间或久期（从短期到中期再到长期），以及发行人的角度（从联邦政府债券到政府机构债券、公司债券和免税市政债券）进行分类，并配置资产。

对于股票资产，投资者可以按照市值规模大小（包括大盘股、中盘股、小盘股）、风格（包括成长型、价值型和核心型，后者是前面两者的混合）、主题（从防守型到进取型，或者从所谓的新经济到旧经济），甚至跨行业主题（例如对环境敏感、由人口推动或以出口为导向）进行风格分类，并配置资产。对不同资产类别、风格和特定国家或地区投资的多年综合投资回报率，本书第7章的表7-2、7-3、7-4给出了较详细的数据。

在另类投资品种中，投资者可以从资产子类别（如不动产、风险投资、私募股权和对冲基金）和策略（包括并购套利交易、可转债套利、期权策略、不良资产、杠杆收购和夹层投资）等角度进行分类，并配置资产。

## 地区和国家选择

对许多投资者而言，国际投资意味着向更高程度的分散化迈出了第一步。国际投资可能非常成功，可能勉强过关，还可能回报很差。这些结果取决于我们投向哪里、什么时候投以及投多长时间。

与行业和风格一样，在某些金融市场环境下，特定地区和国家的资产类别可能以大致相当的幅度同向变动；而在另外一些时候，某些国家可能以自己的步调前进，在投资回报上不与世界其他国家同步。例如，在20世纪80年代、90年代，乃至21世纪初，日本的固定收益债券和权益资产与其他国家的同类资产表现出显著的负相关关系。对于地区和国家选择能不能带来良好的风险分散效果，投资者需要从长期和短期的维度进行认真考虑，评估分散化回报实现的概率。当不同地区和国家间资产的相关性很高的时候，在不同地区和国家进行资产配置带来的回报可能就不如风格、资产类别和行业选择那么重要。

## 行业和证券选择

我们继续用森林来做类比分析，选择单个行业和证券就好比选择特定种类的树木。投资者将资金投资到某些行业和/或某些证券品种上，要么自己单独投资，要么通过投资顾问管理自己的账户，要么通过共同基金、封闭式基金、单位投资信托或者私人合伙制企业等方式来选择行业和证券。

尽管许多研究都强调资产配置在解释不同时期总资产回报率的波动方面

发挥着重要的作用，但并不是说行业和证券选择就不重要。例如，表 7–7 给出了 1991—2006 年标准普尔 500 指数中最重要的 10 个子行业，它们的回报率呈现出了显著的分化走势。

## 管理人选择

在很多领域，管理人选择是影响资产配置结果的最重要因素之一，特别是对那些将资金分配到不同行业的投资者来说更是如此。投资者可能会自己管理一部分资金——直接进行投资，通过投资指数基金或交易所交易基金（EFT），如 SPDR 基金（"蜘蛛基金"，跟踪标准普尔 500 指数）、Diamonds 基金（跟踪道琼斯工业平均指数）、Cubes 基金（跟踪纳斯达克 100 指数）或 Webs 基金（世界股票基准指数基金，追踪 17 个不同国家的市场）等进行投资。尽管并不是所有的资产类别及其子类别都拥有可轻松跟踪并上市交易的指数基金或交易所交易基金，但是在 20 世纪 80 年代，特别是 90 年代，指数基金和交易所交易基金的数量和被投资者追捧的情况还是出现了快速发展的趋势。与此相关的另一个趋势是：一些大型专业投资者使用期货及其他金融衍生品作为一种快速、高效和低成本的工具，用来增加或减少基于指数的特定资产类别的敞口。

与 20 世纪 70 年代和 80 年代初相比，投资者可以获取到的管理人信息的数量大幅增加，质量大幅提升。与此同时，资产管理人的数量也急剧增加。作为对这些快速发展的回应，管理人选聘的过程通过以下举措也得到了大幅改善：（1）业绩报告方式的标准化；（2）纸媒和网络分销系统丰富了信息传播渠道；（3）提供了各种选择资产管理人的措施，各种金融机构和咨询公司可以提供管理人尽调、评选、监管报告、白名单维护等服务，并收取费用。

## 货币选择

在选择了一种参照货币或基准货币之后，投资者应该考虑是否对冲非参照货币或基准货币的汇率风险。尽管汇率对冲可以降低回报的波动风险，但这样的对冲成本也很高昂。

对于是否管理某种货币的汇率风险，投资者总是可以找到很有力的支持或反对意见，它们听起来似乎都很有道理。但在短期内，超出预期的、未对冲的汇率变化可能会增加或减少海外资产的投资回报。因此，投资者应该评估任一货币的升值或贬值可能给既定资产的收益带来的影响，以及影响的程度。另外，也要评估这些可能发生的币值变化会对外币收益换算为相应的基准货币有何影响。

## 市场择时策略

市场择时策略的吸引力和实用性往往受到投资者对其投资的特定资产类别的价格行为预期的影响。例如，当资产价格一直稳步上涨，并预计将继续上涨时，投资者往往会淡化市场择时策略的作用，宁愿立即投资任何可用的资金，而不是试图分阶段或在市场价格下跌时进行投资。相比之下，如果资产价格一直处于上下波动或横盘波动的模式，并将继续保持这种模式时，投资者和资产管理者往往会强调市场择时策略。在试图把握市场时机时，投资者可能会按固定时间表向有关资产类别增加资金或从该资产类别撤出资金，以期望利用价格的上下波动获利。

市场择时策略与资产配置的另一个交集涉及投资者的心态和目标。如果投资者认为资产配置是一种通过风险控制使其投资组合保值、增值的手段，那么他们可能会采用买入并持有的策略。该策略的各种变体可以围绕以下原则来构建：让盈利的资产类别继续增长，同时降低亏损的资产类别的权重。当盈利的资产类别在一段时间内持续表现良好时，这种方法通常会奏效。但这种方法也可能带来非常令人失望的结果，即当权重较大的资产类别的价值下降时，越来越多转移到高回报资产类别的基金随后可能会遭受更大的损失。

在股票资产类别中，一些投资者有时会追求各种基于动量的市场择时策略。盈利动量策略（earnings-momentum strategies）包括买入财报显示强劲增长和分析师修正盈利预期的公司的股票，卖出盈利增长速度放缓和分析师修正盈利预期的公司的股票。与此类似，价格动量策略（price-momentum strategies）就是买入股价上涨的公司的股票，卖出股价下跌的公司的股票。这种基于动量的交易方法涉及高投资组合周转率和大量的交易活动，从而更容易产生风险，而且与资产配置的基本原则和目标相差甚远。因此，如果投资者在合理的资产配置原则的基础上构建投资组合，如果他们真的想运用这些技术的话，那么他们往往会将基于动量的市场择时策略限制在总资产配置的一个相当狭窄的范围内。

第二部分

2

资产配置的机制

# 第**3**章

---

# 资产配置的工具和概念

## 概述

　　资产配置理论与实践的诸多基础皆建立在发展成熟但相对直接的统计学、经济学和金融学的基石上。全面了解这些基石如何影响资产配置机制，有助于投资者深刻理解这些推动并定义了投资学内部运作的理论、定义和机制的优势及局限性。具备这些能力后，投资者能带着更合理的预期来使用资产配置的各种工具。

　　本章探讨了现代投资组合理论和有效市场理论的起源、发展和实际应用，并展望了对各类资产和投资组合的长期回报和风险的看法。接下来，通过对历史数据的回溯，我们介绍了一些分析思路，它们将帮助投资者形成有关资产回报长期分布的看法，并了解与历史平均回报率相比资产回报率变化的各种指标或存在的风险。

　　本章解释和计算了标准差和相关性的概念，并将其应用于资产配置和投资过程中。同时，我们还介绍了其他可用的概念，包括有效边界、贝塔值、阿尔法值和各种单位风险回报率指标，如夏普比率（Sharpe ratio）、索提诺比率（Sortino ratio）和特雷诺比率（Treynor ratio）。在回顾了资本资产定价模型（capital asset pricing model，CAPM）的主要特征并绘制图表解释了资本市场线和证券市场线之后，本章探讨了资产配置均值——方差模型的步骤、输出信息、优点和缺点。

# 现代投资组合理论 / 有效市场理论

20 世纪后期涌现出许多重要的投资概念和见解。其中许多想法都是革命性的，足以获得诺贝尔经济学奖，相当一部分理论仍在不断发展。熟悉突破性理论的投资者可以将这些强大的工具用于资产配置的实践中。正如一位熟练的驾驶员不需要理解内燃机和传动系统的工作原理也能驾驶汽车，投资者同样不需要理解资产配置的理论和实践的细微差别，便可利用其中的关键原则。然而，投资者可以从对资产配置模型的统计和数学基础、模型优劣及其在不同市场环境下的应用等基本认知中获得诸多帮助。

图 3-1 列出了资产配置涉及的多个经济学、统计学和金融学原则，其范围从一般市场概念到特定资产概念。

图 3-1 中的箭头总结并追踪了多个影响资产分配的理论和实践概念的大致进展。有效市场理论（现代投资组合理论及其基石之一）研究的是市场价格与其所反映信息之间的关系。正态分布、Z 值模型，以及分布的均值、方差、半方差和标准差均为统计学概念，解决资产回报如何围绕其均值或统计平均值分组和分散的问题；另外两个应用于资产分配的原则是资产回报率的协方差和相关性；决定系数 $R^2$ 衡量整体市场变动对投资组合回报率波动的影响程度。

其他几个概念，包括有效边界、均值方差最优化、夏普比率、索提诺比率和特雷诺比率，可以帮助投资者评估风险和回报之间的权衡，并提供潜在方法使回报最大化的同时风险最小化。资本资产定价模型、资本市场线、证券市场线以及阿尔法值和贝塔值衡量的是一种资产的回报如何补偿投资者承担的风险。接下来，我们将分别讨论每个构建模块的内容。

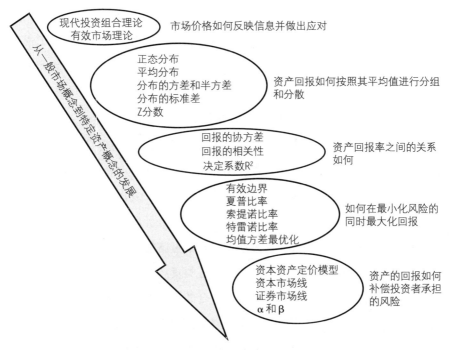

图 3-1　几个影响资产配置的经济学、统计学和金融学概念

## 现代投资组合理论和有效市场理论

　　现代投资组合理论及其主要分支之一 ——有效市场理论,对资产配置的影响非常深远,该理论认为投资者获得更高回报的唯一途径是承担更多风险。有效市场理论认为,有效市场中的资产价格反映了所有相关的、可获得的、已知的信息,以及市场对未知信息的一致预期。在一个有效的市场中:(1)资产价格会迅速且适当地对新信息做出反应;(2)机警的投资者会迅速利用资产的任何错误定价,直至这种错误被消除;(3)根据有关资料,资产的未来现金流都能得到适当预测;(4)对现金流进行贴现的利率水平反映了这些项目的风险程度。

　　基于有效市场理论的主要观点,许多市场观察者认为资产价格是随机游走的。强有效市场理论认为,资产价格反映了过去、当前和共同预期的所有公开和非公开的信息。在强有效市场理论中,可以进一步假定资产的贴现率不会随时间而发生改变。这时，资产价格就会表现为随机游走的形态。在实践中，许多观察者认为，给定资产的贴现率会随时间改变，从而否定了资产价格的随机性。半强有效市场理论认为，资产价格只反映过去、当前和未来的公开信息；而弱有效市场理论则认为资产价格只反映过去的公开信息。

首先，在有效市场中，据说投资者不会因为承担风险或波动性而获得补偿，因为这些风险或波动性可以通过多元化投资轻易地消散或避免。换句话说，可分散的风险无法获得补偿。因此，投资者在追求高资产回报率的同时，至少需要同样关注通过多元化投资来降低风险。其次，在 20 世纪 50 年代初，经济学家哈里·马科维茨（Harry Markowitz）从定量角度探讨了这样一个观点：多元化并不是仅仅通过增加投资数量就能实现。相反，多元化投资要求投资于回报模式截然不同的资产，各类资产之间的差异足以部分或全部抵消彼此的回报，从而降低整体投资组合的波动性。因此，资产配置过程关注包括、限制或排除特定资产类别对整个投资组合的风险（波动性）和回报的影响，同时借鉴并结合了现代投资组合理论和有效市场理论。

当我们将有效市场理论与投资者行为分析和资产配置实践结合起来之后，可以得出几个有关资产配置的重要结论。

第一，一项资产的基本吸引力不仅来自较高的预期回报率，还来自一系列特征，包括其预期回报、回报的波动性 / 风险，尤其是其回报与投资组合中其他资产的回报的相关性。

第二，历史已经见证了各类资产回报率的巨大差异，而合理的资产配置战略可以帮助减少价格波动对整个投资组合的影响。

第三，将大部分资产价格广泛的、长期的上行波动或下行波动压缩到相对有限的实际交易日，突显出择时策略对大多数投资者来说是困难的，甚至是徒劳的。

第四，资产配置机制可以帮助投资者：（1）衡量和监控风险；（2）评估提高或降低投资组合的整体风险水平是否值得；（3）科学地评估调整某类新的或现有的资产的比例是否可以改善投资组合的整体配置。

第五，投资者经常期望以更小的波动性（风险）获得更高的回报，但实际上这往往是不可行的。投资者真正需要关注的是各类资产在不同阶段的回报率表现及其与其他资产的关系。有效市场理论帮助投资者在资产配置中更好地平衡想赢的冲动和怕输的恐惧。

第六，一项研究[1]认为资产配置可以解释：（1）不同时间内投资组合回报率 90% 的波动；（2）不同基金投资组合 40% 的回报率差异；（3）投资组合中几乎 100% 的绝对回报。

## 资产和投资组合的回报率

### 不同类别资产的回报率

投资者持有资产并希望获得以下几类收益：（1）资本价值的变化（资本利得或损失，也称为价格回报）；（2）收入（主要是即期和再投资的股息和利息）；（3）前两者的结合。图 3–2 显示了 1926—2006 年选定股票、债券、国债和通货膨胀的算术平均回报率、回报率的标准差和回报率的分布。

就 1926—2006 年的大公司股票而言，年度总回报率的算术平均值为 12.3%，代表了这 81 年时间范围内所有的回报率（包括高回报率和低回报率、正回报率和负回报率）的简单平均值（也称为平均值）。资产增长的最终价值是通过算术平均值（而不是几何平均值）的复利计算的。大公司股票回报率的几何平均值，即 1926—2006 年间的复合增长率为 10.4%。算术平均值被用作贴现率，同时回报率标准偏差（下文会详细解释）也是在它的基础上增加或减少得来的，以反映构成平均结果的高于和低于平均回报率的现实世界固有的不确定性。

---

[1] "Does Asset Allocation Policy Explain 40%, 90%, or 100% of Performance?" by Roger G. Ibbotson and Paul D. Kaplan, *Financial Analysts Journal*, January/February 2000, available at www.aimr.org/knowledge/pubs/faj/.

| 系列 | 几何平均值 | 算术平均值 | 标准差 | 频率分布[1] |
|---|---|---|---|---|
| 大公司股票 | 10.4% | 12.3% | 20.1% | |
| 小公司股票[2] | 12.7 | 17.3 | 33.2 | |
| 长期公司债券 | 5.8 | 6.1 | 8.6 | |
| 长期政府债券 | 5.3 | 5.7 | 9.4 | |
| 中期政府债券 | 5.3 | 5.5 | 5.7 | |
| 美国国债 | 3.8 | 3.9 | 3.2 | |
| 通货膨胀率 | 3.1 | 3.1 | 4.4 | |

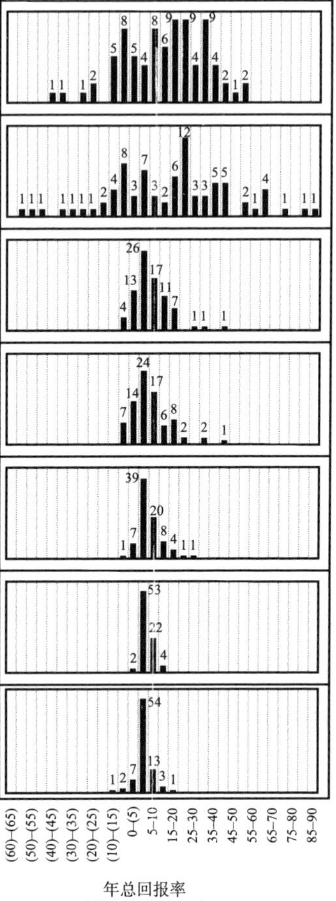

年总回报率
（变化幅度为5%）

**图 3–2　年度总回报率（1926—2006 年）**

注：1. 横轴以 5% 的增量范围表示年总回报率；纵轴的条形表示 1926—2006 年在每个特定百分比范围内的年数的频率分布。2.1933 年小公司股票的总回报率 142.9% 没有显示在分布图中。

资料来源：美国晨星公司（Morningstar）下属的伊博森咨询公司的《股票、债券、国库券和通货膨胀：2007 年年鉴》（*Stocks, Bonds, Bills, and Inflation: 2007 Yearbook*）及作者。

对 1 年、5 年、10 年、15 年和 20 年的持有期来说，表 3–1 显示了所选股票、债券、国债和通货膨胀率的最高和最低的单期复合利率。

以 20 年的持有期来看，投资大公司股票在 1980—1999 年的年化回报率是最高的，达到了 17.87%；在 1929—1948 年是最低的，只有 3.11%（其中

相当大一部分可能来自每年的股息支付）。1926—2006 年，在 62 个重叠的 20
年时段中，大公司股票在任意一个 20 年里都得到了正回报。在表 3–1 中 62
个 20 年持有期的样本里，大公司股票有 9 次是所有资产中回报最高的，在
另外 53 个样本中，回报最高的是小公司股票。

表 3–1             1926—2006 年多周期的复合增长率

| 项目 | 最高值 | | 最低值 | | 正回报的年数（共81 年） | 作为最高回报资产的年数 |
|---|---|---|---|---|---|---|
| | 回报率（%） | 年份 | 回报率（%） | 年份 | | |
| **年回报率** | | | | | | |
| 大公司股票 | 53.99 | 1933 | −43.34 | 1931 | 58 | 16 |
| 小公司股票 | 142.87 | 1933 | −58.01 | 1937 | 57 | 36 |
| 长期公司债券 | 42.56 | 1982 | −8.09 | 1969 | 64 | 6 |
| 长期政府债券 | 40.36 | 1982 | −9.18 | 1967 | 60 | 9 |
| 中期政府债券 | 29.10 | 1982 | −5.14 | 1994 | 73 | 2 |
| 美国国债 | 14.71 | 1981 | −0.02 | 1938 | 79 | 6 |
| 通货膨胀率 | 18.16 | 1946 | −10.30 | 1932 | 71 | 6 |
| **5 年滚动周期回报率** | | | | | 在 77 个重合的 5 年持有期中 | |
| 大公司股票 | 28.55 | 1995—1999 | −12.47 | 1928—1932 | 67 | 23 |
| 小公司股票 | 45.90 | 1994—1945 | −27.54 | 1928—1932 | 68 | 42 |
| 长期公司债券 | 22.51 | 1982—1986 | −2.22 | 1965—1969 | 74 | 7 |
| 长期政府债券 | 21.62 | 1982—1986 | −2.14 | 1965—1969 | 71 | 2 |
| 中期政府债券 | 16.98 | 1982—1986 | 0.96 | 1955—1959 | 77 | 2 |
| 美国国债 | 11.12 | 1979—1983 | 0.07 | 1938—1942 | 77 | 0 |
| 通货膨胀率 | 10.06 | 1977—1981 | −5.42 | 1928—1932 | 70 | 1 |
| **10 年滚动周期回报率** | | | 回报率（%） | | 在 72 个重合的 10 年持有期中 | |
| 大公司股票 | 20.06 | 1949—1958 | −0.89 | 1929—1938 | 70 | 20 |
| 小公司股票 | 30.38 | 1975—1984 | −5.70 | 1929—1938 | 70 | 42 |
| 长期公司债券 | 16.32 | 1982—1991 | 0.98 | 1947—1956 | 72 | 6 |
| 长期政府债券 | 15.56 | 1982—1991 | −0.07 | 1960—1959 | 71 | 0 |
| 中期政府债券 | 13.13 | 1982—1991 | 1.25 | 1947—1956 | 72 | 2 |

续前表

| 项目 | 最高值 | | 最低值 | | 正回报的年数（共81年） | 作为最高回报资产的年数 |
|---|---|---|---|---|---|---|
| | | 年份 | 回报率（%） | 年份 | | |
| 美国国债 | 9.17 | 1978—1987 | 0.15 | 1933—1942/<br>1934—1943 | 72 | 1 |
| 通货膨胀率 | 8.67 | 1973—1982 | −2.57 | 1926—1935 | 66 | 1 |
| **15年滚动周期<br>回报率** | | | | | 在67个重合的15年持有期中 | |
| 大公司股票 | 18.93 | 1985—1999 | 0.64 | 1929—1943 | 67 | 12 |
| 小公司股票 | 23.33 | 1975—1989 | −1.31 | 1927—1941 | 64 | 51 |
| 长期公司债券 | 13.66 | 1982—1996 | 1.02 | 1955—1969 | 67 | 4 |
| 长期政府债券 | 13.53 | 1981—1995 | 0.40 | 1955—1969 | 67 | 0 |
| 中期政府债券 | 11.27 | 1981—1995 | 1.45 | 1955—1959 | 67 | 0 |
| 美国国债 | 8.32 | 1977—1991 | 0.22 | 1933—1947 | 67 | 0 |
| 通货膨胀率 | 7.30 | 1968—1982 | −1.59 | 1926—1940 | 64 | 0 |
| **20年滚动周期<br>回报率** | | | | | 在62个重合的20年持有期中 | |
| 大公司股票 | 17.87 | 1980—1999 | 3.11 | 1929—1948 | 62 | 9 |
| 小公司股票 | 21.13 | 1942—1961 | 5.74 | 1929—1948 | 62 | 53 |
| 长期公司债券 | 12.13 | 1982—2001 | 1.34 | 1940—1969 | 62 | 0 |
| 长期政府债券 | 12.09 | 1982—2001 | 0.69 | 1940—1969 | 62 | 0 |
| 中期政府债券 | 9.97 | 1982—2001 | 1.58 | 1930—1959 | 62 | 0 |
| 美国国债 | 7.72 | 1972—1991 | 0.42 | 1929—1950 | 62 | 0 |
| 通货膨胀率 | 6.36 | 1966—1985 | 0.07 | 1926—1945 | 62 | 0 |

资料来源：美国晨星公司下属的伊博森咨询公司的《股票、债券、国债和通货膨胀：2007年年鉴》及作者。

## 投资组合回报

持有美国资产类别的各种组合可以让我们产生关于其回报的有意义的投资见解。图3-3显示了各种投资组合产生的1年期回报率情况。

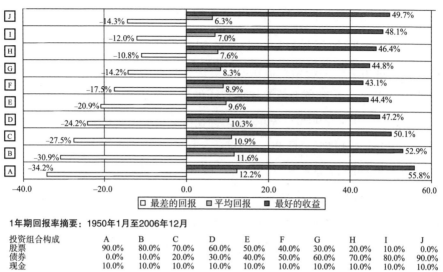

**美国国内风险与收益：1年期[1,2]**

1年期回报率摘要：1950年1月至2006年12月

| 投资组合构成 | A | B | C | D | E | F | G | H | I | J |
|---|---|---|---|---|---|---|---|---|---|---|
| 股票 | 90.0% | 80.0% | 70.0% | 60.0% | 50.0% | 40.0% | 30.0% | 20.0% | 10.0% | 0.0% |
| 债券 | 0.0% | 10.0% | 20.0% | 30.0% | 40.0% | 50.0% | 60.0% | 70.0% | 80.0% | 90.0% |
| 现金 | 10.0% | 10.0% | 10.0% | 10.0% | 10.0% | 10.0% | 10.0% | 10.0% | 10.0% | 10.0% |
| 2006年12月底 | 14.8% | 13.3% | 11.9% | 10.4% | 9.0% | 7.5% | 6.0% | 4.6% | 3.1% | 1.7% |
| 最差的回报 | -34.2 | -30.9 | -27.5 | -24.2 | -20.9 | -17.5 | -14.2 | -10.8 | -12.0 | -14.3 |
| 平均亏损 | -8.4 | -7.4 | -6.2 | -5.0 | -4.1 | -3.4 | -3.3 | -3.2 | -3.2 | -3.6 |
| 平均回报 | 12.2 | 11.6 | 10.9 | 10.3 | 9.6 | 8.9 | 8.3 | 7.6 | 7.0 | 6.3 |
| 平均增益 | 17.8 | 16.3 | 14.9 | 13.8 | 12.5 | 11.3 | 10.1 | 9.5 | 9.3 | 9.6 |
| 最好的回报 | 55.8 | 52.9 | 50.1 | 47.2 | 44.4 | 43.1 | 44.8 | 46.4 | 48.1 | 49.7 |
| 负回报所占百分比 | 21.1 | 19.9 | 19.0 | 18.9 | 17.5 | 16.0 | 13.7 | 14.7 | 18.9 | 25.3 |
| 正回报所占百分比 | 78.9 | 80.1 | 81.0 | 81.1 | 82.5 | 84.0 | 86.3 | 85.3 | 81.1 | 74.7 |

投资组合总数：673

**图 3–3　所选美国资产配置 1 年期投资组合回报**

注：1. 使用 625 个样本投资组合的 1 年期滚动回报率。2. 股票：标准普尔 500 指数总回报；债券：伊博森美国长期政府债券总回报（20 年期）；现金：美国 30 天期短期国债总回报。资料来源：伊博森咨询公司。

　　根据 1950 年 1 月到 2006 年 12 月的 673 个 1 年期投资组合样本的结果，对资产配置比例为 90% 的股票、0% 的债券、10% 的现金组合来说，平均回报率为 12.2%。在此期间，表现最好的 1 年期回报率为 55.8%，最差的 1 年期回报率为 –34.2%。在 673 个 1 年期样本中，配置比例为 90% 的股票、10% 的现金的配置组合在 78.9% 的时间里取得了正回报，平均回报率为 17.8%；这样的配置在 21.1% 的时间里取得了负回报，平均亏损 8.4%。

　　与此类似，在这 57 年里，资产配置比例为 0% 的股票、90% 的债券、10% 的现金的投资组合的平均回报率为 6.3%。这种配置比例的投资组合的 1 年期回报率最高值为 49.7%，最低值为 14.3%。总体而言，在 673 个 1 年期

43

样本中，这种配置组合在 74.7% 的时间里产生了正回报，平均回报为 9.6%；在 25.3% 的时间里产生了负回报，平均亏损 3.6%。

通过对 90% 股票投资组合与 90% 债券投资组合二者投资结果的分析，我们得出了一些结果。首先，股票权重较高的资产配置产生了 12.2% 的平均回报率，远远高于债券权重较高的资产配置产生的 6.3% 的平均回报率。其次，0%：90%：10% 高比例债券组合的 12 个月滚动回报率范围为 –14.3% ~ 49.7%，而 90%：0%：10% 高比例股票组合的 12 个月滚动回报率范围为 –34.2% ~ 55.8%。后者波动范围更广，在最差的情况下，亏损 34.2%；在最佳情况下，回报 55.8%。最后，可能与直觉相反的是，0%：90%：10% 高比例债券组合在 25.3% 的时间里产生了负回报，而 90%：0%：10% 高比例股票组合在 21.1% 的时间里产生了负回报。

图 3–4 给出了 1950 年 1 月到 2006 年 12 月，从与前面相同的美国资产配置总体中选出的 625 个 5 年期的滚动回报率数据。

由于美国资产的持有期从 1 年延伸至 5 年，因此：（1）5 年持有期的组合回报率的波动范围更小；（2）5 年持有期投资结果为负数的时间百分比远低于一年持有期；（3）任意 10 项美国资产配置组合的平均回报率在 5 年持有期内与相同资产配置在 1 年持有期内的平均回报率相当接近。

上述方法也可以应用于分析各种全球资产组成的国际投资组合的回报率，范围从 50% 美国股票、40% 国际股票、0% 美国债券、0% 国际债券和 10% 现金，到 0% 美国股票、0% 国际股票、80% 美国债券、10% 国际债券、10% 现金。图 3–5 显示了这些代表性投资组合中的 10 种。

由于 20 世纪 80 年代或 70 年代中期以前的几种国际资产类别的可追溯数据有限，与只包含美国资产的配置相比，可用于计算全球资产配置平均回报率的样本投资组合较少。

从 1990 年 1 月到 2006 年 12 月，1 年期投资组合的滚动回报率样本一共有 192 个。50% 的美国股票、40% 的国际股票、0% 的美国债券、0% 的国际债券和 10% 的现金的配置组合产生的平均回报率为 9.9%。在这段时期内，配置组合 1 年持有期的最高回报率是 40.8%，最差的结果是亏损 24.2%。总

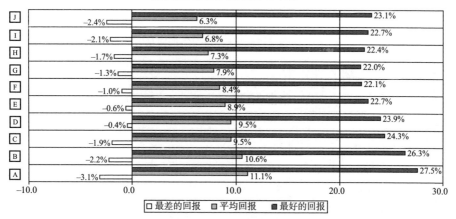

美国国内风险与回报：5年期[1, 2]

5年期回报率摘要：1950年1月至2006年12月

| 投资组合构成 | A | B | C | D | E | F | G | H | I | J |
|---|---|---|---|---|---|---|---|---|---|---|
| 股票 | 90.0% | 80.0% | 70.0% | 60.0% | 50.0% | 40.0% | 30.0% | 20.0% | 10.0% | 0.0% |
| 债券 | 0.0% | 10.0% | 20.0% | 30.0% | 40.0% | 50.0% | 60.0% | 70.0% | 80.0% | 90.0% |
| 现金 | 10.0% | 10.0% | 0.0% | 10.0% | 10.0% | 10.0% | 10.0% | 10.0% | 10.0% | 10.0% |
| 2006年12月底 | 5.8% | 5.9% | 5.8% | 6.1% | 6.2% | 6.3% | 6.4% | 6.5% | 6.6% | 6.7% |
| 最差的回报 | -3.1 | -2.2 | -1.9 | -0.4 | -0.6 | -1.0 | -1.3 | -1.7 | -2.1 | -2.4 |
| 平均亏损 | -1.3 | -0.7 | -0.5 | -0.3 | -0.4 | -0.5 | -0.5 | -0.6 | -0.7 | -0.8 |
| 平均回报 | 11.1 | 10.6 | 9.5 | 9.5 | 8.9 | 8.4 | 7.9 | 7.3 | 6.8 | 6.3 |
| 平均增益 | 11.9 | 11.0 | 9.7 | 9.5 | 9.0 | 8.5 | 8.0 | 7.4 | 7.0 | 6.7 |
| 最好的回报 | 27.5 | 26.3 | 24.3 | 23.9 | 22.7 | 22.1 | 22.0 | 22.4 | 22.7 | 23.1 |
| 负回报所占百分比 | 6.2 | 4.0 | 2.1 | 0.3 | 0.3 | 0.5 | 1.0 | 1.4 | 2.4 | 6.1 |
| 正回报所占百分比 | 93.8 | 96.0 | 97.9 | 99.7 | 99.7 | 99.5 | 99.0 | 98.6 | 97.6 | 93.9 |

投资组合总数：625

**图 3-4  所选美国资产配置 5 年期内产生的投资组合回报**

注：1. 使用 625 个样本投资组合的 5 年期滚动回报率。2. 股票：标准普尔 500 指数总回报；债券：伊博森美国长期政府债券总回报（20 年期）；现金：美国 30 天期短期国债总回报。资料来源：伊博森咨询公司。

体而言，在 192 个样本中，配置组合在 81.3% 的时间内产生了正的投资收益，其平均增益为 15.1%。配置组合在 18.8% 的时期内产生了负的投资收益，其平均亏损为 12.4%。

图 3-6 包含了相同的全球资产配置人群的类似回报数据，涵盖了 144 个 5 年持有期样本。

随着全球资产的持有期从 1 年延长到 5 年，我们发现：（1）5 年持有期配置组合的回报率波动范围要小于 1 年持有期的配置组合；（2）大多数配置组合的最差 5 年年度回报都在正数区域；（3）10 种配置组合 1 年期回报率均值和 5 年期回报率均值差距较大，5 年持有期的配置组合的回报更低。

**全球风险与收益：1 年期回报[1, 2]**

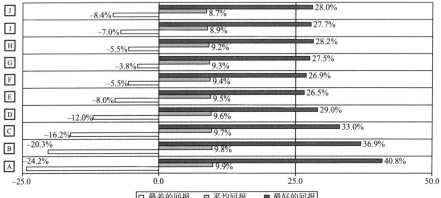

1年期回报率摘要：1990年1月至2006年12月

| 投资组合构成 | A | B | C | D | E | F | G | H | I | J |
|---|---|---|---|---|---|---|---|---|---|---|
| 美国股票 | 50.0% | 45.0% | 40.0% | 35.0% | 30.0% | 25.0% | 20.0% | 15.0% | 6.0% | 0.0% |
| 国际股票 | 40.0% | 35.0% | 30.0% | 25.0% | 20.0% | 15.0% | 10.0% | 5.0% | 4.0% | 0.0% |
| 美国债券 | 0.0% | 8.0% | 17.0% | 27.0% | 36.0% | 45.0% | 54.0% | 63.0% | 72.0% | 80.0% |
| 国际债券 | 0.0% | 2.0% | 3.0% | 3.0% | 4.0% | 5.0% | 6.0% | 7.0% | 8.0% | 10.0% |
| 现金 | 10.0% | 10.0% | 10.0% | 10.0% | 10.0% | 10.0% | 10.0% | 10.0% | 10.0% | 10.0% |

| 2006年12月底 | 19.0% | 17.1% | 15.2% | 13.2% | 11.3% | 9.4% | 7.4% | 5.5% | 4.0% | 2.2% |
|---|---|---|---|---|---|---|---|---|---|---|
| 最差的回报 | −24.2 | −20.3 | −16.2 | −12.0 | −8.0 | −5.5 | −3.8 | −5.5 | −7.0 | −8.4 |
| 平均亏损 | −12.4 | −10.5 | −8.8 | −6.5 | −3.8 | −2.1 | −1.8 | −2.4 | −3.1 | −4.4 |
| 平均回报 | 9.9 | 9.8 | 9.7 | 9.6 | 9.5 | 9.4 | 9.3 | 9.2 | 8.9 | 8.7 |
| 平均增益 | 15.1 | 14.2 | 13.2 | 12.5 | 12.0 | 11.2 | 10.2 | 10.1 | 10.2 | 10.5 |
| 最好的回报 | 40.8 | 36.9 | 33.0 | 29.0 | 26.5 | 26.9 | 27.5 | 28.2 | 27.7 | 28.0 |
| 负收益所占百分比 | 18.8 | 17.7 | 16.1 | 15.1 | 15.6 | 13.5 | 7.8 | 7.3 | 9.9 | 12.0 |
| 正收益所占百分比 | 81.3 | 82.3 | 83.9 | 84.9 | 84.4 | 86.5 | 92.2 | 92.7 | 90.1 | 88.0 |

投资组合总数：192

**图 3-5 所选全球资产配置的 1 年期投资组合回报率**

注：1. 使用 192 个样本投资组合的 1 年期滚动回报率。2. 美国股票：标准普尔 500 指数总回报；美国债券：伊博森美国长期政府债券总回报（20 年期）；现金：美国 30 天期短期国债总回报；国际股票：明晟 EAFE 指数总回报；国际债券：摩根大通全球债券指数总回报。

资料来源：伊博森咨询公司。

全球风险与收益：5 年期回报[1,2]

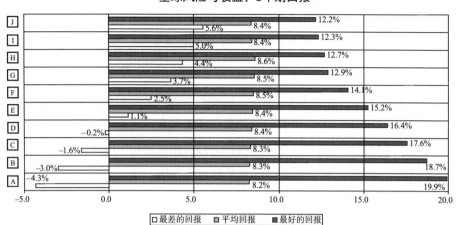

5年期回报率摘要：1990年1月至2006年12月

| 投资组合构成 | A | B | C | D | E | F | G | H | I | J |
|---|---|---|---|---|---|---|---|---|---|---|
| 美国股票 | 50.0% | 45.0% | 40.0% | 35.0% | 30.0% | 25.0% | 20.0% | 15.0% | 6.0% | 0.0% |
| 国际股票 | 40.0% | 35.0% | 30.0% | 25.0% | 20.0% | 15.0% | 10.0% | 5.0% | 4.0% | 0.0% |
| 美国债券 | 0.0% | 8.0% | 17.0% | 27.0% | 36.0% | 45.0% | 54.0% | 63.0% | 72.0% | 80.0% |
| 国际债券 | 0.0% | 2.0% | 3.0% | 3.0% | 4.0% | 5.0% | 6.0% | 7.0% | 8.0% | 10.0% |
| 现金 | 10.0% | 10.0% | 10.0% | 10.0% | 10.0% | 10.0% | 10.0% | 10.0% | 10.0% | 10.0% |

| | A | B | C | D | E | F | G | H | I | J |
|---|---|---|---|---|---|---|---|---|---|---|
| 2006年12月底 | 9.3% | 9.0% | 8.7% | 8.3% | 8.0% | 7.7% | 7.3% | 7.0% | 7.0% | 6.8% |
| 最差的回报 | −4.3 | −3.0 | −1.6 | −0.2 | 1.1 | 2.5 | 3.7 | 4.4 | 5.0 | 5.6 |
| 平均亏损 | −1.3 | −0.9 | −0.8 | −0.2 | N/A | N/A | N/A | N/A | N/A | N/A |
| 平均收益 | 8.2 | 8.3 | 8.3 | 8.4 | 8.4 | 8.5 | 8.5 | 8.6 | 8.4 | 8.4 |
| 平均增益 | 10.8 | 9.5 | 8.6 | 8.4 | 8.4 | 8.5 | 8.5 | 8.6 | 8.4 | 8.4 |
| 最好的回报 | 19.9 | 18.7 | 17.6 | 16.4 | 15.2 | 14.1 | 12.9 | 12.7 | 12.3 | 12.2 |
| 负收益所占百分比 | 21.5 | 11.8 | 2.8 | 0.7 | 0.0 | 0.0 | 0.0 | 0.0 | 0.0 | 0.0 |
| 正收益所占百分比 | 78.5 | 88.2 | 97.2 | 99.3 | 100.0 | 100.0 | 100.0 | 100.0 | 100.0 | 100.0 |

投资组合总数：144

图 3–6　所选全球资产配置的 5 年期投资组合回报

注：1. 使用 144 个样本投资组合的 5 年期滚动回报。2. 美国股票：标准普尔 500 指数总回报；美国债券：伊博森美国长期政府债券总回报（20 年期）；现金：美国 30 天期短期国债总回报；国际股票：明晟 EAFE 指数总回报；国际债券：摩根大通全球债券指数总回报。资料来源：伊博森咨询公司。

## 回报率的正态分布

当我们研究单个资产或由多个资产构成的投资组合的年化回报率变化的时候，我们通常都会发现回报率的分布模式。例如，图 3–2 给出了 1926—2006 年 6 种美国资产的回报率分布情况和通货膨胀率。我们通过图 3–2 可以得知，长期公司债券、长期政府债券、中期政府债券、美国国债的回报率以及通货膨胀率大部分都是正的结果，且平均地、紧密地分布在均值附近。同时，大公司股票和小公司股票的负回报率结果较多，分布距均值都比较远，呈现出比较分散的状态。

投资一种资产或一种资产组合，如果其所有可能的未来回报模式呈现出以其均值为中心的连续、对称的钟形曲线分布形态，并能用均值的方差（或标准差）来描述这种离散状态，就被称为服从正态分布。图 3–7 显示了两个正态分布的示意图，一个回报率呈现较高的分散度，另一个回报率呈现较低的分散度。

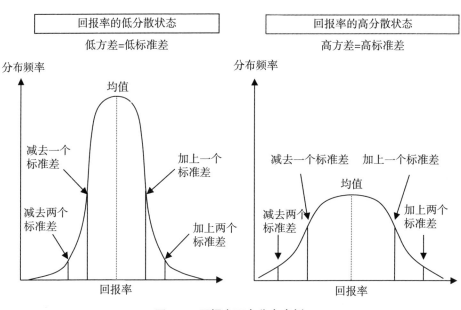

**图 3–7　回报率正态分布案例**

根据统计学概念，如果样本符合正态分布，那么样本落在平均值 ±1 个标准差范围内的概率为 68.28%；样本落在平均值 ±2 个标准差范围内的概率为 95.44%；样本落在平均值 ±3 个标准差范围内的概率为 99.72%。反过来说，一个样本落在均值 ±1 个标准差之外的概率为 31.72%；落在均值 ±2 个标准差之外的概率为 4.56%；样本落在均值 ±3 个标准差之外的概率为

0.28%。

与正态分布相比，非正态分布的不对称程度被称作偏态（skewness），分布曲线的平直状态或峰化状态被称作峰度（kurtosis）。实际上，对一些资产类别（如股票）而言，它们的回报率会偶然出现在钟形分布曲线的两端，即过高或过低的回报率比完全正态分布下的情况更常见，这导致概率分布曲线两端看起来好像有更肥大的尾巴，这种情况被称作尖峰厚尾现象（leptokurtosis）。当这种情况出现时，在现代投资理论中，回报率的均值和方差就不再是资产配置均值－方差优化的充分衡量标准了。

在描述回报率分布时，另外一个有用的且使用越来越多的工具是 Z 值（Z-score）。一个按百分率排序的 Z 值代表一个样本观测值高于或低于正态分布均值的标准差的数量。例如，在一个正态分布中，第 95 分位的 Z 值得分为 1.645，说明正态分布中的第 95 分位高于第 50 分位或均值 1.645 个标准差。

### 预期回报率的估算

资产配置需要估算每种资产类别未来的预期回报率。一般来说（不是在所有情况下），投资者在很大程度上依赖资产类别过去和历史的算术平均回报模式来预测未来的回报，并进行适当调整，以反映投资者对金融市场状况、影响特定资产类别的供求因素和其他情况的预期。使用前几年的回报作为未来回报的参考，需要假设回报模式随时间变化表现出一定的平稳性。事实上，回报模式确实会随着时间的推移而变化，投资者需要以谨慎和切合实际的态度对待数据和预测。

预测回报率的工作分三步：（1）投资者选择一个无风险的基准回报率；（2）投资者为每一种资产设定一个市场风险溢价率；（3）将无风险基准回报率加上风险溢价率就是这类资产的预期回报率。图 3-8 给出了两个计算预期回报率的案例。

图 3-8 中的第一个预期回报率案例就是计算大公司股票预期回报率。其预期回报率为 12%，等于 6% 的股票风险溢价率加上 6% 无风险基准回报率（美国 30 年期国债回报率）。近年来，人们针对两个问题进行了大量讨论：

（1）美国 10 年期、30 年期国债回报率能否代表无风险基准回报率；（2）资产的风险溢价率为什么是 6%、4%、2% 或者 0%？不管投资者自己对这两个问题的看法如何，这种常用的估计预期回报率的方法都是值得参考的。

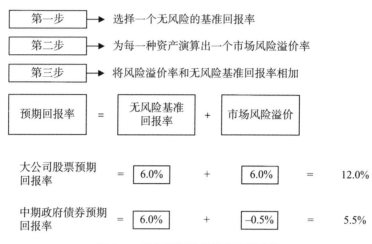

图 3–8　两个预期回报率的示例计算

图 3–8 中的第二个例子是计算中期政府债券的预期回报率，即用 6% 无风险基准回报率加上 –0.5% 风险溢价率，最终得到 5.5% 的预期回报率。

由于使用历史数据来高度确定地预测未来有一些潜在错误，以及需要考虑未来的意外结果，因此投资者需要为预期回报率设定一个范围，以此来预测和表达投资组合的未来预期回报率。

## 资产和投资组合的风险

### 风险的定义和类型

风险虽然有好几种不同的定义，但各自都有同等重要的意义和道理。纽约联邦储备银行发行的 2000 年 10 月期《经济政策评论》（*Economic Policy Review*）中，资本市场风险咨询公司（Capital Market Risk Advisors）的莱斯莉·拉尔（Leslie Rahl）给出了一份清单，其中列出了金融机构面临的 48 种风险。一些投资者把风险看作损失的可能性，或者实际发生的损失。投资者对风险的容忍度差别很大，甚至同一个投资者，在不同的金融市场情况下或者不同的时间周期里，对风险的容忍度也会有变化。对长期投资者而言，回报率波动不是主要风险；通货膨胀导致购买力下降才是主要风险。对短期投资者而言，亏损要比通货膨胀更重要。第 9 章的表 9–3、表 9–4、表 9–5 和风险规避矩阵（见表 9–6）给出了一些风险管理和控制的实用建议。

许多常用的风险测量方法都要使用历史数据，因此这些方法会随着时间的推移而改变，我们应该小心谨慎地对待各种风险测量方法。某些风险发生的概率很低，和 / 或发生后给投资组合带来的损失也不严重。很多投资者将这一类风险看作非实质性风险。为了进一步探究金融风险，我们提供三个资源，以便读者获得更多风险方面的信息。

1. 2000 年 4—6 月《金融时报》的"管控风险"系列专栏，共 10 部分，介绍了风险的识别、测量和管理技术。
2. 风险矩阵网站（riskmetrics.com）提供了 9 个风险管理规则。
3. 全球风险管理专业人士协会（Global Association of Risk Professionals）网站上提供的几个与风险有关的参考来源。

从更严谨的统计学的角度来看，风险可以被定义为资产或投资组合的投资回报率与预期回报率相比的不确定性——用波动率或者标准差表示。尽管波动率可以被量化描述，但投资者对波动的容忍度具有主观性，很难精确描述。除资产价格风险或不确定性风险之外，投资者还要面对其他定量的和定性的风险，比如通货膨胀或购买力风险、商业周期风险、汇率风险、信用违约风险、事件风险、流动性风险、提前赎回风险、再投资风险和系统性风险。许多金融市场参与者都利用在险价值（VAR）来测量市场风险。这种方法假定资产的盈亏都服从正态分布，以此来计算投资组合的整体风险。例如，在险价值通过亏损百分比来测量风险：根据历史上某一特定时间（如一周的回报率），计算超过 5% 亏损的百分比可能性，这种测度就被称为 95% 或一周 VAR。有关 VAR 的介绍，可以参考网站 contingencyanalysis.com。

$M^2$（M-squared）作为一种工具，被越来越多地用于测度风险调整后的回报率。这个术语是以它的两个提出者弗兰科·莫迪利安尼（Franco Modigliani）和李·莫迪利安尼（Leah Modigliani）的名字命名的。当一个投资组合的波动率调整到市场整体波动率的水平时，这个风险调整之后的回报率就是 $M^2$。如果 $M^2$ 超出其市场的基准回报率，就表明投资组合在承担了与市场一致的风险的情况下，其回报率超过了市场水平；反之，如果 $M^2$ 低于其市场的基准回报率，表明投资组合在承担了与市场一致的风险的情况下，其回报率低于市场水平。

在一个资产类别中，市场上广泛存在的无法通过多元化来分散的风险被称为系统性风险，可以通过多元化分散的风险被称为非系统性风险。每一项用于投资的资产都存在系统性风险和非系统性风险。

## 方差和标准差

当投资者用单个资产的所有回报率减去回报率的均值，出现的结果可能是正的，也可能是负的。我们将这些正的或负的差异称为离差（deviation）。为了消除正负差异的影响，将离差的平方加在一起后取平均值，可以得到方差。方差的平方根就是标准差。标准差描述的是一系列数据偏离其均值的离散程度或波动性，是描述回报率分布的重要指标。简单来说，标准差测度的是回报率靠近预期平均回报率的可能性。表 3-2 计算了 1997—2006 年的 10 年间纳斯达克综合指数回报率的方差和标准差（使用年频数据）。

表 3-2                         **方差和标准差的计算**

| 年份 | 纳斯达克综合指数价格回报率（1997—2006 年） | | | 离差的平方 |
|------|------|------|------|------|
| | 年数 | 回报率（%） | 与平均值的离差 | |
| 1997 | 1 | 21.6 | 9.2 | 84.4 |
| 1998 | 2 | 39.6 | 27.2 | 738.9 |
| 1999 | 3 | 85.6 | 73.1 | 5349.1 |
| 2000 | 4 | −39.3 | −51.7 | 2676.7 |
| 2001 | 5 | −21.1 | −33.5 | 1122.3 |

续前表

| 年份 | 纳斯达克综合指数价格回报率（1997—2006 年） | | | 离差的平方 |
|---|---|---|---|---|
| | 年数 | 回报率（%） | 与平均值的离差 | |
| 2002 | 6 | −31.5 | −44.0 | 1933.7 |
| 2003 | 7 | 50.0 | 37.6 | 1410.8 |
| 2004 | 8 | 8.6 | −3.9 | 14.9 |
| 2005 | 9 | 1.4 | −11.1 | 122.6 |
| 2006 | 10 | 9.5 | −2.9 | 8.6 |
| 10 年总计 | | 124.47 | | 1346.2 |
| 年算术平均数或者平均值 = | | 12.4% | 方差 = | 1346.2 |
| | 标准差 $=\sqrt{1346.2}=36.7\%$ | | | |

资料来源：作者及彭博公司。

要计算年度回报率的离差，只需用每一年度的回报率减去 10 年间回报率的均值 12.4%。然后将每个离差的绝对值平方相加，得出一个方差。求方差的平方根得到标准差 36.7%，标准差的单位和样本数据的单位是一样的。用数据来说，在这 10 年间的某一年里，投资者投资纳斯达克综合指数，大约有 67.1 的可能性获得的回报在 −24.3%（平均回报率 12.4% 减去标准差 36.7%）和 49.1%（平均回报率 12.4% 加上标准差 36.7%）之间。

一般来说，如果回报率的标准差大，就说明投资一项资产的实际回报率很可能与预期回报率差别比较大。一系列数据的标准差衡量的是回报率与算术平均数的偏离，而不是与几何平均数的偏离。根据统计习惯，投资者衡量的是相对于简单平均数（算术平均数）的标准差。由于较大的回报率波动对应的是较高的标准差，较低的复合几何回报率与高标准差水平相结合，较高的复合几何回报率与低标准差水平相结合，两者从数学的角度来看结果相同。图 3–9 中很好地演示了这种关系。

如图 3–9 所示，在某个时间段内，尽管复合几何回报率 8.9% 伴随着高达 25% 的相对较高标准差，但它在效果上与算术平均回报率 12% 相当。在同一时间段，复合几何回报率 11.5% 伴随着相对较低的标准差 10%，也会产生与算术平均回报率 12% 相同的数学结果。换言之，给定的算术平均回报率

（如 12%）可能会带来较低（较高）的复合几何回报率和较高（较低）的标准差。

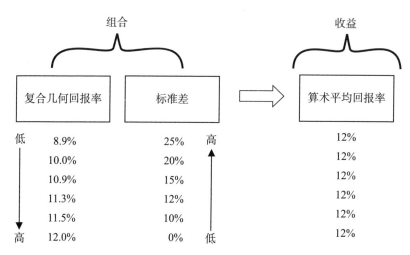

**图 3-9　几何回报率、标准差以及算术回报率**

资料来源：作者及 R. D. 阿尔诺特（R. D. Arnott）和 R.D. 亨里克森（R. D. Henriksson）1989 在《金融分析家》杂志发表的《全球资产配置系统化策略》（*A Disciplined Approach to Global Asset Allocation*）一文。

以周、月、季或年为单位的回报率计算出的标准差，描述的也是相同时间段的回报率分布特征。将以周、月或季为单位的标准差转换为以年为单位的标准差较复杂，不是简单地将周、月或季度的标准差分别乘以 52、12 或 4。投资者需要用周、月或季的标准差分别乘以 52 的平方根、12 的平方根或 4 的平方根。

不同周期的回报率标准差可能差异较大。例如，周回报率或月回报率可能会比年回报率表现出更大的波动性。一些资产类别（如国债或不动产的评估价值）的月回报率、季回报率的波动性要小于年回报率的波动性。实际上，许多投资者都运用周或月回报率数据，尽可能多地获取信息资源，以此为基础，转换成年化回报率数据和标准差。

半方差是专门描述负回报率或者低于均值的回报率的波动性的方差。当回报率没有对称地分布在平均值两侧时，尤其当投资者对低于平均值的回报率的反应强于对高于平均值的回报率的反应时（或者低于平均值的收益的概率比高于平均值的收益的概率高时），这种衡量方法是有用的。否则，半方差就只相当于一半的方差。计算半方差与计算方差的方法类似：将所有低于回报率均值的回报率拿出来，用这些数据减去回报率均值，再将得到的平方相加。半方差的平方根被称作半标准差。进一步说，半方差是下方差（downside variance）的特殊情况。计算下方差时，用某一特定的回报率来替代半方差计算中的回报率均值。下方差评估的是低于某一个目标回报率的可能亏损。目标半方差（target semi variance）或低于目标风险（below-target risk），描述了低于目标回报率的风险程度，它将注意力放在向下的波动，而不是同时关注上下两个方向的波动。与此相关的另一个测度工具是低于目标概率（below-target probability），它评估的是未能达到一个特定目标回报率的概率，并对所有低于目标回报率的损失同等看待，而忽视它们的真实水平。

虽然标准差不是万能的，但如果投资者能够正确地理解和运用它，它将成为我们手头有力的工具。它可以帮助投资者预测风险的一个关键因素——回报率的波动程度或离散程度。尽管从理论上讲，一项资产的回报率有可能在没有任何下行风险的情况下产生较高的标准差，但大多数具有高标准差的资产往往可能会遭受损失，或产生负收益。关注标准差是投资者关注风险和自身风险承受能力的一种方式，而不是一种过度追求高收益的表现。

## 协方差

根据现代投资组合理论，以及与市场投资组合、市场有效性和其他假设有关的观点，一项资产的预期回报率与它的风险相关。换句话说，一项资产的回报率（1）与该资产与投资组合中其他资产的协方差相关，但（2）与该资产的回报率同自己的历史回报率或预期回报率的方差（或它的平方根，即标准差）无关。假设组合中的其他资产是整个市场的资产，那么该资产的预期回报率由该资产与整个市场资产的协方差的线性关系决定。

协方差衡量的是两种资产回报率之间的联动变化程度，或两种资产回报率一起移动的程度。一些投资者使用协方差来衡量一对资产的收益是趋向于同一个方向（正值）还是相反的方向（负值）。在统计学中，协方差是两个变量各自与其均值偏差的乘积的平均值。两种资产的协方差计算不依赖于它们在投资组合中的具体数量或比例。两种资产的回报率协方差是每种资产的回报率与其自身预期平均回报率偏差的乘积的平均值。根据定义，协方差是针对每两类资产计算出来的。因此，增加投资组合中的资产数量会导致计算量大幅增加。

在计算协方差时，一个包含两种资产的组合只需要计算一次协方差；一个包含 10 种资产的组合需要计算 45 次协方差；而一个包含 100 种资产的组合需要计算 4950 次协方差。用数学语言来说，协方差的计算次数等于 $n/2$ 乘 $(n-1)$，其中 $n$ 为投资组合中资产的数量。

表 3–3 计算了最近 5 年标准普尔 500 指数和标准普尔 400 中盘股指数的回报率之间的协方差和相关性。

表 3–3　　　　　几何回报率、标准差以及算术回报率

| 年份 | 年数 | 标准普尔 500 指数总收益（%） | 标普 400 中盘股指数总收益（%） | 标准普尔 500 指数与其年算术平均回报率的差（%） | 标准普尔 400 中盘股指数与其年算术平均回报率的差（%） | 离差的乘积 |
|---|---|---|---|---|---|---|
| 2002 | 1 | −22.1 | −14.5 | −29.7 × | −26.6 = | 0.0791 |
| 2003 | 2 | 28.7 | 35.6 | 21.1 × | 23.5 = | 0.0495 |
| 2004 | 3 | 10.9 | 16.5 | 3.2 × | 4.4 = | 0.0014 |
| 2005 | 4 | 4.9 | 12.6 | −2.7 × | 0.5 = | −0.0001 |
| 2006 | 5 | 15.8 | 10.3 | 8.2 × | 1.8 = | −0.0014 |
| 年算术平均回报率（%） | | 7.6 | 12.1 | | | 0.1284 |
| 回报率的标准差（%） | | 16.8 | 16.0 | | | |

协方差 = 离差乘积的平均数 =（0.1284 ÷ 5）= 0.0257

$$相关性 = \frac{协方差}{标准普尔500指数的标准差 \times 标准普尔400中盘股指数的标准差} = \frac{0.0257}{0.168 \times 0.160} = 0.95$$

资料来源：作者及彭博公司。

假定每种资产的标准差不变，两个资产之间的协方差越低，它们之间的相关性就越低，两种资产合在一起的波动性或者标准差就越低。要计算协方差，第一步，投资者必须先计算每个指数的算术平均回报率。第二步，计算每年的回报率与各自指数回报率均值的离差。第三步，将差值相乘。第四步，将这些乘积相加，并除以年数，从而得出协方差。第五步，将两种指数的回报率的协方差除以它们的标准差的乘积，得出相关系数。表 3–3 中，示例计算出的标准普尔 500 指数和标准普尔 400 中盘股指数的年回报之间的协方差为 0.0257，二者的回报率之间的相关系数为 0.95。下面，我们来讨论测度相关性的作用和意义。

## 相关性

交叉相关系数经常被称为相关系数或相关性，是表示两组序列数据之间关联程度的有效描述方式。在一定程度上，资产配置的核心工作之一便是寻找具有稳定的较低（甚至是负的）相关系数的成对资产和资产类别。

通过计算两组序列数据的协方差除以它们的标准差乘积，从而算出它们之间的相关系数，这个系数衡量的是两个变量之间线性关系的强弱。一组数据的分布特征及其和第二组数据之间的相关系数，决定了第二组数据模式的可预测性。序列相关系数，又称自相关系数，是相关系数的一种特殊形式。即时间序列数据与其之前的值具有相关性，或者说可预测性。一组有着低相关系数的时间序列数据的稳定性和可预测性会较低；反之，则具有较高的稳定性和可预测性。表 3–4 进一步说明了这一点。

表 3–4　　　　　　　1926—2006 年 1 年期回报率的相关性

| 项目 | 大公司股票 | 小公司股票 | 长期公司债券 | 长期政府债券 | 中期政府债券 | 美国国债 | 通货膨胀率 |
|------|-----------|-----------|-------------|-------------|-------------|---------|-----------|
| 大公司股票 | 1.00 | | | | | | |
| 小公司股票 | 0.79 | 1.00 | | | | | |
| 长期公司债券 | 0.19 | 0.08 | 1.00 | | | | |
| 长期政府债券 | 0.12 | −0.02 | 0.93 | 1.00 | | | |

续前表

| 项目 | 大公司股票 | 小公司股票 | 长期公司债券 | 长期政府债券 | 中期政府债券 | 美国国债 | 通货膨胀率 |
|---|---|---|---|---|---|---|---|
| 中期政府债券 | 0.04 | −0.07 | 0.90 | 0.90 | 1.00 | | |
| 美国国债 | −0.02 | −0.10 | 0.20 | 0.23 | 0.48 | 1.00 | |
| 通货膨胀率 | −0.02 | 0.04 | −0.15 | −0.14 | 0.01 | 0.40 | 1.00 |
| 序列相关系数[1] | 0.03 | 0.06 | 0.08 | −0.08 | 0.15 | 0.91 | 0.65 |

注：1. 所有估计的标准误差是0.12。给定误差边际为0.12时，表中给出的离到期时间比较长的资产（大公司股票、小公司股票、长期公司债券和长期政府债券）的序列相关系数为0或者接近0。这一点印证了一句格言——过去的投资表现不能代表短期内的未来业绩。
资料来源：美国晨星公司下属的伊博森咨询公司的《股票、债券、国库券、通货膨胀：2007年年鉴》。

　　最基本的描述就是，如果两组数据之间有正相关系数，说明它们在同一时间朝大致相同的方向移动（也就是说，当一种资产的回报率上升时，另一种资产的回报率也是上升的）。或者说，负相关系数意味着在同一时间，它们朝相反的方向移动（也就是说，当一种资产的回报率上升时，另一种资产的回报率却下降了）。零相关系数说明两组数据没有线性相关关系。

　　图3-10阐述了两种资产类别的回报率之间的三种相关性。

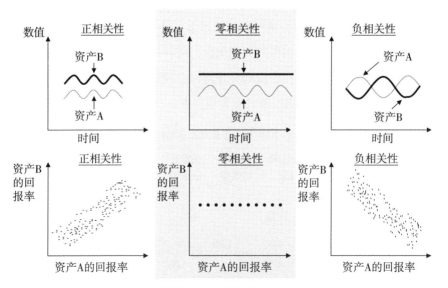

图3-10　正相关性、零相关性和负相关性的图示

相关系数的取值范围是 –1 到 1。在图 3–10 左边的两个图中，资产 A 和资产 B 之间的正相关性表明，当资产 A 的回报率高于（或低于）其平均回报率时，资产 B 的回报率也很可能高于（或低于）其平均回报率。在中间的两个图中，资产 A 的回报率和资产 B 的回报率之间是零相关性，也就是说它们之间没有关联。在右边的两个图中，资产 A 的回报率和资产 B 的回报率之间存在负相关性。在这种情况下，当资产 A 的回报率高于（或低于）其平均回报率时，资产 B 的回报率很可能会低于（或高于）其平均回报率，也就是与资产 A 的变化恰恰相反。

一对资产或资产类别（如长期国债和股票的回报率）之间的相关性可能会随时间的不同呈现出较大的差异。图 3–11 描述了两类资产的回报率在不同相关性水平下，对它们的投资组合的标准差和回报率的影响情况。

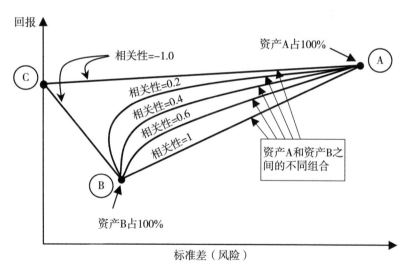

**图 3–11　不同相关性下两种投资组合的风险 – 回报率特征**

在图 3–11 中，A 点表示在配置 100% 的资产 A 时，投资组合的标准差和回报率是多少。B 点表示在配置 100% 的资产 B 时，投资组合的标准差和回报率是多少。从 A 点到 B 点之间的直线表示，在两种资产相关性为 1.0 的情况下，资产 A 与资产 B 以不同的比例混合时，投资组合的风险和回报率特征。

在不同相关性的情况下（如0.6、0.4、0.2，以及极端的情况–1.0），两种资产不同组合的风险–回报率曲线开始向最有利的位置移动，也就是向左上方（高风险，低风险）移动。

当这个示例中的相关性逐渐降低时，资产A和资产B组合的标准差也越来越低。从图3–11可以看出，当资产A和资产B的相关性是–1.0时，投资者可以构建一个组合（点C），回报率为正，标准差（风险）为零。当然，在实际中，我们很难找到两个相关性为–1.0的资产。

表3–4包含了1926—2006年间6种美国资产及通货膨胀率分别与自身的相关性。我们使用的回报率是持有这些资产1年所获得的回报率，表格中给出了相关性矩阵。

在表3–4中，对于1年持有期来说，在这81年间，大公司股票回报率与小公司股票回报率的相关系数为0.79，与长期公司债券回报率的相关系数为0.19。有趣的是，1926—2006年期间，大公司股票的回报率的自相关系数几乎为零，这说明大公司股票这一年的回报率与下一年的回报率之间几乎没有关联。

表3–5包含了1997—2006年间11种资产月持有期的回报率、标准差和相关性。这11种资产包括美国股票和国际股票、高收益债券、不动产投资信托、大宗商品和风险投资。

在表3–5中，相关性的分布范围是非常广的：美国大盘股和整个美国股票市场的相关系数最高，为0.99；美国大盘股和不动产投资信托之间的相关系数最低，为0.01。负相关性出现最多的是美国投资级债券（U.S.investment grade bonds）与其他资产的相关关系；现金（30天美国国债）也与其他10种资产中的6种表现出了负相关性。

在分析表3–5中给出的数据时，我们需要注意，这些相关性代表的是10年间的平均值。有的资产可能只表现出了与其他资产相对较低的相关性，而成为可以降低风险（标准差）的一种资产候选。例如，欧洲、澳大利亚与远东（EAFE）股票和新兴市场股票与美国大公司股票之间的相关性分别为0.78和0.33。但投资者应该注意，当金融危机发生时，许多资产的相关性可能会飙升到 0.75 ~ 0.80，甚至更高，从而影响或消除正常预期下多元化分散风险的效果。

在一个资产类别中，$R^2$（判定系数）是一个非常重要的测度工具，它表示某个资产类别的回报率波动在多大程度上能够被该类资产的代表指数所解释。例如，$R^2$ 值为 0.75 意味着，用于代表该资产类别的特定指数的回报率，能够解释通过某种投资方式（如共同基金、投资合伙企业、独立账户管理公司、单位信托基金或其他投资工具）投资于该资产类别所获得的回报率波动的 75%。在这种情况下，投资于该资产类别的回报率波动的 25% 可能归因于与指数无关的影响因素，如投资选择、市场时机、投资权重过高或过低，抑或其他因素。

## 风险和收益

有了风险和收益的工具和定义，投资者就可以结合这些想法来检查在资产配置和投资组合构建中出现的权衡和选择。旨在通过寻找彼此明显不同的资产来实现多元化从而分散风险的投资者应该检验：（1）为了获得更高的预期回报率，他们必须承担与一种资产或资产类别相关的多少额外风险（标准差）；（2）他们必须放弃多少预期回报才能将风险降低到他们能接受的水平；（3）主要资产类别的风险和回报的历史模式。

图 3–12 给出了 1945—2006 年的 62 年间几类主要资产类别的风险回报特征。

在图 3–12 中，各点之间连成的线被称作资本配置线。对资产类别而言，风险越高，回报率越高。美国国债的标准差为 3.0%，年化回报率为 4.5%。公司债券的标准差为 9.6%，年化回报率为 6.0%。高收益债券的标准差为 10.8%，年化回报率为 7.2%。美国大公司股票的标准差为 16.9%，年化回报率为 11.9%。美国小公司股票的标准差为 25.3%，年化回报率为 14.6%。风险投资的标准差非常高，达到了 35.1%，年化回报率为 15.8%。在图 3–12 中，更高的风险一般对应更高的回报率，持有这些资产类别 10 ~ 20 年的时间，

表 3-5　　　回报率、标准差和相关性数据（1997—2006 年）

| | 10 年期年化回报率相关性 | | | |
| | 年化回报率 | | （1） | （2） | （3） |
| 资产类别 | 1997—2006 年 | 风险（标准差） | 美国大公司股票[1] | 整个美国股票市场[2] | 欧洲、澳大利亚与远东股票市场（EAFE）[3] |
|---|---|---|---|---|---|
| （1）美国大公司股票 | 8.4% | 19.1% | 1.00 | — | — |
| （2）整个美国股票市场 | 8.5 | 18.6 | 0.99 | 1.00 | — |
| （3）欧洲、澳大利亚与远东股票市场（EAFE） | 7.7 | 20.8 | 0.78 | 0.82 | 1.00 |
| （4）新兴市场股票 | 9.4 | 33.8 | 0.33 | 0.44 | 0.71 |
| （5）高收益债券 | 7.4 | 8.9 | 0.54 | 0.61 | 0.58 |
| （6）不动产投资信托 | 14.5 | 17.9 | 0.01 | 0.07 | 0.14 |
| （7）风险投资 | 17.7 | 87.2 | 0.38 | 0.40 | 0.39 |
| （8）大宗商品 | 3.2 | 14.0 | −0.26 | −0.20 | 0.00 |
| （9）美国投资级债券 | 6.2 | 4.0 | −0.39 | −0.47 | −0.74 |
| （10）非美国政府债券 | 3.9 | 10.6 | 0.21 | 0.20 | 0.37 |
| （11）现金 | 3.7 | 1.8 | 0.14 | 0.05 | −0.24 |

注：1. 标准普尔 500 指数；2. 威尔逊 5000 指数；3. 明晟 EAFE 股票总回报指数；4. 明晟新兴市场自由红利指数；5. 高收益（瑞士信贷上 / 中等级）指数；6.NAREIT 不动产投资信托指数；7. 康桥汇世美国风险投资指数；8. 商品研究局总回报指数；9. 雷曼兄弟美国综合债券指数；10. 摩根大通全球（除美国外）债券指数；11. 花旗集团美国国债（90 天）指数。

| 10 年期年化回报率相关性 | | | | | | | |
|---|---|---|---|---|---|---|---|
| （4） | （5） | （6） | （7） | （8） | （9） | （10） | （11） |
| 新兴市场股票[4] | 高收益债券[5] | 不动产投资信托[6] | 风险投资[7] | 大宗商品[8] | 美国投资级债券[9] | 非美国政府债券[10] | 现金[11] |
| — | — | — | — | — | — | — | — |
| — | — | — | — | — | — | — | — |
| — | — | — | — | — | — | — | — |
| 1.00 | — | — | — | — | — | — | — |
| 0.52 | 1.00 | — | — | — | — | — | — |
| 0.24 | 0.57 | 1.00 | — | — | — | — | — |
| 0.48 | 0.16 | −0.36 | 1.00 | — | — | — | — |
| 0.24 | 0.07 | 0.42 | −0.04 | 1.00 | — | — | — |
| −0.93 | −0.29 | −0.03 | −0.60 | −0.11 | 1.00 | — | — |
| −0.03 | 0.45 | 0.03 | −0.30 | −0.13 | 0.14 | 1.00 | — |
| −0.45 | −0.53 | −0.28 | 0.33 | −0.47 | 0.27 | −0.47 | 1.00 |

其最终价值也会变得更高。表 3-6 向我们演示了这样的金融事实。

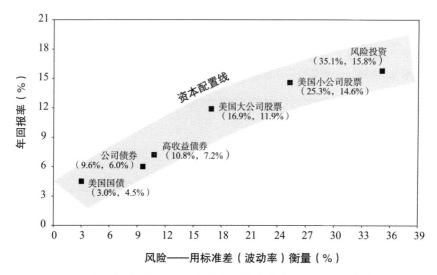

**图 3-12 所选资产类别的历史风险和收益（1945—2006 年）**

注：在 1997—2006 年间，上述资产类别的风险（标准差）和收益指标分别为：美国国债
（1.8%，3.7%）；公司债券（4.0%，6.2%）；高收益债券（8.9%，7.4%）；美国大公司股票
（19.1%，8.4%）；美国小公司股票（11.6%，14.7%）；风险投资（87.2% 和 17.7%）。
资料来源：摩根士丹利投资研究、明晟公司、空间基金管理公司、康桥汇世、标准普尔、
伊博森咨询公司、晨星。

如表 3-6 所示，1945—2006 年间的美国国债的标准差为 3.0%，年平均
回报率为 4.5%。这意味着投资者每承担 1% 的风险（标准差），市场将给予
1.5% 的平均年回报率。

假定从长期来看，投资者持有美国国债并获得了市场平均水平的收益，
即 1 美元的本金在 10 年后增值为 1.55 美元，20 年后增值为 2.41 美元。持有
10 年的美国国债，在 1% 的波动（标准差）投资期末将实现（税前）0.52 美
元的收益；持有 20 年的美国国债，在 1% 的波动（标准差）下，投资期末将
实现（税前）0.54 美元的收益。

在风险收益特征的另一端，投资者投资 1 美元的风险投资，10 年后增值
为 4.34 美元，20 年后增值为 18.80 美元。持有 10 年，在 1% 的波动（标准
差）下，投资期末将实现（税前）0.12 美元的收益；持有 20 年，在 1% 的波
动（标准差）下，投资期末将实现（税前）0.54 美元的收益。

表 3-6  每单位标准差的回报率

| 资产类别 | 1945—2006 年 | | 每单位标准差的年回报率（%） | 1 美元投资的预期最终价值 | | 每单位标准差承载的资产 | |
| --- | --- | --- | --- | --- | --- | --- | --- |
| | 标准差（%） | 年回报率（%） | | 10 年持有期回报（美元） | 20 年持有期回报（美元） | 10 年持有期回报（美元） | 20 年持有期回报（美元） |
| 美国国债 | 3.0 | 4.5 | 1.50 | 1.55 | 2.41 | 0.52 | 0.80 |
| 公司债券 | 9.6 | 6.0 | 0.63 | 1.79 | 3.21 | 0.19 | 0.33 |
| 高收益债券 | 10.8 | 7.2 | 0.67 | 2.00 | 4.02 | 0.19 | 0.37 |
| 美国大公司股票 | 16.9 | 11.9 | 0.70 | 3.08 | 9.48 | 0.18 | 0.56 |
| 美国小公司股票 | 25.3 | 14.6 | 0.58 | 3.91 | 15.26 | 0.15 | 0.60 |
| 风险投资 | 35.1 | 15.8 | 0.45 | 4.34 | 18.80 | 0.12 | 0.54 |

## 贝塔值

除了使用标准差来作为一项资产回报率方差或资产本身平均回报的风险特征的衡量指标，我们还可以使用另一个衡量指标（即资产的贝塔值）来衡量资产对市场整体变动的敏感度。贝塔值可以帮助投资者把一项资产的风险分为市场风险和特定风险两部分，代表了该资产在投资组合风险中所占的比重。

一项资产的贝塔值被定义为该资产的协方差除以整体市场的方差。换句话说就是，该资产的标准差乘以资产与整体市场的相关系数，再除以市场的标准差。它们之间的关系可以用具体的计算公式来描述，同时公式也揭示了资产的贝塔值与其标准差之间存在什么样的联系和区别。公式如下：

$$某项资产的贝塔值 = \frac{该资产的协方差}{市场的方差}$$

$$某项资产的贝塔值 = \frac{该资产的标准差 \times 该资产与市场的相关系数}{市场的标准差}$$

一项资产的贝塔值衡量的是该资产无法在市场范围内进行分散的系统性风险。贝塔值大于1表明这项资产的价格波动幅度比市场价格波动幅度更大，风险比整体市场更高。贝塔值等于1表明，这项资产价格的变动幅度与市场价格变动幅度完全相同，其风险与市场整体风险相当。贝塔值小于1表明，这项资产价格的变动幅度要比市场价格变动幅度小，它的风险要比市场整体风险低。

因为贝塔值反映了市场指数上行或者下行时该资产上行或下行的力度，所以许多投资者把贝塔值与判定系数（一项资产的回报率的波动在多大程度上可由市场指数的波动来解释）一起使用。

通常情况下，贝塔值的取值范围是0到2或3之间。以股票为例，20世纪90年代末，高贝塔值行业包括航空、电子和耐用品（贝塔值在1.5 ~ 2.0之间），低贝塔值行业包括能源、公共事业和银行（其贝塔值在0.6 ~ 0.9之间）。指数基金（如一只标准普尔500指数基金）的贝塔值通常会非常接近于 1，因为它们就是整个市场移动的一面镜子。

一个投资组合或基金对其所遵循的指数的偏离被称作循迹误差（tracking error）。循迹风险是以下两个回报之间的标准差：（1）投资组合或基金；（2）一个被选定的指数，它代表的是一个投资组合或基金与一个基准市场指数的回报率之间的差异。循迹风险代表了投资组合的回报率与基准指数的回报率之间的差异程度。与此类似，损失风险（shortfall risk）测度的是一个资产的回报率低于目标回报率的概率。例如，如果投资者希望有 85% 的确定性至少获得 5% 的回报率，回报率低于 5% 的概率是 15%，那么他必须通过资产配置，把回报率低于 5% 的概率控制在 15% 之内。

损失风险与在险价值类似，它考虑了资产回报率分布的整个结构，并衡量了由于回报率低于特定百分位数或置信水平（如 95%、98% 或 99%）而导致的资本损失。这意味着如果其结果分别是回报率的第 95 百分位、第 98 百分位或第 99 百分位，那么投资者将使用在险价值来预测投资组合的价值损失是多少。众多金融市场参与者使用在险价值来重点关注回报率分布极端情况下负面事件的大小和构成。

图 3-13 画出了一项资产的贝塔值和阿尔法值（下文会有更详细的介绍），阿尔法是一个测度不能归因于市场或投资风险水平的回报率的工具。

图 3-13 表明一项资产的贝塔值等于该资产收益特征线的斜率（它的纵坐标增加量除以横坐标增加量），它描述了资产回报率与市场整体回报率之间的关系。根据前面已经给出的统计学概念，$R^2$ 描述了数据点与资产收益特征线的靠近程度，这样就清晰界定了该资产回报率与基准资产回报率之间的关系。$R^2$ 值为 0 时，说明该资产回报率与市场基准回报率之间的相关性为零；$R^2$ 值为 100 时，说明二者完全正相关，相关系数是 +1。

投资者常常用 $R^2$ 值来估算数据点与回归线的靠近程度。该回归线是一个统计过程，这里使用最小二乘法来对资产回报率和基准回报率进行拟合回归，计算出最合适的贝塔值。

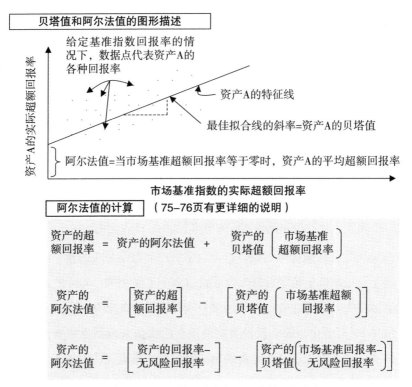

为了计算一个资产的阿尔法值，当市场基准指数回报率为20%且无风险回报率（即90天国债回报率）为3.5%时，贝塔值为1.2，资产的回报率为25%，将这些值代入公式：

$$阿尔法值 = (25\% - 3.5\%) - [1.2\,(20\% - 3.5\%)]$$
$$= 21.5\% - 1.2\,(16.5\%)$$
$$= 21.5\% - 19.8\%$$

$$\boxed{阿尔法值 = +1.7\%}$$

图 3-13　贝塔值和阿尔法值的图示以及阿尔法值的计算

## 资本资产定价模型

根据资本资产定价模型（CAPM），一项资产的风险等于它的贝塔值，对于不同资产平均回报率的不同，完全可以用它们的贝塔值不同来解释。这个概念很贴近图 3-8，它给出了估算预期回报率的过程。一个资产的回报率由无风险利率加上这个资产的风险补偿来决定。这个附加的回报率用来补偿资产高于或低于无风险基准回报率的额外风险。例如，只有当整个市场表现较好时，高贝塔值的资产才会产生比较高的回报率，而当整个市场表现较差时，它会产生相对较低的回报率，所以，持有高贝塔值资产的投资者需要对这种风险进行补偿。

资产或证券特有的风险等于下面等式中 的标准差。在这个等式中，资产的总超额回报率（即高于无风险基准回报率）等于资产的贝塔值乘以指数或市场基准风险溢价，再加上阿尔法值和∑。

资产的总超额回报率 = 阿尔法值 + 贝塔值 × 市场基准超额回报率 +∑

根据这一等式，如果一项资产的贝塔值为 1.4，市场风险溢价增加了 3%，资产的总超额回报率将增加 1.4 乘以 3%（即 4.2%），再加上 ∑（它代表资产的特定风险）。实际上，作为一个整体的多元化投资组合，其每一种资产的或正或负的 ∑ 值常常会彼此抵销。所以，一个充分多元化资产配置的贝塔值常常被认为是资产配置对一个基准市场指数的总体变动反应程度的一个较好的近似代表。

在实践中，关于历史资产回报率与 CAPM 模型中以贝塔值为基础给出的回报率之间的吻合程度，学界和投资界进行了很多讨论。尽管没有形成定论，但有人认为，贝塔值较高的资产实际上补偿了投资者承担的额外风险；同样地，也有人认为，低贝塔值资产的平均回报率要比 CAPM 预测的回报率高一些。造成这种现象的一个原因，可能是资产的风险（或其贝塔）会随着时间的推移而变化。投资者应该注意用来计算资产贝塔值的数据是不是最近的数据，因为这些数据容易失效。一些受人尊敬的金融学者认为贝塔值不应该是描述资产收益随时间变化的单一因素，这为多因素模型打开了大门。

## 阿尔法值

许多投资者认为，阿尔法值就是资产预期超额回报率与实际回报率的差。按照这样的观点，阿尔法值表示的是，在假定相对于市场基准指数波动性的前提下资产产生的回报率高于、等于或低于预期回报率的程度。从这个意义上讲，阿尔法值衡量的是实际回报率与该资产通过贝塔值预测的回报率相比，该资产的表现是更好还是更差。如果一项资产的回报率比贝塔值预测的回报率高，那我们认为该资产的阿尔法值为正，反之为负。有的投资者将阿尔法值看成残余风险，或者选择风险。

图 3-13 展示了如何计算一项资产的阿尔法值，比如单个证券、单个基金或某个投资组合。图中画出了在给定代表市场的基准指数的各种实际超额回报率的前提下，一项资产的各种已实现的超额回报率（即高于无风险回报率的回报率）。

根据 CMT，一项资产的超额回报率就是它的阿尔法值加上贝塔值乘以市场基准超额回报率（或市场基准回报率减去无风险回报率，无风险回报率一般使用 90 天美国国债回报率）。

重新组合一项资产的超额回报率的基本等式，就可以得到一项资产的阿尔法值的基本等式：阿尔法值等于该资产的超额回报率减去贝塔值乘以市场基准的超额回报率。因此，资产的阿尔法值由其回报率和贝塔值决定。从图形和等式来讲，当市场基准的超额回报率等于零时，资产的超额回报率的剩余部分就是它的 y 轴截距，或者说是阿尔法值。例如，图 3-13 中的示例，如果无风险回报率为 3.5%，一项资产的贝塔值为 1.2，那么当市场回报率是 20% 时，该资产的回报率为 25%，最终阿尔法值为 1.7%。

如果我们仔细观察阿尔法值、贝塔值以及绝对回报率之间的关系，就会得出很多有用的观点。例如，下面两个资产的回报率都是 25%：（1）贝塔值更低（如 0.9），阿尔法值更高（+6.65%）；（2）贝塔值更高（如 1.4），阿尔法值更低（如 -1.6%）。在上面的第二种情况里，将更高的贝塔值 1.4 和超额回报率 5% 代入图 3-13 中的等式中，我们得到的阿尔法值等于（25%-3.5%），即 21.5%，减去 1.4 乘以（20%-3.5%），即减去 23.1%，最后得出的阿尔法值为 -1.6%。

## 夏普比率

1966 年，诺贝尔经济学奖得主威廉·F. 夏普（William F. Sharpe）研究出了一种测量方法，可以估算一项资产（如一只基金、单个证券或者一类资产）相对其整体波动性产生的收益。最初，这种测量方法被称作收益－波动比率（reward-to-variability ratio），现在大家都称它为夏普比率。本质上讲，夏普比率把一项资产的平均回报率和标准差联系起来了，使其变成了一个单一的数字。

夏普比率的计算是将一项资产高于无风险回报率（如 90 天美国短期国债的回报率）的超额回报率部分除以该资产回报率的标准差：

$$夏普比率 = \frac{超额风险下的资产回报率 - 无风险回报率}{资产回报率的标准差}$$

例如，当 90 天美国短期国债的回报率为 5% 时，如果一项资产的回报率为 30%，回报率的标准差为 15%，那么该资产的夏普比率为：

$$夏普比率 = \frac{30\% - 5\%}{15\%} = \frac{25\%}{15\%} = 1.67$$

再回到图 3-2 中，我们可以计算 1926—2006 年美国大公司股票的夏普比率。在这个时期内，90 天美国国债的算术平均回报率为 3.9%，而美国大公司股票的算术平均回报率为 12.3%，标准差为 20.1%。将这些数值输入等式便可以得到美国大公司股票的长期夏普比率为 0.42。具体如下：

$$夏普比率 = \frac{12.3\% - 3.9\%}{20.1\%} = \frac{8.4\%}{20.1\%} = 0.42$$

阿尔法值衡量的是一项资产相对于它的贝塔值（该资产对市场整体变动的敏感度）所获得的超额回报，而夏普比率衡量的是每单位标准差可以贡献多少超额回报。这样，投资者就获得了一个比较标准，就能够对承担不同风险的组合或者资产进行比较了。当评价一个充分多元化的投资组合时，夏普比率很有用。否则，标准差中的任何其他特定风险，都会降低以夏普比率为基准的投资组合的比较效果。

有些投资者非常关注低于某一目标回报率的风险，这时弗兰克·A. 索提诺（Frank A. Sortino）提出的索提诺比率就值得参考。索提诺比率等于一项资产的预期超额回报除以投资目标的半方差。也有一些投资者会使用杰克·L. 特雷诺（Jack L.Treynor）提出的特雷诺比率，它等于一项资产的超额回报（超过无风险回报的部分）除以贝塔值。这样一来，特雷诺比率衡量的是每承担一单位系统风险，该资产能够带来多大的无风险超额回报。

图3-14将一组特定资产的资本市场线，或者称为投资机会集（investment opportunity set），与所谓的证券市场线做了区分。

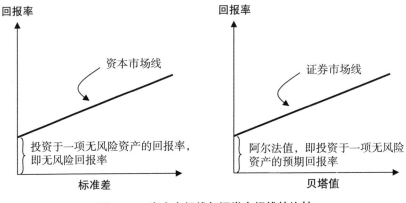

**图 3-14　资本市场线与证券市场线的比较**

一组资产的资本市场线与证券市场线的主要差别在于对回报的衡量方式。资本市场线将超额回报（超过一个无风险基准回报率的那部分回报）与该资产的标准差放在一起比较，而证券市场线将超额回报与该资产的贝塔值（即该资产对市场基准指数作为一个整体的波动的反应）放在一起比较。在图3-14中，资本市场线的斜率（每单位标准差的回报率）等于该组资产的夏普比率，而证券市场线的斜率（每单位贝塔值的回报率）等于该组资产的特雷诺比率。根据资本资产定价模型，一项贝塔值为零的资产的预期超额回报在理论上应该为零。实际上，我们在统计中发现证券市场线在$y$轴的截距可以是正值或负值。接下来的内容将资本市场线或投资机会集的概念延伸到了有效边界。

## 有效边界

当将超过两种资产的各种组合（投资组合）的回报与这些投资组合的

回报标准差绘制在同一幅图上时，结果产生了一系列投资组合，如图 3–15 所示。

图 3–15 显示投资组合 B 比投资组合 C 更好，因为它在相同的风险下产生更高的预期回报。同样地，投资组合 A 比投资组合 C 更好，因为它在较小的风险程度下产生了相同的预期回报。投资组合 C 被称为低效投资组合，在这样的投资组合中，投资者不必要地承担了额外的风险，却没有以更高回报的形式获得补偿，或者为了维持特定的风险水平，投资者不必要地放弃了更高的回报。

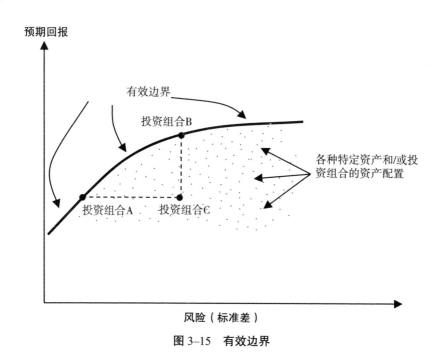

图 3–15　有效边界

对于给定的一系列投资组合，在给定的风险程度下产生最高的回报水平，或在给定的回报水平拥有最小的风险，这样的一条曲线被称为有效边界。如上所述，有效边界的弯曲程度是以下两个因素的函数：（1）投资组合中各种资产之间的相关性小于 1；（2）每个投资组合中单个资产类别的数量。有效边界显示了对于给定的投资组合，风险效率最高的投资组合在哪个位置。在有效边界上，投资者到底是选择投资组合 A 还是选择投资组合 B，主要取决于投资者的风险承受能力与他对提高回报的愿望或要求之间的相互作用。根据资本资产定价模型，投资者应该持有：（1）一个遵循有效边界的均值－方差有效投资组合；（2）无风险资产。在实践中，投资者可能持有或不持有有效的投资组合，也可能持有或不持有一定数量的无风险资产。尽管理论要求投资者应该做些什么，但它并不要求他们一定要这么做。

## 资产回报和相关性警示

关于资产回报和相关性的历史数据和预测数据的警示，有几点值得注意。历史上单个资产类别和证券的回报涵盖数年或更长时间，实际上，这是不同年份（有时相差很大）结果的平均值。出于同样的原因，未来的回报并不具有单个预测所暗示的确定性或准确性。关于过去或未来更有意义的回报率描述，应该包括一个单个数据的上下波动范围，以及这些结果出现的相关概率。

类似的警示也适用于资产类别的相关性统计。相关性衡量的是一种特定资产类别或投资的回报与另一种资产类别或投资的回报向同一方向移动的趋势，但不是这种移动的幅度。需要使用协方差和跟踪误差数据来确定一项投资相对于另一项投资的波动幅度。投资者必须仔细检查相关数据以确定：（1）它们适用于什么持有期间（如月、季度、年或5年）；（2）界定的总体时间范围（如1960—1980年、1926—2006年或1997—2006年）。

最后，非常重要的是，资产之间或投资之间的相关性数据通常不会随着时间的推移稳定在某个水平，虽然许多投资者和投资组合优化程序都假设相关性数值是稳定的，但现实情况却并非如此。图3–16给出了两种资产之间的相关性随时间变化的一个例子。

图3–16显示了从1926—2006年的81年间，大公司股票（以标准普尔500指数为代表）和长期政府债券（以长期美国国债为代表）之间的月持有期回报的三年期滚动相关性。在这段时间内，大公司股票和长期政府债券之间的相关性波动很大，从2003年3月的低点–0.51到1992年10月的高点0.65，

长期相关性均值为 0.15。从 20 世纪 80 年代末到 2000 年，图中所示的美国股票和债券的相关性不断上升，这意味着它们的价格呈现出向同一方向移动的日益增长的趋势。相比之下，在 2000 年，美国股票和债券的相关性开始大幅下降，这意味着它们的价格越来越显示出不向同一个方向移动的趋势。从资产配置的角度来看，在债券和股票具有高度相关性的时期，债券降低股票投资组合风险的潜力在减弱。但当债券和股票的相关性较低或为负时，债券可以在降低股票投资组合的风险方面发挥重要作用。

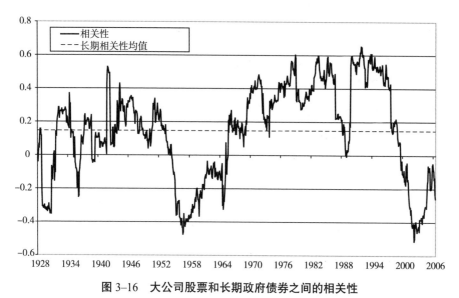

**图 3-16　大公司股票和长期政府债券之间的相关性**

注：相关性是标准普尔 500 指数和伊博森长期美国国债指数月持有期总回报的三年期滚动相关性。
资料来源：晨星公司及其旗下的伊博森咨询公司，摩根士丹利财富管理资产配置集团。

## 资产配置优化模型

资产配置优化是指确定投资组合的过程。这些投资组合预计能够在给定的风险水平下产生尽可能高的预期回报，或者在给定的回报水平下承担尽可能低的风险。在资产配置优化基础上，最常用的优化技术被称为均值——方差优化（MVO），它是由经济学家哈里·马科维茨在20世纪50年代初开发出来的，最初应用于股票投资组合。

从本质上说，这种方法最初试图混合彼此相关度不高的不同种类的股票，以减少股票集合的总体方差（或其平方根，即标准差）。相同的想法后来被扩展到各种资产类别的投资组合中。马科维茨有效地描述了对于单一资产，投资者可以通过估计资产的平均回报和有关平均回报的标准差，来预测和模拟未来的投资回报走势。对于一组资产类别，投资者可以通过估计每种资产的平均回报、有关平均回报的标准差以及它与投资组合中所有其他资产类别的相关性，来预测和模拟未来的投资回报。

投资组合优化模型被广泛应用于投资组合，部分原因是它通常比单一证券更容易估计整个资产类别的回报。此外，随着时间的推移，可投资资产类别的范围也在扩大。除了传统的股票、固定收益工具和现金之外，现在的投资选择还包括国际发达市场和新兴市场的债务和股票投资、大宗商品、私募股权、风险投资、不动产以及更新的资产类别和子类别，如可转换证券、通胀保值工具、抵押期货、证券化债务、对冲基金，以及套利等绝对回报策略。

## 资产配置优化模型是如何运行的

大多数现代资产配置优化模型都建立在统计方法的基础上，而且还能够轻松、低成本地获得足够的计算能力。同时，资产配置优化模型假设：（1）投资者的主要目标是最大化回报和最小化风险；（2）标准差是对资产风险的合理度量；（3）特别是两种资产回报的相关系数描述了这对资产之间的关系。图3-17显示了典型的资产配置优化模型的内部工作流程。

大多数资产配置优化模型以相对直接的方式进行，包括几个步骤。

第一，根据每个资产类别对投资组合的预期回报、风险以及其回报与其他资产类别的相关性的贡献，投资者确定那些他们愿意考虑的资产。在某些情况下，资产配置优化模型可能没有投资者考虑的所有资产类别的风险、回报和相关性数据。如果是这样，为了运行模型，投资者可以替换某些其他资

选择要考虑的资产种类

估算每种资产的以下几个输入值：
· 回报率
· 回报率的标准差
· 与其他资产的相关系数

对输入值以及（或者）输出值设定合适的限制：
· 在整个投资组合的最大占比
· 在整个投资组合的最小占比
· 整个投资组合的特定目标比例

| 检查输出值： | 投资组合（%） | | | | |
|---|---|---|---|---|---|
| 资产种类 | A | B | C | D | E |
| 美国股票 | 60 | 52 | 48 | 44 | 40 |
| 美国固定收益投资 | 10 | 20 | 25 | 30 | 40 |
| 大宗商品 | 5 | 5 | 5 | 5 | 5 |
| 私募股权投资 | 20 | 15 | 10 | 8 | 0 |
| 现金 | 5 | 8 | 12 | 13 | 15 |
| 总计 | 100 | 100 | 100 | 100 | 100 |
| 预期回报率 | 20.0 | 17.3 | 15.1 | 12.2 | 10.0 |
| 标准差 | 25.0 | 23.2 | 18.0 | 14.0 | 12.0 |
| 未达到目标回报率的概率 | 20 | 22 | 25 | 28 | 30 |
| 损失的概率 | 18 | 14 | 12 | 10 | 8 |

通过调整以下因素进行灵敏度分析：
· 回报率假设
· 风险假设
· 相关性假设
· 投资组合的百分比限制

图 3–17　一个资产配置优化模型的内部工作流程图

产类别的数据，并附带这种替换带来的所有附加说明。

　　第二，对考虑的每种资产类别的回报、标准差（对回报不确定性的度量）和相关性进行估计。通常，投资者在这一步骤中严重依赖历史数据，但许多资产配置优化模型允许用不同的预测数据替代这些变量。当投资者预期某些资产类别的金融市场环境将发生重大变化时，这一点尤其有价值。

第三，投资者对资产配置优化模型的投入和产出施加任何必要的约束条件。这些约束条件可能是指定的目标百分比。例如，投资者可以决定投资于国际股票的比例：（1）不超过 10%；（2）不低于 10%；（3）在某些情况下，不超过或不低于 10%。在这个例子中，资产配置优化模型关于配置国际股票的建议是：（1）最大 10%；（2）至少 10%；（3）固定 10%。

第四，对资产配置优化模型的输出进行回顾。这种模型依赖于理论方法，试图在投资者对可能的最高回报的追求与他们对可能的最低风险的渴望之间进行优化权衡。实现这一目标的方法之一是增加与投资组合中其他资产类别具有较低或负相关性（如果可能的话）的资产类别的权重，如图 3-18 所示。

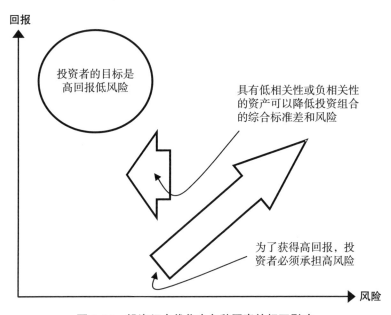

图 3-18　投资组合优化中各种因素的相互影响

资产配置优化模型通常通过选择相关性尽可能低的或负相关性资产类别来降低投资组合的风险，以协调以下两者的关系：（1）只有承担更多风险才能获得更高回报；（2）投资者的目标是以低风险获得高回报。许多资产配置优化模型的输出通常是类似于图 3-17 中的模式。该输出包括若干投资组合，投资者在考虑任何相关的投资者约束条件的情况下选择不同的资产类别配置。这些投资组合按高回报、高风险、低回报、低风险的顺序排列。

在图 3-17 中，在所有的样本投资组合中，投资于大宗商品的最高比例被限制在 5%，因为这个样本优化模型试图将投资组合中不切实际的高百分比投资到大宗商品资产类别，这是因其不同的收益模式使得它与许多其他资产类别的预期呈负相关性。根据模型的数据来源，计算结果可能显示也可能不显示以下两点：（1）无法实现投资者设定的目标回报率；（2）投资组合整体价值中出现资本损失的概率。在一幅风险回报图上，给定输入模型的资产和假设，这些投资组合就构成了一个有效边界。投资者的风险承受能力、回报目标和市场前景都可能影响他们在任何指定时间对有效边界上的投资组合的选择。

第五，投资者可以根据预期回报、标准差和相关性来调整模型的原始假设，并可以修改他们最初对投资组合设置的任何百分比约束条件，从而开展敏感性分析。敏感性分析的一个有用结论是，在资产回报、风险和相关性假设发生细微变化的情况下，我们可以判断模型提出的有效配置的稳定性。

## 资产配置优化模型的优点和缺点

如果资产配置优化模型的基础估计和假设是可靠的、最新的、内部一致的和可理解的，那么这类模型的一个显著优点是它们为投资过程带来了严密性、逻辑性和组织性。另一个同样重要的优点是，它们关注回报的历史模式和特征，从而使投资者对结果的不确定性和范围有更深的理解。

通过设定最小和最大的资产类别限制，进行敏感性分析，并定期回顾过去和预期的结果，投资者可以将量化原则引入通常是定性和主观倾向的问题中。最后，或许也是最重要的一点，资产配置优化模型可能会帮助投资者更适应通过长期投资多种资产类别而实现多元化投资的好处。作为这一活动的一部分，资产配置优化模型帮助引导全球投资者关注跨国投资中涉及的国际资产的回报、风险、标准差和汇率风险。由于汇率变不会提供有意义的额外回报，但会增加投资的整体波动性，因此许多市场参与者认为，最好通过对冲活动消除这种汇率风险。事实上，真正投入时间和精力在非国内投资上建立货币对冲头寸的投资者很少。投资者不应该过多或过少地依赖资产配置优化模型。他们需要认识到资产配置优化模型的本质——强大的计算能力，而不是将它们视为包含大量智慧和判断的灵感和无所不知的解决方案。尽管许多资产配置优化模型表现稳健且兼备数学上的优雅，但它们也有一些局限性。

第一，投资组合模型输出的质量在很大程度上取决于输入的质量。未来的预期回报、标准差和相关性有时会在很长一段时间内，与它们的历史平均值相比，可能确实会显著地发生变化。资产配置模型假设标的资产的回报模式是钟形的，而资产的回报很可能不遵循这种模式。事实上，投资者最应该关心，也可能最容易受到影响的，是回报分布中的尾部回报，它们远远偏离了资产的平均回报。

第二，投资者要正确看待资产配置优化模型，在可能的经济和金融背景下考虑它们（从通货紧缩和反通货膨胀到不同水平的经济增长和通货膨胀）。投资者还应该考虑自己的心理状态，并意识到自己对波动的承受能力会随着时间的推移发生重大变化，这可能会引发一种令人恼火的、太过情绪化的倾向，导致自己在接近重大转折点时转向错误的方向。

第三，资产配置模型有时会让投资者认为资产配置是一次性行为，只需要在不那么频繁的间隔中进行微小的调整。事实上，许多成功的资产配置要求投资者不断地考虑投资组合再平衡。我们将在第 4 章中详细讨论资产配置再平衡问题。再平衡决策可能包括：（1）定期将投资组合重置到最初的目标资产配置；（2）在每种资产类别的最低和最高百分比范围内，以某种程度的灵活性分配资产；（3）根据考虑的每种资产类别的前景，以机会主义的方式重新分配资产；（4）采用固定的"买入并持有"资产配置策略，无论个别资产类别的价格如何变动，在实践中都不进行任何再平衡调整。

第四，计算机驱动的配置程序有时会建议投资者对某些资产类别进行极端配置，特别是那些被认为与其他资产类别具有较低或负相关性的资产。

第五，并非所有资产配置优化模型都考虑了税收、交易成本、现金和 / 或证券的借贷等非常重要的现实影响。

第六，资产配置优化模型的输出有时对输入的数据高度敏感，输入的微小变化会带来巨大的、潜在的和不稳定的变化，有时是输出的结果不符合常理。例如，一些资产类别的权重过高或过低。

第七，过度强调基于模型的资产类别选择可能会误导投资者，使其偏离发展或发现资产配置技巧，包括在每个资产类别中选择单个投资目标和 / 或管理人员。

总的来说，资产配置优化模型的优点似乎大于缺点。当在资产配置过程中使用这些模型作为工具时，投资者应该寻求最大化它们的优势（量化原则和对资产类别特征保持洞察力），并最小化它们的弱点（对输入数据敏感和对重要判断因素缺乏关注）。

## 资产配置优化软件

许多通过互联网销售资产优化软件包的公司开发了旨在帮助投资者分析、构建、监控和重新平衡资产配置的程序。这些程序评估投资组合的风险和回报的总体水平，并根据投资者的资本市场偏好、容忍度和约束条件构建最优投资组合。此外，许多（但不是所有）程序可以：（1）从现有的投资组合账户系统导入数据；（2）具有评估投资者风险特征的分析模块；（3）通过改变对未来的假设和预期进行敏感性分析。有些程序具有多期均值 – 方差优化器，能够计算一段时间的有效边界，并具有回溯测试功能，以查看使用历史数据时资产配置的执行情况。进一步的信息、产品描述和价格可从以下途径获得：有效方案公司（Efficient Solutions）、前沿分析公司（Frontier Analytics）、伊博森咨询公司、晨星公司和维斯泰克系统公司（Vestek Systems）。

# 第 **4** 章

---

# 资产配置的再平衡

## 概述

本章探讨的是资产配置再平衡主题，其核心就是投资者持续不断地对投资组合进行再调整，使得他们持有的各种资产类别的权重达到预先设定的目标比例。本章还考虑了资产配置再平衡的优点、缺点和关键决策点，包括再平衡的对象、再平衡的时机、再平衡中允许的灵活程度，以及如何进行资产配置再平衡。

在本章中，我们用文字和图表解释资产配置比重过高的主要类型的起因和含义，这里涉及五种最常见的资产类别：集中头寸、流动资产、传统证券、另类投资和个人资产。

这里谈论的资产分类的范围通常比资产类别更广，可能超出资本资产的范围，包括个人资产，如住宅、艺术品和其他贵重物品；以及集中头寸，如公司或私营企业的所有权权益、大宗证券和 / 或期权、广义不动产、版税和专利权。

投资者的资产配置再平衡决策和路径在以下情况下可以进行比较：（1）再平衡只延伸到主流资产类别；（2）与此对应的是更广泛的范围，也包括集中头寸和 / 或个人资产。

然后，我们再详细研究了各种资产配置再平衡方法，包括：（1）卖出表现优异的资产，购买表现不佳的资产；（2）出售表现不佳的资产，以购入表现优异的资产；（3）不采取正式的再平衡政策，而是允许资产配置比例随每种资产类别的市场走势而浮动。然后，本章使用实际回报数据和几种敏感性分析方法，重点分析了由两种资产构建的投资组合，通过改变初始资产的配置组合条件、投资组合的时间范围，以及资产回报模式的程度、形状和斜率，来探索它们带来的影响。本章最后讨论了提高资产配置再平衡成功概率应该重视的关键因素。

## 再平衡原则

资产配置再平衡，也被称为投资组合再平衡，指的是出售一部分资产，用所得资金购买其他资产的过程，通常是为了使整个投资组合符合特定的资产配置政策或目标资产配置权重。有一些投资者会按照明确界定的业绩、时间或其他指导方针重新调整资产配置；其他一些投资者则完全以广告或者公共信息为基础进行再平衡，没有具体计划；还有一些投资者很少或根本不关注资产再平衡活动。

再平衡的理论和实践是基于对资产类别和投资者行为的几个基本假设。首先，投资者通常预期资产的投资回报会随时间回归均值。这一假设认为资产的投资回报不会无限期地保持在一个高水平或低水平。在某种程度上，那些获得高于其长期平均或均值回报的资产，其回报也应该低于其长期平均，而那些获得低于其长期平均或均值回报的资产，其回报也应该高于其长期平均。尽管这一假设也有例外，但它有许多强有力的论据做支撑，从对资产历史回报率的数十年详细的定量分析，到《圣经》中关于丰饶与饥荒七年交替循环的描述，再到诸如"树长不到天高"这样常见的表述，都在说明这一道理。

再平衡背后的另一个原则来自多元化理论的预期优点。根据这一理论，适当的资产分散可以帮助投资者提高相对于给定风险水平的投资组合回报率。投资者或许还能够降低相对于给定回报水平的风险。在某些情况下，投资者可以同时实现这两个目标。为了使分散投资产生接近预期目标的结果，投资者构建的投资组合中的资产应具有适当的回报、风险和相关性的模式和特征。简而言之，再平衡旨在改善投资组合的整体风险回报状况，方法是低价买入适量的某些资产并以高价卖出，高价卖出适量的其他资产并在低价的时候重新买回。

再平衡还假设投资者能够建立适度的、合理的投资规则和资产比例，这些规则和比例：（1）能够合理地适用于他们自己的个人情况和市场前景；（2）能够有足够的自律、判断力和远见来遵循。再平衡试图识别和预测有意或无意的资产集中的风险和回报，这种资产集中是由于特定资产类别或特定头寸的显著和／或长期回报或损失导致投资组合调整了原来的权重。

## 再平衡的优点和缺点

再平衡的主要优点在于，它有望提高实现特定资产类别和特定资产配置的长期回报目标的可能性。再平衡的另一个重要优点是实现风险控制。按照投资组合的目标比例重新配置资产的原则，往往可以让投资者减轻财富过度集中在少数资产上所造成的财务风险。再平衡还可以提高投资者的注意力、监督能力，以及对投资组合的整体参与程度。

再平衡的主要缺点在于资产配置可能最终会以适得其反的方式进行重新调整。采用以下方式可能导致这种情况：（1）过于频繁地进行再平衡，会产生过度的"逢低买入"或市场择时心态，从而导致高交易、高税收、高时间、高机会成本，甚至高心理成本；（2）局限于错误的主题（例如过于关注股票资产类别中的价值与增长决策，而不是考虑股票、固定回报和另类投资的适当水平）；（3）某些资产类别、资产管理者或特定投资可能无法在任何合理的时间框架内恢复到平均值（购买的资产遭受半永久性或长期损害，

和 / 或一些出售的资产可能经历长时间的高估值）；（4）逆势出售表现良好、价格上涨的资产，同时购买表现不佳、价格下跌的资产，这是人类固有的弱点。

一些投资者可能只在一个大方向上重新调整投资组合；而有些投资者则在某些资产估值指标高于或低于历史标准时进行再平衡；还有一些投资者会根据特定的目标比例进行再平衡。每一种再平衡方法都假设投资者已经发展并应用了适合其自身环境和金融市场前景的最优投资组合。事实上，用于资产再平衡的资产配置百分比从一开始就可能在财务上合适，也可能不合适。

## 资产配置再平衡的决策点

投资者在再平衡过程中面临着许多重要的决策。

1. **再平衡的对象**。有些投资者在再平衡时会考虑他们的全部净值头寸，并考虑所有五种主要资产类别——集中头寸、流动资产、传统证券、另类投资和个人资产。由于个人依恋和 / 或个人不愿破坏或放弃上述第一类和第五类资产，一些投资者可能决定在再平衡时排除其个人资产和 / 或集中头寸。其他资产类别，如另类投资可能包括相对非流动资产，如私人股本、风险投资、某些类型的不动产、农田、林地及石油和天然气权益。由于其低周转率和通常不可分割的性质，许多另类投资、集中头寸和 / 或个人资产可能会被考虑再进行平衡，但不会经常进行调整。投资者的再平衡可能强调：（1）宏观层面（涵盖广泛的资产种类和类别）；（2）微观层面（资产子种类、子类别、资产管理者，甚至特定证券或其他投资）；（3）一些宏观层面和微观层面相结合的情形。

2. **再平衡的时机**。再平衡的频率可以从从不、偶尔，到半年、每年或每几年不等。对于某些战术导向的投资者来说，可以是每季度、每月甚至每周进行再平衡。一些投资者根据历史估值标准或特定的最低价格变动百分比（如增减 5% 或 10%）进行再平衡，而不是根据日历时间。其他可能会影响再平衡价格或时间的特征因素包括：（1）投资者感兴趣的程度、可用时间和再平衡的能力；（2）投资组合的绝对规模、税收因素和交易成本；（3）投资者资产的相对结构和构成；（4）每种资产类别内部和之间的短期、中期和长期的收益、风险、相关性和流动性前景；（5）在合理的时间框架内和 / 或在部分或完整的市场周期内，再平衡是否似乎改善了投资组合的风险回报水平。

3. **再平衡的灵活程度**。一些投资者严格遵守他们事先计划的资产配置权重和预先建立的时间和 / 或百分比变化原则，而另一些投资者在决定是否再平衡、何时再平衡以及再平衡多少时，允许自己有不同程度的自由。投资者可以通过以下条件来确定允许自己拥有多少灵活性：（1）他们对特定资产类别的业绩表现、持续时间的感知和判断，以及这些资产在各自的短期和长期投资回报周期中的位置；（2）投资者所受到的内外限制；（3）竞争时间需求；（4）从过往任何未按照时间、计划开展的再平衡操作中积累的经验和教训。

4. **如何再平衡**。再平衡可以通过投资者正常的买卖交易和 / 或他们指定的投资顾问进行。

对于某些大规模资产，在时间、效率和成本的考虑下，投资者可以利用期货和其他类型的衍生品、预设合同安排，以及各种形式的借贷资本或证券来实现他们想要的再平衡活动。

## 资产配置过度的起因和含义

再平衡的一个基本动机，往往源于对一种或少数资产、资产类别或资产种类的显著过度投资。投资者最初的资产配置和持续的再平衡，通常集中在一些主要的资产类别上，比如流动资产、传统证券和另类投资。

资产类别的过度配置可能是在很长时间内积累起来的，也可能是在以下情况下突然发生的：（1）金融事件，如出售大量证券、兼并、收购、再融资或首次公开发行；（2）将资金配置到传统证券、另类投资或个人资产的单一头寸上，导致投资过度集中，从而超配；（3）法律判决、继承遗产或中彩票。图 4–1 显示了五种最常见的资产类别（集中头寸、流动资产、传统证券、另类投资和个人资产）过度配置的影响。

### 过度配置集中头寸

**代表性例子**：企业的所有权利益、大量证券和/或期权、大量不动产、版税和专利权

**特性**：集中头寸往往是投资者积累财富和/或保持财富持续增长的引擎；在许多情况下，巨大的收益（往往是错误的估计）来自承担巨大的风险（也往往是错误的估计）；建立或处理一个集中头寸通常是贯穿一生的大事

**决策**：在价格持续上涨或下跌期间，由于强烈的情感倾向或家庭压力，投资者应该在什么点上、以多大的量来减少或增加集中头寸?是否会借款、对冲或产生应税事项

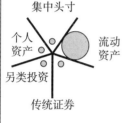

### 过度配置流动资产

**代表性例子**：现金及现金等价物，包括美国国债、短期政府债券、市政债券、企业债券以及其他货币市场工具和货币市场基金

**特性**：流动性通常是由特定事件产生的，如首次公开发行、出售集中头寸、退休、再融资、继承遗产、彩票中奖、法律判决或处置规模较大的投资头寸

**决策**：投资者应该用哪种或哪几种货币来保持流动性? 收入、多元化和头寸策略以及中介机构的时机选择和税收状态分别是怎样的

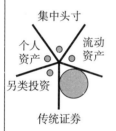

### 过度配置传统证券

**代表性例子**：国内股票和国际股票、固定收益证券和投资现金

**特性**：传统证券通常可以在上市或非上市市场买卖；报价一般都有一定的频率和透明度。

**决策**：投资者是雇用资产管理者还是自己管理资产? 投资者应该直接拥有资产还是通过中介机构持有? 他应该使用主动的还是被动的投资技巧?投资者应该考虑哪种类型和水平的资产管理和托管费用结构

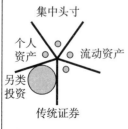

### 过度配置另类投资

**代表性例子**：不动产和不动产投资信托；私募股权投资、农田、林地、石油和天然气权益、风险投资、对冲基金和基金中的基金（FOF）；贵金属；大宗商品；管理期货

**特性**：较低的流动性；非常规的定价和估值频率、方法和透明度；延长的投资期限及/或锁定期；不寻常的风险/收益概况；以及无法预测的资本流入和流出时间

**决策**：另类投资需要采用怎样的手段进行监控，以及监控应达到什么程度?在另类投资中，投资者应该考虑的资产管理建议的来源有哪些以及应该如何评估

图 4-1　资产配置过度的起因和含义

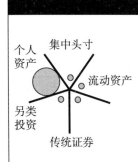

| 过度配置个人资产 |
| --- |

**代表性例子：** 主要和次要住所、艺术品、古董、老爷车、牲畜、纯种马、珍本书籍、珠宝和其他收藏品

**特性：** 个人财产往往会随着时间的推移而积累，这通常是投资者的家庭背景、生活方式选择、长期兴趣和收藏爱好带来的结果；个人财产的估价方法、价格透明度以及买卖的便捷性可能会随时间而变化，并因资产类型的不同而有所不同

**决策：** 投资者应该在多大程度上将个人资产与其他资产类别捆绑在一起，或者将其与其他资产类别分开？个人资产的保险、抵押、借贷、捐赠或遗赠的策略有哪些

图 4-1　资产配置过度的起因和含义（续）

对于图 4-1 中的每个资产类别，大的灰色圆圈用高度简化的术语描述了某个资产类别相对于其他四个资产类别（用较小的灰色圆圈表示）的过度配置。一个投资者可能在一个以上的资产类别中有明显的过度配置，或者主要的资产类别可能由一个以上的资产类别或子类别组成。

除了每个资产类别的一系列代表性例子之外，图 4-1 描述了这些资产类别的特性以及投资者在增持它们时所面临的决策。例如，一个集中头寸可能是（或曾经是）创造投资者财富和 / 或保持财富持续增长的引擎。在许多情况下，集中头寸带来了巨大的收益（这通常被投资者低估或高估），但同时也承担着巨大的风险（这通常也被投资者低估或高估）。很多时候，建立或卖出集中头寸对投资者来说都是一件非常有意义的人生大事。

拥有一项或多项集中头寸的投资者面临着几个重要的决策。其中最重要的可能是相互关联的决策，即何时以及以何种数量减少或增加集中头寸，特别是在价格长期上涨或下跌期间，或由于强烈的情感或家庭压力而做出决策。其他重大决策则事关是否借款、对冲或引发涉及集中头寸的应税事件。

## 资产配置过度的选择与路径

持有任何主要资产类别过多的投资者可选择：（1）在同一资产类别上继续保持大的权重；（2）将现有的部分或全部过度配置的资产转移到一个或多个其他资产类别中。图 4-2 比较简要地说明了投资者资产配置过度的选择和路径：集中头寸、流动资产、传统证券、另类投资和个人资产。

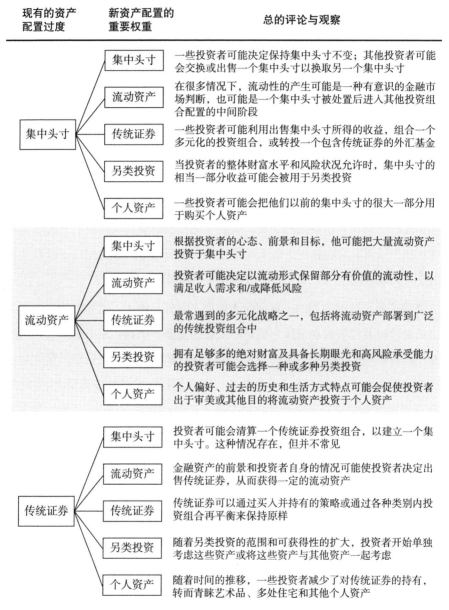

图 4-2　资产配置过度的选择与路径

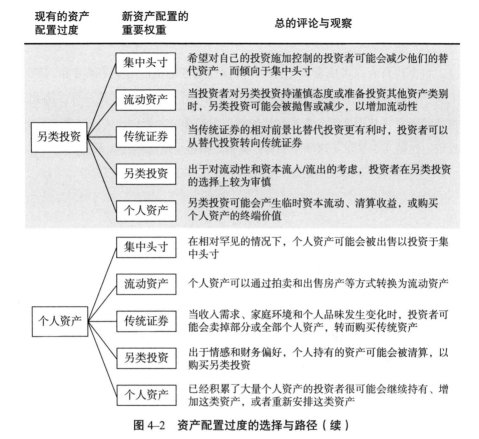

| 现有的资产<br>配置过度 | 新资产配置的<br>重要权重 | 总的评论与观察 |
|---|---|---|
| 另类投资 | 集中头寸 | 希望对自己的投资施加控制的投资者可能会减少他们的替代资产，而倾向于集中头寸 |
| | 流动资产 | 当投资者对另类投资持谨慎态度或准备投资其他资产类别时，另类投资可能会被抛售或减少，以增加流动性 |
| | 传统证券 | 当传统证券的相对前景比替代投资更有利时，投资者可以从替代投资转向传统证券 |
| | 另类投资 | 出于对流动性和资本流入/流出的考虑，投资者在另类投资的选择上较为审慎 |
| | 个人资产 | 另类投资可能会产生临时资本流动、清算收益，或购买个人资产的终端价值 |
| 个人资产 | 集中头寸 | 在相对罕见的情况下，个人资产可能会被出售以投资于集中头寸 |
| | 流动资产 | 个人资产可以通过拍卖和出售房产等方式转换为流动资产 |
| | 传统证券 | 当收入需求、家庭环境和个人品味发生变化时，投资者可能会卖掉部分或全部个人资产，转而购买传统资产 |
| | 另类投资 | 出于情感和财务偏好，个人持有的资产可能会被清算，以购买另类投资 |
| | 个人资产 | 已经积累了大量个人资产的投资者很可能会继续持有、增加这类资产，或者重新安排这类资产 |

图 4-2  资产配置过度的选择与路径（续）

从广义上说，在图 4-2 中过度配置某一资产类别的投资者可能会遵循以下几种路径中的任何一种。例如，现有资产配置中集中头寸权重过高的投资者可以：（1）保持集中头寸不变，或把一个集中头寸与另一个交换，抑或出售一个集中头寸以换取另一个集中头寸；（2）产生流动资产，作为对金融市场的有意识判断，或作为一个过渡到其他投资组合配置的中间投资阶段；（3）出售集中头寸，以组成多元化的证券投资组合，或将集中头寸换成含有常规证券的外汇基金；（4）减持或抛售集中头寸，投资另类投资；（5）将出售集中头寸所得的全部或部分款项专门用于投资个人资产。在上述每种情况下，新的资产权重本身或许意味着资产配置的显著过度，或者新的资产权重可以在资产类别内或不同资产类别之间进行多元化处理。

## 再平衡的范围

许多投资者在考虑资产配置时，可能没有考虑他们的集中头寸和 / 或个人资产，抑或有意识地将他们的集中头寸和 / 或个人资产排除在外。因此，这些投资者将其再平衡分析和活动的范围限制在流动资产、传统证券和另类投资上。图 4–3 显示了这些主要资产类别之间再平衡的相互关系。

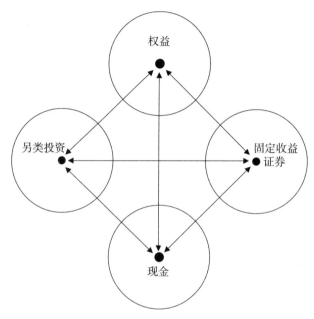

**图 4–3 传统资产和另类投资类别之间的再平衡**

传统资产和另类投资类别［通常包括股票、固定收益证券、另类投资和现金（流动性）四大类］之间再平衡的主要驱动因素包括：（1）投资者自身的情况，包括他们的整体财富水平、风险承受能力、时间范围、税收状态、流动性和收入需求；（2）金融市场的整体风险及回报前景；（3）各类资产类别中特定投资和投资结构的风险与收益前景，以及价格与价值的相对关系。一些投资者在考虑资产配置和再平衡时，也会考虑他们的集中头寸和个人资产。图 4–4 显示了扩展的资产类别之间的这些再平衡的相互关系。

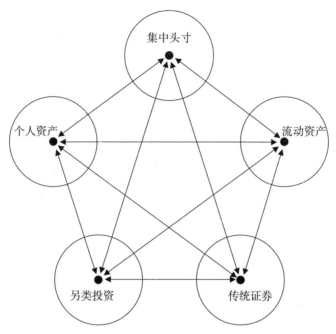

**图 4-4 拓展资产类别之后的再平衡**

在更广泛的资产类别（包括集中头寸、流动资产、传统证券、另类投资和个人资产）之间进行再平衡的主要驱动因素包括：（1）投资者自身的情况；（2）金融市场前景；（3）特定投资和结构的前景；（4）买卖集中头寸和/或重大个人资产的流动性和价格效应；（5）家庭和其他定性的、情感的和心理方面的考虑。一般来说，当投资者将集中头寸和个人资产以及许多情况下的另类投资进行再平衡时，他们应该考虑到这些资产类别相对缺乏流动性，以及它们的定价和估值的频率、方法和透明度是非传统的。

特别是在兼并、收购、首次公开发行和再融资活动期间，许多集中头寸持有者可能会遇到一种惯常且独特的不同资产类别之间的资本流动模式。图4-5简单显示了这些资本通常的流动方向。

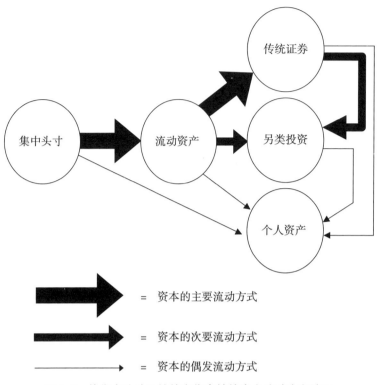

图 4-5　从集中头寸开始的有代表性的资金流动方向演示

　　出售或处置集中头寸所得的很大一部分资金可能会首先流向流动资产，然后可能从流动资产流向直接持有的传统证券。这种流动的频率较低，但广泛存在，资本可能：（1）从投资者的集中头寸流向流动资产，再流向另类投资；（2）从投资者的集中头寸流向流动资产，流向传统证券，再流向另类投资。资本有时也可能流向个人资产，但比流向其他资产类别的程度略低。因此，资本可能在任何时候从任何其他主要资产类别——集中头寸、流动资产、传统证券或另类投资，以较小的规模流向个人资产。

## 关于集中头寸的特别考虑

　　因为集中头寸通常占据投资者总净资产的很大一部分，所以在通常情况

下，它们都值得特别关注。图 4–6 给出了六种可能结果的情景分析，包括下
列两类资产的各种组合：（1）集中头寸；（2）多元化的其他资产池。

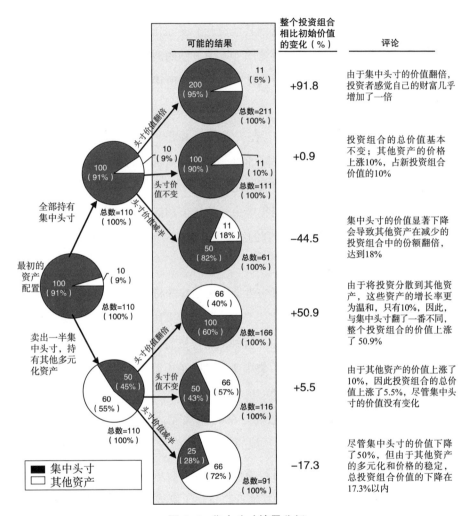

图 4–6　集中头寸情景分析

注：除百分比外，其余数字单位均为美元。

　　在图 4–6 的左侧，假设投资者拥有 1.1 亿美元的总资产，包括 1 亿美元
的集中头寸和 1000 万美元的其他资产。图中的数据仅用于解释说明：投资
者可以将图 4–6 中的所有数字除以 10——在这种情况下，初始总资产为 1100
万美元，由 1000 万美元的集中头寸和 100 万美元的其他资产构成；或者除以

100——在这种情况下，初始总资产为11万美元，由10万美元的集中头寸和1万美元的其他资产构成。

在图4-6的例子中，投资者面临两种选择：保留全部集中头寸或出售一半集中头寸，并将收益再投资到其他资产的多元化组合中。而在现实的投资过程中，投资者面临的选择要比图4-6中显示的两种选择多得多，投资者可以随意改变出售集中头寸的百分比，再将出售所得投资到更加多元化的资产上。

在一段时间内（比如一年），在决定是否出售一半集中头寸之后，假设集中头寸的价值翻倍、持平或下降50%，并且其他资产的价值在所有情况下增长10%。图4-6显示了当投资者决定保留整个集中头寸时可能出现的三种结果。最有利的决策结果是，当集中头寸的价值翻倍时，投资组合的总收益为91.8%，即1.01亿美元。最不利的结果是，当集中头寸的价值下降一半时，亏损44.5%，即4900万美元。

不过，如果投资者选择出售一半集中头寸，并将所得再投资于价格能上涨10%的其他资产构成的多元化组合上，只会带来比较小的收益。最有利的分散化投资结果是，集中头寸的价值翻倍，投资组合的总收益为50.9%，即5600万美元。最不利的结果是，集中头寸的价值下降一半，亏损17.3%，即1900万美元。有趣的是，在出售50%的集中头寸，增加多元化投资的每个结果中，仅仅是其他资产的总和就有6600万美元，这超过了最不利结果的投资组合的总价值，因为最不利结果的资产总规模仅为6100万美元。

持有集中头寸的投资者应进行类似于图4-6所示的情景分析，可以修改如下变量：（1）集中头寸和/或其他资产价格上涨或下跌的百分比；（2）为了再投资其他多元化资产，需要卖出集中头寸的比例。在构建涉及集中头寸的情景分析时两个最大的挑战是：（1）明确每个潜在结果可能出现的概率；（2）能够预测投资者对整个投资组合价值大幅上涨或下跌的真实反应。在许多情况下，投资者对巨额投资组合损失的痛苦体验，可能要比他们从同等货币收益中获得的满足或快乐深刻得多。

在决定是否、何时以及在多大程度上出售集中头寸并将所得资金投资到其他资产时，投资者应考虑以下因素：（1）他们的绝对财富水平，以及集中头寸和总投资组合的不同价值，是否能够满足他们当前和未来的财务和生活方式需求；（2）集中头寸、资本市场和其他资产的整体发展前景；（3）有关集中头寸的过往经历、未来的计划和期望；（4）处理全部或部分集中头寸而产生的财务信号和情感信息；（5）可获得性、选择、成本、复杂性和对冲有效性，货币化、杠杆工具和战术；（6）投资者在评估各种结果的可能性方面的技能，以及在衡量他们未来对这些结果可能的反应方面的现实性；（7）集中头寸预期价格变动可能发生的时间跨度。

图 4–7 显示了三种完全保留集中头寸的风险与收益情况，与图 4–6 中描述的三个部分集中头寸的风险和收益相对应。

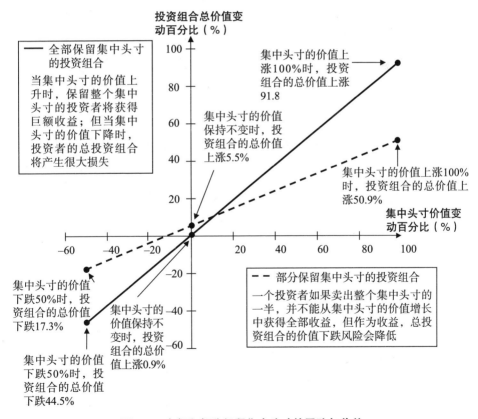

**图 4–7　全部和部分保留集中头寸的风险与收益**

图 4-7 将投资者总投资组合的价值变化百分比作为投资者集中头寸价值变化百分比的函数。对于在投资组合中保留全部集中头寸的投资者来说，当全部集中头寸的价值增长 100% 时，其投资组合的总体收益为 91.8%；当全部集中头寸的价值下降 50% 时，这类投资者的总体损失为 44.5%。

相比之下，如果投资者卖出一半集中头寸，再投资于价格上涨 10% 的其他多元化资产，当剩余集中头寸的价值上涨 100% 时，其整体收益为 50.9%。当剩下的集中头寸的价值下跌 50% 时，这类投资者遭受的总体损失较小，仅为 17.3%。如果投资者卖出一半集中头寸，再投资于其他资产，就可以获得完全集中头寸的投资组合中 55%（50.9% 除以 91.8%）的收益。与此同时，这类投资者将其风险敞口限制在完全集中头寸的投资组合的 39%（17.3% 除以 44.5%）。

在许多情况下，集中头寸价格的历史走势和未来预期可能会显著影响投资者的再平衡或分散化投资行为。对于一个给定的集中头寸，图 4-8 显示了以下两者的共同影响：（1）过去价格的上升或下降；（2）预期未来价格的上升或下降。

保持集中头寸不变的主要原因之一是投资者相信集中头寸的价格将在未来走高。图 4-8 中最上面的两个部分向我们展示了这些设想。根据过去集中头寸价格的变化，投资者可能会有成功、富裕和愉快（如果过去的价格一直在上涨，而价格前景是继续上涨）的感觉，也可能是乐观、决心、怀疑和犹豫不决（如果过去的价格一直在下降，而前景是价格将反转并开始上涨）的感觉。

与此相反，卖出集中头寸的主要动机可能是预期价格将在未来下跌。图 4-8 中最下面的两个部分向我们展示了这些设想。依据集中头寸的价格在过去发生的变化，投资者可能会感到悲观、消沉，甚至可能感到抑郁（如果过去的价格一直在下跌，而预期价格将继续下跌），或者感到受损、怀疑、恐惧和困惑（如果过去的价格一直在上涨，而预期价格将开始反转并下跌）。

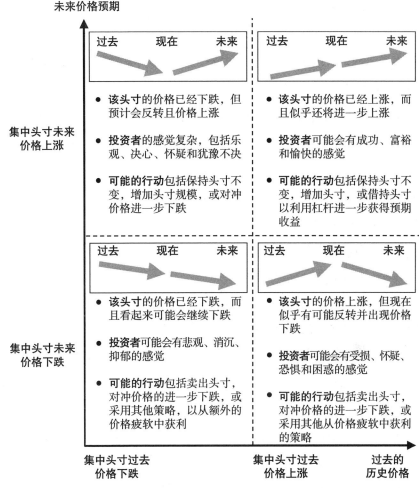

图 4-8  集中头寸的过去价格表现和未来价格预期

## 再平衡的方法

投资者无论是否决定在他们的资产配置架构中持有集中头寸和个人资产，对再平衡中可能用到的一些方法都应该好好考虑一下。基于基本原则的不同变化，投资者通常考虑三种资产配置再平衡方法：（1）出售表现优于市场的资产，购买表现不佳的资产；（2）出售表现不佳的资产，购买表现优于市场的资产；（3）不采取积极的再平衡措施，允许资产配置随时间推移增加表现较好的资产类别的权重。

为了图形化描述和量化分析这三种方法所产生的结果，我们必须做出一些简化的假设。

第一，资产的数量被限制为两种类别，资产 A 和资产 B。实际上，投资者的投资组合可能包含两种以上的资产类别和子类别，这可能使分析更加复杂。

第二，我们假设资产 A 和资产 B 通常是反向移动的——当资产 A 的回报较好时，在很多情况下资产 B 的回报是不好的，反之亦然。事实上，在不同的时间段内，资产类别的回报很可能是同向移动的，而非反向移动。

第三，在实践中，回报的相对幅度和绝对幅度、年内波动率和年度波动率、方向和顺序可能与这里考虑的所有三个例子中统一应用的简化回报模式有很大差异。从更深层次上分析，各种再平衡方法的长期回报一般受到所考虑的每一资产类别所产生的绝对回报水平和相对回报水平的影响。

第四，在实践中，再平衡间隔可能比这里的年度再平衡方案短（如半年、季度或每月）或长（如每两年或每三年）。

第五，投资者的评估间隔可能与这里所示的八年相差较大，各种资产配置再平衡方法的结果可能有不同的排序。这是因为每个资产在给定评估间隔结束时，它在回报周期所处的阶段，可能会对结果产生很大的影响。

第六，我们没有考虑到的费用包括交易成本、年度管理费、业绩、保管费、报告费和适当的咨询费，以及营业收入和资本利得税。这种代价可能对再平衡的绝对结果和相对结果产生消极的影响。

### 卖出表现好的资产，买入表现差的资产

图 4-9 展示了一种再平衡方法的多年期结果，该方法每年出售一部分投资组合中表现相对较好的资产，并用收益购买额外数量的投资组合中表现相对较差的资产，以确保投资组合在资产 A 和资产 B 之间的比例始终保持为

50%：50%。

假设最开始的时候，在资产 A 和资产 B 上各投资 100 美元，图 4-9 的纵坐标表明，资产 A 和资产 B 第一年的投资回报均为 10%，资产 A 和资产 B 在年末的时候价值都上升到 110 美元，其结果是资产 A 和资产 B 在第一年末的资产配置比例为 50%：50%。

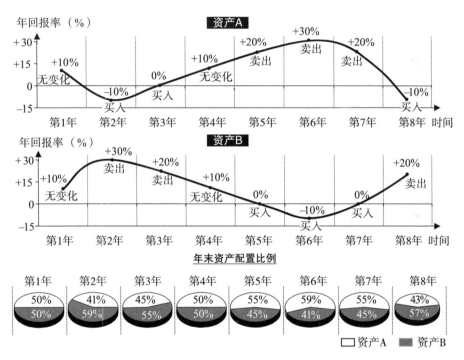

**在下一年开始之前，资产配置在每年年底的价值（单位：美元）**

| | 第1年 | 第2年 | 第3年 | 第4年 | 第5年 | 第6年 | 第7年 | 第8年 |
|---|---|---|---|---|---|---|---|---|
| 资产A的年末价值 | 110.00 | 99.00 | 121.00 | 146.41 | 175.69 | 20937 | 212.59 | 17538 |
| 再平衡[1]后下一年开始前两种资产的价值 | 110.00 | 121.00 | 13310 | 146.41 | 161.05 | 177.16 | 194.87 | 204.62 |
| | 110.00 | 121.00 | 13310 | 146.41 | 161.05 | 177.16 | 194.87 | 204.62 |
| 资产B的年末价值 | 110.00 | 143.00 | 145.20 | 146.41 | 146.41 | 144.95 | 177.16 | 233.85 |

八年来，资产A和资产B（初始投资200美元，期末价值为409.23美元）总共实现的复合增长率=9.36%

**图 4-9　通过卖出表现好的资产并买入表现差的资产进行再平衡调整**

注：1. 通过保持资产 A 和资产 B 之间 50% 对 50% 的比例进行再平衡调整。

在第二年的时候，资产A产生了 –10% 的投资损失，价值变成了 99 美元；资产B产生了 30% 的回报率，价值变成了 143 美元。图 4–9 中的饼图显示，到第二年末，资产A占总资产的比例为 41%（99 美元 /242 美元），资产B占总资产的比例为 59%（143 美元 /242 美元）。这时，我们将二者重新平衡到 50%：50% 的比例，即将 242 美元平均分配给这两种资产。于是，卖出 22 美元的资产B，将所得买入资产A。于是，到第三年初的时候，资产A和资产B的价值都是 121 美元。

在第三年的时候，资产A的投资回报率为 0%，其在第三年末的价值仍为 121 美元；资产B的投资回报率是 20%，其在第三年末的价值变成了 145.20 美元。图 4–9 中的饼图显示，到第三年末，资产A占总资产的比例为 45%（121 美元 /266.20 美元），而资产B占总资产的比例为 55%（145.20 美元 /266.20 美元）。这时，我们将二者重新平衡到 50%：50% 的比例，即将 266.20 美元平均分配给这两种资产。于是，卖出 12.10 美元的资产B，将所得买入资产A。于是，到第三年初的时候，资产A和资产B的价值都是 133.10 美元。

在第四年、第五年情况类似，一直持续到第八年。在第八年末的时候，资产A的价值为 175.38 美元，而资产B的价值为 233.85 美元，组合的总价值为 409.23 美元，这意味着最初投资的 200 美元（资产A和资产B各为 100 美元）在八年时间里的年复合增长率为 9.36%。

图 4–9 上半部分的两个图展示了资产A和资产B每年的表现。在第二年、第三年和第八年中，当资产A的表现次于资产B时，在接下来的年份里，马上就有新的资金投入到资产A上；同样，当资产B的表现次于资产A时，在第五年、第六年和第七年里，资产B也获得了追加投资，而追加投资的资金就来自卖出的资产A。从某种程度上讲，再平衡方法的成功取决于如下假设条件：如果一个时期（或连续多个时期）内，资产A相对于资产B的表现较差，那么在接下来的一个时期（或连续的多个时期）内，资产A的表现可能会好于资产B的表现；反之亦然。尽管均值回归理论长期有效，但短期内，投资回报水平的循环波动可能证明不了这一结论。

## 投资组合比例对再平衡结果的影响

在图 4-9 讨论的例子中，资产 A 和资产 B 在每年年末都会被再平衡成
50%：50% 的比例。为了分析资产再平衡比例在八年间对整个结果的影响，
表 4-1 运用图 4-9 中资产 A 和资产 B 相同的年度回报率情形，展示了 11 种
不同的资产再平衡比例下的投资组合的最终价值、复合增长率、年回报率的
标准差以及夏普比率（每单位承担的风险所获得的超额收益）。

表 4-1　　　　　　　　　　　投资组合比例对再平衡结果的影响

| 两种资产每年的配置比例（%） | | 在初始投资为 200 美元的情况下，投资组合在第 8 年末的价值（美元） | 复合增长率（%） | 年回报率的标准差（%） | 夏普比率[1] |
|---|---|---|---|---|---|
| 资产 A | 资产 B | | | | |
| 100 | 0 | 366.95 | 7.88 | 13.64 | 0.242 |
| 90 | 10 | 378.58 | 8.30 | 11.08 | 0.336 |
| 80 | 20 | 388.71 | 8.66 | 8.54 | 0.478 |
| 70 | 30 | 397.24 | 8.96 | 6.03 | 0.727 |
| 60 | 40 | 404.10 | 9.19 | 3.60 | 1.281 |
| 50 | 50 | 409.23 | 9.36 | 1.65 | 2.899 |
| 40 | 60 | 412.59 | 9.47 | 2.40 | 2.039 |
| 30 | 70 | 414.13 | 9.53 | 4.69 | 1.056 |
| 20 | 80 | 413.84 | 9.52 | 7.17 | 0.689 |
| 10 | 90 | 411.70 | 9.44 | 9.70 | 0.501 |
| 0 | 100 | 407.72 | 9.31 | 12.25 | 0.386 |

注：1. 这里的夏普比率是通过从复合增长率中减去 4.58% 的无风险年回报率（1945—2006
年 30 天期美国国债的年均回报率），然后再除以投资的回报率标准差得出的。

表 4-1 显示，一个只包含资产 A 的投资组合在八年间的复合增长率为
7.88%，年回报率的标准差为 13.64%，夏普比率为 0.242。同样，一个只包
含资产 B 的投资组合在八年间的复合增长率为 9.31%，年回报率的标准差为
12.25%，夏普比率为 0.386。因此，就八年间的复合增长率水平来说，当资
产 B 在投资组合中的比重超过 50% 时，投资组合的回报率要高于资产 A 的
比重超过 50% 的投资组合的回报率。

　　根据图 4-9 中资产 A 和资产 B 的相对收益排序，到第八年末，最理想的投资组合是由 30% 的资产 A 和 70% 的资产 B 构成的（表 4-1 中的灰色阴影部分）。最优资产再平衡比例在资产 A 和资产 B 的所有相对收益模式下是不相同的。这取决于投资者是追求复合增长率和年回报率的标准差，还是追求夏普比率。实际上，资产 A 和资产 B 各占 50% 时，投资组合的标准差最低。这时，投资组合年回报率的标准差为 1.65%，夏普比率为 2.899（表 4-1 中同样用灰色显示）。

　　影响最优资产再平衡比例的定量因素包括：（1）资产类别的数量；（2）投资时间的周期长短；（3）再平衡的频率；（4）一种资产相当于另一种资产的绝对和相对的运行方向、大小和排序；（5）每种资产的回报率与其他资产的回报率之间的相关性；（6）成本和税收因素。影响最优资产再平衡比例的定性因素包括：（1）投资者的个人性格、经验、目的和目标；（2）投资者的认知、风险承受能力和风险管理流程；（3）投资者的时间跨度；（4）投资者每年的收入需求和开支标准；（5）投资者的好恶以及来自内外部的约束条件。

## 卖出表现差的资产，以买入表现好的资产

　　图 4-10 给出了另一种再平衡方法的结果，即每年卖出一部分表现差的资产，并用卖出的所得资金购买 5% 的表现好的资产。

　　我们假定最初对资产 A 的投资是 100 美元，对资产 B 的投资也是 100 美元。从图 4-10 的纵轴上我们可以看到，到第一年末的时候，资产 A 和资产 B 在第一年时间里均产生了 10% 的投资回报率，二者的价值都变成了 110 美元，此时二者在投资组合中的比例仍为 50%：50%。

　　在第二年初的时候，资产 A 和资产 B 的价值都是 110 美元，不过，这一年资产 A 产生了 -10% 的投资损失，价值变成了 99 美元；资产 B 产生了 30% 的回报率，其价值变成了 143 美元。下面的饼图显示，在第二年末的时候，资产 A 的价值占总资产价值的 41%（99 美元 /242 美元），资产 B 的价值占总资产价值的 59%（143 美元 /242 美元）。在第三年初的时候，我们按照

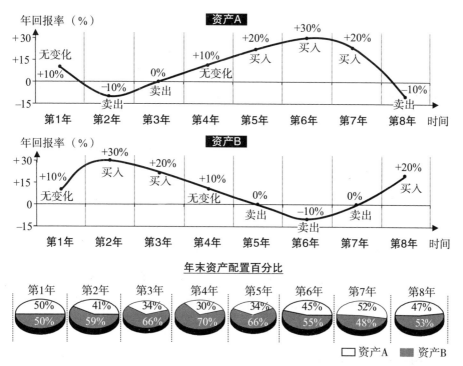

年末资产配置百分比

| | 第1年 | 第2年 | 第3年 | 第4年 | 第5年 | 第6年 | 第7年 | 第8年 |
| --- | --- | --- | --- | --- | --- | --- | --- | --- |
| 上半（资产A） | 50% | 41% | 34% | 30% | 34% | 45% | 52% | 47% |
| 下半（资产B） | 50% | 59% | 66% | 70% | 66% | 55% | 48% | 53% |

□ 资产A　■ 资产B

下一年开始之前，资产配置在每年年底的价值（美元）

| | 第1年 | 第2年 | 第3年 | 第4年 | 第5年 | 第6年 | 第7年 | 第8年 |
| --- | --- | --- | --- | --- | --- | --- | --- | --- |
| 资产A的年末价值 | 110.00 | 99.00 | 91.85 | 91.13 | 109.35 | 149.26 | 188.07 | 177.73 |
| 再平衡1后下一年开始前两种资产的价值 | 110.00 | 91.85 | 82.84 | 91.13 | 114.82 | 156.73 | 197.47 | 167.80 |
| | 110.00 | 150.15 | 189.19 | 208.11 | 202.64 | 174.91 | 165.51 | 208.54 |
| 资产B的年末价值 | 110.00 | 143.00 | 180.18 | 208.11 | 208.11 | 182.38 | 174.91 | 198.61 |

八年来，资产A和资产B（初始投资200美元，期末价值为376.34美元）总共实现的复合增长率=8.22%

**图 4–10　通过卖出表现差的资产并买入 5% 表现好的资产进行再平衡调整**

注：1. 通过卖出表现差的资产，并买入 5% 表现好的资产进行再平衡调整。

设定的原则开展再平衡操作，按照资产 B 在第二年末价值的 5%，也就是 7.15 美元的标准，卖出资产 A，并将所得资金全部买入资产 B。于是，第三年开始的时候，资产 A 的价值为 91.85 美元（99 美元 –7.15 美元），资产 B 的价值为 150.15 美元（143 美元 +7.15 美元）。

在第三年初的时候，投资于资产 A 的价值是 91.85 美元，资产 A 当年的回报率为 0%，因此到第三年末的时候，资产 A 的价值仍为 91.85 美元。而资产 B 年初的价值是 150.15 美元，当年的回报率为 20%，因此，到第三年末的时候，资产 B 的价值增加到 180.18 美元。饼图显示，第三年末的时候，资产 A 的价值占总资产价值的 34%（91.85 美元 /272.03 美元）；资产 B 的价值占总资产价值的 66%（180.18 美元 /272.03 美元）。在第四年初，我们按照设定的原则进行再平衡操作，按照表现相对优异的资产的 5%，即资产 B 在第三年底的价值的 5%，也就是 9.01 美元的标准，卖出资产 A，买入资产 B。于是，第四年开始时，投资在资产 A 的价值为 82.84 美元（91.85 美元 –9.01 美元），投资在资产 B 的价值为 189.19 美元（180.18 美元 +9.01 美元）。

类似的再平衡操作从第四年到第八年的时间里一直在进行。到第八年末的时候，资产 A 的价值为 167.80 美元，资产 B 的价值为 208.54 美元，投资组合的总价值为 376.34 美元，这意味着，最初 200 美元的投资（资产 A 和资产 B 各占 100 美元）经过八年的投资，实现了复合增长率为 8.22% 的增长。

图 4-10 上半部分的曲线图向我们展示了历年来资产 A 和资产 B 业绩表现的变化轨迹，它与图 4-9 所用的再平衡策略完全相反。在图 4-10 中，当资产 B 的业绩表现优于资产 A 时，我们追加对资产 B 的投资，在第二年、第三年和第八年都对资产 B 追加了投资资金。同样地，当资产 A 的业绩表现优于资产 B 时，在第五年、第六年和第七年的这三年当中，我们追加了对资产 A 的投资资金。从某种程度上讲，偏好这种再平衡方法的投资者是基于如下假设：如果在一个投资期内（或多个投资期限），资产 A 的业绩表现优于资产 B 的业绩表现，那么在接下来的一个投资期内（或多个投资期限），资产 A 的业绩表现会继续保持优异；反之亦然。这种投资方法与某些资产类别的趋势投资类似，能够带来比较好的投资结果。然而，必须将这种方法的优点与任何纠正价格行为的严重程度、顺序和持续时间进行权衡考虑，这些价格行为很可能在投资者投资组合时间范围内的某个点上发生。

## 增加买入比例对再平衡结果的影响

表 4-2 运用图 4-10 中资产 A 和资产 B 完全相同的年收益数据，向我们

展示了 11 种不同的资产再平衡比例情况下的投资组合的最终价值、复合增长率、年回报率标准差以及夏普比率。

表 4-2　　　　　　　　增加买入比例对再平衡结果的影响

| 增加买入上年度表现较好的资产比例（%） | 在初始投资为 200 美元的情况下，投资组合在第八年末的价值（美元） | 复合增长率（%） | 年回报率的标准差（%） | 夏普比率[1] |
|---|---|---|---|---|
| 3 | 380.79 | 8.38 | 2.74 | 1.388 |
| 5 | 376.34 | 8.22 | 2.91 | 1.252 |
| 8 | 369.58 | 7.98 | 3.20 | 1.063 |
| 10 | 365.07 | 7.81 | 3.43 | 0.942 |
| 12 | 360.58 | 7.65 | 3.69 | 0.833 |
| 14 | 356.15 | 7.48 | 4.01 | 0.724 |
| 16 | 351.81 | 7.31 | 4.39 | 0.622 |
| 18 | 347.60 | 7.15 | 4.87 | 0.528 |
| 20 | 343.56 | 7.00 | 5.45 | 0.445 |
| 22 | 339.73 | 6.85 | 6.17 | 0.368 |
| 25 | 334.46 | 6.64 | 7.56 | 0.273 |

注：1. 这里的夏普比率是通过从复合增长率中减去 4.58% 的无风险年回报率（1945—2006 年 30 天期美国国债的年均回报率），然后再除以投资的回报率标准差而计算出的。

表 4-2 显示，如果投资者卖掉表现差的资产、买入 3% 表现好的资产，那么投资组合在八年间的复合增长率为 8.38%，年回报率的标准差为 2.74%，夏普比率为 1.388。如果投资者卖掉表现差的资产、买入 25% 的表现好的资产，那么投资组合在八年间的复合增长率为 6.64%，年回报率的标准差为 7.56%，夏普比率为 0.273。

基于图 4-10 所示的资产 A 和资产 B 的相对收益排序，增加买入较少比例的表现好的资产对投资组合进行再平衡操作，与增加买入较大比例的表现好的资产的再平衡操作相比，前者可以产生较高的回报率、较低的标准差以及较高的夏普比率。

# 自由放任的资产配置——不进行再平衡操作

图 4-11 向我们展示了在八年时间内，每年末都未进行任何再平衡操作的资产配置结果。取而代之的是，在最初的资产配置比例确定后，例如本例中资产 A 和资产 B 最初的配置比例为 50%：50%，不对投资组合进行再平衡操作，资产 A 和资产 B 的投资比例被动地由资产的表现决定。

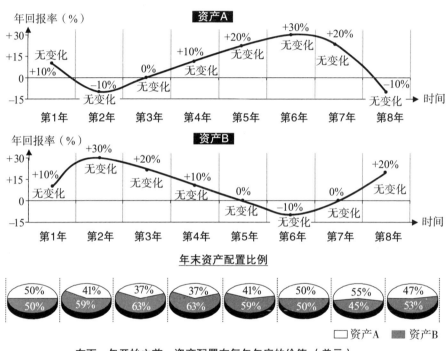

在下一年开始之前，资产配置在每年年底的价值（美元）

| | 第1年 | 第2年 | 第3年 | 第4年 | 第5年 | 第6年 | 第7年 | 第8年 |
|---|---|---|---|---|---|---|---|---|
| 资产A的年末价值 | 110.00 | 99.00 | 99.00 | 108.90 | 130.68 | 169.98 | 203.86 | 183.47 |
| 未进行任何再平衡操作 | 110.00 | 99.00 | 99.00 | 108.90 | 130.68 | 169.98 | 203.86 | 183.47 |
| | 110.00 | 143.00 | 171.60 | 188.76 | 188.76 | 169.88 | 169.88 | 203.86 |
| 资产B的年末价值 | 110.00 | 143.00 | 171.60 | 188.76 | 188.76 | 169.88 | 169.88 | 203.86 |

八年来，资产A和资产B（初始投资200美元，期末价值为387.33美元）总共实现的复合增长率=8.61%

**图 4-11 自由放任的资产配置——不进行再平衡操作**

最初的时候，对资产 A 的投资是 100 美元，对资产 B 的投资也是 100

美元。图 4–11 的纵轴显示，到第一年末的时候，资产 A 和资产 B 各自都有 10% 的回报率，使得二者的价值都在年末变成了 110 美元，二者在投资组合中的比例依然维持 50%∶50%。

在第二年里，投资于资产 A 和资产 B 的 110 美元有了不同的变化。资产 A 的回报率为 –10%，使其在第二年末的价值变成了 99 美元。资产 B 的回报率为 30%，使其在第二年末的价值变成了 143 美元。饼图显示，在第二年末，资产 A 占总资产价值的 41%（99 美元 /242 美元），而资产 B 占总资产价值的 59%（143 美元 /242 美元）。

在图 4–9 和图 4–10 中，从第三年开始，我们都对投资组合采取了再平衡操作，但在图 4–11 中我们没有进行再平衡操作。因此，在第三年初的时候，资产 A 和资产 B 的价值与第二年末的时候是完全一样的。在第三年，价值 99 美元的资产 A 的回报率为 0%，其在第三年末的价值仍为 99 美元。资产 B 产生了 20% 的收益，其在第三年末的价值变成了 171.60 美元。饼图显示，在第三年末的时候，资产 A 占总资产价值的 37%（99 美元 /270.60 美元），而资产 B 占总投资价值的 63%（171.60 美元 /270.60 美元）。

类似的情形从第四年到第八年依然存在，我们都没有进行再平衡操作。到第八年末的时候，资产 A 的价值为 183.47 美元，资产 B 的价值为 203.86 美元，这意味着最初投资的 200 美元（资产 A 和资产 B 各为 100 美元）在这八年时间里的复合增长率为 8.61%。

图 4–11 上半部分的曲线图向我们展示了资产 A 和资产 B 在这几年间的表现走势，投资者对这两种资产采取了买入持有策略。从某种程度上讲，买入持有策略的基本原理取决于以下几个假设条件：（1）投资者宁愿花时间和精力构建一个值得信赖的长期资产配置，也不愿意每年进行再平衡操作，而当最初的投资比例确定后，投资者认为后续的投资组合比例发生偏离都是合理的、可接受的；（2）用常规的再平衡方法进行再平衡操作所带来的收益与付出的时间、精力和成本不匹配；（3）在既定的市场环境、资产回报模式、时间周期和其他条件下，投资者可能没有选择最优再平衡方法的资源、财务洞察力或运气。当然，这些假设是否符合事实，从某种程度上来讲都是值得讨论的。

## 再平衡的敏感性分析

本部分将对各种再平衡变量对不同再平衡策略的复合增长率、年回报率标准差以及夏普比率的影响进行深入分析。通过这一被人们俗称为敏感度性分析的过程，投资者可以更加深入地了解不同再平衡策略的优缺点。

### 初始资产配置比例对自由放任再平衡结果的影响

在图 4-11 给出的自由放任再平衡策略的示例中，策略对资产 A 和资产 B 之间的配置比例没有任何主动调整。为了分析不同初始资产配置比例在八年时间里采用自由放任再平衡策略对投资结果的影响，表 4-3 运用图 4-11 中的资产 A 和资产 B 年回报率情况，给出了 11 种不同初始投资比例八年后的最终投资组合价值、复合增长率、年回报率标准差以及夏普比率。

表 4-3　最初的资产配置比例对自由放任再平衡结果的影响

| 初始配置比例（%） | | 在初始投资为 200 美元的情况下，投资组合在第八年年末的价值（美元） | 复合增长率（%） | 年回报率标准差（%） | 夏普比率[1] |
|---|---|---|---|---|---|
| 资产 A | 资产 B | | | | |
| 100 | 0 | 366.95 | 7.88 | 13.64 | 0.242 |
| 90 | 10 | 371.03 | 8.03 | 10.70 | 0.323 |
| 80 | 20 | 375.10 | 8.18 | 7.96 | 0.453 |
| 70 | 30 | 379.18 | 8.32 | 5.45 | 0.687 |
| 60 | 40 | 383.26 | 8.47 | 3.34 | 1.165 |
| 50 | 50 | 387.34 | 8.61 | 2.49 | 1.620 |
| 40 | 60 | 391.41 | 8.76 | 3.67 | 1.140 |
| 30 | 70 | 395.49 | 8.90 | 5.66 | 0.764 |
| 20 | 80 | 399.57 | 9.04 | 7.83 | 0.570 |
| 10 | 90 | 403.64 | 9.17 | 10.03 | 0.458 |
| 0 | 100 | 407.72 | 9.31 | 12.25 | 0.386 |

注：1. 这里的夏普比率是通过从复合增长率中减去 4.58% 的无风险回报率（1945—2006 年 30 天期美国国债的年均回报率），然后再除以投资的回报率标准差而计算出的。

表 4-3 表明，最初投资于资产 A 的比例是 90%、投资于资产 B 的比例

是 10%，并采用自由放任再平衡策略，那么该投资组合在八年之后的复合增长率为 8.03%，年回报率的标准差为 10.70%，夏普比率为 0.323。如果最初投资于资产 A 的比例是 10%，投资于资产 B 的比例是 90%，那么该投资组合在八年之后产生的复合增长率为 9.17%，年回报率的标准差为 10.03%，夏普比率为 0.458。

对采用自由放任再平衡策略的投资组合来说，如果组合最初配置给资产 A 的权重较大，那么这个组合相较于 50%∶50% 配置比例的组合，会有较低的复合增长率、较高的年回报率标准差以及较低的夏普比率。如果组合最初配置给资产 B 的权重较大，那么这个组合相较于 50%∶50% 配置比例的组合，会有较高的复合增长率、较高的年回报率标准差以及较低的夏普比率。

在上述所有组合中，当资产 A 的最初配置比例为 0%、资产 B 的最初配置比例为 100% 时，八年后投资组合的价值为 407.72 美元，是所有组合中价值最高的，其复合增长率为 9.31%（表 4–3 中的灰色阴影部分）。当资产 A 的最初配置比例为 50%、资产 B 的最初配置比例为 50% 时，八年后投资组合的年回报率标准差是所有组合中最低的，为 2.49%。同时，这种配置比例的夏普比率是最高的，为 1.620（在表 4–3 中也以灰色阴影标出）。

## 投资组合的时间跨度对再平衡结果的影响

值得重申的是，投资者的投资时间跨度会对再平衡策略的结果产生影响。这一因素的影响程度取决于投资者采用的再平衡策略以及组合中各资产的收益模式。为更好地分析时间跨度对再平衡结果的影响，表 4–4 给出了在七种不同的时间跨度下，投资组合的最终价值、复合增长率、年回报率标准差以及夏普比率，运用的是如下资产 A 和资产 B 的再平衡策略和收益情况：（1）图 4–9（卖出表现好的资产，买入表现差的资产，其中资产 A 和资产 B 每年的再平衡比例分别为 70%∶30% 和 30%∶70%）；（2）图 4–10（卖出表现差的资产，买入表现好的资产，采用按比例逐步递增的方式购买，买入比例分别为 5% 和 22%）。

表 4–4 上半部分显示，当投资者按再平衡方法每年对投资组合进行再

平衡调整时（具体的做法是卖出表现好的资产，买入表现差的资产，其中资产A和资产B每年的再平衡比例分别为70%∶30%），投资组合的复合增长率、年回报率的标准差以及夏普比率的变化范围分别是从第八年末的8.96%、6.03%和0.727到第三年末的5.95%、3.27%和0.420。采取同样的再平衡方法，并将资产A和资产B的再平衡比例调整为30%∶70%，投资组合的复合增长率、年回报率的标准差以及夏普比率的变化范围变成了从第八年末的9.53%、4.69%和1.056到第三年末的13.95%、3.27%和2.866。

当对资产A和资产B按照70%∶30%的比例进行年度再平衡时，在第七年末，再平衡策略实现了最高的复合增长率和夏普比率，分别为10.46%和1.181。而最低的年回报率的标准差为3.2%，出现在第三年末（均以灰色阴影标出）。当资产A和资产B按照30%∶70%的比例进行年度再平衡时，在第三年末，再平衡策略实现了最高的复合增长率和夏普比率，分别为13.95%和2.866。在第四年末，再平衡策略实现了最低的年回报率的标准差，为3.32%（均以灰色阴影标出）。

在表4-4的下半部分中，当投资者每年以5%的比例买入表现好的资产来进行再平衡调整时，复合增长率、年回报率的标准差以及夏普比率的变化范围是从第八年末的8.22%、2.91%和1.252到第三年末的10.80%、1.14%和5.458。当投资者每年以22%的固定比例买入表现好的资产进行再平衡调整时，复合增长率、年回报率的标准差以及夏普比率的变化范围是从第八年末的6.85%、6.17%和0.368到第三年末的11.45%、2.08%和3.304。

按5%的比例买入表现好的资产时，最高的复合增长率为10.80%，出现在第三年末。在第四年末，再平衡策略具有最低的年回报率的标准差和最高的夏普比率，分别为1.14%和5.791（均以灰色阴影标出）。按22%的固定比例买入表现好的资产时，最高的复合增长率为11.45%，出现在第三年末。最低的年回报率的标准差和最高的夏普比率分别为1.91%和3.410，出现在第四年末（均以灰色阴影标出）。

如图4-9和图4-0所示，基于资产A和资产B的相对收益排序，以及为资产A和资产B设定的再平衡策略，当投资者卖出表现差的资产、买入表现

表 4-4　投资组合的时间跨度对再平衡结果的影响（卖出表现好的资产，买入表现差的资产）

| 年度再平衡比率 资产 A 对资产 B（%） | 年份 | 在初始投资为 200 美元的情况下，投资组合各年末的价值（美元） | 复合增长率（%） | 年回报率的标准差（%） | 夏普比率[1] |
| --- | --- | --- | --- | --- | --- |
| 70：30 | 第 8 年 | 397.24 | 8.96 | 6.03 | 0.727 |
| 70：30 | 第 7 年 | 401.25 | 10.46 | 4.98 | 1.181 |
| 70：30 | 第 6 年 | 351.97 | 9.88 | 5.16 | 1.028 |
| 70：30 | 第 5 年 | 298.28 | 8.32 | 4.08 | 0.917 |
| 70：30 | 第 4 年 | 261.65 | 6.95 | 3.32 | 0.715 |
| 70：30 | 第 3 年 | 237.86 | 5.95 | 3.27 | 0.420 |
| 70：30 | 第 2 年 | 224.40 | 5.92 | 4.00 | 0.336 |
| 30：70 | 第 8 年 | 414.13 | 9.53 | 4.69 | 1.056 |
| 30：70 | 第 7 年 | 373.09 | 9.32 | 4.98 | 0.952 |
| 30：70 | 第 6 年 | 351.97 | 9.88 | 5.16 | 1.028 |
| 30：70 | 第 5 年 | 345.07 | 11.53 | 4.08 | 1.704 |
| 30：70 | 第 4 年 | 325.54 | 12.95 | 3.32 | 2.522 |
| 30：70 | 第 3 年 | 295.94 | 13.95 | 3.27 | 2.866 |
| 30：70 | 第 2 年 | 259.60 | 13.93 | 4.00 | 2.866 |

续前表

| 年度再平衡率资产A对资产B（%） | 年份 | 在初始投资为200美元的情况下，投资组合各年末的值（美元） | 复合增长率（%） | 年回报率的标准差（%） | 夏普比率[1] |
|---|---|---|---|---|---|
| 5 | 第8年 | 376.34 | 8.22 | 2.91 | 1.252 |
| 5 | 第7年 | 362.98 | 8.89 | 2.50 | 1.725 |
| 5 | 第6年 | 331.64 | 8.79 | 2.69 | 1.566 |
| 5 | 第5年 | 317.46 | 9.68 | 2.03 | 2.514 |
| 5 | 第4年 | 299.23 | 10.60 | 1.04 | 5.791 |
| 5 | 第3年 | 272.03 | 10.80 | 1.14 | 5.458 |
| 5 | 第2年 | 242.00 | 10.00 | 0.00 | NM |
| 22 | 第8年 | 339.73 | 6.85 | 6.17 | 0.368 |
| 22 | 第7年 | 303.19 | 6.12 | 6.28 | 0.246 |
| 22 | 第6年 | 292.21 | 6.52 | 6.69 | 0.290 |
| 22 | 第5年 | 309.31 | 9.11 | 4.19 | 1.082 |
| 22 | 第4年 | 304.58 | 11.09 | 1.91 | 3.410 |
| 22 | 第3年 | 276.89 | 11.45 | 2.08 | 3.304 |
| 22 | 第2年 | 242.00 | 10.00 | 0.00 | NM |

注：1. 这里的夏普比率是通过从复合年率中减去4.58%的无风险回报率（1945—2006年30天期美国国债的年均回报率），然后再除以投资的回报率的标准差而计算出的。

好的资产，或者卖出表现好的资产、买入表现差的资产，并按照资产 B 的比例高于资产 A 的比例的原则进行再平衡调整时，较短的投资时间跨度与较长的投资时间跨度相比，前者能够产生更高的复合增长率、更低的年回报率标准差和更高的夏普比率。

## 收益模式对再平衡结果的影响

从图 4–9 到图 4–11，我们的分析主要集中在两种资产上，即资产 A 和资产 B，其中两者的回报情况随着时间的推移几乎按照一种完全对称的、正负抵消的模式呈现。我们可以借助图 4–10 和表 4–3 的所有情况形成投资回报曲线，以检验影响再平衡结果的四个因素。这四个因素分别是：（1）在买入表现差的资产时，资产 A 和资产 B 之间的年度再平衡比率；（2）用于买入表现好的资产的额外资金比重；（3）在采用自由放任再平衡策略时，资产 A 和资产 B 之间的初始配置比例；（4）投资组合的时间跨度长短。

当然，投资者还应该考虑资产 A 和资产 B 的绝对回报模式对再平衡结果的影响。图 4–12 给出了一个由 18 种简化的投资回报曲线构成的序列，并按照如下标准进行分组：（1）倾斜度（渐变的还是极端的）；（2）方向（主要的趋势是向下、不变还是向上）；（3）整体的形状（整体上是单调变化、温和波动，还是剧烈波动）。

图 4–12 给出的投资回报曲线主要是希望投资者理解投资组合的回报情况可能会随时间的推移有多种不同的模式。这里还需要提醒的是，每种资产的回报情况可能部分或者全部与图 4–12 中的模式吻合。通过上述方法，投资者才有可能对基于两种资产的配置策略进行初步的情景分析，从而评估主要的再平衡方法的相对优点。

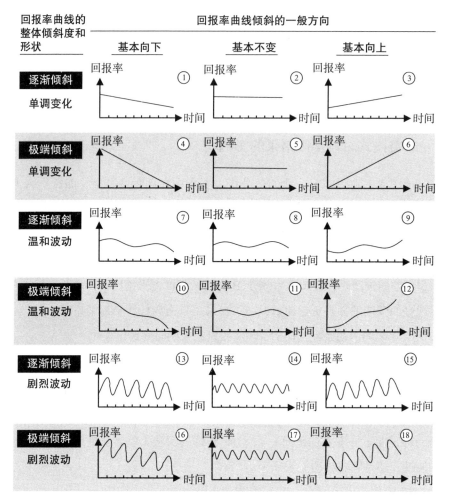

图 4-12 资产的投资回报模式的时间轨迹

## 20世纪90年代美国股票和债券之间的再平衡

表 4-5 到表 4-9 通过利用 1997—2006 年真实的市场数据，评估了各种再平衡方法的相对优点。在这里，我们用标准普尔 500 综合指数代表股票的回报情况，用雷曼兄弟综合指数代表债券的回报情况。

在表 4-5 中，假设投资者将 1997 年作为开始投资的第一年，起始的投资规模是 100 美元，其中 60% 投资于股票（标准普尔 500 综合指数），40%

投资于债券（雷曼兄弟综合指数）。我们假设采用下面的再平衡策略，即对每种指数在每年末按照当年回报率计算回报后，次年仍保持投资组合中股票和债券的配置比例为 60%：40%。

例如，在1997年（第一年），投资者投资于股票市场的金额是60美元（起始投资金额的60%），期间股票市场的总回报率为33.4%。到第一年末，股票的价值变成了80.02美元。在同一时间，投资者投资于债券市场的金额是40美元（起始投资金额的40%），期间债券市场的总回报率为9.7%。到第一年末，债券的价值变成了43.86美元。投资组合的总价值变成了123.88美元，其中股票占65%（=80.02美元/123.88美元），债券占35%（=43.86美元/123.88美元）。要使下一年开始时股票与债券的配置比例调整为60%：40%，投资者需要卖出5%的股票，或者5.69美元，并将其投资于债券。因此，在第二年开始时，在投资者的投资组合中，股票价值为74.33美元（而不是80.02美元），债券价值为49.55美元（而不是43.86美元）。从第二年到第十年（即1998年到2006年），我们对该组合持续采取这一再平衡策略，最终投资组合的价值为216.39美元，其复合增长率为8.02%，年回报率的标准差为11.6%。

表4-5最右边"被再平衡的金额"一栏显示，在第五年到第九年期间，由于股票相对债券表现较为优异，投资者因为上述再平衡策略，将从股票中卖出的不少资金投资于债券。实际上，1997—1999年的标准普尔500综合指数每年的复合增长率均处于历史上高点（分别为+33.4%、+28.6%和+21.0%），所以面对股票如此优异的表现，要做到持续卖出股票资产、买入债券，这需要严格的原则约束和坚定果断的意志力。

不过，可以预见的是，在股票回报率低于债券回报率的时候，较低的股票配置比例就转变为这种再平衡策略的优势了。2000年便是这样的一年（表4-5中的第4年），这一年的股票总回报率为–9.1%，而同期债券的总回报率则为+11.6%。如果股票的回报率持续低于债券的回报率，那么这种再平衡策略的优点便会更明显。这种情况在现实中也确实发生了。在2001年和2002年，标准普尔500综合指数分别下跌了11.9%和22.1%，而雷曼兄弟综合指数却在这两年分别上涨了8.4%和10.3%。

表 4–5　以 60% 的股票与 40% 的债券为目标比例的年度再平衡策略的影响

| 日历年份 | 年数 | 资产类别 | 期初价值（美元） | 回报率（%） | 期末价值（美元） |
|---|---|---|---|---|---|
| 1997 | 1 | 股票<br>债券 | 60.00<br>40.00<br>100.00 | 33.4<br>9.7 | 80.02<br>43.86<br>123.88 |
| 1998 | 2 | 股票<br>债券 | 74.33<br>49.55<br>123.88 | 28.6<br>8.7 | 95.57<br>53.86<br>149.42 |
| 1999 | 3 | 股票<br>债券 | 89.65<br>59.77<br>149.42 | 21.0<br>−0.8 | 108.52<br>59.28<br>167.80 |
| 2000 | 4 | 股票<br>债券 | 100.68<br>67.12<br>167.80 | −9.1<br>11.6 | 91.52<br>74.92<br>166.44 |
| 2001 | 5 | 股票<br>债券 | 99.86<br>66.58<br>166.44 | −11.9<br>8.4 | 87.99<br>72.20<br>160.19 |
| 2002 | 6 | 股票<br>债券 | 96.11<br>64.07<br>160.19 | −22.1<br>10.3 | 74.87<br>70.65<br>145.52 |
| 2003 | 7 | 股票<br>债券 | 87.31<br>58.21<br>145.52 | 28.7<br>4.1 | 112.35<br>60.60<br>172.95 |
| 2004 | 8 | 股票<br>债券 | 103.77<br>69.18<br>172.95 | 10.9<br>4.3 | 115.06<br>72.18<br>187.24 |
| 2005 | 9 | 股票<br>债券 | 112.35<br>74.90<br>187.24 | 4.9<br>2.4 | 117.86<br>76.72<br>194.58 |
| 2006 | 10 | 股票<br>债券 | 116.75<br>77.83<br>194.58 | 15.8<br>4.3 | 135.19<br>81.20<br>216.39 |

复合增长率=8.02%　　　　　　　　　　3.6577
年回报率标准差=11.59%

注：在上面的例子中，1997—2006 年间（第 1 年到第 10 年），标准普尔 500 综合指数和雷曼兄弟综合指数的实际收益分别代表股票和债券的投资回报。

| 资产类别最终<br>比例（%） | 资产配置目标<br>比例（%） | 资产配置目标<br>价值（美元） | 被再平衡的<br>金额（美元） |
|---|---|---|---|
| 65 | 60 | 74.33 | (5.69) |
| 35 | 40 | 49.55 | 5.69 |
| 100 | 100 | 123.88 | |
| 64 | 60 | 89.65 | (5.91) |
| 36 | 40 | 59.77 | 5.91 |
| 100 | 100 | 149.42 | |
| 65 | 60 | 100.68 | (7.84) |
| 35 | 40 | 67.12 | 7.84 |
| 100 | 100 | 167.80 | |
| 55 | 60 | 99.86 | 8.35 |
| 45 | 40 | 66.58 | (8.35) |
| 100 | 100 | 166.44 | |
| 55 | 60 | 96.11 | 8.12 |
| 45 | 40 | 64.07 | (8.12) |
| 100 | 100 | 160.19 | |
| 51 | 60 | 87.31 | 12.44 |
| 49 | 40 | 58.21 | (12.44) |
| 100 | 100 | 145.52 | |
| 65 | 60 | 103.77 | (8.58) |
| 35 | 40 | 69.18 | 8.58 |
| 100 | 100 | 172.95 | |
| 61 | 60 | 112.35 | (2.72) |
| 39 | 40 | 74.90 | 2.72 |
| 100 | 100 | 187.24 | |
| 61 | 60 | 116.75 | (1.12) |
| 39 | 40 | 77.83 | 1.12 |
| 100 | 100 | 194.58 | |
| 62 | | | |
| 38 | | | |
| 100 | | | |

表 4-6 自由放任（买入持有）配置策略的影响

| 日历年份 | 年数 | 资产类别 | 期初价值<br>（美元） | 回报率<br>（%） |
|---|---|---|---|---|
| 1997 | 1 | 股票<br>债券 | 60.00<br>40.00<br>100.00 | 33.4<br>9.7 |
| 1998 | 2 | 股票<br>债券 | 80.02<br>43.86<br>123.88 | 28.6<br>8.7 |
| 1999 | 3 | 股票<br>债券 | 102.88<br>47.67<br>150.56 | 21.0<br>−0.8 |
| 2000 | 4 | 股票<br>债券 | 124.53<br>47.28<br>171.81 | −9.1<br>11.6 |
| 2001 | 5 | 股票<br>债券 | 113.20<br>52.78<br>165.98 | −11.9<br>8.4 |
| 2002 | 6 | 股票<br>债券 | 99.74<br>57.23<br>156.97 | −22.1<br>10.3 |
| 2003 | 7 | 股票<br>债券 | 77.70<br>63.10<br>140.80 | 28.7<br>4.1 |
| 2004 | 8 | 股票<br>债券 | 99.98<br>65.69<br>165.68 | 10.9<br>4.3 |
| 2005 | 9 | 股票<br>债券 | 110.86<br>68.54<br>179.41 | 4.9<br>2.4 |
| 2006 | 10 | 股票<br>债券 | 116.31<br>70.21<br>186.51 | 15.8<br>4.3 |

复合增长率=7.59%
年回报率标准差=12.39%

注：在上面的例子中，1997—2006 年间（第 1 年到第 10 年），标准普尔 500 综合指数和雷曼兄弟综合指数的实际回报分别代表股票和债券的投资回报。

| 期末价值<br>（美元） | 资产类别最终<br>比例（%） | 资产配置目标<br>比例（%） | 资产配置目标<br>价值（美元） | 被再平衡的<br>金额（美元） |
|---|---|---|---|---|
| 80.02 | 65 | 由于采取自由放任配置策略，无可参考数据 | | |
| 43.86 | 35 | | | |
| 123.88 | 100 | | | |
| 102.88 | 68 | 由于采取自由放任配置策略，无可参考数据 | | |
| 47.67 | 32 | | | |
| 150.56 | 100 | | | |
| 124.53 | 72 | 由于采取自由放任配置策略，无可参考数据 | | |
| 47.28 | 28 | | | |
| 171.81 | 100 | | | |
| 113.20 | 68 | 由于采取自由放任配置策略，无可参考数据 | | |
| 52.78 | 32 | | | |
| 165.98 | 100 | | | |
| 99.74 | 64 | 由于采取自由放任配置策略，无可参考数据 | | |
| 57.23 | 36 | | | |
| 156.97 | 100 | | | |
| 77.70 | 55 | 由于采取自由放任配置策略，无可参考数据 | | |
| 63.10 | 45 | | | |
| 140.80 | 100 | | | |
| 99.98 | 60 | 由于采取自由放任配置策略，无可参考数据 | | |
| 65.69 | 40 | | | |
| 165.68 | 100 | | | |
| 110.86 | 62 | 由于采取自由放任配置策略，无可参考数据 | | |
| 68.54 | 38 | | | |
| 179.41 | 100 | | | |
| 116.31 | 62 | 由于采取自由放任配置策略，无可参考数据 | | |
| 70.21 | 38 | | | |
| 186.51 | 100 | | | |
| 134.68 | 65 | 由于采取自由放任配置策略，无可参考数据 | | |
| 73.25 | 35 | | | |
| 207.93 | 100 | | | |

在同样的时间段（从 1997 年到 2006 年的 10 年），面对的也是同样的资产，如果投资者对投资组合不进行再平衡调整，而是采用自由放任策略，投资组合实际的回报情况就如表 4–6 所示。

在表 4–6 中，我们假设投资者于 1997 年（第一年）开始投资，起始的投资规模为 100 美元，将 60% 投资于股票，40% 投资于债券。两类资产按照指数年末的回报率计算收益。同时，投资者在股票和债券之间不再做任何再平衡调整。

例如，在 1997 年（第一年），投资者投资于股票市场的 60 美元的总回报率为 33.4%。到第一年末的时候，股票的价值变成了 80.02 美元。在同一时间，投资者投资于债券市场的 40 美元的总回报率是 9.7%。到第一年末的时候，债券的价值变成了 43.86 美元。投资组合的总价值变成了 123.88 美元，其中股票占 65%（=80.02 美元 /123.88 美元），债券占 35%（=43.86 美元 /123.88 美元）。在第二年（1998 年）初的时候，投资者投资于股票和债券的价值分别为 80.02 美元和 43.86 美元。在接下来的第 2 年到第 10 年时间里，投资组合延续了自由放任的过程，投资组合的最终价值为 207.93 美元，复合增长率为 7.59%，年回报率标准差为 12.4%。

表 4–6 中靠右的 "资产类别最终比例" 一栏显示，股票资产在第七年到第十年间，在投资组合中所占的配置比例越来越大，这是因为在这段时间里，股票的表现明显优于债券。在遭受了 2000—2002 年的损失之后，股票配置比例在第十年末又回到了 65%。股票资产在第六年的最终配置比例最低，为 55%。在现实中，由于股票市场在 20 世纪 90 年代后期的优异表现，许多投资者有意无意地让股票配置比例超过了他们的长期配置目标，这也间接提高了投资组合的风险水平。

表 4–7 向我们展示了从第一年到第十年（1997—2006 年），全部配置为股票的投资组合的结果。如果投资者在 1997 年初将 100 美元全部投入到标准普尔 500 综合指数的成分股中，其投资组合的价值会在 2006 年末变为 224.46 美元，复合增长率为 8.42%，年回报率标准差为 19.14%。

表 4-7                      100% 投资于股票的资产配置的影响

| 年数 | 期初价值（美元） | 回报率（%） | 期末价值（美元） |
|---|---|---|---|
| 1 | 100.00 | 33.4 | 133.36 |
| 2 | 133.36 | 28.6 | 171.47 |
| 3 | 171.47 | 21.0 | 207.55 |
| 4 | 207.55 | −9.1 | 188.67 |
| 5 | 188.67 | −11.9 | 166.23 |
| 6 | 166.23 | −22.1 | 129.50 |
| 7 | 129.50 | 28.79 | 166.64 |
| 8 | 166.64 | 10.9 | 184.77 |
| 9 | 184.77 | 4.9 | 193.85 |
| 10 | 193.85 | 15.8 | 224.46 |

复合增长率 =8.42%

年回报率标准差 =19.14%

注：在上面的例子中，1997—2006 年间（第 1 年到第 10 年），标准普尔 500 综合指数和雷曼兄弟综合指数的实际回报分别代表股票和债券的投资回报。

表 4-8 向我们展示了从第一年到第十年（1997—2006 年），全部配置为债券的投资组合的结果。如果投资者在 1997 年初的时候，将 100 美元全部投入到债券上，其投资组合的价值会在 2006 年末变为 183.12 美元，复合增长率为 6.24%，年回报率标准差为 4%。

表 4-8                      100% 投资于债券的资产配置的影响

| 年数 | 期初价值（美元） | 回报率（%） | 期末价值（美元） |
|---|---|---|---|
| 1 | 100.00 | 9.7 | 109.65 |
| 2 | 109.65 | 8.7 | 119.18 |
| 3 | 119.18 | −0.89 | 118.20 |
| 4 | 118.20 | 11.6 | 131.94 |
| 5 | 131.94 | 8.4 | 143.08 |
| 6 | 143.08 | 10.3 | 157.76 |
| 7 | 157.76 | 4.1 | 164.23 |
| 8 | 164.23 | 4.3 | 171.36 |
| 9 | 171.36 | 2.4 | 175.52 |

续前表

| 年数 | 期初价值（美元） | 回报率（%） | 期末价值（美元） |
|---|---|---|---|
| 10 | 175.52 | 4.3 | 183.12 |

复合增长率 =6.24%
年回报率标准差 =4%

注：在上面的例子中，1997—2006 年间（第 1 年到第 10 年），标准普尔 500 综合指数和雷曼兄弟综合指数的实际回报分别代表股票和债券的投资回报。

表 4-9 将我们所考虑的这四种再平衡策略的结果都放在了一起：（1）每年按照目标比例进行再平衡调整（如表 4-5 所示，60% 为股票，40% 为债券），为了对比，表 4-9 也列出了股票与债券的配置比例；（2）自由放任策略，或者说不采取主动再平衡措施（如表 4-6 所示）；（3）100% 投资于股票的资产配置（如表 4-7 所示）；（4）100% 投资于债券的资产配置（如表 4-8 所示）。

| 表 4-9 | 资产配置再平衡方法的综合比较分析[1] | | | |
|---|---|---|---|---|
| 再平衡方法 | 投资组合在第 10 年末的价值（初始投资为 100 美元） | 复合增长率（%） | 年回报率标准差（%） | 夏普比率[2] |
| 年度再平衡的目标比例（股票：50%；债券：50%） | | | | |
| （股票：50%；债券：50%） | 212.25 | 7.82 | 11.2 | 0.289 |
| （股票：60%；债券：40%） | 216.39 | 8.02 | 11.6 | 0.298 |
| （股票：70%；债券：30%） | 220.53 | 8.23 | 12.0 | 0.304 |
| （股票：80%；债券：20%） | 224.67 | 8.43 | 12.5 | 0.309 |
| （股票：90%；债券：10%） | 228.81 | 8.63 | 12.9 | 0.313 |
| 自由放任的资产配置 | 207.93 | 7.59 | 12.4 | 0.244 |
| 100% 配置为股票的投资组合 | 224.46 | 8.42 | 19.1 | 0.201 |
| 100% 配置为债券的投资组合 | 183.12 | 6.24 | 4.0 | 0.415 |

注：1.1997—2006 年（第 1 年到第 10 年），标准普尔 500 综合指数和雷曼兄弟综合指数的实际回报分别代表股票和债券的投资收益。
2. 这里的夏普比率是通过从复合增长率中减去 4.58% 的无风险年回报率（1945—2006 年 30 天期美国国债的年均回报率），然后再除以投资回报率标准差而计算出的。

表 4-9 显示，在初始投资为 100 美元的情况下，到第十年末的时候，价

值最高的投资组合的价值是 228.81 美元，再平衡策略是股票与债券的比例
为固定的 90% 对 10%，投资组合的复合增长率为 8.63%（以灰色阴影标出）。
伴随着最高复合增长率的是 12.9% 的年回报率标准差，这个年回报率的标准
差仅次于 100% 投资于股票的资产配置投资组合。如果从风险回报角度，即
夏普比率来看，采用 90%∶10% 的固定比例再平衡策略的投资组合的夏普比
率为 0.313，相较于采用其他再平衡策略的组合来讲，具有最好的夏普比率。

在第十年末的时候，100% 投资于债券的投资组合的价值最低，其最终
价值为 183.12 美元，复合增长率为 6.24%（以灰色阴影标出）。与这一相对
较低的复合增长率相伴的是 4.0% 的年回报率标准差，这也是再平衡策略中
最低的年回报率标准差。由于股票的回报率在 2000—2002 年间显著下降，从
风险回报角度衡量，100% 资产配置为股票的夏普比率为 0.201，是表中所有
再平衡策略中最低的。

采取自由放任再平衡策略（即不采取再平衡措施）的投资组合的最终资
产价值为 207.93 美元，复合增长率为 7.59%，年回报率标准差为 12.4%，夏
普比率为 0.244（均以灰色阴影标出）。这些结果均好于采用股票再平衡比例
超过 70% 的再平衡策略的投资组合。例如，股票与债券按目标比例为 70%∶
30% 进行再平衡时，投资组合的最终资产价值为 220.53 美元，复合增长率为
8.23%，年回报率标准差为 12.0%，夏普比率为 0.304。从风险回报角度来看，
表 4–9 中 100% 投资于债券的投资组合的夏普比率最高，为 0.415，其复合增
长率为 6.24%，年回报率标准差为 4%。由于股票的回报率在 2000—2002 年
间出现下跌，股票资产本身的夏普比率也相应下降，而债券的夏普比率则相
对于股票反而上升。

当我们将目光聚焦于 20 世纪 90 年代末到 21 世纪初这段时间内美国股
票资产和债券资产对再平衡策略的应用上时，我们可以对每种再平衡策略的
运作机制、回报和风险有更好的理解。与此同时，投资者应该时刻警惕，这
种分析的结果和结论在不同的金融环境下可能会有较大的差别，而各个资产
的实际表现并不总是像标准普尔 500 综合指数和雷曼兄弟综合指数在 1997—
2006 年的表现一样。

例如，我们要记住，在1997—2006年这段时间里，美国大盘宽基指数（如标准普尔500）产生了历史性的高回报，这或多或少会使倾向于多配置股票的再平衡策略受益。如果投资时间发生变化，将债券表现优于股票的时间段纳入考虑，那可能会使其他再平衡策略的最终回报超过强调股票的再平衡策略。选择其他资产、改变指数选择（如选择纳斯达克指数而非标准普尔500综合指数作为股票回报情况的代表，或者选择摩根大通中期政府债券指数而非雷曼兄弟综合指数作为债券回报情况的代表）。又或者增加可配置资产等都有可能让投资者发现更优秀的资产再平衡策略。最后，在分析任何再平衡策略时，税费、交易损耗和其他费用也需要被考虑在内。

例如，我们要记住，涵盖面广泛、市值巨大的美国股票市场指数，诸如标准普尔500综合指数等，在1997—2006年的大部分时间里，都创造了历史最高的回报率，这往往让投资者以某种方式选择偏好标准普尔500综合指数的股票而非债券的再平衡策略。投资组合的时间跨度或长或短（如5年或15年，或包括债券表现明显优于股票的较长时间间隔），这些投资组合的其他再平衡策略可能好于强调股票的再平衡策略。其他资产、指数的选择（例如选择纳斯达克综合指数而非标准普尔500综合指数作为股票收益的代表，或使用摩根大通中期政府债券指数而非雷曼兄弟综合指数作为债券回报的代表），以及考虑更多的资产数量，可能也会改变各种再平衡方法的相对吸引力。最后，在评估任何再平衡活动的价值时，都需要考虑到税收和其他费用。

## 再平衡策略中的关键成功因素

投资者应该考虑以下几个重要步骤，以帮助他们决定是否、何时、如何以及以何种方式进行资产再平衡。

首先，投资者应该确定他们可以进行再平衡调整的资产范围。在绝大多数情况下，这一决定涉及的问题是，在投资者的再平衡活动中，是否应该将集中头寸、个人资产或其他资产类别考虑进来。

其次，投资者应该制订一个战略性和战术性的资产配置计划，可以将其嵌入一份经过深思熟虑创建的书面投资政策报告中。在许多情况下，投资者的初始和战术战略性资产配置计划反映了他们的个人情况、时间跨度、风险承受能力、收入需求、市场前景以及目标和目的。随着时间的推移和投资者经历资产价值上升和下降的心理影响，一些人可能会改变他们的战略性和战术性资产配置，使其与自己的心理满意度和其他新信息更加一致。

最后，投资者可以根据以下三个方面分析各种再平衡策略和开展情景分析：（1）过去的金融历史记录的一段时间间隔；（2）金融市场的一系列预期，尤其要考虑各种资产类别相对于长期水平的估值；（3）可能进行的任何特殊再平衡活动的潜在效果。

再平衡活动的最终成败不仅取决于每种资产类别的风险与回报因素，还取决于几个关键的人性特征。图 4–13 列出了这些关键的人性特征。下文简要阐述了再平衡活动的一些关键的成功因素。

1. 纪律。在资产配置再平衡计划经过精心制订，并被判断为适合金融市场环境和投资者自身的情况、需求和命运之后，投资者需要内在的刚毅以坚

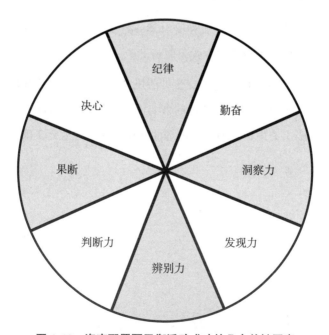

**图 4–13　资产配置再平衡活动成功的几个关键因素**

定执行该计划。

2. 勤奋。投资者必须努力监测当前和未来的投资环境、整体投资组合、每个资产类别和具体的投资活动。

3. 洞察力。投资者需要敏锐的感知力去理解三点，即：（1）投资回报中的多少可以归因于市场环境，多少可以归结于资产管理者出色的能力；（2）一项投资活动的业绩好坏是暂时性的，还是长期的；（3）一个重要但常常被忽视的洞察力因素是投资者认识自身变化的能力。

4. 发现力。投资者需要对现有的和新引进的资产、投资工具、战略、战术和有用信息来源的新想法和新见解保持开放态度。

5. 辨别力。投资者要能够区分增加和减少投资组合风险回报的行为。此外，投资者要能够对他们应该避免的行为和策略说不。

6. 判断力。投资者需要具备在各种条件下倾听各种来源的信息、事实和意见的能力，而不是让任何一种观点在评估过程中占主导地位。在评估结束后，投资者要能够在一段时间内将自己置身事外，并排除无关的和错误的信息。

7. 果断。在审慎地权衡赞成和反对某一行动的各种观点之后，投资者能够得出结论，并以一种权宜的方式采取行动。

8. 决心。投资者应该下定决心在灵活机动和坚信不疑之间取得平衡，既不能在已经发生变化或被错误解读的事实面前固执地坚持自己的观点，也不能在表面上有吸引力但似是而非的推理面前反复无常地放弃正确的观点。

第三部分

**3**

# 资产配置的基础

# 第 **5** 章

# 个人投资者行为

## 概述

尽管本书的目标阅读人群既包括专业投资者又包括个人投资者，但本章所要讲的内容，重点关注的是个人投资者的行为。首先，我们分析影响个人投资者资产配置决策的因素。随后，我们将介绍在过去几十年中，个人投资者的资产配置重心发生了怎样的变化。由此我们会发现，个人投资者的资产配置范围逐渐从美国国内的股票、债券和现金拓展到了国际资产和另类投资，在最近还延伸到了各种类型的绝对回报策略。

接下来，本章将讨论影响个人投资者资产配置的主要决定性因素，从财富相关因素（或者说资产负债表因素），到收入相关因素（或者说损益表因素），再到其他特殊因素（或者说资产负债表以外的因素）。另外，本章还讨论了资产配置的权衡取舍问题，这种考量会让个人投资者在低风险低回报的资产类型与高风险高回报的资产类型之间进行选择。

在分析个人投资者在不同市场环境下配置资产时的行为特征之后，本章会介绍一些战略性和战术性资产配置原则。在比较分析各种预期设想的与实际需要的资产配置技能以后，本章的最后一部分从市场发展历史、行为金融学领域以及投资者的情商等角度，讨论了个人投资者的理财智慧。

## 影响个人投资者资产配置决策的因素

个人投资者与专业投资者都面临着一些影响其资产配置决策的关键性因素（见图5-1所示）。

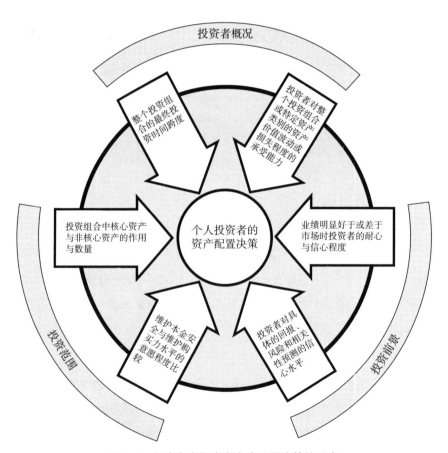

图5-1　影响个人投资者资产配置决策的因素

如图 5–1 所示，影响个人投资者资产配置决策的因素彼此之间相互影响，我们可将这些因素划分为三大类。每个类别的因素都会对个人投资者的行为造成影响，同时，所有因素还与第 9 章谈到的详细资产配置工作表相呼应。这些因素包括以下几个方面。

1. 投资者概况：（1）整个投资组合的最终投资时间跨度；（2）投资者对整个投资组合或特定资产类别的资产价值波动或损失程度的承受能力。

2. 投资前景：（1）面对整个投资组合或组合内某些特定资产类别取得明显较差或较好的业绩时，投资者能保持多大程度的耐心与信念；（2）投资者对具体的回报、风险和相关性预测（这些是资产配置决策的基石）有多大的信心。

3. 投资范围：（1）维护本金安全与维护购买力水平的意愿程度比较；（2）投资组合中核心资产与非核心资产的作用与数量。

## 个人投资者资产配置行为的演变过程

在 20 世纪的最后几十年里，投资者的行为不断发生改变，影响着个人投资者对自有资金的处置。这种变化始于 20 世纪 50 年代，经过 60 年代、70 年代进入 80 年代后，许多个人投资者逐步接触到资产配置的概念和一些具体的细节。在这个过程中，他们开始采用多元化投资策略，投资对象包括发达国家市场和新兴市场中的大、中、小盘股票，价值型股票和成长型股票，以及国际股票。对许多个人投资者而言，债券是一种实现资产配置多元化的重要手段。这一时期，投资换手率一般比较低，因为个人投资者常常追求的是买入－持有策略，并且通过与数量有限的基准做比较来衡量它们的业绩表现。个人投资者通常通过共同基金来配置股票和其他金融资产。

在 20 世纪八九十年代，由于金融市场环境的变化，许多投资者开始慢慢减少对固定回报证券、国际股票、中小盘股票以及价值型投资工具的关注，开始更倾向于投资大盘股和美国本土成长型股票。随着程度的加剧，投资者不断寻找类似于股票资产的其他资产类型，如私募股权投资、风险投资、不动产以及某些对冲基金。与 10 年前的投资换手率相比，这时的投资换手率趋于上升，投资者开始更加活跃地交易，因为他们更倾向于采用能够产生更高绝对回报而不是相对回报的趋势配置策略。投资者越来越强调市场基准的构建和选择。这么做一部分是出于税务方面的原因，一部分是出于降低投资成本的考虑，还有一部分是出于对个别行业或公司以及股票打新出色的回报表现的考量。个人投资者也越来越重视直接买卖股票，与之前通过买入共同基金间接持有股票一样。

到 20 世纪 90 年代末，这些投资行为模式改变的最终结果，让一些投资者忽视了资产配置的价值和功效。分散化投资、风险控制以及长期投资的好处被许多投资者淡化，而更好的业绩表现、更高的年资本增值速度成为投资者的主要目标。从 2000 年早期开始，由于纳斯达克指数暴跌，其中许多互联网、电信和科技公司的股票以及一些其他领域的股票急转直下，于是追求高增长的投资行为出现了不同程度的反转。纳斯达克经历了从波峰到波谷的过程，下跌幅度超过了 70%，股价一飞冲天的互联网、电信和高科技股，其价格下跌的幅度甚至超过了 90%。由于美国国债和一些对冲基金表现出优异的投资业绩，并且标准普尔 500 指数和其他类似大盘指数的总回报率出现了连续下跌（2000 年下跌 9.1%，2001 年下跌 11.9%，2002 年下跌 22.1%），许多投资者开始重视（或者再次重视）资产配置的原理和实用性。

图 5–2 向我们展示了个人投资者资产配置行为的三个主要演变阶段，以及与这些阶段相对应的、具有代表性的资产配置活动。

按照传统惯例，大多数美国个人投资者倾向于根据一些可以反映其所处时代投资特征的原则来构建他们的投资组合。在 20 世纪 30 年代，其中一条原则就是投资组合中要包含 60% 的美国国内债券和 40% 的美国股票。图 5–2 的上半部分给出了在 20 世纪 50 年代和 60 年代很长一段时间内流行的标准资产配置方案，这种方案在那个年代具有很强的代表性，通常它的建议就是，配置 60% 的美国股票、30% 的美国债券，再加上 10% 的现金。

从 20 世纪 80 年代中后期开始，在一些积极的专业投资者的鼓舞下，一小部分个人投资者开始将他们的一些资产投资于风险投资、不动产、私募股

权（包括杠杆收购，以及石油和天然气投资）和发达国家市场及新兴市场的
股票和债券。图 5–2 的中间部分给出了一个包含更广泛资产种类的配置方案。

20世纪50年代、60年代和70年代：现金、股票和债券

代表性资产配置

在20世纪50年代、60年代和70年代，许多美国专业投资者和个人投资者的投资组合都按传统投在美国股票、美国债券和现金上，其长期目标资产配置是60%的股票、30%的债券、10%的现金

20世纪80年代和90年代：增加了海外资产和另类投资

代表性资产配置

从20世纪80年代中后期开始，一些专业投资者和一小部分个人投资者开始把他们的一定比例的资产转投到私募股权、风险投资、不动产、实物资产和国际上发达国家市场及新兴市场的股票和债务证券

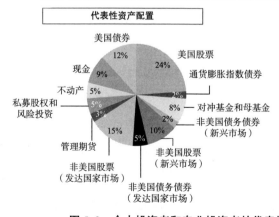

20世纪90年代及进入2000年以后：增加了管理期货基金、对冲基金和母基金以及通货膨胀指数债券

代表性资产配置

20世纪90年代开始，持续到2000年后，专业投资者和个人投资者开始把管理期货基金、对冲基金和母基金，以及通货膨胀指数债券纳入他们的投资组合中来

**图 5–2　个人投资者和专业投资者的代表性资产配置演变趋势**

在这种变化的第三个阶段，个人投资者增加了风险敞口，更加愿意将原来投向在岸或离岸的对冲基金、其他合伙结构产品以及独立管理账户的投资拓展到各种各样的其他投资产品上，其中包括所谓的市场中性策略或绝对回报策略。在权益投资领域，绝对回报策略包括认股权证和可转换套利、对冲封闭式基金和跨所有权套利、组合证券套利以及其他涉及衍生品的配置策略。在固定收益证券领域，绝对回报策略包括各种形式的债券套利，其中涉及期货、互换协定、信用风险和收益率曲线形状误定价以及隐性和显性的期权。图 5-2 的下半部分给出了一个包含了这些新型资产类别的代表性投资组合。

## 影响个人投资者资产配置行为的首要决定因素

投资者的历史、现状和对未来的预期将会重塑他们对资产配置权衡的重视程度，正如图 5-3 所示的那样。

一般来说，图 5-3 中的资产配置权衡可能会导致潜在投资者为购买某种类型的资产而放弃另一种类型的资产。以下情况和个人特征会使投资者倾向于选择低风险、低回报资产：（1）较短的时间跨度；（2）偏好分散化的资产配置策略；（3）享受当前投资回报的意愿较强；（4）倾向于收入形式的投资回报；（5）偏好可预期的投资回报；（6）偏好流动性强的投资；（7）需要随时获得资本。

以下情况和个人特征将使投资者倾向于选择高风险、高回报资产：（1）较长的时间跨度；（2）偏好集中投资有限资产数量的投资策略；（3）享受延迟消费投资收益的意愿较强；（4）倾向于资本利得形式的投资收益；（5）能容忍收益模式的不确定性；（6）愿意投资流动性不高的资产；（7）有能力确保自己的资本可以投资于不同长度的锁定期。

在确定资产选择的方法时，个人投资者需要谨慎评估对资产配置能够产生影响的首要因素。这些决定性因素都在图 5-4 中列了出来，并可以归为几个大类，它们在某种意义上与投资者自己的个性化因素相似，包括：（1）损益表因素；（2）资产负债表因素；（3）资产负债表以外的因素。

图 5-4 简要地描述了与资产配置相关的损益表因素、资产负债表因素以及资产负债表以外的因素。

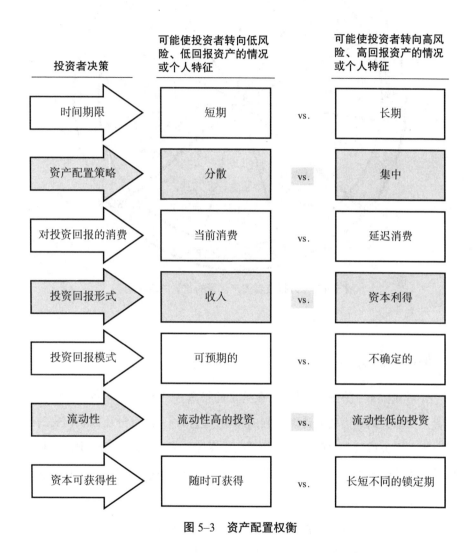

图 5-3　资产配置权衡

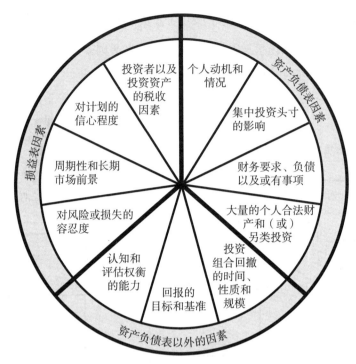

**图 5-4　个人投资者资产配置的首要决定因素**

## 损益表因素

1. 对风险或损失的容忍度。在给定的投资头寸或资产类别中，一个投资者承受损失的能力受到诸多因素的影响，包括损失的百分比以及损失的绝对金额、损失持续的时间、损失是否已成现实、未来价格走势的预期、其他可投资产品的价格走势、总体经济情况，以及投资者的情绪、财务和心理状态，这方面的因素也是十分重要的。

2. 周期性和长期市场前景。影响战略性和战术性资产配置的一个极其重要的因素就是投资者对特定市场走向的定性和定量判断，即要过多久才能达到他们的价格目标，以及对价格走势的判断，这包括：（1）阶梯状；（2）持续性；（3）高波动性；（4）一段时间的稳定后，出现快速上涨或下跌走势。

3. 对计划的信心程度。非常成功的投资者（或资产配置者）与不那么成

功的投资者之间最大的区别之一就在于，前者在坚定信念和灵活求变之间做
到了平衡。知道自己是对的投资者往往拥有自信的勇气；如果投资者发现自
己的假设或思考有问题，就必须灵活地面对现实，并在必要的情况下做出适
当改变。

4. 投资者以及投资资产的税收因素。个人投资者涉及的税收因素包括：
（1）美国联邦、州、地方以及跨境的税收负担；（2）收入、资本利得以及遗
产税；（3）当前和未来的税收等级，与每项投资的资本和收入税收处置类
似，它们在构建理想的资产配置活动时都是非常重要的变量。

## 资产负债表因素

1. 个人动机和情况。个人投资者应该考虑配置到的各类资产的最终目标
和任务。投资这些资产会带来哪些收益？在考虑受益人的其他情况时，这些
资产意味着什么？投资者估算的锁定期有多久？需要考虑哪些计划内的义务
和无法预测的情形？

2. 集中投资头寸的影响。个人投资者的资产配置应该考虑现有的或合同
中预期的大额头寸、资本流动、期权以及受限制的证券。同时，投资者还需
要客观和审慎地权衡分析，是保持集中投资，还是分散化投资，又或者是将
部分头寸转化为其他类型的资产。

3. 财务要求、负债以及或有事项。投资者计划的全年支出水平、保证金
负债水平、抵押贷款以及其他负债都会影响资产配置决策，因为这些必要的
开支可能会促使投资者选择那些具有稳定性、可预见现金流收益的资产类别
和投资策略。

4. 大量的个人合法财产和（或）另类投资。许多个人投资者的总资产中
都有相当一部分属于传统资产配置范围以外的资产类别。如图 4–1 和图 4–2
所示，这样的资产包括：（1）与传媒、石油、天然气、林地和矿产资源相关
的特许收益；（2）艺术品、收藏品、古董和珠宝；（3）家族企业、未开发土
地以及其他不动产的所有权。

## 资产负债表以外的因素

1.投资组合回撤的时间、性质和规模。资本将在何时、以何种形式返还到投资组合最终受益人的手中对资产配置会有很大的影响。

2.回报目标和基准。个人投资者为投资活动设定的目标以及每个目标的相对重要性将决定他们的资产配置。这些目标包括本金安全、对购买力的保护以及每年的税前或税后的具体回报水平。谨慎和务实的态度，对投资者选择合适的绝对回报标准，或构建一个用于衡量最终投资结果的参考基准，都是至关重要的。

3.认知和评估权衡的能力。在整个资产配置过程中，很大一部分配置过程需要投资者具备认知和判断一系列金融因素的能力。某些金融因素与其他金融因素相比，重要性有什么不同？对于任何给定的权衡方案来说，为了让另一个变量获得更有利的成本和收益，必须舍弃一个变量的成本和收益是多少？图5-3为我们列出了一些最常见的资产配置中的平衡取舍问题。

# 战略性和战术性原则

## 资产配置和投资策略的战略性和战术性原则

如果有可能的话，投资者应该思考、创造、收集并定期回顾资产配置和投资策略的战略性和战术性原则。这样的原则可能会起到以下的作用：（1）稳健投资的原则和提醒；（2）一般指导原则和操作程序；（3）咨询和建议用语；（4）在过度自信或自我怀疑时，成为检验投资行为的试金石。

在金融市场和实际投资活动中，尽管战略性配置原则可能会不同于战术性配置原则，但很多情况下，它们却会相互重叠并有可能互相强化。英文中的"战略"（strategic）一词起源于希腊语中的"strategos"，这个词本身指的是军队的总指挥官。战略性原则，或者与战略相关的原则主要涵盖资产配置与投资活动的大规模、总体方向和目标。从这个角度来看，战略性资产配置原则会对投资最终的成败产生决定性影响。战略性资产配置原则希望解决以下这几个问题：（1）投资者应该如何寻找、配置、增加或降低权重、规避以及再平衡主要资产类别，如何选择资产管理人以及如何实施特定的投资行为；（2）如何构思投资以及不同投资方法对各种投资活动的适用性；（3）投资过程中需要坚持或者避免的行为和投资策略；（4）面对不同的金融环境和或有状况，考虑需要采取哪些投资策略和行动。

"战术"（tactical）一词同样起源于希腊语，由动词"tattein"演变而来，其含义为"按顺序安排或归置"。战术性原则通常描述的是将所有个人行为和微观层面活动结合起来，目的是实现整体战略。因为战术性原则是将投资者的注意力集中在金融领域每天发生的事情上，它们同样可以在决定资产配置最终结果方面发挥重要的作用。战术性配置原则寻求解决以下几个问题：（1）在构建投资组合、取舍某类投资的时候，投资者需要考虑的具体实施细节；（2）与资产买入、卖出、评估、监控或衡量特定投资和特定资产管理者的回报、波动性和相关性有关的技术层面的事项；（3）执行投资组合策略的操作指令；（4）明确有效的投资行为应该包括哪些，以及如何避免不恰当的投资行为。

战略性原则和战术性原则能够而且应该相互协调，目的是为了对整个投资组合产生积极的影响。战略性和战术性原则的发展能够帮助投资者形成思维并集中精力，使得投资者在不同的时间和地点与他人就这些原则进行沟通成为可能，并可以培养投资者的反思能力和预先计划的能力，从而避免草率的决定。

不过，构思、制定或者实行一整套战略性和战术性配置原则并不会消除犯错误的可能性，有时甚至还会出现严重的错误。我们在这里讨论的战略性和战术性配置原则不可能涵盖一切，当然也不可能适用于任何金融环境。投资者应该把这些原则当作一种整体战略性和战术性配置指导思想的子集。当投资者这样操作时，他们就能够接受、修改或拒绝某些配置原则。那些读过或者写过一套战略性和战术性配置原则及投资策略的投资者们需要谨记，把这样的原则写下来、存在计算机里或者记在心中，并不意味着它们可以让你的投资带来百分百"安全"。构想这些原则并不等同于将这些原则付诸实践。

将战略性和战术性原则运用于资产配置和投资策略是非常重要的。要认识到投资者是各不相同的，所以每个投资者对战略性和战术性配置原则的制定和实际操作是千差万别的。有些原则对采用"买入－持有"策略的长线投资者十分适用，但对那些奉行机会主义的短线投资者来说就不那么适用。税收和其他的个人因素也会影响到投资者对某些配置原则的取舍，厚此薄彼。总之，在某个长期金融市场环境下表现出色的原则，在另外一个市场环境下，可能就失效了。

战略性和战术性原则的发展，有时会成为自我分析、财务规划和投资组合构建过程中的一部分，相关的工作表在第 9 章有更详细的分析。随着时间的推移，投资者通常会通过以下几个途径来构建战略性和战术性配置原则，并定期进行调整：（1）阅读；（2）与具有投资和金融见解的人士进行交流；（3）分析借鉴其他投资者成功或者不成功的投资经历。有些原则可以通过投资者本人的经历获得，有些需要通过对其他投资者的行为进行观察总结获得，后者往往占据更大的比重。

在形成一些战略性和战术性原则后，投资者可以：（1）阶段性地回顾并思索这些原则，在金融环境和投资者个人情况发生改变后，评估它们的相关性和适用性；（2）视情况对原则进行添加、修改或舍弃；（3）在危机、波动或高度不确定性的时期，参考这些原则；（4）与朋友、同事、投资顾问或者其他人分享这些原则，并促成有效的讨论。

## 代表性的战略性原则

投资者可以在图 5-5 中找到具有代表性的战略性资产配置原则和投资策略，下面将会对它们展开更详细的叙述。

1. **资产选择**。投资者应该尝试去鉴别有投资价值、有增长潜力、价格合理或者能够实现未来增长预期的资产。一般而言，如果资产的未来价格变化是建立在不断提高的预期基础之上，那么投资者应该避开这类资产。

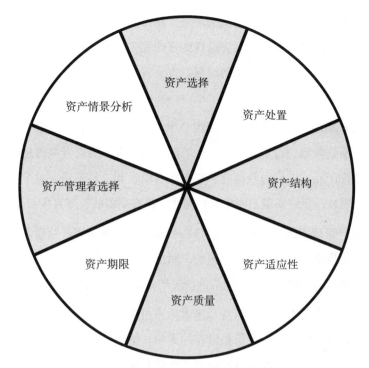

图 5–5　具有代表性的战略性资产配置原则和投资策略

2. **资产处置**。由于市场上的噪声、心血来潮的想法或心态波动而卖出一项合理的资产是极不明智的。当你发现已经没有任何理由支撑你继续持有某项资产时，这就是你卖出的最好时机。

3. **资产结构**。投资者应该对配置资产进行筛选，并且以此建立合理、安全的策略，从而达到财务避风港的效果。同时，在心态上也要建构出在面对市场恐慌和不确定时的防御性心理。

4. **资产适应性**。投资者应该思考自己属于什么类型的投资者。有的投资者是"买入 – 持有"型，有的投资者是"买入 – 卖出"型，有的喜欢挖掘价格被低估的资产，有的则倾向于"卖空 – 买入"。投资者应该选择适合自己心理、性格、资产管理方法、短期和长期市场预期以及个人情况的策略。

5. **资产质量**。投资者应该将注意力放在能够抵御风险的优质投资，这其中包括找寻优质资产类别、特定基金、特定投资结构和特定证券，这些投资能够在市场行情不好的时候抵御风险。在市场行情不好的时候，投资者应该寻找价值被低估的资产，因为这样的资产在牛市来临的时候价值都会被高估。当好的资产大家都不关注的时候，投资者应该尝试去买入这些资产，做到"去伪存真"。

6. **资产期限**。在投资者的投资组合中，投资者应该持有一定比例的长期资产，而不是频繁进行短线交易。在可能的情况下，投资者应该选择持有高质量的投资产品，它们的收益能够完全覆盖税收和交易费用。对于股票投资的许多子领域，最终实现正回报的可能性与持有期限的长度直接相关。

7. **资产管理者选择**。投资者应该去积极寻找优秀的资产管理者，这些资产管理者的投资回报率通常都是正的，回报率之间还保持较低的相关性。这些资产管理者的风险比较低，他们的投资严守原则且容易理解。

8. **资产情景分析**。投资者应该考虑未来可能发生的经济、金融、社会和政治情况，以及它们对资产价格潜在的影响。情景分析的过程将在第8章详细讨论。如果有可能，投资者应该与其他具有良好判断力的投资者讨论这些情景。根据各种不同的情景制订出的应对计划，应包括要采取什么样的行动和实行什么样的资产配置，对投资者是非常有帮助的。如果可以，投资者应该尝试量化在最大压力环境下使用杠杆后带来的风险。

在沃伦·巴菲特几十年成功的投资和商业生涯中，他多次明确地表达了他的战略性资产配置原则。他的许多原则的明晰度、实用性和有效性是值得我们思考的。其中最有代表性的一条便是"在评估一只股票潜力的时候，投资者应该以想要买下这家公司的态度来进行交易。关键的评估标准包括：（1）该企业的经济前景；（2）负责企业运转的管理人员；（3）支付的价格。

## 代表性的战术性原则

关于资产配置原则和投资策略，投资者可以从图5-6中找到一些具有代表性的战术性原则。

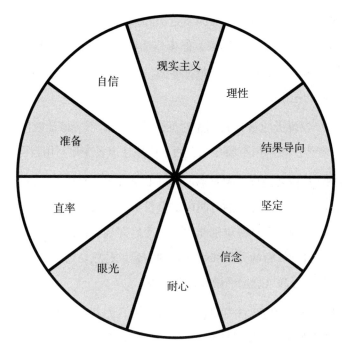

**图 5-6　具有代表性的战术性资产配置原则和投资策略**

1. **现实主义**。它可以让投资者意识到，在所有的投资决策中，有相当一部分决策最后可能被证明是错误的；因此，在结果出来之前，投资者有必要对每一项投资决策保持独立、冷静和怀疑的态度。

2. **理性**。一般来说，在金融恐慌或极端动荡时期，投资者最好不要做重大的决策。投资者应该控制自己不要仓促行事，因为仓促的决定往往会对结果不利。

3. **结果导向**。在很大程度上，投资成功与否不在于投资者判断的对与错，而在于投资者在面对自己判断的对错时所采取的行动。图 5-8 对这一原则做了讨论，重点论述了预期需要的和实际要求的资产配置技巧。

4. **坚定**。时代会变化，但经过时代检验的原则却会持久存在。睿智的方法不应该因为它们暂时不受欢迎，或者已经应用了很长一段时间就被抛弃。传统的评价标准很可能仍然是有效的，尤其是在资产被严重低估或高估时，而这个时候，往往也是大家一致开始忽视或者抛弃这些原则的时候。

**5. 信念**。投资者应该在必要时下定决心采取行动。要记住，虽然为了行动而行动可能会产生不利的结果，但不作为同样也会带来严重的不良后果。不管对投资做出实际改变的频率是怎样的，投资者都应该努力在思想上保持对投资大方向的把握。

**6. 耐心**。投资者应该学会利用时间的优势，而不应该让时间控制自己。类似地，投资者应该利用市场变化，而不应该让市场变化利用自己。

**7. 眼光**。投资者应该花费足够的时间和资源来选择资产类别，要让这些资产的配置组合在一段合理的时间内适合投资者本人的风格，并且坚定保持这种配置。投资者应该具备辨别能力，要冷静客观。在构想一个资产配置组合的过程中，自己缜密的分析和听取合理的建议是成功的核心要素。投资者应该对策略的回报和风险水平做好预期管理。

**8. 直率**。投资者应该注意自己的投资行为，尤其是在波动的市场中，这样才不会在犯错时付出高昂的代价。投资者应该以一种直接的方式来面对有问题的投资，然后处理它，并在合适的时机将其卖出，随后继续下一步行动。

**9. 准备**。投资者应该不断思考是否应储备资金以及储备多少，从而可以利用危机发生后的价格优势。投资者应该制作列表，做好功课，保持纪律性，并采取与自己的心理、财务情况和风险情况相一致的配置方案。

**10. 自信**。投资者会遇到来自各种渠道的信息和建议，但他们一定要仔细聆听自己内心的声音。他们应该仔细思考，并决定是否信任自己的直觉。他们应该学会理解和管理自己的情感。他们应该始终如一地坚持合理的原则，在投资政策中让理智占据主导地位。

约翰·梅纳德·凯恩斯（John Maynard Keynes）是20世纪最具影响力的经济学家之一，他撰写了大量关于经济和金融市场理论与实务的著作，包括大众心理在任何资产价值评估中所发挥的作用。他观察到，"一个基于大量无知个体投资者的大众心理的传统估值，在投资者观点突然发生变化时，很容易产生剧烈波动，这是因为大众缺乏继续相信这种估值的坚定信念"。这一观察结果在应用到战术性资产配置原则的时候，几乎总是应验的。

## 盖蒂博物馆的收藏原则

J. 保罗・盖蒂博物馆（The J. Paul Getty Museum ）坐落在加利福尼亚的布伦特伍德（Brentwood）和马里布（Malibu），由 J. 保罗・盖蒂创建立于 1953 年，并于 1982 年得到了大规模的扩建。盖蒂（1892—1976）是一位著名的石油巨头和艺术品收藏家。截至 2006 年底，盖蒂博物馆的捐赠款项已达 56 亿美元，其中还不包括土地、建筑和藏品的价值。盖蒂博物馆虽然是收藏界的新秀，不过它的捐赠量却是相当高的。作为博物馆的管理者，其信托人制定了一份收藏原则声明，以此来指导他们的艺术品收藏活动。

约翰・沃尔什（John Walsh）和德勃拉・格里本（Deborah Gribbon）是 1984 年 J. 保罗・盖蒂信托和博物馆致信托人报告的作者。该报告是《盖蒂博物馆及其收藏品：新世纪的博物馆》（*The J.Paul Getty Museum and Its Collections: A Museum for the New Century* ）一书中的一部分，详述了盖蒂博物馆的收藏原则。这份简明、令人信服且易于理解的收藏原则声明旨在指导和启发投资者，帮助他们在资产配置和投资原则的制定上找准方向。

1. **寻找最珍贵和最稀缺的收藏品**。如果说，对于一个博物馆而言，其收藏品是最重要的，那么对于其收藏品而言，最重要的便是那些伟大的物品。这样的藏品不多，但找到它们应该是我们的首要任务。

2. **要有原则**，但也要抓住突如其来的机会。盖蒂博物馆既没有美国一些老牌博物馆的古老传统，也不受它们的一些财务限制，例如大都会艺术博物馆、波士顿美术馆和弗利克美术馆。我们的朝气和资源让我们能够对那些可能因为陈旧保守思想而失败的机会做出富有想象力的回应。

3. **建立优势**。我们不应该对专业化感到畏惧，而是应该挖掘其优势。如果我们有机会在某一种品类收藏中找到最好的一批收藏品，而且这样做又符合我们的大方向，那么我们应该抓住机会。如果有必要，甚至可以不惜放弃我们拥有的优质资产。尽可能在有限的事情上做到最好，接受面对的诸多限制，集中资源，以求在少数领域里实现卓越。

4. **填补缺口**，但是要用出类拔萃的作品。一旦身处某个领域，我们想要越来越全面地覆盖这个领域的野心是不可避免的。耐心和纪律性是必需的，因为藏品的质量比其历史感更重要。

**5. 收集收藏品。** 我们最大的优势在于可以大踏步地增加我们的收藏品，甚至可以不断地开拓新的领域。我们需要把握机会的能力和眼界。

## 个人投资者的行为特征

由于心理和情感因素在投资者行为中扮演着非常重要的角色，因此，我们应该探讨一下个人投资者的天性、行为、希望和恐惧对他的资产配置有着怎样或好或坏的影响。在一个由机构和其他专业投资者主导的全球金融市场中，关于个人投资者的竞争劣势已经有过很多论述了。许多投资者认为机构投资者的表现会优于个人投资者，因为机构和专业投资者在投资研究、公司管理、交易渠道和量化工具等方面拥有优势。除此之外，机构投资者彼此之间还会互通有无。

同时，也有一些因素对个人投资者来说是有利的。

第一，作为企业的老板或者雇员，许多人对商业世界有着深刻的认识，他们可能熟悉农产品的周期、能源的成本或者最终产品的价格；他们通常会把企业看作一群人的聚合体，诸如雇员、供应商或者消费者，而不是抽象的事物；而且他们常常对企业的良好运行和价值有一种固有的感知，因为他们要支付工资，要为了保住或扩大市场份额而竞争，要让自己的企业生存下去。

第二，个人投资者通常无须考虑人为设定的季度或年度这些时间节点，也可以不听从投资委员会的指示。如果个人投资者愿意的话，那他们可以全部卖出某一类别的资产；或者相反，不考虑市场波动，对有价值的核心资产长期持有，不做任何变动。

第三，个人投资者可以在投资方向、目的性、预判、认知、独立性和思维清晰等方面表现卓越，尽管并不是所有个人投资者都能在投资领域中有这种表现。对个人投资者而言，损失的痛苦要比回报的快乐更加深刻，当然部分原因在于个人投资者用的是自己的资金。对有些人来说，这一点可以帮助他们厘清思路；但对另外一些人来说，这一点则会影响他们的理性判断。

第四，与机构和专业投资者一样，个人投资者也常常具备合理的判断能力，这是在金融领域制胜的关键。在资产配置和投资决策过程中，最缺乏的东西不是智力、数据和技术，而是判断。与专业投资者一样，个人投资者可能有着很好的判断能力，也可能没有，因此他们必须坦诚地评估自己是否具备良好的判断力。如果没有，拿个人投资者应该不遗余力地找到一位有着良好判断力的人，请他为自己提供资产配置和投资方面的建议。

在 1997 年 11 月 10 日，佳士得拍卖行以 2.065 亿美元的价格将维克托·甘兹（Victor Ganz）和萨莉·甘兹夫妇（Sally Ganz）的收藏品成功卖出，这就是个人投资者投资策略有用、有效且能够获得成功的典范和证明。这笔交易创下了个人收藏品的拍卖纪录，超过了苏富比在 1989 年以 1.234 亿美元的价格将小约翰·多伦斯（John Dorrance，Jr.）的印象派现代油画作品卖出的案例。

甘兹夫妇的藏品带来的非凡巨额回报是任何资产类别都难以企及的。不过，在这个过程中，他们给严肃认真的投资者留下了宝贵的经验财富。甘兹夫妇对艺术品收藏投入了极大的热情和精力，并且专注于一个特定的领域；他们对自己的领域非常熟悉，见解深刻；在购买时，他们会进行谨慎的思考和分析，并且极富耐心，从而让时间充分发挥作用。甘兹先生曾在 1941 年以 7000 美元的价格买入帕布罗·毕加索的油画《梦》（dream）。这是他第一次购买收藏品，后来以 4840 万美元的价格拍卖。经过 56 年的漫长等待，这幅油画产生了 17.1% 的复合增长率。从这么长的时间周期来看，这一回报率是非常高的。他和妻子在 1967 年以 20 万美元的价格买下了毕加索的另一幅作品《坐在扶手椅上的女人》（Woman Seated in am Armchair），同样在不计算佣金和其他费用的情况下，这一投资的复合增长率达到了惊人的 17.4%。[1]

个人投资者的一些无意识的行为通常会影响最终目标的实现。图 5-7 列出了 14 种这样的行为特征。

① 对投资期限的错误估计

② 太看重短期效果

③ 过分强调波动风险，而忽视购买力风险

④ 采用规避损失的心态，而不是规避风险的心态

⑤ 高估了对风险和/或低流动性的承受能力

⑥ 从名义而非实际考虑情况

⑦ 允许收入需求倾向于选择股息和利息投资组合

⑧ 忽略年度投资费用的影响

⑨ 想要保险保护而不愿承担保费支出

⑩ 大多数资产类别最新回报的估算

⑪ 经历情绪、信心和耐心的大幅波动

⑫ 忽略资产配置权衡

⑬ 投资组合多元化水平的高估

⑭ 对税收重要性和影响的错误估计

**图 5-7　个人投资者的行为特征**

---

① 在减去拍卖行佣金（低于 5 万美元的部分按 5% 计算，高出的部分按 10% 计算）后，《梦》的复合增长率为 16.9%，《坐在扶手椅上的女人》的复合增长率为 17.0%。因为相关数据没有公开，两幅画每年的保险费用和其他成本没有计算在内。

图 5-7 揭示的是许多投资者潜意识中的行为特征，控制和改变这些特征的主要方法是认识到它们的存在。在下面对这些行为特征的解释说明中，有的可能互相矛盾，然而投资者却有可能同时遇到它们。

1. **错误估计投资期限。**许多个人投资者都低估了自己的投资期限，他们确定了一个 3 年或 5 年的投资期限，并按照短期的意向来投资，但实际的跨度可能是 15 年或 20 年，甚至更长。一种相反的情况就是，另外一些投资者则过高地估计了自己的投资期限，他们确定了一个 15 年或 20 年的投资期限，结果在一年之内便对投资组合做出了大幅调整。

2. **太过看重短期效果。**通过多元化资产配置来减少波动、降低风险的好处需要经过足够长的时间才能显现出来。而获得这样的好处，往往意味着放弃配置可以产生最多回报的资产。

3. **过分强调波动风险，而忽视购买力风险。**当个人投资者把投资期限延展到 10 年或者更长的时候，尽管资产的名义价值没有改变，但通货膨胀会损耗资产的购买力。第 1 章的表 1-5 就讨论了在不同的通货膨胀率和投资周期下，通货膨胀对投资者最初购买力的影响。投资者同样也需要在资产配置策略中考虑到通货紧缩的风险。

4. **采用避损心态，而不是避险心态。**出于对金钱损失的厌恶，许多个人投资者更喜欢在一系列市场周期中获得一个"平稳"的年化 10% 的回报率，而不是一个"波动起伏"的年化 15% 的回报率（在市场下跌的期间，偶尔会经历考验，有时还是很严峻的考验）。许多投资者不愿意经历投资过程中的波动，但这种波动却是与更高的年化回报率紧密关联的。

5. **过高估计风险和（或）低流动性承受能力。**与避损天性相反，许多个人投资者常常会过高估计他们承受损失的能力。实际上，当他们面临损失时，不管损失是否已经成为事实，他们都会感到深度焦虑。

6. **按名义情况而非实际情况考虑。**假设利率不变，通货膨胀率保持在 3%，一个人将 100 万美元投入到免税债券中，并且只花掉每年产生的利息收入。那么，到第 15 年末的时候，他的实际购买力只剩下 633 251 美元。尽管债券最终到期时，其名义上能够拿到 100 万美元。

**7. 在收入需求的驱使下，将投资组合向股息和利息回报倾斜而不是考虑总回报：财富的创造是资本在合理的时间周期中复合增长的产物。** 有着较高当期收入需求的个人投资者应该看到资产配置的总回报，而不应该仅仅看到当前的回报水平。

**8. 忽视年投资费用的影响。** 个人投资者需要意识到年投资费用的复合影响。如表 5–1 圆圈中的数据所示，在 15 年的持有期中，复合增长率为 8%，而 1.5% 的年投资费用（如保管费用和交易成本）实际上会使投资者总的税前资本增值降低 27.6%。

**9. 希望得到保险的保护，却不愿面对额外的保险费用。** 个人投资者需要认识到可以用于防御、对冲或保险的资产的重要性，并且愿意为它们付出成本（表现为上行或下行的整体回报率下降）。

表 5–1　　　　　　年投资费用导致税前资本增值损失情况（%）

| 投资期限 | 1% 的年投资费用 | | 1.5% 的年投资费用 | | 2.0% 的年投资费用 | |
|---|---|---|---|---|---|---|
| | 实际回报率从 8% 跌到 7% | 实际回报率从 15% 跌到 14% | 实际回报率从 8% 跌到 6.5% | 实际回报率从 15% 跌到 13.5% | 实际回报率从 8% 跌到 6% | 实际回报率从 15% 跌到 13% |
| 5 年 | −14.1 | −8.5 | −21.1 | −12.6 | −27.9 | −16.7 |
| 10 年 | −16.6 | −11.1 | −24.3 | −16.3 | −31.8 | −21.4 |
| 15 年 | −19.1 | −14.0 | −27.6 | −20.4 | −35.7 | −26.4 |
| 20 年 | −21.6 | −17.1 | −31.1 | −24.6 | −39.7 | −31.5 |

**10. 推算最近的资产回报率并将其与业绩最好的基准做比较。** 特别是在经历了一系列成功的（或不成功的）投资年份后，个人投资者会认为这样的趋势会一直持续下去。同时，个人投资者经常希望自己的回报率赶上或超过表现最好的指数或资产类别。从某种程度上来讲，正是出于这样的想法，加上标准普尔 500 指数的业绩在 1995—1999 年间超过了大多数股票共同基金，因此，投资于股指基金的资金从 1987 年的 21 亿美元激增至 2006 年底

的 6903 亿美元[1]。与此发展类似，诞生于 1993 年的交易所交易基金（ETFs），其表现完全复制道琼斯指数、标准普尔指数、明晟指数、罗素指数以及其他国家、市场和行业部门的参照基准。到 2006 年底，交易所交易基金的总资产规模超过了 4550 亿美元。[2]

**11. 情绪、信心和耐心经常大幅波动。** 个人投资者的情绪经常大幅波动——从大喜到大悲。在极端市场条件下，投资者应该意识到人性这种特征，并努力让自己不受市场极端情绪的影响。长期来看，成功的资产配置和投资策略来自投资者区分周期波动和长期趋势的能力，并据此加以行动。

**12. 忽视资产配置的权衡。** 根据图 5-3 中已经论述的资产配置权衡的类型，个人投资者应该认识到某一类资产实际上不可能同时满足以下所有标准：（1）良好的流动性；（2）稳定、有保障的本金价值；（3）高额的当期收益；（4）资本增值率持续并显著超过通货膨胀率、税收以及常用的基准指数。

**13. 过高估计投资组合的多元化水平。** 虽然大部分个人投资者能够意识到多元化投资的好处，但许多个人投资者由于惯性、本国偏好、过度自信、熟悉自己的公司、市场价格影响，和 / 或某些行业部门与资产类别之间的回报具有高度相关性，使得其投资组合的多元化程度并不高。由威廉·N. 戈兹曼（William N. Goetzmann）和阿罗克·库马（Alok Kumar）撰写的美国国家经济研究局 2001 年 12 月的工作论文分析了这种现象，该论文可在 www. nber.org 网站查询。

**14. 错误估计税收的重要性和影响。** 当投资者考虑是否以及何时卖出某一特定资产时，有时将税收因素看得过于重要。与此同时，投资者经常低估股票换手率、红利分配、资产利得和损失以及其他应税项目对投资组合的长期税后回报的影响。税收因素将在第 9 章的工作表中详细论述。

---

[1] 摘自《巴克莱季度竞争分析报告：指数基金》（*Barclay's Quarterly Competitive Analysis Report: Index Funds*）。

[2] 来自摩根士丹利的研究。

## 预期需要的资产配置技能和实际要求的资产配置技能

在综合考虑个人投资者的优势、劣势、拥有的资源以及本章描述的一些行为特征后，就可以对成功的资产配置所必需的技能形成几点结论。

在资产配置中，投资者想要获得成功取决于以下几种能力，而且这几种能力的重要性基本相当：（1）选择资产类别；（2）监控资产类别；（3）对表现优异和表现较差的资产类别能够充满自信地进行选择；（4）再平衡资产类别（资产配置再平衡过程在第4章进行了讨论）。图5-8向我们展示了某些技能要比其他技能更重要。

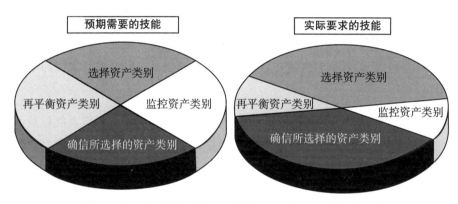

图 5-8  预期需要的资产配置技能和实际要求的资产配置技能

图5-8左半部分的饼图描绘了四种预期需要的资产配置技能应该被置于相同重要的地位。也就是说，许多投资者期望通过均衡拥有并发展、精通这四种技能以实现成功的资产配置。

在许多情况下，其中两种技能对资产配置的成功与否起着更重要的作用，如图5-8右半部分的饼图所示。在很大程度上，投资者总体上的成功可能来源于以下两种能力：（1）正确选择资产的能力；（2）确信这些资产的长期业绩是高还是低之后，坚定行动。

毫无疑问，监控资产类别和再平衡资产类别对投资者资产配置行为的成功与否也是非常重要的。乔治·索罗斯有句话被广泛引用：成功的资产配置通常不怎么关注投资者究竟有多少次决定是正确的或者错误的，而关注在正确或错误行为过后投资者如何应对。如果投资者选择正确，并坚定地执行选择，那么他在资产配置上获得成功的机会就会增加许多。

## 来自金融市场的历史经验和教训

在 20 世纪 90 年代末期，许多投资者对下面的话题展开了激烈的争论：（1）在美国和全球经济背景下，过去的经验与新的案例是否相关并适用于新的案例；（2）资本市场的股票风险溢价水平是否恰当；（3）互联网对商业、金融和投资领域的影响。因为市场不时出现极端高估或低估的情况，所以记住这些从金融市场发展历史中得到的经验教训是非常重要的。图 5-9 以及随后的段落将会进行详细阐释。

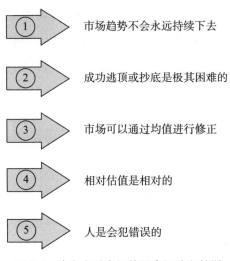

1 市场趋势不会永远持续下去

2 成功逃顶或抄底是极其困难的

3 市场可以通过均值进行修正

4 相对估值是相对的

5 人是会犯错误的

**图 5-9 来自金融市场的历史经验和教训**

第 1 课：市场趋势不会永远持续下去。无论价格趋势看起来多么令人兴奋或沮丧，在某个时点，一旦条件发生变化，市场便会转向一个全新的方向，这是由经济学、科学、统计学、心理学以及复利的基本原理和规则所控制的。在《亨利六世》（*Henry VI Part 2*）的中篇，威廉·莎士比亚也许并非有意地总结了金融趋势的周期性本质：

> 阳光明媚的日子有时会蒙上一片乌云
> 夏季过后
> 不免会迎来寒风凛冽的严冬
> 如同季节的轮转
> 人生的哀乐也是此起彼伏

第2课：成功逃顶或抄底是极其困难的。金融市场在运行到某些节点时，经常流传着投资者和市场战略家们的观点，他们认为市场大转折就会来到，并且将自己的全部或部分财产和信誉全盘押上，期待最终结果的实现。尽管在摆动的钟摆上存在着相互抵消的力量，但无论钟摆达到多高，了解使钟摆运动的力量的强度和持续时间也同样重要。在最终逆转之前，钟摆的轨迹可能会持续很长时间。金融市场的情况也是一样的。

第3课：市场可以通过均值进行修正。在一个持续向上或向下的市场中，资产配置的一个最受质疑的理论是"市场终将回归均值"。这一理论断言某种特定资产类别的回报率最终将回归该资产类别的长期均值。当投资者已经经历了几年异常的高回报或低回报时，他们开始认为回报将不可能再回归到该资产类别的长期均值。他们通常也忽视了这样一个事实，即这些长期平均回报意味着，在某一时刻，资产回报低于平均值或高于平均值的机会完全相等（或者经常相等）。

第4课：相对估值是相对的。投资者可能因为某些资产相对其他资产来说估值更有吸引力而购买它（例如，购买美国科技股或医药股，因为它们的市盈率水平的历史表现相对于标准普尔500指数等基准水平来说很有吸引力）。他们不应该忘记这个事实：如果绝对估值是下降的，即便他们的资产价值遭遇亏损，相对估值也可能（也可能没有）提升。

第5课：人是会犯错误的。用经济学家的话来说，期望理论（prospect theory）的结论之一就是个人投资者给予极有可能的结果很小的概率，对于可能性较小的结果却给予很大的概率。这种趋势将在图5-11中通过非线性概率权重分配的方法进行详细描述。

因为市场沿同一方向运行了很长时间，投资者很容易发现他们高估了市场将持续向初始方向运动的可能性，而低估（或者忽视）了市场将在某一阶段发生反转，向与当前市场趋势相反的方向运动的可能性。这种行为在图 5-11 中也会详细展开讨论。

几百年，或许是上千年的历史表明，在处理与金融相关的事务时，人类的理智、性格和行为等方面从来都没有改变过。个人投资者被恐惧、信心、贪婪、后知后觉、不确定性、希望、梦想、忏悔和宏伟计划的吸引力等因素驱使。同样，个人投资者也会被其他因素影响，比如自我怀疑、悲观、自责、嫉妒和良知等。个人投资者的行为也并非出于高尚的动机。接下来，我们将进一步总结并探讨分析这些行为特征和模式。

## 透视行为金融学

在过去几十年里，许多经济学家开始在心理学领域探索，以提高他们对个人投资者的系统性偏差、决策过程、情绪影响等问题的认识，并探索这些因素如何影响投资者行为和金融市场。这些行为金融学研究人员，试图通过描述根深蒂固的人类本能和反射如何导致个人（和许多专业）投资者以通常看起来是错误的、不一致的甚至是非理性的方式行事，来改进主流经济学中严格理性的决策和有效市场模型。

通过理解和掌握行为金融学的假设和观点，投资者能够：（1）认识和预测个人投资者在金融领域犯错误的原因及其影响，从而避免付出昂贵的代价；（2）察觉到人类的金融信息系统是不可靠的，以及个人投资者依赖本能的程度；（3）意识到哪些类型的力量可以导致泡沫、崩盘、流动性缺失、波动性剧增或市场价格出现极高或极低的估值（在投资回报概率分布中产生"肥尾"现象）。

图 5-10 向我们展示了行为金融学和行为经济学的研究。图 5-10 上半部分说明了行为经济学和行为金融学是经济学和金融学领域与心理学和人类学领域的交叉学科。图 5-10 的中间部分说明了根据经济学和金融学理论所做的

决策容易受下列因素影响：（1）理性预期；（2）期望效用最大化。理性预期是由1995年诺贝尔经济学奖得主罗伯特·卢卡斯（Lobert Lucas）发展起来的、高度运用数学知识的经济学理论。他的理论说明了经济行为人根据自身利益最大化的原则行事，并将他们得到的那些可以影响市场的重要信息，例如政府公布的经济政策等，用最好的方式组合起来。期望效用最大化说明了经济行为人从其经济活动中寻求尽可能高的满意度。

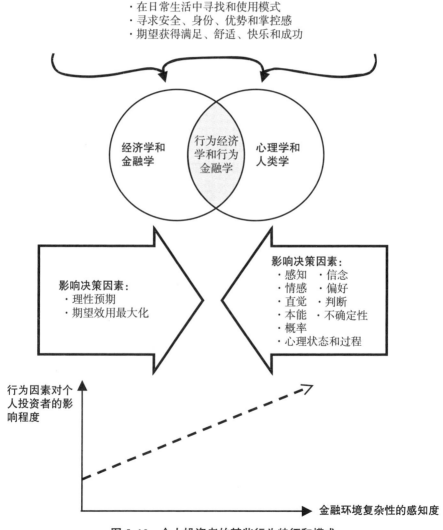

图5–10　个人投资者的某些行为特征和模式

由于决策是根据心理学和人类学理论做出的，因此，行为经济学和行为金融学受到以下因素的影响：认知、信念、情感、偏好、直觉、判断力、本能、可能性、不确定性以及个人的心理状态和过程等。一些行为金融学专家假设，这些行为因素对个人投资者的影响程度，会随着人们所感知的金融环境的复杂程度加剧而增大。图 5-10 的下半部分显示了这种似近关系。

尽管在大部分时间里，所有类型的投资者在进行投资时都表现出理性和合理的预见性，但要更加彻底地描绘投资者行为的全貌，还必须同时考虑他们的潜在偏好和非理性倾向。投资者的许多弱点是细微的、不易察觉的，甚至是违反直觉的。在金融投资领域，有一些投资者比其他人更容易在思考和行动上犯错误。有部分原因是受自身根深蒂固的作为或不作为性情影响，或受天生悲观或乐观性格驱使，相当多的投资者在发现自身无意识的错误之后，仍然坚持原来有缺陷的策略。从更深层意义上讲，这些特征是人类求生本能的一种返祖现象，即在日常生活中寻求和运用某种固定模式，用来追寻安全、身份、优势和掌控感，期望获得满足、舒适、快乐和成功。通过意识到特定的行为特征和模式，以及它们发生的状态类型，投资者可以更好地理解他们想追求或避免的投资行为。我们下面将讨论部分行为特征和模式。

## 个人投资者的行为特征和模式

随着经济学家、心理学家、投资战略家和投资者对这个领域的兴趣和探究越深，与投资者行为相关的概念也在不断发展。这里所涉及的个人投资者的行为特征和模式包括：（1）绝非全部囊括但应该考虑的本章前面论述的以及图 5-7 所示的个人投资者行为特征；（2）与第 3 章中分析的风险概念密切相关；（3）在许多情况下，彼此紧密相联，然而相互间存在着虽然很小但非常重要的区别；同样地，它们可能并不能完美契合此处三类中的某一类，这里的三类只是为了对行为特征和模式做区分；（4）也可能非常适用于专业投资者，他们拥有与个人投资者相同的优势和癖好。

总而言之，个人投资者的行为特征和模式可以根据它们对投资者的思想、行动和反应的影响和介入程度进行分类。一些常见的特征在图 5-11 中列出，它们组合在一起可以表现出人类思维的内在联系和复杂性。

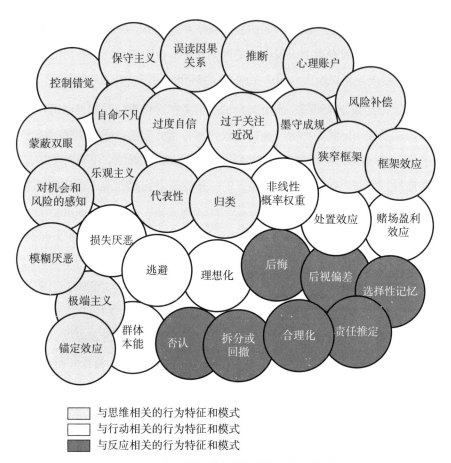

**图 5-11　个人投资者的某些行为特征和模式**

### 1. 思维

投资者通过一系列有意识和无意识的判断、信念及偏误来应对资产配置、具体的投资建议以及金融市场的整个前景。下面将会对这些偏好、厌恶、特质、倾向性和成见进行简单的描述。

- 过度自信。许多投资者过高估计他们的投资智慧、预测的准确性、未来结果的价值以及金融决策的可靠性和价值。

- 自命不凡。投资者在资产配置和投资选择时往往过高估计自己的技能，并倾向于记住、关注和将他们的任何成功投资归因于自己的能力，并将失败归因于他人或坏运气。另一个形容这种状态的术语是**自我归因偏差**（self-attribution bias）。

- 乐观主义。有相当一部分投资者会用有色眼镜乐观地看待金融领域，不切实际地放大自己的能力，高估正向结果的可能性和自己对财务命运的掌控程度。与此同时，他们又会低估投资失败的概率，以及机遇对投资结果的影响程度。

- 控制错觉。在面对金融市场时，投资者常常会有一种错觉，就是以为自己可以很好地控制事情的发展；在某种程度上，这种可以掌控一切的错觉会导致投资者承担原本会拒绝承担的风险。对某一公司、行业、地区或国家的执着会导致投资者追求无经济效益的投资活动。

- 框架效应。框架效应这个概念认为，如何描述或定位投资选择或投资问题会影响投资者的决策过程。

- 狭窄框架。投资者接受一些细小的问题（例如，单项投资的价格表现，或者时间周期短得不合时宜）或自身财务状况的增量改变，对自己的投资思维的影响过大。

- 锚定效应。许多投资者在确定买卖决策的目标价或参考价时，允许自己过于依赖某一资产的特定价格或价格区间。

- 归类。受习惯、缺乏耐心、图方便或惯性思维的驱使，投资者常常快速但又是错误地对有价证券、资产类别、投资策略或金融市场环境进行归类。

- 墨守成规。尤其是在资产价格极端乐观或极端悲观的时期，投资者可能会对特定证券、公司管理、中央政府公布的数字、经济预期以及投资经理人等持有高度简单化、偏向性、标准化，以及过于积极或消极的看法。

- 代表性。当某个投资或某些投资在某种程度上正好与他们所熟悉的情况类似，具有一定的代表性，一些投资者就可以迅速地对这类投资做出判断，得出结论。

- 推断。经过市场不同历史阶段的发展变化，投资者倾向于推断市场未来的趋势，相信价格持续上涨的资产价格仍将继续上涨，价格持续下跌的资产价格仍将继续下跌。总的来说，投资者更侧重于长期价格变动而非短期变动。

- 心理账户。许多投资者不是从全局视角分析和处理整个投资组合的风险收益关系，而是将他们管理的资产划分成相互独立的子账户，而事实上这些子账户有可能互相冲突，或者与整个投资组合的总目标不一致。投资者会采取更进取的或更保守的投资策略来划分各部分资产，比如养老基金、教育储蓄基金或为了成家立业而建立的基金等。

- 过于关注近况。过于关注近况部分是因为记忆的逐渐减弱和模糊性，投资者经常太重视刚刚发生的事件或市场变化，而对更早以前发生的事不够关注。

- 误读因果关系。有时，投资者会认为或推断特定的事件或环境与资产的价格变化之间存在因果关系，而事实上这二者是没有关联的。

- 保守主义。在综合权衡一系列因素之后，投资者倾向于坚持自己的观点，甚至当他们面对相反的事实时，也是如此。

- 盲目。投资者会坚定固守自己相信的理论或行为模式，导致在面对资产基本面、估值，或心理、技术、流动性等事项发生重大变化时，竟然选择视而不见。

- 对机会和风险的感知。大多数投资者似乎更喜欢能够带来合理可实现回报的投资机会，即使这样的机会是以牺牲可获得的巨大回报为代价。而有些投资者则将投资机会中的风险水平看作独立存在的，不考虑未来投资机会中风险与收益之间可能存在的关系。

- 风险补偿。当投资者开始觉得有风险的投资活动并不像想象的那样危险时，他们会有意无意地更多承担其投资行为中的风险以谋求更高收益，这事实上增加了而不是减少了总的风险。有时，投资者涉足高风险投资领域是为了补偿从前的损失。

- 模糊厌恶。投资者有时会避开模棱两可或高度不确定的投资机会，转而选择那些他们更熟悉、更清晰、更明确的投资。认识到事后猜测、担忧和修修补补带来的不可量化但有时意义重大的成本，一些投资者可能会在资产配置和投资活动中地赋予舒适和简单的价值。

- 极端主义。一旦超出了适度和理智的界限，许多投资者会将难以置信但却有可能出现的结果看作不可能发生的事情，与此同时，他们也会把有可能发生但概率很小的结果当成肯定会发生的事。

## 2. 行动

投资者在资产配置和投资活动中可以广泛运用各种战略和战术。在这个过程中，他们会展现出几种不会轻易看出但又可辨别的投资行为模式，下面我们会简单介绍一下这些要点。

- 群体本能。相当多的投资者在投资过程中偏好追随大众观点和共同想法。这种群体行为对于投资者而言，在投资获得成功的时候会得到强化，在投资失败的时候能够获得一些安慰。一些投资者更关注他们在某个群体中的相对地位，而不是在群体外的绝对幸福感。

- 损失厌恶。相对于同等数量的收益带来的喜悦，同等数量的损失给投资者带来的痛苦会更大一些，因此，投资者本能地厌恶面对损失或承担损失。这导致许多投资者在面对下跌的价格时面色沉重。在实际操作上，一些投资者将更多的时间和精力投入到避免损失，而不是追求收益上。

- 逃避。投资者可能会因许多原因而不恰当地延期或推迟采取行动，包括惰性、优柔寡断、无法或不愿面对事实并果断解决问题。

- 理想化。特别是在市场乐观的环境下，投资者会过于相信和过分吹捧广泛的资产类别和子类别、投资地区、货币、投资风格、投资管理者、特定公司和 / 或公司管理者、投资评论员、监管者和权力机构。

- 非线性概率权重。也许和前面所述的极端主义思维模式相反，一些投资者明显高估了低概率事件发生的可能性，也明显低估了高概率事件发生的可能性。

- 处置效应。投资者更倾向于处理那些相对初始买入价已经增值的资产，而不是卖掉那些价格低于初始买入价的资产。这种行为与"卖掉亏损的股票，并继续持有赚钱的股票，让利润飞奔"这条有利于实现长期投资成功的经典格言相反。

- 赌场盈利效应。投资者还会将资产的初始买入价格设置为参考点，他们通常不关注资产价格下跌但仍然在初始买入价格之上的损失，而对于价格非常接近或已经低于初始买入价格的、同样大小的损失则感到很紧张。换言之，因为投资者仍然可以对自己和他人说，他们的投资依然有利润，所以他们更愿意接受这样的损失，即实际上是从原先赚的钱中回吐了部分利润，但相对初始的买入成本而言，他们总体上还是获利的。

### 3. 反应

重新审视投资者行为的结果和内涵，投资者经常在兴奋和失望之间大喜大悲。综观历史，一个始终存在的主题是有关内心世界的，即**人类的任何经历和遭遇都是他们思想和行动的结果**。下面我们将说明一些会影响到投资者的担忧和乐观的情绪。

- 后悔。面对他们的行动（有时称作犯错）产生的不满意结果，投资者会感到后悔；同样，投资者对因没有采取行动（有时称作疏忽）而错过了满意的结果也会感到后悔。在很多情况下，相对于没有行动（疏忽），投资者会为他们的行动（犯错）感到更伤心。

- 否认。因为投资者不喜欢承认和面对自己的错误，他们可能会否认或屏蔽那些能证明他们犯过错误的信息。

- 后视偏差。回顾过去，许多投资者往往会夸大和美化自己的预测能力。在事情确实发生的情况下，他们会提高回忆起来的某个结果发生的概率；在事情没有发生的情况下，他们会降低他们事后对某个结果发生概率的评估。

- 合理化。投资者不是在为他们自己的行为寻找原因，而是试图到处寻找其他看似合理的理由，粉饰他们结果失败的行为。

- 选择性记忆。一些投资者倾向于仅仅回忆那些原来条件、事件、环境中的积极或消极因素，目的是与过去对事件的理解保持一致。

- 责任推定。无论是否犯错误，投资者都会将做出错误的或不赚钱的资产配置和投资策略的责任归因于其他人，他们广泛搜索可以谴责的对象，比如身边的投资建议者，以及较远的，比如大众媒体中的金融评论家。

- 拆分或回撤。不满意的金融结果将导致一部分投资者产生远离或者撤出市场的强烈反应，他们决定再也不从事能导致此类结果的活动。

知道了投资者的有关思维、行动和反应的行为特征和模式，将有助于投资者注意防备在资产配置和投资活动中出现的潜在偏见、倾向性和人性缺点。同时，投资者意识到以下因素也是十分重要的：（1）投资经常充满了不确定性和明显的不成功的可能性；（2）尤其对于没有实践经验的投资者来说，评估概率、预测结果和精确预测这些结果对金融的影响都是非常困难的；（3）从天性上来说，犯错误是难以避免的，但具有自知之明并具备扎实、灵活、广泛的知识结构是能帮助投资者做出正确决策的两个有利因素。

## 行为金融学信息来源

大量书籍、专题研究、期刊、学者和组织提供了有关行为金融学和行为经济学的有用信息。这些内容相关且有启发意义的书籍包括：（1）由丹尼尔·卡尼曼（Daniel Kahneman）、保罗·斯洛维奇（Paul Slovic）和阿莫斯·特沃斯基（Amos Tversky）合著的《不确定状况下的判断：启发式和偏差》（*Judgment Under Uncertainty: Heuristics and Biases*）；（2）由理查德·H. 泰勒（Richard H. Thaler）所著的《行为金融学新进展》（*Advances in Behavioral Finance*）；（3）由理查德·H. 泰勒（Richard H. Thaler）所著的《赢者的诅咒：经济生活中的悖论与反常现象》（*The Winner's Curse*）；（4）由布伦诺·S. 弗雷（Bruno S. Frey）和阿洛伊斯·斯塔特勒（Alois Stutzer）所著的《幸福与经济学：经济和制度对人类福祉》（*Happiness and Economics: How the Economy and Institutions Affect Human Well-Being*）；（5）由纳西姆·塔勒布（Nassim Taleb）所著的《随机漫步的傻瓜：发现市场和人生中的隐藏机遇》（*Fooled by Randomness: The Hidden Role of Chance in the Markets and in Life*）。

对影响个人投资者心理、承担风险的资产配置模式和净资产驱动因素的许多宏观因素，很多专题研究都有务实的理解，其中大部分研究报告会不时更新和重新发布。这些报告包括：（1）桑福德·伯恩斯坦公司（Sanford C.Bernstein & Company）撰写的《美国资金管理的未来》（*The Future of Money*

*Management in America*），自 2000 年起成为美国联博资产管理公司（Alliance Capital Management）的一部分；（2）1998 年 11 月发布的《AIMR 私人客户投资咨询会议记录》（*AIMR Conference Proceedings on Investment Counseling for Private Clients*）；（3）瑞士信贷银行的美国经济学团队定期发布的《家庭部门重点报告》（*Household Sector Focus*）；（4）每年由凯捷美国（Capgemini U.S.）与美林证券公司（Merrill Lynch）联合制作的《世界财富报告》（*World Wealth Report*）。

关于行为金融学和经济学的专业调查和研究见表 5–2 所列的期刊。

表 5–2　　　　　　　行为金融学和行为经济学中的精选期刊

| 期刊 | 网址 |
| --- | --- |
| 《认知心理学》（*Cognitive Psychology*） | academicpress.com |
| 《经济行为与组织期刊》（*Journal of Economic Behavior and Organization*） | elsevier.com |
| 《金融工程学报》（*Journal of Financial Engineering*） | iafe.org |
| 《经济学观点杂志》（*Journal of Economics Perspectives*） | aeaweb.org/jep |
| 《心理学与金融市场杂志》（*Journal of Psychology and Financial Markets*） | psychologyandmarkets.org |
| 《风险和不确定性杂志》（*Journal of Risk and Uncertainty*） | springerlink.com |
| 《经济学季刊》（*Quarterly Journal of Economics*） | mitpressjournals.org |

表 5–3 列出了行为金融学和行为经济学领域的几位代表性学者。投资者可以通过表 5–3 中列出的网站访问这些学者的图书、文章、专题论文和其他著作。

表 5–3　　　　　　　行为金融学与行为经济学的代表性学者

| 学者 | 教育机构 | 网址 |
| --- | --- | --- |
| 施罗默·伯纳兹（Shlomo Benartzi） | 加利福尼亚大学洛杉矶分校 | anderson.ucla.edu |
| 尼古拉斯·C. 巴伯瑞斯（Nicholas C. Barberis） | 耶鲁大学管理学院 | msb.yale.edu |
| 加里·S. 贝克尔（Gary S. Becker） | 芝加哥大学 | home.uchicago.edu/~gbecker |

续前表

| 学者 | 教育机构 | 网址 |
| --- | --- | --- |
| 斯蒂芬·J. 布朗（Stephen J. Brown） | 纽约大学斯特恩商学院 | stern.nyu.edu/~sbrown |
| 西蒙·杰维斯（Simon Gervais） | 杜克大学富卡商学院 | duke.edu/~sgervais |
| 威廉·N. 戈茨曼（William N. Goetzmann） | 耶鲁大学管理学院 | viking.som.yale.edu |
| 罗杰·G. 伊博森（Roger G. Ibbotson） | 耶鲁大学管理学院 | mba.yale.edu |
| 丹尼尔·卡尼曼 | 普林斯顿大学 | princeton.edu |
| 约瑟夫·拉克尼瑟克（Josef Lakonishok） | 伊利诺伊大学 | business.uiuc.edu |
| 特伦斯·奥迪恩（Terrance Odean） | 加利福尼亚大学伯克利分校 | faculty.haas.berkeley.edu/odean |
| 威廉·R. 赖克斯坦（William R. Reichenstein） | 贝勒大学 | finance.baylor.edu/reichenstein |
| 赫什·舍夫林（Hersh Shefrin） | 圣塔克拉拉大学 | lsb.scu.edu |
| 罗伯特·J. 席勒（Robert J. Shiller） | 耶鲁大学 | econ.yale.edu/~shiller |
| 杰里米·J. 西格尔（Jeremy J. Siegel） | 宾夕法尼亚大学沃顿商学院 | finance.wharton.upenn.edu |
| 保罗·斯洛维克（Paul Slovic） | 俄勒冈大学 | uoregon.edu |
| 迈尔·斯塔特曼（Meir Statman） | 圣塔克拉拉大学 | lsb.scu.edu |
| 劳伦斯·H. 萨默斯（Lawrence H. Summers） | 哈佛大学 | harvard.edu |
| 理查德·泰勒（Richard Thaler） | 芝加哥大学商学院 | chicagogsb.edu |
| 阿莫斯·特沃斯基 | 斯坦福大学 | stanford.edu |
| 理查德·J. 济科豪瑟（Richard J. Zeckhauser） | 哈佛大学肯尼迪政治学院 | ksghome.harvard.edu/ ~Rzeckhauser |

　　一些组织在行为金融学和行为经济学领域开展了很多研究和咨询活动，其中一些如表 5–4 所示。表 5–4 中所列组织输出的信息通常充当了学术机构

中的思想潮流与金融界的研究领域之间非常有用的桥梁。

表 5-4 行为金融学和行为经济学领域的组织

| 组织 | 所在地 | 网址 |
|---|---|---|
| 决策研究<br>（Decision Research） | 尤金，OR | decisionresearch.org |
| 金融心理学公司<br>（Financial Psychology Corporation） | 北迈阿密，FL | financialpsychology.com |
| 美国个人财务顾问协会<br>（National Association of Personal Financial Advisors） | 阿灵顿高地，IL | napfa.org |
| 美国国民经济研究局<br>（National Bureau of Economic Research） | 剑桥，MA | nber.com |
| 理财顾问心理学<br>（Psychology of Money Consultants） | 洛杉矶，CA | psychologyofmoney.com |
| 斯佩特兰集团<br>（Spectrem Group） | 芝加哥，IL | spectrem.com |

## 资产配置和投资中的情商

1994 年，心理学家兼记者丹尼尔·戈尔曼（Daniel Goleman）写了一本广受欢迎的书《情商》（*Emotional Intelligence*），后来又出版了《情商 3：影响你一生的工作情商》（*Working with Emotional Intelligence*），对那些想在资产配置和投资方面获得成功的个人产生了影响。情商是一种善解人意、善于判断和联系、让人变得受欢迎和拥有其他一些能使人变得出色和成功的能力。情商意味着可以做到以下几点：（1）控制情绪冲动；（2）能与他人共情；（3）妥善地处理各种关系，就像亚里士多德所说的那样，这是一种宝贵的技艺，即"把握恰当的分寸，在合适的时间、为了正确的目的、以合适的方式，向恰当的人发表意见"，这是很难的，有相当多的投资者完全做不到。

具备一定情商的投资者，或许能够发现和减少直觉推理的错误，通过理解与自身的关联和感知金融环境的行为特征和情绪，来理解其他参与者在投资市场的活动。情商的一些基本要素和组成部分如图 5-12 所示。

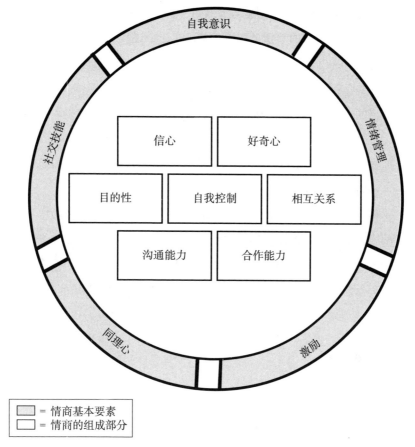

图 5–12　个人投资者的行为特征和模式

情商的一些基本要素总结如下。

* 自我意识：能意识到投资者自己的感受，并可以利用投资者直觉做出投资者可以愉快接受的决策。
* 情绪管理：能控制冲动、缓解焦虑或适度生气。
* 激励：面对挫折，依然保持和重新唤起热情、坚持和乐观的态度。
* 同理心：能够读懂和回应他人与自己未曾说出的内在感受。
* 社交技能：能很好地应对他人的情绪反应，沟通顺畅，能够有效地处理人际关系。

构成情商的部分元素总结如下。

- 信心：是一种控制和掌握投资者自身、行为和世界的感觉；感觉自己更有可能在所做的事情上取得成功，在这个过程中其他人会提供积极的帮助。

- 好奇心：不断探求的感觉是积极的，会带来满足感。

- 目的性：有意愿且能够产生影响力，并可以坚持不懈地采取行动。目的性是一种能力感，一种可以带来影响力的感觉。

- 自我控制：根据投资者的不同年龄来调整和控制投资行为的能力，是一种内在的控制感。

- 相互关系：在被他人理解和理解他人的基础上开展合作的能力。

- 沟通能力：具备与他人口头交换观点、感觉和观念的意愿和能力。这与信任他人和与他人打交道的正向感受有关。

- 合作能力：在团体活动中平衡投资者自身需求与他人需求的能力。

第四部分

4

资产类别的特征

# 第6章

## 区分 16 种资产类别的特征

### 概述

资产配置中的一个基本技能，就是熟知每种资产的内在质量，并懂得在不同环境下，什么资产该被重视、什么资产该被忽视，以及知晓在构建投资组合时如何搭配各类资产以实现效益最大化。本章在阐述资本资产、可消费或可交易资产以及价值储存资产之间的差异后，重点介绍挑选出来的、用来评估资产类别和资产管理者的方法。这些评判标准聚焦回报、风险和相关性等因素，同时也考虑其他基本面、估值水平、操作、技术表现和心理层面等因素。

然后，本章将重点分析每种资产类别中的主要参与者的作用及其影响，包括资本供应商、中介机构和资本使用者。本章还将对主要资产类别和资产子类别进行全面的调查研究，从而帮助我们更加理性地看待 16 种资产类别的投资、风险以及其他相关问题，这 16 种资产可以分成股票、固定收益、另类投资和现金类金融产品等四大类。

在对几种类别的资产调查研究之后，我们发现这几种资产在一定条件下，其表现与其他资产很类似。于是，本章讨论了在资本市场周期的不同阶段中，每类资产的合理权重应该如何分配。最后，本章得出结论，在对一系列资产配置和资产保护策略深入分析之后，投资者可以在不同水平的金融、经济和系统压力下灵活运用这些策略。

## 资产类别

"asset"（资产）一词起源于16世纪盎格鲁-法语（英国法语）及古法语"asez"，意思是"丰富"，因此，其含义可以延伸为有用的、值得拥有的资源，物品所有权，或是具有交换价值的或可以兑换成货币的品质。大多数有形资产和金融资产可以分为三大类：资本资产、可消费或可交易资产以及价值储存资产，如表6-1所示。

资本资产，诸如公开上市交易和私人持有的股票，固定收益证券，不动产，其长期价值主要来自当前和预期的股利、利息和终值支付的现金流的资本化。遵循同样的估值方法，一些经济学家将个人潜在的终生赚钱能力称为人力资本。

可消费或可交易资产，包括能源产品、谷物和其他软商品、基本金属以及牲畜，主要是根据典型的市场供求关系力量对比进行估值，而这种关系又受到资产内在价值或其在生产或消费过程中的价值的影响。

价值储存资产，诸如艺术品、古董、货币、珠宝、贵金属和其他有价值的物品，其价值主要是由投资者的心理和偏好，或买方在某一特定时点意愿支付的价格所决定的。

表6-1　　　　　　　　　　　　资产分类

| 资产分类 | 代表性产品 | 估值决定因素 |
|---|---|---|
| 资本资产 | 股票<br>固定收益证券<br>不动产 | 价值主要由当前和预期的股利、利息和终值支付的现金流的资本化水平决定 |

续前表

| 资产分类 | 代表性产品 | 估值决定因素 |
|---|---|---|
| 可消费或可交易资产 | 能源产品<br>谷物和软商品<br>基本金属<br>牲畜 | 价值主要由典型的市场供求关系决定 |
| 价值储存资产 | 艺术品和古董<br>货币<br>珠宝<br>贵金属 | 主要由投资者的心理和偏好决定 |

资料来源:《到底什么是资产类别》(*What Is an Asset Class Anyway*),作者罗伯特. J. 格里尔(Robert J. Greer),发表于 1997 年《投资组合管理杂志》冬季刊。

这些分类也不是绝对的,有些资产,比如耐用消费品和居民家庭持有的非公司型企业(以独资或合伙的形式存在)的股份,此类资产可能不完全适用于上述资产分类。其他资产,诸如黄金、未开发的土地和各种形式的不动产,其分类特征可能涉及不止一种资产。了解每个资产类别中主要价值驱动因素之间的区别,以及市场偶尔对资产进行错误分类的趋势(例如,当市场环境有时将股票视为消费性资产,有时则将其视为价值储存资产),可以帮助投资者建立战略性资产配置框架,以实施战术性资产配置决策并选择特定的投资对象。

## 评估资产类别

就许多方面而言,资产配置就好比投资过程中的建筑与设计环节,建筑师(投资者)根据建筑场地、流行风格和传统、成本、安全及其他因素(如金融市场前景和投资者偏好)来选择各种建筑材料(资产类别)。正如建筑师为实现重要的设计和工程目标,可能会根据材料特质和组合方式来选择不同类型的木材、石材、瓷砖、钢、铝、玻璃或其他建筑材料;投资者也可以根据资产的具体特征,以及这些特征在单独或组合使用时的呈现方式,选择特定资产。

投资者评估各种资产类别的依据主要是:(1)在正常环境下,以及在诸如高通货膨胀或通货紧缩之类的极端经济和金融条件下,资产价值预期可能发生的变化及收益表现;(2)与该资产相关的各种形式的风险和损失的概率；（3）该资产如何影响整个投资组合的风险和回报，以及在投资组合中如何影响其他资产和被其他资产影响；（4）在何时以及在何种情况下，该资产可能表现出异常行为。表6-2列出了一些评估不同资产类别的标准。

这些资产类别的评估标准包括：（1）该资产类别的效率程度以及其对内部和外部因素的反应和敏感性的总体考量；（2）资产的基本属性和内在的金融或非金融特征；（3）投资者心理对资产类别的影响程度；（4）历史的与预期的回报模式；（5）风险衡量指标及潜在的风险控制机制；（6）在不同时期以及不同市场环境下与其他资产的相关性；（7）估值方法和范围；（8）投资者赚取阿尔法收益（某种资产类别与市场基准相比较所获得的超额回报）的潜力；（9）与投资该资产相关的操作和技术因素。

表 6-2 　　　　　　　　　　　评估资产类别的选定标准

| 总体考量 | 基本属性 | 心理因素 |
|---|---|---|
| • 在高通货膨胀、适度通货膨胀、价格稳定、通货紧缩和严重通货紧缩时期的反应<br>• 对短期和长期经济因素的敏感性<br>• 获取基本信息与更新信息的方法和难度<br>• 分析用的概念、工具和模型的可获得性<br>• 简单性和可理解性的程度<br>• 作为某种资产类别的规模、差异性和可定义性<br>• 资产子类别与投资选择的范围、多样性和完整性<br>• 投资组合再平衡调整的容易程度及效用 | • 资产的流动性、市场有效性、便利性、透明度、正常的投资金额和可分割性<br>• 税务状况和税收效率<br>• 国际影响力和资产形式<br>• 与其他资产类别的相似程度<br>• 潜在收益与潜在损失的范围<br>• 与其他资产类别组合的一致性和有效性<br>• 保守参与、适度参与、积极参与的形式<br>• 数据质量、数据期限和潜在的数据偏差<br>• 相关衍生品市场的存在和深度 | • 逆向投资策略的可获得性和潜在收益<br>• 应对外部冲击、内部危机、供求失衡和所有权分布转变的途径和模式<br>• 表示资产进出市场的信号的清晰度<br>• 易受极端高估或低估事件和此前发生事件的影响程度<br>• 投资者情绪转换所需要的时间和条件<br>• 发行人和投资者的所有权，总流量和净流量状况 |
| 回报 | 风险 | 相关性 |
| • 回报的形式、相对重要性和可预测性<br>• 特定时间段内的复合回报率 | • 历史的和预期的风险溢价相对无风险资产的规模与变化程度 | • 资产内部和跨类别资产的多元化特征（例如弱相关或负相关） |

续前表

| | | |
|---|---|---|
| • 正常与非正常的回报模式<br>• 买入持有与买入卖出策略的可操作性<br>• 回报的可预测性<br>• 历史和预期的名义回报与实际回报<br>• 回报的周期性变化与长期模式<br>• 对回报的主要影响<br>• 一系列提升回报的工具和策略 | • 不同金融市场环境下的回报标准差<br>• 风险敞口的形式与程度<br>• 实际波动率和隐含波动率水平<br>• 风险特性的稳定程度<br>• 全球市场环境中的贝塔或系统性风险<br>• 回报率对利率变化的敏感度<br>• 一系列降低风险的工具和策略 | • 相对于其他资产回报的独立程度<br>• 不同投资组合时间范围内的月度、季度、年度和多年度回报相关的一致性<br>• 不同金融市场环境对相关性的影响<br>• 与其他资产类别的显性和隐性关系<br>• 一系列降低相关性的工具和策略 |
| 估值 | 产生阿尔法收益的潜力 | 操作与技术因素 |
| • 估值输入数据的范围和有效性<br>• 估值方法的频率和可靠性<br>• 内在价值的衡量标准<br>• 基于交易、评估或流动性而定价的适当性<br>• 历史和预期估值的范围<br>• 估值标准的演变形式和程度<br>• 价值创造和毁灭的关键驱动因素 | • 产生超额回报的战略和战术操作的可获得性和有效性<br>• 中介机构的作用、费用和结果的分散性<br>• 被动投资（使用基准指数）、主动投资或通过中介主动投资的方式和难度<br>• 获得并维持绩效合理增长的方法<br>• 发现并利用错误定价和市场异常的机会 | • 交易、结算、持有及报告的成本<br>• 对冲、杠杆和做空交易的形式和频率<br>• 基准指数的充分性、代表性和可投资性<br>• 基于互联网的研究和交易资源的范围和获得方式<br>• 资产匹配并满足预期名义负债和实际负债的潜在能力 |

　　为了投资方便、享受投资专业技能的好处并考虑成本有效性，许多投资者倾向于聘请资产管理者为自己服务。对于股票、固定收益证券和现金理财工具等资产类别，投资者可以通过开放式和封闭式共同基金、单位信托和单独账户管理享受到全职资产管理者提供的服务。对于诸如美国境内和非美国境内的不动产、大宗商品、私募股权和风险投资等这样的另类投资，以及类似于对冲基金的投资策略，投资者可以通过各种各样的在岸和离岸合伙人形式及其他组织结构来享受资产管理者提供的服务。为了帮助投资者确定特定公司和公司战略带来的风险范畴，并度量未来业绩是否与预期结果一致，表6-3 列出了评估资产管理者的一些标准。

　　评估资产管理者的标准包括：（1）资产管理者的管理规模、发展历史、职业经验和文化水平的总体考量；（2）资产管理者在其资产管理活动范围内的投资理念和投资方法；（3）内外部资源的自然属性、稳健性和利用程度；（4）投资业绩的来源、一致性和量化表现；（5）资产管理者预测和处理风险的方法；（6）资产管理者的业绩与管理同类资产和其他资产的其他同行的业绩的相关程度；（7）运用资产管理者服务的形式、水平、激励机制和费用计算方法；（8）资产管理者的税收敏感度和获得税前税后回报的能力；（9）与其他资产管理者打交道时相关的操作层面和技术层面的因素。

表6-3　　　　　　　　　　　　　　评估资产管理者的标准

| 总体考量 | 投资理念与方法 | 资源利用 |
|---|---|---|
| • 存在明确的和隐性的指导方针，以促进投资活动和冲突管理符合职业道德要求<br>• 现在与未来管理的资产数量相对于目标市场和头寸规模的适宜性<br>• 竞争优势的来源、程度、相关性和可持续性<br>• 管理资产的经验、熟练程度和可靠性；投资工具的结构；解决冲突的流程<br>• 在影响潜在投资方向上的积极程度<br>• 理念和实际应用的一致性<br>• 可以投向该管理者的最低和/或最高金额 | • 投资理念的定义、表述、可理解性、可行性和实际应用<br>• 资产管理者的自有资本占其投资总额的百分比及绝对值<br>• 投资项目的确认、排序、选择和再平衡过程的透明度及效率<br>• 专注度、自制力和方法可变性<br>• 与其他投资方式和策略的互补性<br>• 决策制定行为的形式和记录<br>• 按照投资者的具体目标和指令调整投资方法的可能性 | • 定量和定性数据输入、建模、研究、情景分析和敏感性分析的资源、演变、优缺点<br>• 专业人员和支持人员的面试、雇佣、培训、评估、薪酬及发展<br>• 组织设计、文化、道德、精神、适应性和长期模式 |
| 投资业绩 | 风险管理 | 相关性 |
| • 先前的投资业绩及产生重大收益或损失的原因<br>• 是否遵守有关监管机构的审计和报告准则<br>• 对不同投资者要求的投资回报保持一致性<br>• 定价、资源、交易实践和估值方法 | • 识别、监控、对冲和分散风险敞口的机制和程序<br>• 投资结果的波动程度及模式<br>• 对风险集中的明确限制<br>• 最大撤资额、撤资的月数，以及在不同条件下从亏损中恢复过来所需的月数 | • 与类似的资产管理者、资产类别基准以及其他资产类别回报相比，相关性的绝对数量和波动程度<br>• 在不同时期与不同金融经济条件下，与其他资产或资产管理者相比的回报表现 |

续前表

| | | |
|---|---|---|
| • 业绩参照标准，与标准相比较的跟踪程度<br>• 获得阿尔法收益的潜在能力和实际方法<br>• 在不同环境下获得收益的一致性 | • 上行和下行捕获率<br>• 杠杆、卖空和衍生品的使用<br>• 预测和防范不利情况的措施 | • 作为一个投资组合的平衡及多元化的代理人，资产管理者风格的有效性 |
| **费用和支出** | **税收因素** | **操作与技术因素** |
| • 资产管理者的费用结构，以及确保资产管理者和投资者利益一致的方法<br>• 初始和递延销售费用、营销费用、互换费用和赎回费用<br>• 聚合程序、最低预期回报率、高水位线、折扣点以及费用的可协商性<br>• 免费监督"价格低于正常水平"资产的能力<br>• 母基金结构中，多层收费安排的形式和金额 | • 法律结构（例如合伙企业、共同基金、有限责任公司或单独管理的账户）<br>• 对投资周转率的影响及投资额的规模<br>• 税收与收益实现的效率<br>• 在考虑投资组合之外的或其他资产类别中的重大损益事件后，调整投资策略的能力<br>• 对止损技术、资本回报、利息与股利水平、虚售规则、投资组合规模、税务报表的制作、慈善捐款及外汇基金策略和递延税款等方面的关注 | • 认购合同、报价备忘录、税收与监管报告以及投资者报告的格式和可理解性<br>• 资本流动性、锁定期、托管和赎回条款<br>• 与现有及潜在投资者互动交流的形式、频率和内容<br>• 投资者联络、参与和控制管理决策的程度<br>• 涉及资产管理者的过去及当前的法律诉讼、官方机构的调查、仲裁程序或司法裁决<br>• 保险覆盖的种类和金额 |

## 资产类别的参与者

在大多数资产类别中，某些特定类型的投资者会以直接的方式或通过中介机构进行投资。在分析资产类别的发展前景时，要特别关注投资资本提供者、中间人和使用者各自的作用，他们之间的关系及相互影响程度。这些详细的关系在图 6–1 中有明确的描述。

为任意资产类别提供购买资本的是投资者群体，如图 6–1 的左边所示，投资者群体可大致分为个人投资者、机构投资者和国际投资者。这些投资者在市场上短期或长期的介入或撤出可能导致特定资产的估值与投资回报发生显著变化。图 6–1 右边显示，融资去向可大致分为政府实体、非政府实体与国际实体。对于股票、固定收益证券、现金工具以及多种形式的私募股权和风险投资等资本资产来说，这些投资目标实体往往就是证券发行人。对于可消费或可交易资产，诸如大宗商品、不动产、艺术品、货币或贵金属等价值储存资产而言，投资目标实体往往就是资产本身。重要的资本投向在资产类别中的介入或撤出都会对该特定资产类别的估值与投资回报产生深远影响。

图 6–4 的中间部分列示的是几种具有代表性的中介机构，它们可以从投资者那里募集资金并将其投资于发行人发行的证券或直接投资于某些资产。这些中介机构包括：（1）合伙制投资公司（例如对冲基金或私募股权、不动产、风险投资或大宗商品合伙投资企业）和母基金，目的是更好地进行多元化投资，并获得接近特定资产管理者的机会；（2）封闭式和开放式共同基金以及独立的账户管理者；（3）如投资银行、商业银行和多元化金融公司之类的金融机构。这些主要的中介机构买入和撤出某种资产类别，都会对这类资产的估值和投资回报产生显著的影响。

图 6–1 中的最后一行描述了特定资产类别投资过程中的部分重要参与者。

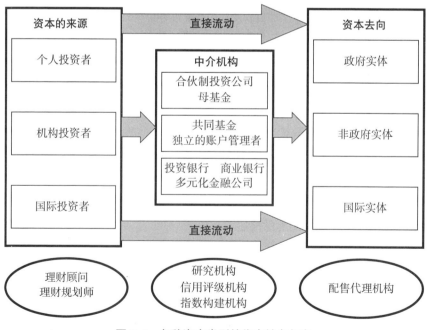

图 6–1　各种资产类别的代表性参与者

这些参与者包括：（1）理财顾问和理财规划师，他们通常帮助投资者选择资本投向和中介机构；（2）研究机构、信用评级机构和指数构建机构，它们帮助投资者评估各类资产的业绩表现；（3）配售代理机构，它们帮助中介机构和 / 或资本投向实体筹集投资资金。这些实体机构的观点、关注点或评估活动的转变都可改变资本在不同资产类别上的流入和流出，从而对这些资产类别的估值和投资回报发挥重要的影响作用。

## 资产类别和资产子类别

股票、固定收益证券、另类投资和现金类产品为四种主要的资产类别，还有许多其他资产类别和资产子类别可供投资。图 6–2 列出了数量众多的资产类别与资产子类别。

图 6–2 的灰色方框中给出了 18 种不同的资产类别：包括：（1）美国股票、非美国股票和新兴市场股票；（2）美国固定收益证券、高收益证券、非美国固定收益证券、新兴市场债券以及可转换证券；（3）私募股权和风险投资、大宗商品、不动产、对冲基金、贵金属和黄金、通胀指数证券、管理期货与艺术品；（4）美国现金类产品和非美国现金类产品。对于一种资产是否可以被认定为一个独立的资产类别，并没有形成共识，但有一些基本的原则，这些原则包括：充足的交易量与发行量、清晰的职能、特征、对经济和金融因素的反应程度、存在追踪资本价值和产生收入变化的指数，以及投资者和其他市场参与者的预期想法。

在浏览图 6–2 时，有几个事项需要注意。第一，并非所有有形资产和金融资产及资产子类别都在这里被明确列出。例如，人力资本没有被列为一种资产，艺术品与其他资产类别中的各种重要子类别也没有列出来。第二，一些资本市场参与者更愿意将可转换证券列为股票，以及将通胀指数证券视为现金类资产。第三，由于规模，投资者的基础和个性化的收益模式、标准差和相关性，如图 6–2 所列的一些投资组合的子类别被划分为单独的资产类别。这类投资组合包括但不限于日本股票、欧洲股票、日本固定收益证券和欧洲

| 股票 | 固定收益资产 | 另类投资 | 现金 |
|---|---|---|---|

| 美国股票 | 美国固定收益证券 | 私募股权和<br>风险投资 | 美国现金/<br>现金等价物 |
|---|---|---|---|

股票：

**美国股票**
大盘股
中盘股
小盘股
微型股
成长型
价值型
核心股
优先股
有限合伙制
掉期、期权、期货

**非美国股票**
加拿大
欧洲、澳大利亚与远东（EAFE）
欧洲
亚洲发达国家
日本
英国
互换、期权、期货

**新兴市场股票**
亚洲（日本除外）
欧洲新兴国家
中东
非洲
拉丁美洲
前沿市场
掉期、期权和期货

固定收益资产：

**美国固定收益证券**
美国国债
政府机构债券
企业债券
市政债券
抵押贷款支持证券
资产支持证券
担保投资合同
掉期、期权、期货
信用违约互换

**高收益固定收益证券**
高/中等级证券
低等级证券
非美国证券

**非美国固定收益证券**
加拿大
欧洲、澳大利亚与远东（EAFE）
欧洲
亚洲发达国家
日本
英国
利率互换合约
货币互换
互换、期权和期货
信用违约互换

**新兴市场固定收益证券**
非洲
亚洲地区（日本除外）
欧洲新兴国家
拉丁美洲
中东
前沿市场

**可转换证券**
美国
非美国

另类投资：

**私募股权和风险投资**
私募股权
风险投资
非美国母基金

**大宗商品**
期权和期货
担保期货
实物商品
非美国

**不动产**
公寓
商品房
住宅
办公楼/工业厂房
农田
不动产投资信托
国际不动产
零售/酒店
非美国

**对冲基金**
事件驱动和并购套利
固定收益证券
非定向股权
可转换和股票套利
变量偏差
长期偏差
自主交易
系统交易
母基金

**贵金属和黄金**
金条和金块
钱币和纪念章
金矿股票
珠宝
其他贵金属
掉期、期权和期货

**通胀指数证券**
美国
非美国

**管理期货**
商品交易顾问
母基金

**艺术品**

现金：

**美国现金/现金等价物**
实物资产和电子资产
银行账户余额
美国国债
政府机构票据
市政票据
银行承兑汇票
大额可转让存单
回购协议
货币市场基金
超短期债券基金
保值基金
非美国货币产品

**非美国现金/现金等价物**

**图 6-2 代表性的资产类别与资产子类别**

固定收益证券等。第四，很多基金产品、金融衍生品以及其他结构产品并没有在图 6–2 中列出，基金产品包括封闭式和开放式共同基金、指数基金、交易所交易基金，衍生品包括期货、远期、期权、掉期合约，尽管它们与各自所属的资产类别在风险、回报和相关性上有直接或间接的联系。

## 资产类别说明

投资者可以通过了解各主要资产类别的特征，做出理性的资产配置和投资决策。表 6–4 将 18 种主要资产类别分为四大类：股票、固定收益证券、另类投资和现金。

表 6–4 各资产类别特征概述

| 股票 | | |
|---|---|---|
| | 投资理由 | 风险与关注点 |
| 美国股票（见图 6–7） | • 所有权声明<br>• 潜在的长期高回报<br>• 对抗部分通胀<br>• 投资行业 / 投资风格选择<br>• 经济参与 | • 高标准差<br>• 通货紧缩时业绩不佳<br>• 回报周期长<br>• 股利再投资<br>• 相关性不稳定 |
| 非美国股票（见图 6–8） | • 多元化投资<br>• 更有利的相关性<br>• 投资机会增多<br>• 不同的发展动力<br>• 可利用市场的低效率 | • 高标准差<br>• 相关性不稳定<br>• 投资成本<br>• 汇率风险<br>• 所有权的可执行性 |
| 新兴市场股票（见图 6–9） | • 经济增长机会<br>• 阿尔法收益<br>• 潜在的高额回报<br>• 更有利的相关性<br>• 全球一体化 | • 高标准差<br>• 资本流动风险<br>• 流动性、监管、基础设施<br>• 所有权成本<br>• 政治 / 地缘政治问题 |
| 固定收益资产 | | |
| | 投资理由 | 风险与关注点 |
| 美国固定收益证券（见图 6–10） | • 低标准差<br>• 回报高于现金<br>• 分散投资组合<br>• 优先金融债权<br>• 流动性 | • 利率上升易带来资本风险<br>• 提前偿还风险<br>• 不稳定的相关性<br>• 通胀风险<br>• 定价 / 交易挑战 |

续前表

| | 投资理由 | 风险与关注点 |
|---|---|---|
| 高回报固定收益证券<br>（见图 6-11） | • 潜在高回报<br>• 低标准差<br>• 潜在的超额收益<br>• 资本结构<br>• 市场低效率 | • 非优先信用风险<br>• 经济依赖性<br>• 潜在市场错位<br>• 交易流动性<br>• 选定结构特征 |
| 非美国固定收益证券<br>（见图 6-12） | • 扩大投资机会<br>• 可预测的现金流<br>• 阿尔法收益<br>• 标准差低<br>• 相关性小 | • 汇率风险<br>• 跨境风险<br>• 有时存在不稳定的相关性<br>• 债券固有风险<br>• 更高的成本 |
| 新兴市场固定收益证券<br>（见图 6-13） | • 经济潜力<br>• 潜在的高收益<br>• 相关性较低<br>• 全球一体化<br>• 市场效率低下 | • 危机时期的行为<br>• 高波动性<br>• 市场流动性<br>• 资本流动风险<br>• 政治 / 地缘政治问题 |
| 可转换证券<br>（见图 6-6） | • 股权 – 债权融合<br>• 本金还款期限<br>• 比普通股有收益优势<br>• 有竞争力的回报<br>• 结构特征 | • 嵌入式期权<br>• 次级信贷<br>• 回报率普遍低于债券<br>• 上行潜力受限<br>• 市场失衡 |

| 另类投资 | | |
|---|---|---|
| | 投资理由 | 风险与关注点 |
| 不动产<br>（见图 6-19） | • 通胀对冲<br>• 标准差低<br>• 相关性普遍较低<br>• 防御性特征<br>• 获得阿尔法收益的机会 | • 交易成本<br>• 反通胀 / 通货紧缩时期的风险<br>• 投资成本<br>• 暴涨暴跌<br>• 资产异质性 |
| 大宗商品<br>（见图 6-5） | • 多元化特征<br>• 内在效用<br>• 通胀对冲<br>• 供需影响<br>• 低相关性 | • 收益波动<br>• 经济风险<br>• 技术活动<br>• 通货紧缩期间的行为<br>• 长期回报率较低 |
| 黄金<br>（见图 6-14） | • 稀缺性<br>• 供应缺乏弹性<br>• 保值<br>• 维持购买力<br>• 负相关性 | • 回报率低<br>• 政府抛售 / 干预<br>• 均值回归<br>• 市场结构<br>• 估值方法 |

续前表

| | | |
|---|---|---|
| 私募股权和风险投资<br>（见图 6–18） | • 潜在高回报性<br>• 中等相关性（市场中性）<br>• 获得阿尔法收益的潜力<br>• 专注水平<br>• 控制水平 | • 资本进出条款<br>• 高准入门槛<br>• 高标准差<br>• 高成本<br>• 回报率测量 |
| 管理期货基金<br>（见图 6–17） | • 中等回报<br>• 相关性较低<br>• 标准差低<br>• 投资机会广泛<br>• 波动期间的行为 | • 低波动性下表现不佳<br>• 依赖定量方法<br>• 趋势跟踪系统<br>• 费用<br>• 税收考量 |
| 对冲基金 / 基金中的基金<br>（见图 6–15） | • 认识专业人才<br>• 标准差较低<br>• 投资机会广泛<br>• 相关性较低<br>• 获得阿尔法收益的机会 | • 阿尔法收益受损<br>• 收益度量问题<br>• 高费用<br>• 回报偏差和模式<br>• 税收效率可能低 |
| 通胀指数证券<br>（见图 6–16） | • 通胀对冲<br>• 低相关性<br>• 低波动性<br>• 降低风险<br>• 投资组合多元化 | • 税收考量<br>• 实际利率风险<br>• 近似债券<br>• 在通货紧缩时表现不佳<br>• 结构复杂 |
| 艺术品<br>（见图 6–3） | • 审美享受<br>• 内在意义<br>• 复利回报<br>• 储存价值<br>• 相关性较低 | • 市场流动性低<br>• 心理因素影响<br>• 价格波动性<br>• 投资成本高<br>• 不可分割性 |
| **现金 / 现金等价物** | | |
| | **投资理由** | **风险与关注点** |
| 美国现金 / 现金等价物<br>（见图 6–4） | • 价格风险较低<br>• 相关性较低<br>• 波动性小<br>• 流动性和易进入<br>• 对抗通货紧缩 | • 长期回报较低<br>• 再投资风险<br>• 购买力风险<br>• 潜在信用风险<br>• 成本和保管 |
| 非美国现金 / 现金等价物 | • 价格风险较低<br>• 汇率风险<br>• 相关性较低<br>• 波动性低<br>• 对抗通货紧缩 | • 长期收益较低<br>• 汇率风险<br>• 再投资风险<br>• 潜在信用风险<br>• 成本和保管 |

对于各种大类资产，表 6–4 总结了将该资产纳入投资组合的五个主要理由，以及与该资产相关的五类主要风险或关注点。表 6–4 是对图 6–3 到图 6–19 各类资产描述的总结。例如，表 6–4 最上面一栏总结了考虑投资美国股

票的五个关键理由：（1）拥有企业资产和收益；（2）长期获得高额回报的潜力；（3）提供了对抗通货膨胀的部分功能；（4）投资组合/风格选择多元化；（5）经济参与。与投资美国股票相关的五个主要风险包括：（1）收益的标准差比较高；（2）通货紧缩中的投资业绩表现不佳；（3）回报为正、零或负的周期较长；（4）需将股利再投资以获得更好的投资结果；（5）与其他资产类别之间的相关性不稳定。

图6–3到图6–19向我们展示了18种资产中的17种资产（非美国现金/现金等价物这类资产外）七个方面的信息，包括：（1）说明；（2）投资者面临的主要选择；（3）投资者考虑购买它们的主要理由；（4）持有它们的风险和主要关注点；（5）特定时期内的回报、标准差以及与其他相关资产类别的相关性；（6）1991—2006年的年回报率走势；（7）相关信息来源。

投资者的资产配置决策应基于：（1）资产在各种不同的经济和金融市场环境下的业绩表现；（2）在一定时期内资产回报的波动程度；（3）单一资产相对于整体投资组合中其他资产的回报和波动性的表现情况。第7章将会向我们介绍图6–3到图6–19中所列资产从1970—2006年这30多年逐年的回报率和标准差的详细数据。

| 特征 |
| --- |
| **特征说明**<br>自从在法国拉斯科和西班牙阿尔塔米拉绘制洞穴壁画以来，在过去的一万年时间里，为了世俗和神圣的动机，人类在许多艺术形式中具体化并保存了他们内心的灵感和可观察到的世界。尽管很难普遍地、精确地或不变地明确艺术与非艺术之间的界限，但一些特殊的物体已经能够凭借其技术掌握、视觉共鸣或审美流畅性将自己区分开来，值得在或广泛或狭隘的观点范围内获得艺术赞赏 |
| **选择**<br>艺术品涉及领域非常广泛，包括：（1）美国和欧洲印象主义、现代、当代和19世纪的绘画作品；（2）欧洲古典大师的绘画作品；（3）不同时期的雕塑；（4）古董；（5）绘画和版画；（6）摄影；（7）亚洲、非洲、拉丁美洲的民间艺术；（8）装饰艺术类别，如家具和其他古董、银器、珠宝、瓷器以及各级宝石；（9）收藏品，如稀有硬币、奖章、邮票、银行票据、书籍、盔甲、玩具、武器、手稿、酒、经典汽车、体育交易卡和其他纪念品 |

**图6–3 艺术品资产类别的说明**

| 梅/摩西艺术品指数 | | | | 年回报率与以下因素的相关性 | | | | |
| --- | --- | --- | --- | --- | --- | --- | --- | --- |
| 时间周期 | 年数 | 总复合增长率 | 标准差 | 美国股票 | 美国固定收益证券 | 非美国股票 | 现金 | CPI指数 |
| 1970–1979 | 10 | 11.2% | 26.4% | 0.09 | NA | 0.12 | −0.01 | −0.25 |
| 1970–1989 | 20 | 16.7% | 24.1% | 0.18 | NA | 0.18 | −0.04 | −0.09 |
| 1970–1999 | 30 | 11.2% | 23.8% | 0.07 | NA | 0.17 | 0.14 | 0.11 |
| 1980–1989 | 10 | 22.5% | 21.7% | 0.17 | −0.48 | 0.14 | −0.34 | 0.29 |
| 1980–1999 | 20 | 11.2% | 23.1% | 0.07 | −0.10 | 0.20 | 0.20 | 0.37 |
| 1990–1999 | 10 | 1.0% | 20.0% | 0.02 | −0.01 | −0.12 | 0.07 | 0.07 |
| 1997–2006 | 10 | 9.3% | 12.2% | 0.21 | −0.44 | 0.62 | −0.07 | 0.26 |
| 2000–2006 | 7 | 11.5% | 10.2% | 0.85 | −0.56 | 0.79 | 0.17 | 0.13 |

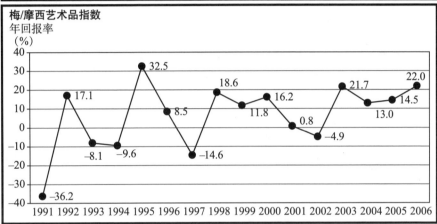

**梅/摩西艺术品指数**
年回报率（%）

图 6-3　艺术品资产类别的说明（续）

信息来源：《金融时报》（*ft.com*）周末版的"收集"部分；梅摩西家族美术索引（artasanasset.com）；福布斯收藏家指南（forbes.com）；佳士得国际（christies.com）；苏富比控股公司（sothebys.com）；Phillips de Pury & Company（phillipsdepury.com）；达纳·米库奇（Dana Micucci）的著作《最佳出价：拍卖购物指南》（*Best Bids: The Insider's Guide to Buying at Auction*）；H.W. 詹森（H.W. Janson）《艺术史》（*The History of Art*）；辛西娅·萨尔茨曼（Cynthia Saltzman）的作品《加歇博士的肖像》（*Portrait of Dr.Gachet*）；古董委员会（antiquescouncil.com）；美国评估师协会（appraisersassoc.org）；艺术与拍卖（artandauction.com）；大学艺术协会（collegeart.org）；艺术新闻（artnewsonline.com）；豪顿国际艺术和古董博览会（haughton.com）；艺术市场研究（artmarketresearch.com）；马斯特里赫特欧洲艺术与古董博览会（tefaf.com）；号角艺术（olympia-antiques.co.uk）；小型投资银行 Kusin & Company（kusin.com）；苏珊·特伦（Susan Theran）编写的《伦纳德年度艺术品拍卖价格指数》（*Leonard's Annual Price Index of Art Auctions*）；Rapaport 钻石价格报告（diamonds.net）；艺术市场价格（artprice.com）；艺术品销售指数（art-sales-index.com）。

| 投资理由 | 风险与关注点 |
|---|---|
| • 虽然有些艺术品是为了获得短期或长期的经济效益而购买的，有些则是为了清偿债务或补偿别人提供的住所、食物、医疗或其他服务而购买的，但许多作品和著名的收藏品是为了满足所有者获得高度审美享受和个人乐趣而购买的。几个世纪以来，购买艺术品的重要且非金钱考虑的原因包括一些难以捉摸的、难以定义的和主观的动机，如激情、辉煌、品味、好奇心、吸引力、亲和力、修养、地位、声望、权力、鉴赏力和快乐等 | • 艺术品相对于其他资产缺乏一定的流动性，难以在规定的时间和价格范围内进行交易，部分是因为：（1）单独艺术品的异质性；（2）交易的季节性和较低的频率；（3）可参照物品历史价格走势透明度低；（4）高交易成本以及买卖差价大；（5）买方、卖方和中介之间偶尔会运用特殊的金融安排；（6）其每年的全球交易量远低于美国股票的日交易量 |
| • 在许多情况下，艺术品因其内在美与价值，反映了创作者的技巧和创造力，或与观赏者产生了情感共鸣而变得有价值 | • 虽然价值由供求关系决定，但在没有一个强有力的、普遍接受的、涉及中期现金流和其他因素的估值框架的情况下，艺术领域的价格和价值可能受到经济和地缘政治认知、群体本能、竞价狂热、时尚、图像传播、影射、缺乏兴趣、心理、宣传、展览历史、图像、选择性、突发奇想、反复无常，以及可能的修饰或伪造嫌疑的影响 |
| • 总体而言，在相当长的持有期内，某些艺术品因为价值飙升，从而产生了比通货膨胀率和债券回报率还要高的复合增长率，并且在许多情况下，还能与股票长期回报相媲美。许多单件艺术品在数十年内能产生极高的复合回报，根本不需要所有者进行息票或股利再投资。 | • 虽然互联网提高了艺术品价格信息的数量和可获得性，但全球艺术品市场仍会出现明显的价格波动，影响因素如下：（1）拍卖行、经销商、画廊、博物馆以及公司或个人因财富的骤增或骤减而突然介入或退出市场；（2）对艺术品进出口征税或直接进行限制；（3）大规模的捐赠、购买或出售及处理活动 |
| • 尽管某些艺术品在外形上很脆弱、易碎，但由于其永久性、便携性、稀有性和不可替代性，在许多投资者的心目中，艺术品被当作投资的安全港或可长期保值的资产 | • 因珍贵性与不可替代性，艺术品不仅不会带来收入，还需要支付额外的费用，如存储和气候环境控制费用以及针对盗窃、故意破坏、火灾、自然灾害等风险而缴纳的保险费 |
| • 与许多其他资产类别的价格相比，艺术品价格被认为会在不同时间、不同程度下对不同的影响因素做出反应，有数据初步表明，艺术品的回报往往与股票、债券和现金理财工具的相关性较低，因此它能够在投资组合多元化中发挥分散风险的作用 | • 许多艺术品的不可分割性和昂贵的价格往往会严重限制买家购买或处置部分艺术品的能力。 |

图 6-3　艺术品资产类别的说明（续）

| | 特征 | |
|---|---|---|

**特征说明**

现金和现金等价物包括范围广泛的流动性强的资产：（1）通常初始或剩余期限小于一年；（2）回报往往在某种程度上受通货膨胀的影响；（3）其中一些可以以相对快速的方式购买或出售，以支付或再投资。主权现金工具的投资回报通常被认为是各个国家内的无风险回报率的代表。虽然在商品、服务及／或金融资产价格持续上涨期间，现金作为一种资产类别可能往往被一些投资者忽视或低估，但在商品及服务价格下跌或其他资产类别的投资回报为负的时期，现金可能成为一种至关重要的防御性资产类别

**选择**

现金类产品包括：（1）纸币、硬币、票据、拆款和联邦基金的实物形式和/或电子形式；（2）货币市场基金或货币市场共同基金；（3）价值表现稳定的基金和超短期限债券基金；（4）有时称为现金管理或增强型现金基金的混合投资组合；（5）银行余额、存折账户、对账单账户、信用社账户、银行存款、流动账户和定期存单；（6）美国国债和联邦机构证券、短期市政债券、回购协议、银行承兑汇票、浮动利率工具、一些中期票据和商业票据。美国以外的许多国家也有以当地货币和/或美元表示的货币市场，拥有各种可投资的现金类产品。现金等价物可以根据其信用质量、期限、应税性以及利息支付和计算方法进行区分。所谓的负现金类产品可能包括逆回购和证券借贷协议，以及通过联邦基金市场和/或证券化保证金便利产品进行的借款

| 花旗集团美国国债指数（90天期） | | | | 年回报率与以下因素的相关性 | | | | |
|---|---|---|---|---|---|---|---|---|
| 时间周期 | 年数 | 总复合增长率 | 标准差 | 美国股票 | 美国固定收益证券 | 高收益证券 | 不动产 | CPI指数 |
| 1970–1979 | 10 | 6.4% | 2.1% | −0.26 | NA | NA | NA | 0.87 |
| 1970–1989 | 20 | 7.8% | 2.8% | −0.03 | NA | NA | NA | 0.43 |
| 1970–1999 | 30 | 6.9% | 2.8% | −0.10 | NA | NA | NA | 0.58 |
| 1980–1989 | 10 | 9.2% | 2.9% | −0.25 | 0.01 | NA | 0.14 | 0.69 |
| 1980–1999 | 20 | 7.1% | 3.0% | −0.11 | 0.27 | NA | 0.11 | 0.74 |
| 1990–1999 | 10 | 5.1% | 1.3% | 0.08 | 0.32 | −0.18 | −0.25 | 0.61 |
| 1997–2006 | 10 | 3.7% | 1.8% | 0.14 | 0.27 | −0.53 | −0.28 | −0.10 |
| 2000–2006 | 7 | 3.1% | 1.9% | −0.29 | 0.42 | −0.60 | 0.03 | 0.24 |

图 6–4　美国现金／现金等价物资产类别说明

信息来源：美国财政部（treasurydirect.gov）；银行利率（bankrate.com）；证券业和金融市场协会（investinginbonds.com）；iMoneyNet（imoneynet.com）；货币基金报告（imoneynet.com）；金融研究公司（frcnet.com）；理柏（lipperweb.com）；晨星公司（morningstar.com）；弗兰克·J. 法博齐（Frank J. Fabozzi）编著的《固定收益证券手册（第七版）》（*The Handbook of Fixed Income Securities*）；富达货币市场基金（fidelity.com）；先锋主流货币市场基金（vanguard.com）；施瓦布货币市场基金（schwab.com）。

| 投资理由 | 风险与关注点 |
|---|---|
| • 在金融收益为负时，通常具有较低名义资本价格波动风险的现金是一种安全的资产 | • 随着时间的推移，现金类金融产品的名义回报率和实际回报率通常会低于大多数其他资产类别的预期名义回报率和实际回报率 |
| • 现金通常具有如下特征：（1）与美国股票和国际股票的平均回报率的相关性较低；（2）与固定收益、不动产和对冲基金相关性中等；（3）与大宗商品和新兴市场股票资产呈负相关关系 | • 当现金本金必须以不确定的未来回报率滚转为新的现金类产品时，可能会发生再投资风险 |
| • 现金类金融产品的回报率标准差往往非常低 | • 在通货膨胀时期，持有现金的实际价值在被侵蚀时会导致购买力风险 |
| • 方便、流动性强和易获取性使现金成为一种具有优势的资产，出于偿还相关债务的预期和把握未来投资机会的考虑，投资者应该持有现金资产 | • 现金类产品可以很好地应对不同程度的信用风险，并具备不同程度的联邦、私人或结构性保护，以防止因信用降级、利率风险、期限风险或其他风险而造成的本金损失 |
| • 在反通货膨胀或通货紧缩的经济和金融环境下，诸如30天期或90天期美国国债利率和1个月期至3个月期伦敦（或欧洲）银行间同业拆借利率之类的基准指数的回报率，相比其他金融资产可能要好一些 | • 资产管理费用、交易费用、提前赎回费用以及其他费用能极大地降低现金类产品的中等平均回报水平；在许多情况下，投资者必须花费大量的时间和精力对现金资产进行管理和再投资 |

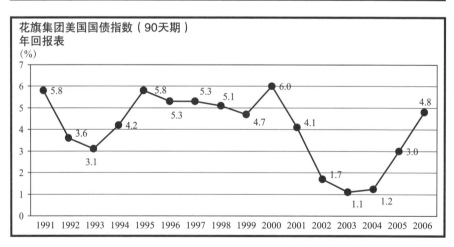

图 6-4  美国现金 / 现金等价物资产类别说明（续）

| 特征 |
|---|

**特征说明**
一类大宗商品的特征是供应相对稳定且不易腐烂。这些大宗商品包括：（1）能源（如原油、民用燃料油、天然汽油和无铅汽油）；（2）基础金属（如铜、铝、铅、镍、锌和锡）；（3）贵金属（如金、银、铂、钯和铑）。另一类易腐烂、易消耗并易受天气影响的大宗商品包括：（1）谷物（如玉米、大豆和小麦）；（2）软商品（如咖啡、白糖、可可、橙汁和棉花）；（3）牲畜（如活牛、育肥牛和瘦肉猪）。现货市场指数还会追踪基础原材料的价格，如废金属，某些特定的纺织品和纤维、脂肪、油和食品以及工业原材料

**选择**
有些大宗商品可以以实物的形式买卖，其回报是由商品向上或向下的价格扣除贮存、融资、保险以及其他成本所决定的。有些投资者通过抵押商品期货来投资商品，其回报取决于：（1）标的商品的价格表现；（2）将近期商品合约连续滚动为更延期的低价合约（现货溢价）或高价合约（期货溢价）过程中所获得的回报；（3）投资任何用于保障整体无杠杆期货头寸的超额保证金抵押品所获得的利息收入。所谓的商品交易顾问在商品期货市场和涉及货币、利率与股票指数的金融期货市场上通常运用高杠杆、趋势专注和高换手率的交易策略。与大宗商品挂钩的债券将这类投资工具的总回报与大宗商品价格变动情况相关联

| 美国商品研究局总回报指数* | | | | 年回报率与以下因素的相关性 | | | | |
|---|---|---|---|---|---|---|---|---|
| 时间周期 | 年数 | 总复合增长率 | 标准差 | 美国股票 | 美国固定收益证券 | 高收益证券 | 不动产 | CPI指数 |
| 1982—1986 | 5 | 4.8% | 11.0% | −0.28 | 0.16 | 0.46 | NA | −0.67 |
| 1982—1991 | 10 | 4.0% | 9.2% | −0.17 | 0.33 | 0.15 | NA | −0.41 |
| 1982—2001 | 20 | 2.5% | 10.5% | −0.01 | 0.24 | 0.10 | NA | 0.11 |
| 1990—1999 | 10 | 0.7% | 9.7% | −0.06 | 0.06 | −0.21 | 0.08 | 0.04 |
| 1990—2004 | 15 | 2.8% | 11.3% | −0.12 | 0.14 | −0.13 | 0.02 | 0.13 |
| 1997—2006 | 10 | 3.2% | 14.0% | −0.26 | 0.00 | −0.11 | 0.07 | 0.69 |
| 2000—2006 | 7 | 7.1% | 13.2% | 0.03 | 0.20 | −0.06 | −0.11 | 0.65 |

注：美国商品研究局总回报指数从1982年之后才开始使用。

图 6–5　大宗商品资产类别说明

信息来源：美国商品研究局商品年鉴（crbtrader.com）；托马斯·A. 麦卡弗蒂（Thomas A.McCafferty）和 拉塞尔·R. 沃森多夫（Russell R. Wasendorf）的著作《大宗商品投资：从入门到精通》（*All About Commodities: From Inside Out*）；理查德·E. 沃尔德伦（Richard E.Waldron）的著作《期货 101：商品交易导论》（*Futures 101: An Introduction to Commodity Trading*）；美国商品研究局总回报指数和现货指数（crbtrader.com）；高盛商品指数、能源指数和工业金属指数（gs.com）；道琼斯–AIG 商品指数（djindexes.com）；《巴伦周刊》的"商品角"（Commodities Corner）专栏（barrons.com）和在"市场实验室"（Market Lab）中的关键商品指数（Key Commodity Indexes Table）；CPM 营销集团（cpm.com）；明晟有色金属和能源子指数（mscibarra.com）；芝商所（cmegroup.com）；纽约商品交易所（nymex.com）；《经济学人》商品价格指数（economist.com）。

| 投资理由 | 风险与关注点 |
|---|---|
| • 因为大宗商品会对均值回归的长期因素与供求关系的短期因素有所反应，它们可能会表现出一定程度的价格波动性，但往往作为一种相对于其他大多数资产类别而言的多元化、抗周期性的资产发挥作用，从而降低投资组合的总体波动性<br><br>• 原始形态和/或经过加工的大宗商品通过提供内在效用，满足基本的人类需求<br><br>• 大宗商品具有独立于被用来标价的货币单位之外的价值，因此可以作为一种抵抗通货膨胀的有效对冲工具，其价格常常比消费者价格指数早9～12个月上涨<br><br>• 大宗商品的回报常常与美国股票、债券、现金、高收益债券、不动产以及新兴市场的债券和股票呈负相关关系；与非美国股票和债券、对冲基金、私募股权和通胀指数证券呈温和的正相关关系<br><br>• 由于不同种类的大宗商品往往受到不同种类的经济因素的影响，它们之间存在着较低的相关性 | • 许多以大宗商品为基础的投资策略在不同程度上可能涉及：（1）期货形式杠杆；（2）佣金、交易量和费用都很高的投资工具，这些产品大多数都无法避税<br><br>• 大宗商品价格走势往往反映出全球经济上行或下行波动的影响程度被放大<br><br>• 大宗商品借贷可能加剧供需失衡和价格变动<br><br>• 尽管生产者价格、消费者价格和大宗商品期货价格往往在通货膨胀加速期间一起上涨，但在通货紧缩期间它们却不一定同步变化<br><br>• 大宗商品有时被视为流动性差、波动较大的资产，其价格会因经济或其他条件的变化而出现剧烈的和某种程度的短暂波动 |

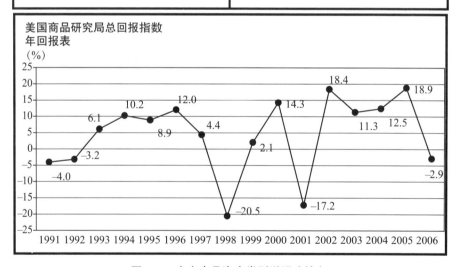

图6-5　大宗商品资产类别说明（续）

| 特征 |
| --- |

**特征说明**

可转换证券一般指附息债券（或可产生股利的优先股），投资者可以根据自己的意愿将其转换为一定数量的某家特定的美国、非美国或新兴市场的上市公司发行的普通股，期限由发行方在发行的时候确定。可转换债券（如果发行时不附带转换条件的话）的债券等同价值被称为其投资价值。可转换债券的股票等同价值（被称作其转换价值）可通过将普通股的股价乘以债券可转换的股份数来计算。转换溢价表示可转换债券（或可转换优先股）的市场价格超过其转换价值的百分比。其中盈亏平衡时间代表可转换证券的当期回报率高于普通股的股息回报率需要多少时间，也就是获得转换溢价所需要的年数

**选择**

投资级和非投资级可转换证券可以在国内或国外以公开发行承购的方式发售，也可以按照美国证监会（SEC）第144A规则向特定合格的机构投资者发行。在其他的结构安排下，它们可以这样发行：（1）附平价息票的债券、附零息票的债券，或者是初次发行的折价债券；（2）附带条件允许投资者在特定情况下让公司回购该证券；（3）附带条件允许发行方在到期前将其兑现；（4）附带息票、转换率或重新设定到期日的条件；（5）附带可撤销的认股权证；（6）附带强制转换或可换成别的公司股份的条件；（7）作为一种与股票挂钩的证券，专门满足特定法律结构要求和风险参数

| 美林全部可转换全优质债券指数 | | | | 年回报率与以下因素的相关性 | | | | |
| --- | --- | --- | --- | --- | --- | --- | --- | --- |
| 时间周期 | 年数 | 总复合增长率 | 标准差 | 美国股票 | 美国固定收益证券 | 高收益证券 | 不动产 | 现金 |
| 1988–1992 | 5 | 13.7% | 14.5% | 0.67 | 0.46 | 0.91 | 0.98 | −0.59 |
| 1988–1997 | 10 | 13.8% | 12.5% | 0.73 | 0.64 | 0.87 | 0.81 | −0.24 |
| 1988–2002 | 15 | 10.3% | 15.6% | 0.77 | 0.09 | 0.66 | 0.25 | 0.06 |
| 1990–1999 | 10 | 15.9% | 14.9% | 0.63 | 0.26 | 0.63 | 0.44 | −0.27 |
| 1990–2004 | 15 | 11.0% | 16.1% | 0.80 | 0.04 | 0.71 | 0.30 | −0.08 |
| 1997–2006 | 10 | 8.5% | 16.0% | 0.80 | −0.69 | 0.55 | −0.02 | −0.02 |
| 2000–2006 | 7 | 3.2% | 13.4% | 0.95 | −0.73 | 0.95 | 0.76 | −0.48 |

注：美林全部可转换全优质债券指数从1988年之后才开始使用

**图 6–6 可转换证券资产类别说明**

信息来源：约翰·P.卡拉莫斯（John P.Calamos）的《可转换证券》（*Convertible Securities*）；瑞士信贷可转换债券指数（credit suisse.com）；瑞士信贷可转换优先股指数（credit-suisse.com）；瑞银可转换债券指数系列（ubs.com）；美林全部可转换全优质债券指数（ml.com）；美林全球非美国可转换债券指数（ml.com）；转换债券（convertbond.com）；富达可转换共同基金（fidelity.com）；普特南可转换共同基金（putnamfunds.com）；卡拉莫斯可转换共同基金（calamos.com）。

| 投资理由 | 风险与关注点 |
|---|---|
| • 由于其类股权特征，可转换证券允许投资者参与标的普通股价格的向上波动，而与此同时，由于其息票支付和其他类债券特征，可转换证券通常在标的普通股价格向下波动时提供一定程度的本金保护 | • 大部分可转换证券拥有看涨期权功能，允许发行人在普通股价格超过转换价格时赎回证券；对此类看涨期权（可能还有投资者看跌期权）的估值并不总是那么直接，而是需要熟悉股票期权的波动性和期权估值方法的相关知识 |
| • 可转换证券的本金安全程度比较高，这是因为：（1）有明确的到期日；（2）相对于普通股股东的剩余索取权，他们对公司资产拥有优先索取权可转换证券的当前收益率可能高于普通股的分红率 | • 可转换证券通常被构建为次级证券，其求偿权排序虽然在普通股股东之前，但在银行贷款人和高级债券持有人等优先债权人之后 |
| • 在大多数金融环境中，可转换证券产生的复合增长率与股票相比具有竞争力，同时其回报标准差往往比股票回报的标准差低20%~40% | • 由于可转换债券和可转换优先股具有转换特权，它们在交易的时候，其收益通常低于同一发行者的其他条件相同的不可转换债券和不可转换优先股 |
| • 可转换证券的回报通常表现出与股票高度相关，与债券中度相关，与现金类产品相关性较低，甚至是负相关 | • 可转换证券的上涨潜力部分受制于标的股票的回报，这取决于可转换证券的转换溢价 |
| | • 由于受周期性集中发行、套期保值、杠杆化以及公司与投资者的投资活动等因素的影响，可转换证券市场易出现快速扩张和收缩，以及持续时间不同和强度不同的供求失衡现象 |

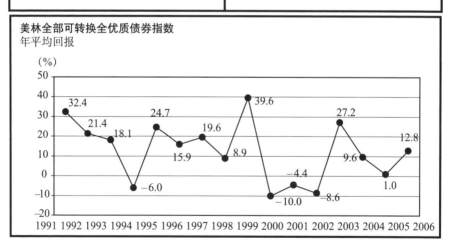

图6-6 可转换证券资产类别说明（续）

| 特征 |
| --- |
| **特征说明** <br> 投资美国股票，即持有美国上市公司公开交易的股票，为投资者提供了参与美国企业商业和金融成功的机会，包括分享其利润和股利、享受有形资产账面价值的增长潜力，以及可能获得的相关无形资产的潜在增值。从理论上讲，一只股票的价值通常被认为是以一定的利率，对股利和终值等形式的未来现金流进行贴现加总。美国股票的价格和回报受到很多因素的影响，包括：（1）影响公司发展的基本要素；（2）估值因素，表现为投资者愿意付给公司的现金流、盈利、销售额和账面价值的倍数；（3）心理因素，表现为投资者对可能影响股价的宏观和微观经济因素的观点和看法。换句话说，股票回报受以下因素影响：（1）股利、盈利以及投资者愿意为盈利支付的市盈率；（2）心理因素和估价因素驱动的相对于某些低风险债券的股票风险溢价 <br><br> **选择** <br> 美国股票有多种形式，包括：（1）按公司规模划分，例如大盘股、中盘股、小盘股和微型股；（2）按行业集团或全球行业分类标准划分（如医疗保健或金融）；（3）按风格划分，如价值型、成长型、平衡型、社会责任型、收入导向型或核心型；（4）按投资工具划分，例如指数基金、交易所交易基金、行业基金、封闭式和开放式共同基金、投资合伙企业或单独的账户管理；（5）按相关类型划分，例如优先股、有限合伙企业或结构性债券；（6）按衍生工具划分，例如公司和指数的认股权证和期权、指数期货和个股期货（SSFs） |

| 标准普尔500指数 | | | | 年回报率与以下因素的相关性 | | | | |
| --- | --- | --- | --- | --- | --- | --- | --- | --- |
| 时间周期 | 年数 | 总复合增长率 | 标准差 | 美国股票 | 美国固定收益证券 | 高收益证券 | 不动产 | 现金 |
| 1970–1979 | 10 | 5.9% | 19.2% | 0.67 | NA | NA | NA | −0.26 |
| 1970–1989 | 20 | 11.6% | 16.8% | 0.58 | NA | NA | NA | −0.03 |
| 1970–1999 | 30 | 13.7% | 16.0% | 0.48 | NA | NA | NA | −0.10 |
| 1980–1989 | 10 | 17.6% | 12.7% | 0.36 | 0.29 | NA | NA | −0.25 |
| 1980–1999 | 20 | 17.9% | 13.1% | 0.33 | 0.36 | NA | NA | −0.11 |
| 1990–1999 | 10 | 18.2% | 14.1% | 0.40 | 0.52 | 0.50 | 0.13 | 0.08 |
| 1997–2006 | 10 | 8.4% | 19.1% | 0.78 | −0.39 | 0.54 | 0.63 | 0.14 |
| 2000–2006 | 7 | 1.1% | 17.7% | 0.96 | −0.79 | 0.81 | 0.98 | −0.29 |

**图 6–7　美国股票资产类别说明**

信息来源：罗伯特·J. 希勒（Robert J. Shiller）的著作《非理性繁荣》（*Irrational Exuberance*）；杰里米·J. 西格尔（Jeremy J. Siegel）的著作《股市长线法宝》（*Stocks for the Long Run*）；本杰明·格雷厄姆（Benjamin Graham）的《聪明的投资者》（*The Intelligent Investor*）；埃尔罗伊·戴姆森（Elroy Dimson）、保罗·马什（Paul Marsh）和迈克·斯陶顿（Mike Staunton）的著作《投资收益百年史》（*Triumph of the Optimists*）；《巴伦周刊》的"交易者"专栏（barrons.com）；《金融分析师杂志》（cfainstitute.org）；金融研究与分析中心（cfraonline.com）；晨星公司（morningstar.com）；无负担基金投资者（Sheldonjacobs.com）；CFA 协会（cfainstitute.org）；One Chicago（onechicago.com）；先锋 500 指数基金（vanguard.com）；富达麦哲伦基金（fidelity.com）；基汇基金（gatewayfund.com）；取票建设者（sharebuilder.com）；道琼斯工业、交通和公用事业指数（dowjones.com）；标准普尔500、400 和 600 指数（standardandpoors.com）；明晟美国股票指数（mscibarra.com）；罗素 1000、2000 和 300 指数（russell.com）；威尔希尔 5000 指数（wilshire.com）；《华尔街日报》的"共同基金每月评论"部分（wsj.com）。

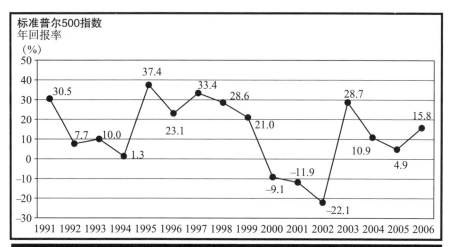

| 投资理由 | 风险与关注点 |
|---|---|
| • 由于在解决了债券持有人的债务清偿问题之后，美国股票才对公司实际资产享有剩余索取权，因此美国股票为投资者提供：（1）美国和全球经济体系下的人类潜能、努力和成果；（2）投资于能够带来利润的项目，以及将部分回报再投资于有利可图的项目和风险投资项目从而获得复利收入的机会；（3）当商品和服务价格普遍上涨时提供某种程度的长期购买力保护<br><br>• 部分是对在20世纪相当长时期内持有高风险资产的补偿，美国股票持有人期望股票回报远高于低风险资产的回报，如现金和高等级美国债券等。相对于债券的历史超额回报，这种所谓的股票可能与预期股票回报与实际股票回报之间的预期股票风险溢价存在很大差异<br><br>• 除了在某些金融环境和市场子行业中有一些重要的例外情况，美国股票市场是一个大型的、多元化的、流动性相对较高的市场，在这个市场，资产可以分割，信息传播渠道畅通，监管体制比较完备。 | • 在牛市狂热和熊市低迷轮换阶段的价格波动的部分驱动下，个别公司的股价波动和美国股票市场整体回报的标准差往往远高于美国高等级债券、现金类产品和其他几种资产类别的回报标准差<br><br>• 在通货紧缩的环境下，美国股市的回报率往往很低或为负值。在破产或清算程序中，股权股东可能会被抹去或遭受其所有权股权相当大的稀释，因为股票代表了在公司偿还债务义务后对公司资源的次要索赔权。由于指数构建中的易得数据偏差、生存偏差和/或成功偏差，某些美国股票基准可能会显着夸大股票所有权投资的长期收益<br><br>• 与传统观点相反，美国股票的回报率可能会长期处于低位。与1950—2000年相比，1900—1950年美国股市的回报率较低，而回报率的标准差则较高。在20世纪，曾有几个20年的时间段，股市的表现逊于债市。企业盈利增长往往不会持续数十年；给定10年的人均GDP增长率不一定与同期的股票价格走势相关；随后10年的股票回报往往与前10年的回报呈负相关。正如市盈率上升和公司权益回报上升可以提高美国股票的回报一样，市盈率的下降或公司权益回报下降可能会降低美国股票的回报 |

图 6-7　美国股票资产类别说明（续）

| 投资理由 | 风险与关注点 |
|---|---|
| • 在不同阶段、不同时期内，美国股票市场通过以下方式来为投资者提供增值机会：（1）积极的投资组合管理与消极的、基于指数的投资（源于行业及公司收益的分散化投资驱动）；（2）大公司与小公司（由预期增长机会、获得资本的渠道、进入壁垒、定价能力以及国际与国内风险驱动）；（3）价值型与成长型股票选择（由当前和历史市净率、市盈率、市销率以及股息率等关系驱动） | • 随着投资期限的延长，美国股票股利，尤其是股利再投资，在产生股票收益方面发挥着至关重要的作用。1900—2000年，如果没有股利再投资，1美元的美国股票初始投资将增长到198美元（5.4%的复合回报率），而有了股利再投资1美元的初始投资最终将增长到16797美元（10.1%的复合回报率） |
| • 美国股票为投资者提供了分享美国经济增长和技术创新的机会，通常在以下时期能产生较好的回报：（1）由于GDP、劳动力和人均GDP增长，生产力提高以及盈利能力增强，每股收益上升；（2）一定程度的定价能力和/或总价格指数中没有极端的波动；（3）由利率变动和投资流入增加带来的市盈率上涨；（4）利润增加并且股利支付比率合理带来的股利分红增多 | • 随着时间的推移，美国股票回报与其他资产的回报相关性可能变得相对不稳定：（1）与非美国股票相比，其回报在全球股票泡沫阶段和金融市场动荡期间趋于增长；（2）与美国高等级债券相比，该回报率相关性从20世纪30年代的中等负值转变为中等正值（20世纪50年代初期）、又到中等负值（20世纪60年代初期）、再到中等正值（20世纪80年代和20世纪90年代），然后再次下降（在20世纪90年代后期和21世纪00年代初） |

图 6-7　美国股票资产类别说明（续）

| 特征 |
|---|
| **特征说明**<br>几个世纪以来，大量财富通过跨境直接投资或组合投资被创造出来后又被毁灭掉。非美国股票指的是对在美国之外的包括加拿大、英国、斯堪的纳维亚、瑞士、日本、新西兰和澳大利亚以及欧盟在内的发达国家进行的组合投资。非美国股票资产大约占世界总股票市值的一半，承载着丰富的股票市场历史经验，包括股权、股票市场规模、行业与公司多样性、国际竞争力、经济和政治结构、货币政策、外汇政策和财政政策、价格的通货膨胀和通货紧缩、国际冲突与合作事件，以及不同国家和公司对全球产出、贸易和投资周期的不同程度的敏感性 |
| **选择**<br>通过在特定国家和地区开展多元化投资，非美国股票让投资者接触到了信息技术、金融、电信、医疗、消费、能源、公用事业、原材料和制造业领域中的大盘股、中盘股和小盘股公司。可以通过投资于具体公司、指数基金、开放式和封闭式共同基金、交易所交易基金（ETFs）、期权和指数期货、掉期合约、指数参与型基金、结构化债券、可转换证券、特定的对冲基金以及其他类型的投资工具，在特定的非美国股票市场开展投资活动 |

图 6-8　非美国股票资产类别说明

| 明晟EAFE指数 | | | | 与以下因素的相关性 | | | | |
| --- | --- | --- | --- | --- | --- | --- | --- | --- |
| 时间周期 | 年数 | 总复合<br>增长率 | 标准差 | 非美国<br>股票 | 美国固定<br>收益证券 | 非美国固定<br>收益证券 | 新兴市<br>场股票 | 现金 |
| 1970–1989 | 10 | 8.8% | 22.5% | 0.67 | NA | NA | NA | –0.18 |
| 1970–1989 | 20 | 15.2% | 23.3% | 0.58 | NA | NA | NA | –0.24 |
| 1970–1999 | 30 | 12.4% | 21.6% | 0.48 | NA | NA | NA | –0.14 |
| 1980–1989 | 10 | 22.0% | 23.4% | 0.36 | 0.00 | NA | NA | –0.68 |
| 1980–1999 | 20 | 14.3% | 21.4% | 0.33 | 0.09 | NA | NA | –0.16 |
| 1990–1999 | 10 | 7.0% | 16.9% | 0.40 | –0.07 | 0.06 | 0.56 | –0.54 |
| 1997–2006 | 10 | 7.7% | 20.8% | 0.78 | –0.74 | 0.37 | 0.71 | –0.24 |
| 2000–2006 | 7 | 4.4% | 23.7% | 0.96 | –0.84 | 0.46 | 0.91 | –0.42 |

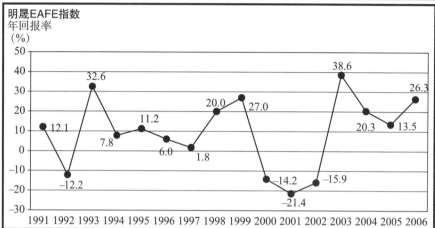

| 投资理由 | 风险与关注点 |
| --- | --- |
| • 非美国股票可以让投资者接触到与美国股票市场不同的自然和地理环境、历史和文化因素以及市场周期，其中包括：（1）人口、社会、教育和净移民趋势；（2）居民人均产出以及服务业、工业和出口在GDP中的份额；（3）家庭储蓄率、股票权益和固定资本总值；（4）劳动实践、就业人口占总人口的相对比重、就业增长率和工人生产力；（5）能源自给自足、金融体系实力、养老金结构、商业和企业家本能以及对创新的接受度；（6）中央政府债务、经常账户国际收支情况和外汇储备 | • 由于收入和盈利增长的模式不一致，以及不同的股票回报率和其他因素，单只非美国股票的回报率标准差常常会相当高，整体来看要比美国股票的回报率标准差稍高一些<br><br>• 有证据表明，非美国股票的回报与美国股票的回报相关性往往适中甚至较低，尤其是在价值领域和相对稳定的市场条件下。然而，在全球股市动荡时期，非美国股票回报与美国股票回报的相关性往往会升高，有时甚至是显著提升，从而降低其预期的多元化收益。据推测，由于股票交叉上市、全球化、互联网、跨境并购和技术流动，以及经济、汇率、财政、货币、贸易、会计和管理政策的一致性影响，非美国股票回报与美国股票回报的相关性将上升 |

图6–8　非美国股票资产类别说明（续）

| 投资理由 | 风险与关注点 |
|---|---|
| • 在一定程度上，相比在一国之内实行跨行业多元化，在某一产业内实行跨国多元化通常更能有效地降低风险。因此，持有非美国股票能在一定时期内降低整个投资组合的波动性，与美国股票的回报相比，其总体回报具有很强的竞争力；与美国股票相比，非美国股票与美国债券、高收益债券和私募股权的相关性更低<br><br>• 随着市场和经济的融合和扩张，非美国股票提供了大量投资机会，特别是在银行、保险、制药、能源、公用事业、电子和非必需消费品行业，以及中小盘股领域<br><br>• 由于常常受制于不同的盈利水平、利率、财政政策、放松管制趋势、企业重组活动、更大范围的私有化、受本地因素影响的估值基准和会计实务，以及对本地和全球心理影响的不同反应，某些非美国股市可能会出现有吸引力或者缺乏吸引力的周期，与美国股市周期并不同步甚至相反<br><br>• 由于大量公司研究不足，投资者不熟悉，再加上《国际会计准则》的实施和信息行为的演变，外国股票可以提供大量机会以发现和利用低效并提升阿尔法收益 | • 即使大多数发达国家的交易、结算、发行、监管和披露标准越来越协调，对非美国股票市场的投资仍会产生高额税收、交易费用、托管费用和报告成本、差旅费用和信息收集费用，且在紧急情况下或危机时期会阻碍资本的流动<br><br>• 投资者应该注意投资于非美国股票市场所带来的正面和负面的汇率效应，以及在对冲或不对冲的情况下这样做的成本和好处（在后一种情况下，外币币值上升则获利，外币币值下降则遭受损失）。除其他因素外，汇率还会受到以下因素的影响：经济增长、劳动力市场的灵活性以及生产力差异；利率、通货膨胀和购买力差异；组合投资与直接投资流动；中央银行的货币政策和汇率管理技巧；竞争国和/或货币集团的政策；贸易差额、净转移支付和净投资收入效应以及政权的稳定性<br><br>• 根据历史经验，人们很难在武装冲突、社会动荡或资本管制时期执行海外索赔。就投资而言，在许多时期和许多投资行业持续存在"母国偏好"，这可能会使投资者因非美国股票投资收益欠佳而自责或被他人责备 |

**图 6-8　非美国股票资产类别说明（续）**

信息来源：埃尔罗伊·戴姆森、保罗·马什和迈克·斯陶顿的著作《投资收益百年史》；明晟 EAFE 指数（mscibarra.com）；富达多元化国际基金（fidelity.com）；摩根士丹利国际股票基金（morganstanley.com）、美林全球配置基金（ml.com）、高盛国际股票基金（gs.com）；ING 国际价值基金（ingfunds.com）普特南国际旅行者基金（putnaminv.com）；InterSec 研究公司（intersecresearch.com）；战略洞察网站（sionline.com）；先锋集团总国际投资组合（vanguard.com）；汤姆森金融公司（thomson.com）；路透社（reuters.com）；企业信息网站（corporateinformation.com）；全球投资者网站（globalinvestor.com）；摩根大通（jpmorgan.com）；《巴伦周刊》市场周版块的"欧洲交易者"和"亚洲交易者"专栏（barrons.com）。

| 特征 |
| --- |

**特征说明**

新兴市场国家的人口占世界人口的60%以上，且年轻人占主导地位，有的国家拥有重要的自然资源，有的国家社会、政治、经济和基础设施在不断发展，但人均收入、消费水平和国内生产总值水平较低。在亚洲、拉丁美洲、非洲、中东和东欧，新兴市场股票为投资者提供了受益于不同文化、历史、行业和公司未来发展潜力的机会。如果人口和生产总值增长率符合联合国和其他全球或地区发展组织的预测，预计新兴市场国家在未来几十年中占世界总人口和总产出的份额将显著上升

**选择**

新兴股票市场可以依据很多方法进行划分，其范围涵盖：（1）从生活水平迅速接近或几乎与发达国家相差无几的国家，到受疾病、气候、教育、生态、政治或其他棘手问题困扰的国家；（2）从如中国、印度、巴西、巴基斯坦和尼日利亚之类人口众多的国家到诸如秘鲁、智利和捷克之类人口较少的国家；（3）从如墨西哥、俄罗斯、印度尼西亚、委内瑞拉和马来西亚之类生产能源的国家到诸如韩国这样本土缺少能源的国家。鉴于许多新兴市场国家的信贷和资本体系处于发展中状态，在这些投资目的地中，股权界限有时会重叠，还包括新兴市场的债券和可转换债券、不动产、直接投资、私募股权和风险投资

| 明晟新兴市场自由总指数[1] | | | | 年回报率与以下因素的相关性 | | | | |
| --- | --- | --- | --- | --- | --- | --- | --- | --- |
| 时间周期 | 年数 | 总复合增长率 | 标准差 | 美国股票 | 美国固定收益证券 | 非美国股票 | 新兴市场债券 | 高收益证券 |
| 1988–1992 | 5 | 29.8% | 32.3% | 0.99 | 0.75 | 0.81 | NA | 0.48 |
| 1988–1997 | 10 | 18.2% | 34.3% | 0.17 | 0.36 | 0.65 | NA | 0.42 |
| 1988–2002 | 15 | 10.0% | 36.0% | 0.34 | 0.03 | 0.62 | NA | 0.46 |
| 1990–1999 | 10 | 11.0% | 36.8% | −0.02 | 0.00 | 0.56 | NA | 0.52 |
| 1990–2004 | 15 | 8.9% | 34.7% | 0.31 | −0.16 | 0.68 | NA | 0.64 |
| 1997–2006 | 10 | 9.4% | 33.8% | 0.33 | −0.93 | 0.71 | 0.65 | 0.52 |
| 2000–2006 | 7 | 12.2% | 29.8% | 0.87 | −0.92 | 0.91 | 0.42 | 0.82 |
| 1.明晟新兴市场自由总指数从1988年之后才开始使用 | | | | | | | | |

**图 6–9　新兴市场股票资产类别说明**

信息来源：《金融时报》国家调查（ft.com）、世界投资者网站（worldlyinvestor.com）、摩根大通公司网站（jpmorgan.com）、基金研究（emergingportfolio.com）、《经济学人》的"经济和金融指标"专栏（theeconomist.com）、ISI 新兴市场（securities.com）、《巴伦周刊》市场周版块"亚洲交易者"专栏（barrons.com）、Stocksmart（stocksmart.com）、标准普尔 / IFCI 指数（standardandpoors.com）、明晟亚洲新兴市场指数；拉美；欧洲、中东和非洲（mscibarra.com）、Dreyfus 新兴市场基金（dreyfus.com）、摩根士丹利新兴市场基金（morganstanley.com）；高盛新兴市场股票（gs.com）；奥本海默发展中市场基金（oppenheimerfunds.com）、普徕仕国际新兴市场股票基金（troweprice.com）；J. 马克·墨比尔斯（J.Mark Mobius）的著作《墨比尔斯谈新兴市场》（*Mobius on Emerging Markets*）。

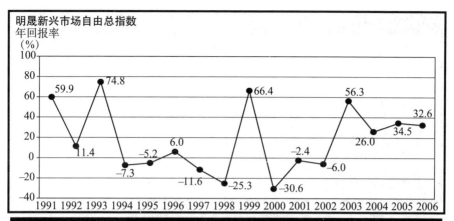

明晟新兴市场自由总指数
年回报率（%）

| 投资理由 | 风险与关注点 |
|---|---|
| • 由于较高的历史储蓄和投资水平、自然资源、低成本生产力、越来越多的熟练和/或受过教育的当地劳动力、不断壮大的中产阶级和国内消费活动的增加、监管机制的改善，以及通货膨胀水平和利率的下降趋势等各种因素相结合，某些新兴市场股票可以让投资者分享到与发达国家的经济周期不同步的经济增长。由于基数较小，这种经济增长可能会转化为较大的盈利增长 | • 新兴市场经济体及其上市公司可能会以放大的方式受到以下因素的影响：（1）全球经济和贷款活动的趋势、保护主义、库存波动与信息技术周期；（2）竞争大国的商业健康状况和货币政策；（3）国际收支平衡表的盈亏模式、当地流动性、银行信贷、行业产能、房地产投资、商品或原材料出口的价格和水平；（4）生活水平或每单位投入的产出水平存在下降趋势 |
| • 由于相对缺乏研究以及资产类别的有效性相对较差，通过对新兴市场股票进行自下而上的公司分析和证券选择、行业选择以及国别与地区选择，能为投资者带来获得阿尔法收益（相对于无风险回报率的超额收益）的大好机会 | • 许多新兴市场国家可能会面临比较严峻的地缘政治形势以及本地缺乏投资机会，或者社会、财政、反腐败、资本投资和流出、货币、产业、司法、立法、行政、执法、环境或独立媒体政策，落伍的交通、运输和其他服务性基础设施，不公平或不安全的劳动行为，匮乏的冲突解决手段，以及实施不公正的会计、投资者保护和公司治理标准 |
| • 在一定程度上，由于与更成熟的股票市场相比，风险更大且波动性也更大的回报模式使得新兴市场股票具有预期回报溢价，因而在合适的时期内，如果在不同国家投资回报分布充分的话，新兴市场股票的年实际回报可能会超过美国和非美国股票 | • 新兴股票市场可能存在以下特征：交易、结算和托管成本高，市场流动性相对不足以及非常规的资本市场运作，对允许外资持有股份的比例、卖空以及其他方面进行限制，以及汇率持续或偶尔会出现不稳定的情况 |
| • 新兴市场股票的回报通常与美国股票和非美国股票、新兴市场债券、对冲基金和高收益债券的回报呈中等相关性，与私募股权的回报呈低相关性，与大宗商品、不动产、美国债券和非美国债券以及现金的回报呈负相关性 | • 股价被炒到极高的水平后出现抛售，继而股价又降至极低的价格，这种情况不断交替出现，从而使新兴市场股票作为一种资产以及一个国家和公司的特定基础，其往往会表现出较高的回报率标准差，并且其波动性可能是发达市场股票的 2~4 倍 |

图 6-9　新兴市场股票资产类别说明（续）

| 投资理由 | 风险与关注点 |
|---|---|
| • 从本质上讲，新兴市场股票是直接接触数亿人日益扩大的愿望的一种手段，这包括：（1）通过更自由的货物、服务、人员、思想、技术和资本的跨境流动，加强与发达国家的接触；（2）促进当地的消费，增强区域内合作和货币可兑换性；（3）促进经济、政治、金融和养老金制度的改革调整；（4）更合理地投资和配置财务和人力资本，以提高增长率、盈利能力，并与非本地股票投资者一道分享利润 | • 新兴市场的资本流由各方面组成，包括外国直接投资和并购活动、银行和政府机构的贷款，以及共同基金、对冲基金、养老基金和个人投资者的债务和股票投资组合等形式，新兴市场国家短期和长期的资本净流入或流出可能会导致或来自金融危机，例如墨西哥（1994年）、东南亚（1997年）、俄罗斯（1998年）、巴西（1999年）和阿根廷（2001年）所发生的金融危机 |

图6-9　新兴市场股票资产类别说明（续）

| 特征 |
|---|
| **特征说明**<br>作为重要的资产类别，美国固定收益证券在新千年伊始在外流通发行的总量就超过了14万亿美元，这是一种由发行人向投资者按照票面金额进行支付的承诺，通常的偿付方式是在存续期间支付一系列票息，在最终到期日支付本金。美国政府中期票据和长期债券是美国固定收益证券市场的重要组成部分，它的利率通常被确定为基准利率，并且大多数其他债务证券的定价均以此为基准。美国固定收益证券的总回报往往来源于：（1）息票支付；（2）息票收入的再投资；（3）投资者持有期间实现的任何资本盈亏；（4）净违约效应；如果有可能的话，还要加上或减去（5）任何套期保值活动的影响。影响美国固定收益证券收益的主要因素包括财政政策、货币政策和外汇政策、经济活动前景、总体价格水平是通货膨胀还是通货紧缩、资产转移、发行量、投资组合流动和回报率曲线的形状<br><br>**选择**<br>美国固定收益证券的特征很多，包括：（1）期限，范围从1~10年期、20年期、30年期到永久限期；（2）利息支付方式，包括固定利息、浮动利息、剥离式和零息；（3）优先、从属和信用质量等级；（4）特殊性质，例如看跌或看涨条款、偿债基金、维护和替换资金、抵押品或托管担保以及保险；（5）打包形式，例如封闭式和开放式共同基金、单位信托、担保投资合同、过手发行、抵押和资产支持证券、结构化票据、抵押债券、交易所交易基金，以及债券托管收据；（6）衍生工具，包括上市和非上市期权、期货、其他衍生工具和互换；（7）发行人类型，包括美国财政部、政府机构、市政（作为一般义务债券或收益债券）和公司（在公用事业、交通、工业和银行/金融公司等领域）；（8）投资方法，包括买入-持有策略、掉期、哑铃策略、梯形策略、使用杠杆以及基于久期和凸性的策略 |

图6-10　美国固定收益证券资产类别说明

| 雷曼兄弟美国综合债券指数[1] | | | | 年回报率与以下因素的相关性 | | | | |
|---|---|---|---|---|---|---|---|---|
| 时间周期 | 年数 | 总复合增长率 | 标准差 | 美国股票 | 非美国固定收益证券 | 高收益证券 | CPI指数 | 现金 |
| 1976–1980 | 5 | 4.8% | 6.0% | 0.32 | NA | NA | −0.69 | −0.74 |
| 1976–1990 | 15 | 10.3% | 8.8% | 0.40 | NA | NA | −0.61 | −0.01 |
| 1976–2000 | 25 | 9.3% | 8.0% | 0.37 | NA | NA | −0.34 | 0.14 |
| 1980–1989 | 10 | 12.4% | 9.3% | 0.29 | NA | NA | −0.50 | 0.01 |
| 1980–1999 | 20 | 10.1% | 8.3% | 0.36 | NA | NA | −0.19 | 0.27 |
| 1990–1999 | 10 | 7.7% | 6.6% | 0.52 | 0.66 | 0.60 | 0.02 | 0.32 |
| 1997–2006 | 10 | 6.2% | 6.2% | −0.39 | 0.14 | −0.29 | −0.22 | 0.27 |
| 2000–2006 | 7 | 6.5% | 3.6% | −0.79 | −0.07 | −0.58 | 0.03 | 0.42 |
| 1.雷曼兄弟美国综合债券指数从1976年之后开始使用 | | | | | | | | |

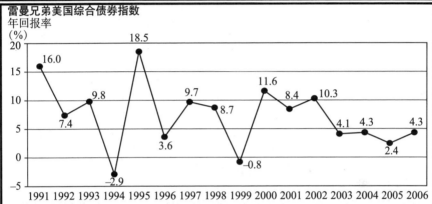

投资理由 / 风险与关注点

- 因为它们通常能提供稳定的名义收益现金流和相对可预测的收益，美国固定收益证券有助于预期负债期限匹配和/或免疫管理，其表现出的回报率标准差往往大约是美国股票、非美国股票、高收益债券、大宗商品、不动产和对冲基金回报率标准差的二分之一，约为私募股权及新兴市场债券和股票回报率标准差的三分之一

- 由于投资的是长期债券而非期限不足一年的短期债券，从而产生所谓的债券到期溢价，在相当长的时间内，美国固定收益证券的名义回报率往往高于现金类产品（1900—2000年为5.1%，对比现金类产品的4.1%），实际回报率也比现金类产品高（1900—2000年为2.1%，对比现金类产品的1%）

- 在20世纪的两个很长的时间段内（一次大约持续了20年，一次大约持续了35年），美国固定收益证券的名义收益和实际收益都相对比较低。尽管由于某种程度上的同质性影响，各种类型的高等级美国债券的相关性比较高，但固定收益证券和美国股票的相关性往往不稳定，相关系数从1926—1969年的−0.02到1970—1980年的+0.23，再到1981—1998年的+0.58

- 许多美国固定收益证券都面临债券的特有风险，包括：（1）市场风险（利率上升导致资本价值下降，期限较长或票面较低的债券受影响最大）；（2）信用风险（评级下调、公司行为或违约带来的风险）；（3）再投资风险（利息或本金可能不得不以低于预期回报率的方式进行再投资）；（4）提前偿还风险（当债券被提前赎回或与抵押相关的债券提前偿还时，此类风险会出现）

图 6–10　美国固定收益证券资产类别说明（续）

| 投资理由 | 风险与关注点 |
|---|---|
| • 股市意外下跌、经济表现不佳、企业盈利能力不理想或下降，以及股市持续低迷或负增长，美国固定收益证券的收益与其他资产收益的负相关性，使得美国固定收益证券可以有效地分散投资并降低投资组合的不稳定性。美国债券的回报率通常与非美国债券的回报率呈低相关性或负相关性，而与股票、新兴市场股票、私募股权、大宗商品和不动产，以及非美国债券和某些对冲基金策略的回报呈适度正相关性 | • 因为债券的回报率和价格受以下因素影响：（1）实际利率的变化；（2）通胀预期的变化，这两者都会表现在正的、平的或负的回报率曲线斜率的水平和程度上，所以债券回报率在不同年份的波动可能会很大 |
| • 在发行人的财务结构中，美国固定收益证券对资产和收入的索取权要优先于股票，它可以作为：（1）灾难储备；（2）资本保护工具；（3）维持或承受其他资产类别遭遇重大价格低迷走势时的收入来源 | • 由于兑付是以名义货币单位而非实际货币单位表示的，美国固定收益证券会受到通货膨胀风险的影响。在通货膨胀非常厉害的时候，债券可能会丧失其相当一部分购买力。分别以名义利率和实际利率计算，1900—1919年，美国固定收益证券的年回报率分别为2.6%和‐2.1%，1920—1940年分别为5.5%和6.9%，1945—1981年分别为2.0%和‐2.5%，1982—2000年分别为12.6%和8.9% |
| • 美国固定收益市场的许多领域相对同质化、市场规模庞大，研究较充分，且估值体系比较有效，因此投资者所持有债券的收益可随以下因素而变化：（1）核心通货膨胀率的变化；（2）利差相对于核心通货膨胀率的变化 | • 由于相对较高的有效性，很多类型的美国固定收益证券获取阿尔法收益的难度有所上升，但还有部分美国固定收益证券定价准确度和透明度都比较低，买卖差价较大，交易流动性周期性地遭受损坏 |

**图 6–10　美国固定收益证券资产类别说明（续）**

信息来源：弗兰克·J.法博齐编著的《固定收益证券手册（第七版）》；埃尔罗伊·戴姆森、保罗·马什和迈克·斯陶顿的著作《投资收益百年史》；弗兰克·J.法博齐编著的《债券市场分析和策略》（*Bond Markets: Analysis and Strategies*）；《格兰特利率观察员》（grantspub.com）；吉米信贷研究公司（gimmecredit.com）；BCA研究公司（bankcreditanalyst.com）；彭博公司（bloomberg.com）；证券业和金融市场协会（sifma.org）；在线债券交易公司（shop4bonds.com、tradebonds.com）；市政证券规则制定委员会（msrb.org）；晨星公司（morningstar.com）；交互式数据固定收益分析（interactivedata-fia.com）；ICAP（icap.com）；DPC数据（dpcdata.com）；花旗集团收益率手册软件（yieldbook.com）；债券资源（bondresources.com）；PIMCO（pimco.com）；巴克莱全球投资者交易所交易债券基金（barclays.com）；先锋短期企业基金（vanguard.com）；先锋长期免税基金（vanguard.com）；摩根士丹利美国政府证券信托（morganstanleyindividual.com）；Market Axess网站（marketaxess.com）；MFS多市场收益信托（mfs.com）；《巴伦周刊》"当前回报"栏目（barrons.com）；美国财政部（treasurydirect.gov）。

## 特征

**特征说明**

高收益债券涉及不同程度的投资风险或投机因素，因此，其评级低于主要证券评级机构定义的投资级（标准普尔低于BBB–，或穆迪低于Baa3）。从20世纪70年代末和80年代初开始，高收益债券：（1）被用于收购和杠杆收购融资、增长资本或对现有债务进行再融资；（2）初始期限一般为7～12年；（3）许多情况下，在发行后3～5年可赎回。高收益债券市场的债务信用可能改善、保持稳定，也可能进一步恶化，各种情况都存在。根据行业部门和发行人的不同，高收益债券市场具有高度异质性，可以划分为更高等级的债券（评级为BB或Ba的债券）、更具投机性的债券（评级为B或B的债券）和不同程度的问题证券（评级为CCC至D的债券，或评级为Caa至C的债券）

**选择**

除了常见的现金兑付、固定利率形式之外，高收益固定收益证券还具有多种创新特征，其中有些已获得广泛认可和接受，而有些则只有很少几个例子。高收益固定收益证券的发行可以：（1）息票分离、息票重组、零息债券；（2）利率递增、延期付款或实物支付息票；（3）附带认股权证或股票；（4）具有息票重置功能和可调整伸缩的到期日。违约掉期是信用衍生品的一种，是两个交易对手之间防范信用风险的保险合同。如今已成立了许多共同基金开展高收益证券投资业务，其中一些专注投资于向非投资级借款人提供的、有担保的浮动利率银行贷款

| 高收益（瑞士信贷中高级）证券指数[1] | | | | 年回报率与以下因素的相关性 | | | | |
|---|---|---|---|---|---|---|---|---|
| 时间周期 | 年数 | 总复合增长率 | 标准差 | 美国股票 | 美国固定收益证券 | 对冲基金 | 不动产 | 现金 |
| 1987–1991 | 5 | 10.3% | 19.4% | 0.58 | 0.46 | NA | 0.92 | −0.71 |
| 1987–1996 | 10 | 11.5% | 14.1% | 0.52 | 0.48 | NA | 0.79 | −0.35 |
| 1987–2001 | 15 | 8.7% | 12.6% | 0.46 | 0.40 | NA | 0.62 | −0.25 |
| 1990–1999 | 10 | 11.1% | 14.2% | 0.48 | 0.60 | 0.66 | 0.81 | −0.18 |
| 1990–2004 | 15 | 10.1% | 13.3% | 0.57 | 0.35 | 0.68 | 0.67 | −0.25 |
| 1997–2006 | 10 | 7.1% | 9.2% | 0.51 | −0.30 | 0.41 | 0.59 | −0.55 |
| 2000–2006 | 7 | 7.8% | 10.5% | 0.80 | −0.59 | 0.80 | 0.61 | −0.61 |

1.高收益（瑞士信贷中高级）证券指数从1987年之后开始使用

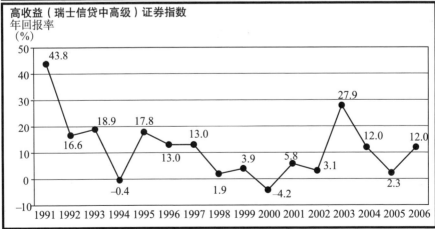

图6–11　高收益固定收益证券资产类别说明

| 投资理由 | 风险与关注点 |
|---|---|
| • 在经济和金融市场周期的适当阶段，由于其相对于美国国债和其他投资级债券的高正回报率息差，高收益债券可能产生高于传统债券的回报，与股票收益相比都有一定的竞争优势<br><br>• 尽管在金融市场普遍或特定于高回报的动荡时期，它们的波动性可能相当高，但在较长的时间间隔内，由中级和高级高收益固定收益证券组成的多元化投资组合，其回报标准差显著低于股票回报标准差<br><br>• 作为一种有效性较低，较少深入研究的资产，高收益债券可使投资者通过针对影响信用等级的因素进行自下而上的深入研究就可以获取阿尔法收益，这些因素包括：资本结构和杠杆、现金流和流动性、契约以及资产质量、竞争情况和企业盈利能力、信贷可获得程度和滚动贷款的风险，以及管理能力和增长前景<br><br>• 无论有无担保，无论是优先级还是次级，在违约情况下，高收益债券的收回率和优先偿还秩序高于普通股、优先股等其他资产类别，在公司资本结构重组的过程中，能有效地提供有利的定位<br><br>• 有时，与周期性高债券违约率相吻合或紧随其后的几年时间里，在激进的货币宽松和回报率曲线正斜率陡峭的时期，高收益债券可能会带来高绝对回报 | • 特别是对于在经济和信贷市场周期不同阶段的公司或行业而言，由于信用恶化、来自资金充足的竞争对手的商业压力、事件风险（通常涉及影响收购的额外优先债务）或违约风险（2000年发行在外的高收益固定收益证券违约率为5.9%，2001年违约率为10.3%），高收益固定收益证券的价值可能要面临大幅减值<br><br>• 由于发行者和投资者相对集中和机会主义心态，以及允许交易商卖空公司债券的信用衍生工具的出现，高收益债券可能会经历新发行数量的盛宴或饥荒，价格和收益会出现跨年度或逐年大幅上下波动的情况，然后是很长一段时间的相对平静<br><br>• 主要包括：（1）受现金流不稳定影响的当前回报率驱动和投资组合形象意识强的高收益债券共同基金；（2）不能尽职尽责的专业投资者寻求利用被认为是短暂的投资机会，或在评级降至投资级以下时，受其章程强迫出售证券；（3）一些个人投资者，高收益债券投资者基础往往会创造动量驱动的市场，可能会因为非经济原因出现同情抛售或混乱<br><br>• 特别是在不利的金融市场条件和/或在商业银行和投资银行业出现收缩的时期，高收益债券市场的交易流动性可能显著下降、买卖价差较大以及难以在合理的价格清算或建立头寸<br><br>• 一些与可赎回、回拨条款和其他契约条款相关的高收益债券的结构是复杂难懂的，难以在各种经济情景下建模，并且因发行人、投资者和中介机构的忽视或理解不足，会产生不可预见和可能不理想的后果 |

**图 6-11　高收益固定收益证券资产类别说明（续）**

信息来源：西奥多·M.巴恩希尔（Theodore M.Barnhill）编著的《高收益债券：市场结构、估值和投资组合策略》（*High Yield Bonds: Market Structure, Valuation, and Portfolio Strategies*）；普徕仕高收益债券基金（troweprice.com）；先锋高收益公司债券基金（vanguard.com）；范·卡本高回报信托基金（vankampen.com）；瑞士信贷月度高收益指数（credit-suisse.com）；雷曼兄弟高收益指数（lehman.com）；美林高收益指数（ml.com）；花旗集团高收益指数（citigroup.com）。

| 特征 |
| --- |

**特征说明**

截至2000年初，发行在外的非美国固定收益债券和票据的面值超过了17万亿美元，这是一类横跨许多国家、货币、行业、质量评级、到期日、结构和发行类型的大型的多元化资产，主要包括主权证券、跨国证券、企业证券和其他类型的证券。非美国固定收益证券产品具体包括：（1）本国债券，是由当地发行人发行并按照当地证券市场规定以货币交易的债券；（2）欧洲债券，以不记名的泛国家形式发行和交易的债券，不在任何单个国家的管辖范围之内；（3）外国债券，是由非本国借款人用东道国货币发行的债券，接受东道国监管；（4）全球债券，在欧洲债券和一个或多个外国债券市场同时发行和交易的债券。常见的几种类型外国债券包括：扬基债券（在美国市场用美元发行并在美国证监会注册的债券）、猛犬债券（在英国市场用英镑发行的债券）和武士债券（在日本市场用日元发行的债券）

**选择**

投资者可以通过以下方式进入非美国固定收益证券市场：（1）直接购买固定息票和浮动利率票据、债券、存单和存托凭证，或通过封闭式和开放式共同基金、对冲基金、单位信托基金和交易所交易基金进行购买；（2）利率和货币互换市场；（3）衍生金融工具，例如期权、期货和权证；（4）各种形式的杠杆、回购协议和特殊结构。有关布雷迪债券和其他新兴市场债券的详细信息，请参见新兴市场固定收益证券的资产描述

| 摩根大通全球（除美国外）债券指数[1] | | | | 年回报率与以下因素的相关性 | | | | |
| --- | --- | --- | --- | --- | --- | --- | --- | --- |
| 时间周期 | 年数 | 总复合增长率 | 标准差 | 美国股票 | 美国固定收益证券 | 新兴市场债券 | 新兴市场股票 | 高收益证券 |
| 1986–1990 | 5 | 18.9% | 13.2% | −0.22 | −0.19 | NA | NA | NA |
| 1986–1995 | 10 | 15.0% | 11.1% | 0.15 | 0.26 | NA | NA | NA |
| 1986–2000 | 15 | 10.6% | 12.1% | 0.10 | 0.33 | NA | NA | NA |
| 1990–1999 | 10 | 8.5% | 9.3% | 0.11 | 0.66 | NA | −0.11 | 0.19 |
| 1990–2004 | 15 | 8.1% | 9.2% | 0.30 | 0.38 | NA | 0.17 | 0.36 |
| 1997–2006 | 10 | 3.9% | 10.6% | 0.21 | 0.14 | −0.14 | −0.03 | 0.45 |
| 2000–2006 | 7 | 4.4% | 10.5% | 0.39 | −0.07 | 0.60 | 0.38 | 0.72 |
| 1.摩根大通全球（除美国外）债券指数自1986年之后开始使用 | | | | | | | | |

**图6–12　非美国固定收益证券资产类别说明**

信息来源：埃尔罗伊·戴姆森、保罗·马什和迈克·斯陶顿的著作《投资收益百年史》；经济合作与发展组织（oecd.org）；国际清算银行（bis.org）；日本银行（boj.or.jp/en）；欧洲中央银行（ecb.int）；Payden全球固定收益基金（payden.com）；FFTW全球核心基金（fftw.com）；花旗集团分析收益率手册（yieldbook.com）；彭博公司（bloomberg.com）；花旗集团世界政府债券指数（citigroup.com）；JP摩根全球政府债券指数（jpmorgan.com）；InterSec研究公司非北美债券指数（intersecresearch.com）；PIMCO全球债券基金（pimco.com）、瑞银全球债券（ubs.com）、摩根士丹利全球债券基金（morganstanley.com）；瑞士信贷（credit-suisse.com）。

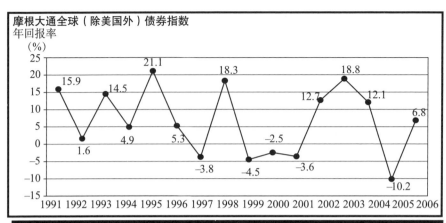

| 投资理由 | 风险与关注点 |
|---|---|
| • 非美国固定收益证券能对所在国以及世界各国的货币、财政和汇率政策，经济和通货膨胀周期，机构的力量和政治形势，偿债，国际收支以及外汇储备情况做出反应，其常常能增加投资者投资债券的机会，有助于防范通货紧缩或金融突发事件。例如，在20世纪90年代的10年时间里，日本债券的年回报率按日元算为5.4%，而同期日本股票的价格下跌幅度超过了75% | • 20世纪，世界经历了四种不同的汇率制度，在最后的汇率制度——浮动汇率机制下，美元经历了几个主要的大涨大跌周期；由此，通过非美国固定收益证券投资时，投资者的收益将会在外币对美元汇率上涨时大幅增加；而将在外币对美元汇率下跌时大幅减少。由于外汇市场上各种因素的综合作用，长期来看，未对冲的非美国固定收益证券的回报应该与对冲的非美国固定收益证券的回报大致相同；尽管如此，短期来看，由于以下因素我们很难精确预测汇率的变动方向：（1）政府干预的影响；（2）间接投资和直接投资流量；（3）货币供应量、利率、经济增长、生产力和通货膨胀差异；（4）技术创新和劳动力灵活性；（5）政治和地缘政治因素 |
| • 非美国固定收益证券的收益形态为票息收入、票息再投资、资本价值变化、违约率以及汇率损益，从而为投资者提供了相对较稳定的票息和最终收益，其长期名义回报率常超过短期投资工具的回报率 | • 境外投资可能最终会挽救或消灭组合投资的价值。虽然20世纪出现了全球化的趋势，商品、人员和资本自由流动的壁垒减少，但在几段漫长的时期内出现了禁运、高关税、竞争性货币贬值、武装冲突、恶性通货膨胀、债务拒付以及经济衰退，这导致某些投资于非美国债券的投资者损失惨重 |
| • 通过积极的投资组合管理，非美国固定收益证券有可能发现并利用国际资本市场的无效，获得超额回报，从而提高回报并降低风险：（1）在短期内，在机会主义的基础上（最理想的情况是本地外国利率下降），货币相对于投资者的基础货币升值）；（2）长期而言，无论该外币是以对冲或非对冲方式拥有当以非对冲的外币表示时，由于它们的回报 | • 随着计算机、广播和通信技术、互联网、金融创新以及经济、财政、货币、汇率和通货膨胀政策的融合，世界各国资本市场融合程度在加深，非美国和美国固定收益证券之间的回报率相关性随着时间的推移表现出上升趋势，从而降低了其投资组合多元化的收益 |

图 6–12　非美国固定收益证券资产类别说明（续）

| 投资理由 | 风险与关注点 |
|---|---|
| • 标准差低于美国债券市场的回报标准差，许多非美国债券市场可能会降低整体投资组合回报的波动性。（由于外币波动增加了市场波动性，当以美元表示时，非美国固定收益证券的回报标准差高于美国固定收益证券的回报标准差。）<br><br>• 部分由于非对冲货币变动的影响，非美国固定收益证券与美国股票、新兴市场股票、私募股权、高收益债券、不动产和现金的回报的相关性较低；与国际固定收益证券、美国固定收益证券和对冲基金之间的相关性较高。（对冲国际固定收益证券的外汇风险，以增加其回报与美国债券和其他几种资产类别回报的相关性。） | • 非美国固定收益证券受到许多与美国固定收益证券相同的债券内在风险的影响，包括市场风险、违约或信用风险、再投资风险、提前偿还风险和系统性风险<br><br>• 投资于非美国固定收益证券可能涉及较低的交易流动性和较高的成本，例如：（1）信息收集、研究、监控、估值、保管和报告；（2）托管、转让和结算；（3）本地证券和外汇市场的交易；（4）预扣税和其他关税；（5）对冲费用 |

图 6-12　非美国固定收益证券资产类别说明（续）

| 特征 |
|---|
| **特征说明**<br>新兴市场固定收益证券描述了一系列主要由主权借款人发行的，或由中等收入国家和较低收入国家的半主权和/或企业实体发行的固定收益工具，这些发行主体最常位于拉丁美洲（如阿根廷、巴西、厄瓜多尔、墨西哥、委内瑞拉）、东欧（如保加利亚、捷克、匈牙利、波兰、乌克兰、俄罗斯）、亚洲（如印度尼西亚、马来西亚、菲律宾、泰国）、中东（如约旦、以色列和土耳其）和非洲（如埃及、科特迪瓦、尼日利亚和南非）。新兴市场固定收益证券工具包括欧洲债券、布雷迪债券、全球债券、可交易银行贷款、地方债券和各种其他证券类型以及在某些情况下与其相关的金融衍生品。新兴市场固定收益证券通常以外币表示，例如美元、欧元或日元。新兴市场的本地金融产品通常以借款方的本国货币表示。该资产类别实际上是由1989—1990年实施的布雷迪计划创造的，当时美国财政部将违约的商业银行贷款重新设计为履约挂钩债券。许多最初的"布雷迪"债券是由美国财政部担保的，但最近发行的新兴市场固定收益证券工具一般没有担保。到1998年，所有主要的布雷迪重组都已完成，这标志着从无证券化的银行贷款市场向债券市场的转变<br><br>**选择**<br>新兴市场主权外国债券一般是指新兴市场国家发行的以硬通货表示的政府债券。这些金融产品在美国或欧洲国家市场发行，受美国或英国法规和法律约束。其主权外债工具包括有抵押和无抵押的布雷迪债券、全球债券、欧洲债券和银行贷款。新兴市场主权本国债券一般在国内市场发行并由当地投资者购买。即便如此，它们通常也受美国或英国监管，并以当地货币表示。新兴市场公司债券一般是指位于新兴国家的公司的外债，主要是由国际投资者购买并在国际市场上发行。它们通常受到美国和英国监管，在大多数情况下，以美元或欧元表示。新兴市场的债务投资也可以通过开放式和封闭式共同基金以及包括掉期市场在内的各种衍生工具进行 |

图 6-13　新兴市场固定收益证券资产类别说明

| 摩根大通新兴市场固定收益证券指数 | | | | 年回报率与以下因素的相关性 | | | | |
|---|---|---|---|---|---|---|---|---|
| 时间周期 | 年数 | 总复合增长率 | 标准差 | 美国股票 | 新兴市场股票 | 美国固定收益证券 | 非美国固定收益证券 | 高收益证券 |
| 1994–1998 | 5 | 6.7% | 25.4% | 0.54 | 0.73 | 0.43 | −0.05 | 0.90 |
| 1994–2003 | 10 | 11.4% | 19.1% | 0.31 | 0.49 | 0.17 | 0.04 | 0.57 |
| 1994–2006 | 13 | 11.4% | 16.5% | 0.31 | 0.43 | 0.18 | 0.04 | 0.55 |
| 1997–2001 | 5 | 6.9% | 15.7% | −0.04 | 0.61 | −0.47 | −0.81 | 0.03 |
| 1997–2006 | 10 | 11.0% | 12.3% | 0.06 | 0.65 | −0.43 | −0.14 | 0.41 |
| 2002–2006 | 5 | 15.2% | 7.6% | 0.48 | 0.56 | −0.04 | 0.58 | 0.83 |
| 2000–2006 | 7 | 12.9% | 8.7% | 0.54 | 0.42 | −0.18 | 0.60 | 0.55 |

摩根大通新兴市场固定收益证券指数从1994年之后开始使用。

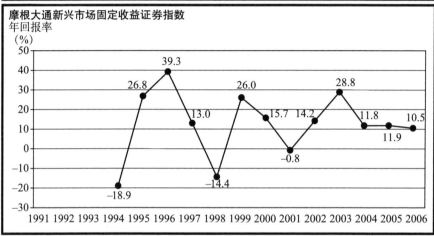

| 投资理由 | 风险与关注点 |
|---|---|
| • 许多新兴市场国家人口众多且呈持续增长态势，拥有丰富的自然资源和/或低成本劳动力资源；通过几个经济指标来看，相当多的新兴市场国家的国民生产总值和人均收入也具有持续增长的潜力，对外贸易更具有竞争力且多元化，从而增强其发行债券、有效地运用债券收益及支付利息的能力<br><br>• 当以多年期作为考察周期来分析，新兴市场债券总的年回报比较高，主要为高息票收入，接近甚至远远超过新兴市场股票回报以及许多其他固定收益资产类别的回报，例如美国投资级别和高收益企业债券 | • 部分由于银行、货币或经济体系的弱点和仍在演变的政治进程以及重大的社会挑战，一些新兴市场国家可能面临金融危机，例如1994年的墨西哥、1997年的几个东南亚国家、1998年的俄罗斯、1999年的巴西和2001年的阿根廷。在金融危机中可能会发生债务价格严重下跌、以对投资者不利的条件强制交换其证券或彻底违约。由于缺乏清晰并被广泛接受的程序来协调多边贷款机构、债务人和债权人的利益，新兴市场债务证券经常受到冲击<br><br>• 新兴市场国家很少能够对自己的财富施加强有力的影响和控制；而发达国家的经济周期往往会对新兴市场国家的资本流入、定价权、出口表现、就业水平、国内总产出和金融资产价格产生巨大冲击 |

图6–13　新兴市场固定收益证券资产类别说明（续）

| 投资理由 | 风险与关注点 |
|---|---|
| • 作为一种因国而异并受到全球信用和经济形势影响的资产类别，新兴市场债券的回报率与美国高评级债券和非美国债券的相关性普遍较低，与新兴市场股票的相关性较高，与美国股票、非美国股票和高收益债券的相关性适中。在许多时期，特定新兴市场国家的债务收益与许多其他新兴市场国家的债务收益的相关性往往较低<br><br>• 虽然偶尔出现逆转，但由于许多新兴市场国家出现了明显的长期改革趋势，投资者似乎对新兴市场债券表现出了更大的认可和信心。除其他政策外，这些措施还包括改善财政纪律和反应能力、金融市场自由化、放松管制和私有化、更灵活的汇率调整和外部借贷举措、更紧密地融入全球经济、提高对外部实践、技术和思潮的接受程度以及更高水平的沟通和披露<br><br>• 通过对主权政治和金融状况、与其他固定收益工具相比的回报率利差以及特定问题的期限、抵押品、担保和其他条款的精明评估，新兴市场债券可能提供产生阿尔法收益的机会，这些超额收益是由事件驱动的市场低效和可利用的投资机会造成的 | • 由于单个国家或多个国家在紧张的金融事件发生之前、期间和之后的投资者风险规避和风险偏好的大幅波动（金融"传染"），新兴市场债务可能表现出高波动性或回报标准差，平均超过美国和非美国的回报标准差的两倍，比美国或非美国股票的回报率标准差高出约 15～30%<br><br>• 新兴市场债券的发行、交易、价格发现、估值、结算和托管的有组织市场在 20 世纪 80 年代末和 90 年代初才开始形成，因此，特定国家、特定地区或特定资产类别的新兴市场债券可能恰恰在最需要的时候缺乏流动性<br><br>• 由于发行人、中介机构和投资者高度集中在新兴市场债务中，价格可能受到以下因素的不当影响：（1）经销商的头寸、活动和市场观点；（2）发行人的债券回购计划；（3）对冲基金、本地和外地个人投资者、来自债务市场其他部门的机会主义投资者的进入或退出；以及专注于新兴市场债务资产类别的专门实体 |

**图 6-13　新兴市场固定收益证券资产类别说明（续）**

信息来源：国际金融研究所（iif.com）；《经济学人》的"经济和金融指标"部分（economist.com）；JP 摩根新兴市场债券指数（jpmorgan.com）；JP 摩根 EMBI+ 指数（jpmorgan.com）；J. 马克·莫比尔斯的著作《莫比尔斯谈新兴市场》；GMO 新兴国家债务（gmo.com）；SEI 国际新兴市场（seic.com）；弗兰克·J. 法博齐和阿尔伯特·弗朗哥（Alberto Franco）编著的《新兴固定收益和货币市场手册》（*Handbook of Emerging Fixed Income and Currency Markets*）；PIMCO 新兴市场债券基金（pimco.com）；美林新兴市场债务基金（ml.com）；摩根士丹利新兴市场债务基金（morganstanley.com）。

| 特征 |
|------|

**特征说明**

黄金是一种贵重的黄色金属元素，不易氧化或腐蚀，其质子数为79，原子质量为196.967。1金衡盎司黄金等于1.0941常衡盎司。第一批金币据传是在约2700年前铸造的，从那时起，黄金在很长时间内与各种其他形式的货币一起，或者替代其他形式的货币发挥着交换媒介、价值储存与计价单位的作用。例如，以君士坦丁堡为首都的拜占庭帝国在其1100年的历史中，一直维持着基于黄金的货币经济。该国的金币，每个重量约为4.5克，被称作拜占庭币（bezant），从公元324年到969年的645年时间里，一直在拜占庭帝国内外自由流通

**选择**

买卖黄金的形式有很多种，包括：（1）新近铸造的法定货币和纪念币；（2）以前发行的具有货币价值的金币和金质奖章；（3）金条和金块；（4）黄金开采公司股票；（5）黄金期货和期权；（6）黄金信托凭证、结构化债券与黄金债券；（7）黄金首饰和艺术品，与黄金相关但又是不同的产品类型；（8）白银、铂金、钯金以及铑等其他种类的稀有金属。如何以及从哪里购买黄金，通常取决于投资者的动机、顾虑、投资金额、投资目标和个人情况

| 汉迪哈曼现货黄金价格指数 | | | | 年回报率与以下因素的相关性 | | | | |
|---|---|---|---|---|---|---|---|---|
| 时间周期 | 年数 | 总复合增长率 | 标准差 | 美国股票 | 非美国股票 | 美国固定收益证券 | 不动产 | CPI指数 |
| 1970–1979 | 10 | 29.1% | 44.9% | −0.38 | −0.31 | NA | NA | 0.70 |
| 1970–1989 | 20 | 12.3% | 38.3% | −0.32 | −0.19 | NA | NA | 0.52 |
| 1970–1999 | 30 | 6.8% | 33.0% | −0.34 | −0.06 | NA | NA | 0.56 |
| 1980–1989 | 10 | −2.4% | 19.0% | 0.45 | 0.48 | 0.21 | −0.06 | −0.15 |
| 1980–1999 | 20 | −2.8% | 14.8% | 0.15 | 0.47 | 0.15 | −0.10 | −0.06 |
| 1990–1999 | 10 | −3.2% | 10.0% | −0.33 | 0.50 | −0.06 | −0.22 | 0.13 |
| 1997–2006 | 10 | 5.6% | 15.0% | −0.30 | 0.28 | −0.34 | 0.17 | 0.24 |
| 2000–2006 | 7 | 11.9% | 12.2% | 0.30 | 0.48 | −0.47 | −0.08 | −0.23 |

**图6–14 黄金资产类别说明**

信息来源：世界黄金协会（gold.org）；Gold Fields Mineral Services 年度黄金调查（gfms.co.uk）；金鹰黄金研究中心（gold-eagle.com）；美国钱币协会（ana.org）；我们造币厂（usmint.gov）；美国经济研究所（aier.org/）；黄金常数，罗伊·贾斯特拉姆（Roy Jastram）；富时金矿指数（ft.com）；高盛贵金属分类指数（gs.com）；Handy & Harman 贵金属（1–800–24 克拉）；明晟国际金矿分类指数（mscibarra.com）；费城证券交易所 XAU 黄金和白银矿业股指数（phlx.com）；多伦多证券交易所黄金和贵金属指数（tsx.com）。

| 投资理由 | 风险与关注点 |
|---|---|
| • 几个世纪以来，由于其稀有性、美观性、耐久性、不可破坏性、可塑性、延展性、便携性、可分割性和匿名性，黄金的内在价值被广泛接受<br><br>• 不像许多被人为控制的纸币体系，黄金的供给变化缓慢且相对缺乏弹性，黄金被认为是唯一不会成为另一方负债的货币资产在以往许多恶性通货膨胀、环境灾难、金融市场动荡、通货紧缩冲击、货币体系失败、地区不稳定、军事行动或社会秩序紊乱的时期，黄金被视为一种能够提供保障和庇护的保险产品<br><br>• 在相当长的时间里，与诸如食物、住所和衣服等人类基本需求的成本变化相比，黄金一直保持着较稳定的购买力水平<br><br>• 黄金回报与几乎所有其他资产类别的回报保持负的或者极低的相关性 | • 由于在交易量相对较少且流动性较差的市场中进行交易，实物黄金几乎没有收益。另外大量运输黄金很麻烦，可能会产生化验、保管、税收、隔离和保险成本，而且在不稳定的条件下可能难以获得<br><br>• 因为黄金有时候被看作一种具有争议性、反传统的"原始纪念物"，它可能通过封存保管箱和其他武断地给黄金定价以及申明黄金支付条款无法执行等措施被政府没收<br><br>• 在金融和地缘政治稳定时期中的相当长的一段时间内，黄金价格可能会在均值回归区间内波动，影响因素如下：（1）实际利率水平；（2）珠宝工业用途以及储存带来的需求；（3）供应源头，包括金矿开采公司的新发现、生产、卖出期货和对冲活动，黄金碎屑的循环利用，以及中央银行卖出和借出黄金的活动<br><br>• 尽管投资黄金被认为是一种保守的投资行为，但在某些黄金市场上，也有投机型交易者、基于量能的交易者、促进者、阴谋论者，以及观点可能缺少客观性的教条主义参与者<br><br>• 由于其有效嵌入的期权成分与黄金价格的潜在上涨挂钩，黄金矿业股票大大杠杆化了对黄金价格波动的敞口，有时往往估值过高，有时可能难以用传统方法评估 |

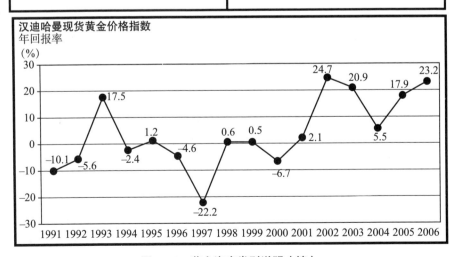

图 6-14　黄金资产类别说明（续）

| 特征 |
| --- |
| **特征说明**<br>严格来说，对冲基金本身并不是一种资产，而是一种私募集合投资工具，通常使用种类多样的非传统、传统定向和非定向的策略，旨在独立于财务状况以实现持续的正绝对收益，主要类别包括：（1）主流市场的多头、空头、套利和对冲；（2）杠杆和衍生金融工具；（3）机会主义和动态交易活动，或需要耐心的密集型投资。对冲基金主要可分为以下几个大类：（1）事件驱动基金（注重特定领域，如兼并套利、超跌证券以及重组或破产情形）；（2）相对价值基金（注重特定领域，如可转换证券套利、固定收益证券套利或者统计套利）；（3）市场中性基金（注重空仓和多仓的抵销，以避免对市场的定向操作）；（4）多空基金（注重最大化投资选择的成果和改变多空仓比例，以实现设定的市场风险承受度）；（5）全球宏观基金（注重股票、债券、主要类型的商品、其他资产类别及其对应的衍生品的变化趋向）。有些市场参与者使用"绝对回报策略"来概括多数主要类型的对冲基金投资策略<br><br>**选择**<br>对冲基金可以通过多种结构形式获得，包括有限合伙企业、有限责任公司、私募注册投资公司、封闭式注册对冲基金、多空股票导向型共同基金及并购套利共同基金、镜子基金、组合/分散式证券投资基金、离岸保险公司及税款递延保险单、被动外国投资公司（PFIC）、受控外国公司（CFC）、抵押基金债券（CFO）、对冲基金孵化器或集合体、母基金、认股权证和对冲基金结构化票据 |

**图6–15　对冲基金资产类别说明**

信息来源：约瑟夫·G. 尼古拉斯（Joseph G. Nicholas）的著作《对冲基金投资》（*Investing in Hedge Funds*）；斯特凡诺·拉维尼奥（Stefano Lavinio）的著作《对冲基金手册》（*Hedge Fund Handbook*）；罗纳德·A. 雷克（Ronald A. Lake）编著的《评估和实施对冲基金策略》（*Evaluating and Implementing Hedge Fund Strategies*）；詹姆斯·P. 欧文（James P. Owen）的著作《谨慎投资者的对冲基金投资指南》（*The Prudent Investor's Guide to Hedge Funds*）；托马斯·施内魏斯（Thomas Schneeweiss）和约瑟夫·佩斯卡托雷（Joseph Pescatore）的著作《另类投资策略手册》（*The Handbook of Alternative Investment Strategies*）；罗杰·洛温斯坦（Roger Lowenstein）的著作《营救华尔街》；瑞士信贷/特利蒙特对冲基金指数（hedgeindex.com）；享勒斯对冲基金顾问小组指数（hennesseegroup.com）；摩根士丹利资本国际对冲基金指数（mscibarra.com）；标准普尔对冲基金指数（spglobal.com）；格林威治基金顾问国际指数（greenwichai.com）；苏黎世资本市场指数（zcmgroup.com）；管理基金协会（mfainfo.org）；对冲基金中心（hedgefundcenter.com）；理柏对冲世界市场（hedgeworld.com）；对冲基金研究公司权益对冲指数（hfr.com）；特利蒙特资本管理（tremont.com）；对冲基金协会（thehfa.org）；剑桥咨询公司网站（cambridgeassociates.com）；切鲁利协会（cerulli.com）；荷塞波士顿伙伴多/空权益策略（robecoinvest.com）；套利策略（thearbfund.com）；合并基金（西切斯特资本管理）；卡克斯顿公司网站（Caxton Corporation）、金顿资本管理、摩尔资本管理、索罗斯基金管理和都锋投资公司的《对冲基金经理人实务》（*Sound Practices for Hedge Fund Managers*）；亚历山大·M. 伊奈兴（Alexander M.Ineichen）的著作《继续寻找阿尔法值》（*The Search for Alpha Continues*）（usbw.com）。

| HFRI基金加权综合对冲基金指数[1] | | | | 年回报率与以下因素的相关性 | | | | |
| 时间周期 | 年数 | 总复合增长率 | 标准差 | 美国股票 | 高收益证券 | 美国固定收益证券 | 非美国固定收益证券 | 现金 |
|---|---|---|---|---|---|---|---|---|
| 1990–1994 | 5 | 18.2% | 13.4% | 0.82 | 0.90 | 0.75 | 0.32 | −0.40 |
| 1990–1999 | 10 | 18.3% | 11.3% | 0.32 | 0.71 | 0.25 | −0.16 | −0.33 |
| 1990–2004 | 15 | 14.4% | 11.4% | 0.62 | 0.70 | 0.10 | 0.04 | 0.05 |
| 1994–1998 | 5 | 12.9% | 9.2% | 0.57 | 0.96 | 0.52 | −0.09 | 0.76 |
| 1994–2003 | 10 | 12.0% | 10.8% | 0.69 | 0.55 | −0.17 | −0.08 | 0.18 |
| 1997–2006 | 10 | 10.6% | 9.6% | 0.63 | 0.42 | −0.73 | −0.24 | 0.08 |
| 2000–2006 | 7 | 8.2% | 6.7% | 0.98 | 0.81 | −0.73 | 0.32 | −0.21 |

1.HFRI基金加权综合对冲基金指数从1990年之后开始使用

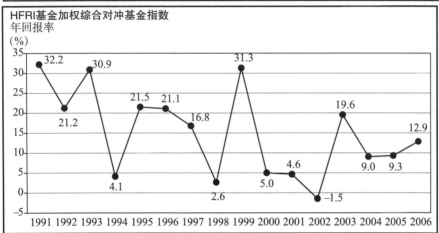

| 投资理由 | 风险与关注点 |
|---|---|
| • 部分是因为对冲基金能够吸引和高薪回馈那些有天赋、有上进心的基金经理,他们能够专注投资领域里的特别投资机会。无论在什么金融市场状况下,相对于积极的基金经理和消极的传统型资产类别基准来说,对冲基金都能够提供有吸引力的且可能更高的风险调整回报和资产保全<br><br>• 对冲基金的年度投资业绩具有连贯性,其回报标准差常常与美国及非美国债券的回报标准差大致相等,是美国及非美国股票回报标准差的1/2到2/3。由于对冲基金组合产生的回报模式具有典型的抵消作用,对冲基金中的基金的收益标准差常常是单只对冲基金的1/3到1/2 | • 研究对冲基金的过程需要花费大量的时间和资金,鉴于新加入者数量众多,所以当考虑以下因素时,小心、谨慎和勤勉显得尤为重要。(1)1969—1970年和1973—1974年熊市期间的巨额损失和对冲基金的倒闭潮;(2)1998年后因基金经理无能、重大风格偏差、对回报和投资策略的欺诈性虚假陈述,或不当使用杠杆或衍生金融工具而导致基金破产的几件备受关注的案件;(3)面对大量新资本流入时偶尔出现的收益不可持续性;(4)对市场价格、相关性、期限结构、非线性和波动风险、交易对手信用风险以及资金和资产流动性风险的错误评估和管理不善;(5)高度波动的头寸或行业的敞口出现不符合比例的增大;(6)基金经理行事怪异、组织不成熟、和/或专业员工流动率高 |

图 6–15  对冲基金资产类别说明(续)

| 投资理由 | 风险与关注点 |
|---|---|
| • 由于其组织上的灵活性、技巧、知识、洞察力、专业化、缺乏限制以及可以卖空、运用差额并运用金融衍生品和非线性策略，对冲基金常常有许多机会，允许投资者发现并利用绝大多数其他投资主体不能利用的投资机会<br><br>• 基于这样一个事实，即特定对冲基金的回报率主要来自一个或几个基金经理发现并利用金融市场上特殊的错误定价，单只对冲基金收益与美国及非美国股票收益的相关性可能会从低到高，与新兴市场股票和私募股权收益的相关性都很低，与美国及非美国债券收益的相关性通常较低。各种类型的对冲基金的收益相关性较低，表明几只对冲基金的结合可能会显著降低投资组合的波动性<br><br>• 由于强调从市场无效、异象、错乱、复杂的形势以及特殊的分析方法中产生收益，作为一个整体，对冲基金常常具有较低的系统性（整个市场）风险以及产生高阿尔法值（超额收益）的机会，投资基金整体收益的第一和第三的四分位之间数据具有高度的特质成分和分散性，高于投资大多数美国和非美国股票与债券的积极资产管理者的水平 | • 分析、理解对冲基金的投资业绩，并与参照标准、对冲基金相互之间，以及与其他资产类别进行比较可能会非常困难，这是因为：（1）历史纪录相对较短，回报是非正态分布状态，报告方法不标准且比较随意，有些基金经理和基金子类别缺乏策略透明度；（2）特定基金是否对新加入的投资者开放尚不确定；（3）不同对冲基金策略之间以及策略相同的单个对冲基金之间的异化程度较高；（4）可能存在幸存者偏见、选择性偏见、回性偏见、年龄偏见、规模偏见以及系列相关性（价格滞后）偏见；（5）有些基金可能会高估流动性差的头寸的价值并低估金融市场重大不利发展的风险敞口程度<br><br>• 对冲基金的投资通常涉及高额的年度管理费和业绩费、较长的锁定期以及严格的资本投入和退出条件<br><br>• 由于以下原因，对冲基金领域的多元化是必要的：（1）仓位集中和/或特定基金的杠杆率较大；（2）由于市场波动性较小、交易价格变化幅度较小以及交易活动减少，导致基金投资机会发生波动；（3）有些策略可能会产生非常短暂的收益而其他某些策略则可能产生更加一致的收益模式。<br><br>• 由于许多对冲基金的高频交易特征和追求短期收益的趋势，其税前收益和税后收益相差很大，在这个过程中，其有限合伙人要背负巨大的税务负担 |

图 6–15  对冲基金资产类别说明（续）

| 特征 |
|---|

**特征说明**

通货膨胀指数债券是指本金和/或利息的支付按照总体价格水平变化情况加以调整的债券，通常我们用大家都接受的价格指数来衡量总体价格水平的变化。1997年1月，美国财政部开始拍卖本金指数债券，也称为通货膨胀保值债券（TIPS）或通货膨胀指数债券（TIIS）。TIPS最初发行的期限为5年、10年和30年，每半年支付一次固定的实际息票，乘以本金，本金每月向上调整，按到期时支付给投资者的增加额调整，并由所有城市消费者的非季节性调整消费价格指数（CPI-U），具有三个月的时间滞后。TIPS是不可赎回债券，相对于其到期日而言，其久期比较长，因为总收益的很大一部分是最后到期时支付的经通货膨胀调整的本金金额。任何中期价格通缩应计项目均从通货膨胀应计项目中扣除；在TIPS的整个生命周期中，如果出现动荡和发生概率极低的累积通缩，美国财政部将保证按其初始面值偿还本金

**选择**

除了通货膨胀保值债券之外，其他种类的本金调整债券（以及在更少的情况下，利息指数债券和指数化年金债券）发行的数量比较有限。这些债券到期限和结构不同，发行方有联邦政府机关、企业和市政当局，有时候由非美国发行方在20个以上的外国资本市场上发行较大的数量。有几只通货膨胀保值共同基金试图获得超过年管理费的收益，通过发行方、到期期限选择和其他战术从供求不平衡、季节性因素、收益曲线变动以及对通货膨胀预期的变化中获得利益。有些投资者密切关注期限相同的常规美国国债和TIPS收益的损益平衡区间，如果实际通货膨胀率预期超过盈亏平衡点，就偏向选择投资TIPS；如果实际通货膨胀率预期低于盈亏平衡点，就偏向于选择投资常规美国国债。由于新购债券受到年人均限制，初级系列通货膨胀调整美国储蓄债券具有许多类似TIPS的特征

| 雷曼兄弟TIPS指数/布里奇沃特指数[1] | | | | 年回报率与以下因素的相关性 | | | | |
|---|---|---|---|---|---|---|---|---|
| 时间周期 | 年数 | 总复合增长率 | 标准差 | 美国股票 | 美国固定收益证券 | 高收益证券 | 现金 | CPI指数 |
| 1970–1979 | 10 | 11.8% | 4.5% | −0.60 | NA | NA | 0.70 | 0.89 |
| 1970–1989 | 20 | 10.6% | 4.0% | −0.35 | NA | NA | 0.25 | 0.75 |
| 1970–1999 | 30 | 9.2% | 4.3% | −0.34 | NA | NA | 0.42 | 0.77 |
| 1980–1989 | 10 | 9.3% | 3.2% | 0.43 | 0.39 | NA | 0.38 | 0.47 |
| 1980–1999 | 20 | 7.9% | 3.6% | 0.10 | 0.55 | NA | 0.51 | 0.56 |
| 1990–1999 | 10 | 6.4% | 3.4% | −0.15 | 0.64 | 0.25 | 0.33 | 0.60 |
| 1997–2006 | 10 | 6.2% | 4.5% | −0.63 | 0.52 | −0.11 | −0.36 | 0.22 |
| 2000–2006 | 7 | 7.6% | 4.6% | −0.46 | 0.75 | −0.18 | −0.12 | −0.01 |

1.1970年至1997年2月的布里奇沃特TIPS数据；1997年2月之后的雷曼兄弟TIPS指数

**图 6–16  对冲基金资产类别说明**

信息来源：约翰·布赖恩约弗森（John Brynjolfsson）和弗兰克·J.法博齐编著的《通货膨胀指数债券手册》(*Handbook of Inflation Indexed Bonds*)；美国I系列储蓄债券（savingsbonds.gov）；BondHelp 网站（bondhelp.com）；美国储蓄债券顾问网站（savingsbonds.com）；布隆伯格政府、市政和公司通胀指数债券名单（bloomberg.com）；巴克莱通胀挂钩债券总回报指数（barclays.com）；雷曼兄弟通胀挂钩指数（lehman.com）；花旗集团通胀挂钩证券指数（citigroup.com）；美国世纪通胀调整基金（americancentury.com）；布朗兄弟哈里曼通胀指数证券（bbh.com）；富达通胀保值债券基金（fidelity.com）；PIMCO 实际回报债券基金（pimco.com）；先锋通胀保值证券基金（vanguard.com）。

⠀

| 投资理由 | 风险与关注点 |
|---|---|
| • TIPS通过不断稳定实际支付利息与本金调整，使其能够与一篮子面向消费者的商品和服务的价格上涨保持一致性，从而有效地对冲通货膨胀<br><br>• 由于TIPS与几十年经济和金融周期内出现的通货膨胀具有高度的相关性，因此其1至10年收益与美国及非美国股票收益久期相当的常规美国债券以及另类投资的相关性非常低或者为负数，与现金工具收益的相关性为中等到较高<br><br>• 由于实际利率的相对稳定性，其波动性相当于名义利率的1/3到1/2，TIPS一般表现出低波动性，其年收益的标准差趋向于为股票或久期相当债券的1/5到1/4<br><br>• 由于TIPS的年回报率的标准差低，与大多数1~10年期的资产类别的回报率的相关性较低或为负值，而且与传统债券的实际回报率相比，TIPS的实际回报率通常是有优势的，因此TIPS可以降低投资组合的整体长期风险水平<br><br>• 由于在不同的金融环境中，与其他资产类别相比，TIPS的价格反应程度不同，而且在实际利率稳定到下降，再加上通货膨胀上升的时期，它们具有正收益特征。在适当的情况下，TIPS可以作为传统债券类资产类别的有效多元化替代品，在某些情况下，可能会使投资者更重视类股票和/或另类投资 | • 对于应税投资者来说，TIPS每半年一次的实际利息支付作为普通收入每年都要纳税。尽管每月对本金的通货膨胀调整要到债券最后到期时才能收到，这种"隐形收入"每年也要纳税。在纳税负担相当高及通货膨胀率较高时，TIPS常常会产生负现金流。因此，应税投资者可能需要在税延账户中持有TIPS，或转而考虑免税的通货膨胀保护证券（TEIPS）<br><br>• 根据TIPS的期限和实际利率上升的幅度，较高的实际利率上升可能会导致TIPS发生本金损失。实际利率水平一般受资本供求因素波动的影响，如实际经济增长率、联邦预算和/或国际收支盈余与赤字以及货币政策<br><br>• 在持有期为1年或更短的情况下，TIPS可能会因为与传统型债券收益的相关性适中或较高而丧失其部分多元化优势，此时收益相关性受到实际收益和名义收益、质变效应以及其他因素的短期常见波动的影响<br><br>• 在通货膨胀预期下降、通货膨胀率下降或完全通缩期间，TIPS的表现往往逊于相同期限或久期的传统债券<br><br>• TIPS具有的某些潜在复杂特征与以下因素有关：（1）1997年后TIPS作为一种相对较新的、未经测试的、未被广泛理解的、流动性较低的工具，具有较大的买卖价差；（2）预期通货膨胀、通货膨胀风险溢价、名义利率和实际利率的表现及其相互作用；（3）美元外部购买力的下降可能超过其经通货膨胀调整后的国内购买力的风险；（4）如果适用的消费者价格指数被中止或发生了对TIPS投资者不利的根本性改变，供美国财政部使用的各种指数存在调整的可能性 |

图 6-16  对冲基金资产类别说明（续）

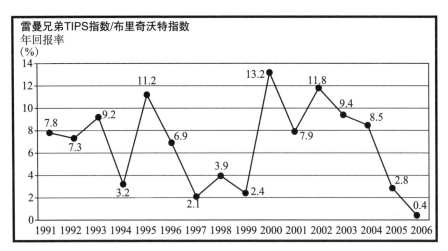

图 6-16　对冲基金资产类别说明（续）

| 特征 |
| --- |

**特征说明**

期货合约是一种标准化的合约，约定在事先确定的未来某个时间以事先确定好的价格交割或接受标的物商品或金融工具。除非该合约在既定的结算日期之前被出售、转让或平仓，否则期货合约规定买方有义务购买标的物商品或工具，而卖方则有义务出售相关商品或工具。期货合约涉及一种固有的杠杆形式，即需要交纳初始保证金、变动保证金和维持保证金，这是合约将被履行的一种履约保证。由于期货价格是由标的物商品或金融工具的价格表现所驱动并衍生出变化，所以期货被认为是衍生金融工具。最初，期货市场聚焦谷物和农产品。期货合约为农民、牧场主、分销商和其他商品市场的参与者提供了一个有效的机制，帮助管理和对冲农产品市场经常出现的价格波动。随着时间的推移，期货市场的风险管理优势在经济的其他部门变得明显，从20世纪70年代末和80年代初开始，期货行业引入了很多新合约，为金属、能源、利率、货币和其他金融工具创造了新的期货产品和市场。在20世纪70年代末，一些商品交易顾问（CTA）出现了，开启了管理期货业。在20世纪后20年和21世纪，管理期货业呈现快速增长态势，截至2006年底，据估计，期货交易顾问在全球范围内管理着超过1700亿美元的资金

**选择**

商品交易顾问（CTA）是一种利用全球期货、期权和相关市场作为投资媒介来管理客户资产的投资经理。管理期货基金使用的主要工具包括：（1）金融期货；（2）商品期货；（3）远期和现金工具；（4）期权、互换和互换期权；（5）实物商品。许多国内和国际公司、金融机构、交易公司和证券经纪商都是管理期货市场的积极参与者。套期保值者依靠期货市场来获得对价格上涨或下跌的保护，而投机者和交易者则寻求从期货市场的交易和投资策略中获利。决定管理期货基金投资成功的因素有：（1）管理者选择；（2）管理者的交易技巧；（3）管理者的模型构建；（4）管理者如何使用杠杆；（5）风险控制系统及其表现。美国商品期货交易委员会（CFTC）由国会于1974年创建，负责监管期货交易和市场。CFTC的使命是保护市场参与者和公众免受与商品和金融期货及期权销售相关的欺诈、操纵和滥用行为的影响，并促进构建开放、竞争和财务稳健的期货和期权市场

图 6-17　管理期货基金资产类别说明

| 巴克莱商品交易顾问指数[1] | | | | 年回报率与以下因素的相关性 | | | | |
|---|---|---|---|---|---|---|---|---|
| 时间周期 | 年数 | 总复合增长率 | 标准差 | 美国股票 | 非美国股票 | 美国固定收益证券 | 高收益证券 | CPI指数 |
| 1980–1984 | 5 | 26.1% | 21.2% | 0.61 | 0.58 | −0.58 | NA | 0.88 |
| 1980–1989 | 10 | 23.2% | 20.7% | 0.00 | −0.04 | −0.56 | NA | 0.64 |
| 1980–2094 | 15 | 17.4% | 19.4% | 0.11 | 0.13 | −0.25 | NA | 0.70 |
| 1980–1999 | 20 | 14.9% | 17.6% | −0.01 | 0.11 | −0.12 | NA | 0.71 |
| 1990–1999 | 10 | 7.1% | 7.2% | 0.02 | −0.34 | 0.51 | −0.19 | 0.51 |
| 1990–2004 | 15 | 6.9% | 6.3% | −0.35 | −0.27 | 0.32 | −0.38 | 0.86 |
| 1997–2006 | 10 | 5.5% | 4.5% | −0.02 | −0.24 | 0.71 | 0.17 | −0.25 |
| 2000–2006 | 7 | 5.5% | 4.2% | −0.22 | −0.10 | 0.50 | 0.06 | 0.00 |

1.巴克莱商品交易顾问指数从1990年之后开始使用

| 投资理由 | 风险与关注点 |
|---|---|
| • 由于管理期货和管理期货基金与许多其他传统和另类投资类别（包括对冲基金）的回报相关性普遍较低，它们可降低收益的标准差，改善投资组合的风险收益状况，提供多元化的机会<br><br>• 管理期货和管理期货基金可产生较高回报，而且还可以在各种经济和金融市场环境下表现良好<br><br>• 在金融市场几次面临重大动荡或压力时，投资管理期货获得的回报还是非常可观的<br><br>• 期货交易顾问可以利用在全球交易所交易的期货合约，通常涉及75~100种标的资产或指数，包括股票指数、金融工具、农产品、贵金属和有色金属、货币和能源产品，从而为投资者提供了在众多资产和市场中进行投资的机会<br><br>• 作为一种高度量化的和由计算机驱动的交易策略，管理期货交易系统试图在多个时区和多个市场中识别价格、成交量、波动率和协方差趋势并从中获利。不同管理期货基金之间的一个区别是，可以在多大程度上利用自由交易来替代基金的基础模型和交易算法，或对其进行叠加和修改 | • 对管理期货基金的投资、对冲和投机可能存在重大风险，包括：（1）投资者有可能损失全部或大部分投资本金；（2）随时赎回所管理期货基金的合伙权益或单位的能力有限；（3）没有建立管理期货基金合伙权益或单位的二级市场；（4）管理期货基金的高额费用和开支有可能损害或抵销投资组合的利润或收益<br><br>• 根据NASD的描述，"管理期货是一种复杂且有风险的投资工具，可能不适合许多投资者。商品期货和金融期货交易本身具有投机性、潜在波动性、高杠杆性。由于主流个人投资者不太了解管理期货投资，证券经纪交易商在推荐这些产品时履行其适用性和披露义务就变得至关重要"<br><br>• 在某些基础工具的横盘趋势、波动、无方向的市场条件下，管理期货基金的回报模式可能以资本损失或高波动性为特征，这可能并不适合所有投资者<br><br>• 管理期货基金回报与其他资产回报的相关性可能会：（1）随时间变化；（2）在市场波动加剧期间发生显著变化；（3）受基金经理对杠杆、衍生品和做空策略及技术的不同使用而发生变化 |

图 6-17　管理期货基金资产类别说明（续）

| 投资理由 | 风险与关注点 |
|---|---|
| • 管理期货：（1）提供建立同等便利多头和空头头寸的机会；（2）经常采用止损、趋势跟踪和/或均值回归的交易规则；（3）可以通过利用保证金和现金余额纳入杠杆和利息收入衍生品；（4）为参与范围广泛的基础市场投资提供机会 | • 现实情况是许多管理期货基金的交易策略倾向于：（1）趋势跟踪；（2）基于动量的投资方法；（3）模式识别；（4）止损平仓；（5）对冲规则，在某些资本市场条件和期货交易环境下，它们可能会或可能不会被纪律和洞察力都取得一定程度成功的投资经理所应用 |

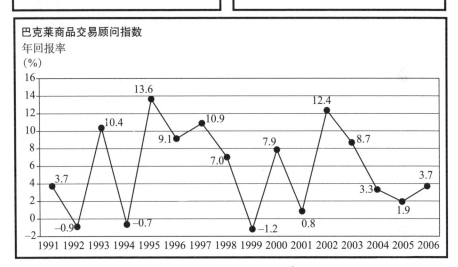

**图 6-17  管理期货基金资产类别说明（续）**

信息来源：国际证券和衍生品市场中心（cisdm.org）；芝加哥交易委员会（cbot.com）；商品期货交易委员会（cftc.gov）；欧洲期货及期权交易所（eurexchange.com）；期货行业协会（futuresindustry.org）；国际交易者研究（managedfutures.com）；管理期货协会（mfainfo.org）；美国期货协会网站（nfa.futures.org）；巴克莱交易集团（barclaygrp.com）；雅各布·伯恩斯坦（Jacob Bernstein）的著作《期货交易原理》（*How the Futures Markets Work*）；贝弗利·钱德勒（Beverly Chandler）的著作《管理期货：投资者指南》（*Managed Futures: An Investor's Guide*）；约翰·C. 赫尔（John C. Hull）的著作《期货与期权市场导论》（*Fundamentals of Futures and Options Markets*）；乔治·克莱曼（George Kleinman）的著作《商品期货和期权》（*Commodity Futures and Options*）；杰克·施瓦格尔（Jack Schwager）的著作《期货市场完全指南》（*A Complete Guide to the Futures Markets: Fundamental Analysis, Technical Analysis, Trading, Spreads, and Options*）；巴克莱集团每季度发布的《巴克莱管理基金报告》（*Barclay Managed Funds Report*）。

| 特征 |
| --- |

**特征说明**

私募股权这一术语描述的是范围广泛的投资活动，通常分为两大类：风险资本和杠杆收购（LBOs），这两类投资的区别主要在于股权投资的典型规模、被投资公司的技术风险或成熟阶段，以及债务在交易中的数量和作用。风险资本涉及对具有高未来增长潜力的私营公司的股权进行早期投资，可能包括：（1）天使投资、孵化、种子或早期融资；（2）创业、产品原型或扩张轮融资；（3）利用具有类似股权特征的债务证券进行夹层或结构性融资；及/或（4）预期在某些已知时间框架内上市的公司的过渡性阶段融资。杠杆收购指的是在更成熟的现有企业中获得100%或相当大的控股权，可能包括管理层收购（MBOs）、重组或扭亏为盈的情况，这些情况涉及那些相当稳定但可能正在经历财务或运营困境的企业。私募股权投资者通过他们的知识、经验、人脉、管理选择技能和主动参与，在有时重叠的风险资本和杠杆收购领域，寻求通过以下方式增加价值：（1）识别有吸引力的机会；（2）评估、构建或重组金融交易；（3）从战略和战术上影响被投资公司的结构、经营状况、生存、发展和盈利能力；以及（4）在有利的时间和价格条件下退出投资

**选择**

虽然相当一部分私募股权投资是由公司、机构和个人投资者直接进行的，但绝大多数私募股权是由投资合伙企业的普通合伙人管理的，大部分资本由有限合伙人提供。这种伙伴关系可能具有广泛的授权，也可能根据所计划的投资活动的阶段、行业、区域或规模而有所不同。私募股权可以通过一项或多项个人投资或合伙企业、母基金、封闭式基金、共同投资机会，以及专注于发达国家或新兴市场的实体来获得。私募股权投资的其他途径包括：（1）管道融资（对公共股本的私人投资），涉及公共股票的私人配售，通常低于当时的市场价格，经常还具有其他结构特征；（2）在获得适当同意和批准的情况下，在二级市场上向退出的有限合伙人购买合伙权益

| 风险经济所有私募股权基金指数 | | | | 年回报率与以下因素的相关性 | | | | |
| --- | --- | --- | --- | --- | --- | --- | --- | --- |
| 时间周期 | 年数 | 总复合增长率 | 标准差 | 美国股票 | 美国固定收益证券 | 非美国股票 | 对冲基金 | 现金 |
| 1970–1979 | 10 | 19.8% | 54.1% | 0.85 | NA | 0.78 | NA | −0.17 |
| 1970–1989 | 20 | 16.4% | 42.5% | 0.67 | NA | 0.40 | NA | −0.12 |
| 1970–1999 | 30 | 20.6% | 42.5% | 0.57 | NA | 0.39 | NA | −0.17 |
| 1980–1989 | 10 | 13.0% | 27.2% | 0.61 | −0.15 | −0.01 | NA | 0.17 |
| 1980–1999 | 20 | 21.1% | 36.7% | 0.40 | −0.28 | 0.14 | NA | −0.17 |
| 1990–1999 | 10 | 29.6% | 43.7% | 0.30 | −0.30 | 0.54 | 0.48 | −0.18 |
| 1997–2006 | 10 | 20.8% | 46.9% | 0.42 | −0.66 | 0.47 | 0.83 | 0.27 |
| 2000–2006 | 7 | 8.2% | 17.6% | 0.66 | −0.48 | 0.68 | 0.61 | 0.10 |

图 6–18  私募股权资产类别说明

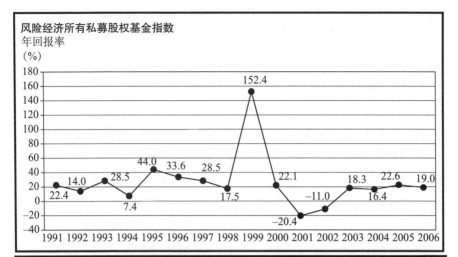

| 投资理由 | 风险与关注点 |
|---|---|
| • 经过几个市场周期的衡量，私募股权产生的名义回报和实际回报的复合增长率常常相对较高。在许多情况下其回报远远超过公开交易的美国股票和非美国股票。私募股权的回报通常与企业的创业动力所产生的回报相似，甚至相当。创业动力支持并奖励企业的冒险和进步，并在强劲的牛市环境中提供显著的潜在上行回报 | • 私募股权投资可能具有以下特征：（1）现金的不定期流入和流出，这是由于投资者的资金在其全部承诺资本达到之前周期性地不定期地减少，以及由于资本支付的时间和形式（货币与股票分配）不确定；（2）流动性低，合伙期限一般在 7~10 年，甚至更久，锁定期和退出条件不规范，难以自由转移投资 |
| • 由于私募股权通常集中投资于特定公司而不是特定金融市场的技术、想法、产品、人员或商业管理智慧和重组活动，因此，就美国、非美国和新兴市场的股票、现金、对冲基金、高收益固定收益证券、商品和不动产而言，私募股权与大多数其他资产类别之间的回报相关性通常很低，而就美国和非美国债券而言，这一相关性往往是负的。因此，私募股权可以被认为是整个投资组合中的一种有效的多元化资产 | • 通过私募股权合伙进行投资的不寻常或潜在不利因素包括：（1）授予普通合伙人的广泛投资自由度以及任何适用的监督、冲突解决或普通合伙人替换条件；（2）较高的最低认缴资本、未提取认缴资本的管理费以及有限合伙人决定不再认缴资本时的处罚；（3）严重依赖于一个或两个比较成功的投资项目产生高额预期收益，如果没有这些项目的话。实际回报可能会下降40%~50%之多 |
| • 通过对商人和/或普通合伙人的判断技能（战略定位、竞争优势、创新、估值、人员）的有效投资，私募股权为排名前四分之一的实体提供了利用独特或不寻常情况的机会，并从拐点、市场低效和定价异常中获得显著的阿尔法收益 | • 受回报、筹集和使用的资本、被投资行业、投资数量、新投资与现有投资的重点、投资者预期、收回条款、估值、竞争性投标场景、交易定价、融资可用性、使用的杠杆和退出机会等方面的波动影响，私募股权投资回报可能会随着时间的推移而高度波动，其回报率的标准差远远超过美国和非美国股票的回报率标准差 |

图 6-18　私募股权资产类别说明（续）

| 投资理由 | 风险与关注点 |
|---|---|
| • 私募股权倾向于投资于经历根本性变革或资本短缺的行业，并可能奖励专业行业和运营专业知识的应用，比如生物技术、计算机软件存储和服务、光学、内容管理和其他技术密集型领域的风险投资，以及消费品和其他有稳定现金流行业的杠杆收购<br><br>• 鉴于投资者或投资者的普通合伙人可以更直接地接近、联系、参与和潜在地控制被投资公司，私募股权可能会使公司和个人的激励更紧密地结合起来，更及时地替换表现不佳的管理人员或资产，或与其他现有的商业和投资利益进行战略协调 | • 私募股权投资的成本并非微不足道，通常包括承诺资本的1%~2%管理费加上收益20%的提成，或参与所赚利润的分配；此外，私募股权投资者可能会承担繁重的法律、尽职调查、信息、税收、谈判、会计、咨询、监控和管理费用<br><br>• 很难比较一个"好年份"合伙企业成立期间与另一个"好年份"合伙企业成立期间的回报，因为：（1）在核实和解释内部回报率（IRRs）作为业绩衡量标准方面存在固有困难；（2）生存偏差和选择偏差对报告结果的可能影响；（3）由于使用历史账面价值、相对较少的评估以及假设的清算价值而不是公开交易价格，低估了波动性，延迟或不准确地确认了投资的真实价值 |

**图 6-18　私募股权资产类别说明（续）**

信息来源：美国国家风险资本协会网站（nvca.org）；欧洲风险资本协会网站（evca.com）；私募股权中心网站（privateequitycentral.net）；收购通信网站（buyoutsnews.com）；《风险资本期刊》（*The Venture Capital Journal*）（vcjnews. com）；德勤风险资本季度调查（deloitte.com）；普华永道 MoneyTree 风险资本调查（pwcmoneytree.com）；NYPPEX（offroadcapital.com）；Sagient 研究体系公司网站（sagientresearch.com）；保罗·A. 龚帕斯（Paul A. Gompers）和乔舒亚·勒纳（Joshua Lerner）的著作《发明之利》（*The Money of Invention*）；罗伯特·J. 罗宾逊（Ro bert J.Robinson）和马克·范·欧斯纳布格（Mark van Osnabrugge）的著作《天使投资：让启动资金物有所值》（*Angel Investing: Matching Startup Funds with Startup Companies*）；KPCB 风险基金（kpcb.com）；KKR 公司（kkr.com）；黑石集团（blackstone.com）；WCAS 私募股权投资公司网站（welshcarson.com）；3i 网站（3i.com）；剑桥咨询公司美国私募股权投资指数（cambridgeassociates.com）；VentureOne 网站（ventureone.com）；风险法律公司（venlaw.com）。

| 特征 |
| --- |

**特征说明**

从最广泛的意义上说，不动产是指有形财产，如土地、建筑物、石油和矿产权，或农作物，使其所有者拥有占有、享受、租赁/出租给另一方和处置的权利。不动产可以区别于动产和个人财产，如汽车和牲畜，它包括大量、碎片化、多元化的财产类型、地理位置、直接和非直接所有权结构以及金融特征，从高度可预测的收入性财产到回报纯粹是资本价值变化的投机资产。评估不动产价值的三种相关的、有时不精确的方法包括：（1）不动产可能产生的现金流的可预测性、数量、增长和金融工程潜力，以及买家愿意为这种现金流支付的倍数（这种方法被称为净现值法）；（2）审查可比物业类型的价格；（3）上限利率，定义为物业在还本付息及折旧前的净营运收入除以其购买价。影响不动产的两项重要立法包括：（1）1960年的《不动产投资信托法》旨在促进不动产的公共所有权；（2）1986年的《税收改革法》消除了大多数不动产避税措施

**选择**

公共证券市场对不动产和其他不动产资产的敞口可通过直接或共同基金投资于：（1）专注于美国、欧洲和亚洲的公寓、办公室/工业、酒店、零售和其他行业的不动产投资信托基金；（2）非不动产投资信托基金不动产经营公司；（3）酒店、博彩和医疗保健行业拥有大量不动产资产的股票；（4）不动产相关公司，如房屋建筑商、建筑公司和产权保险公司。美国和非美国不动产以及其他不动产的非公开市场规模是公开市场的很多倍，包括杠杆或非杠杆敞口：（1）业主自住住宅、第二套住房、单户租赁物业和较小的商业资产；（2）直接拥有不动产，参与不动产机会基金、核心基金和其他专注于表现不佳资产的基金，或与合作伙伴赞助商共同投资；（3）农田、林业和木材、石油和天然气资产

| NAREIT（不动产投资信托）指数[1] | | | | 年回报率与以下因素的相关性 | | | | |
| --- | --- | --- | --- | --- | --- | --- | --- | --- |
| 时间周期 | 年数 | 总复合增长率 | 标准差 | 美国股票 | 美国固定收益证券 | 非美国股票 | 对冲基金 | 通胀保值证券 |
| 1972–1981 | 10 | 11.8% | 21.2% | 0.74 | NA | 0.43 | NA | −0.39 |
| 1972–1991 | 20 | 12.9% | 18.0% | 0.70 | NA | 0.38 | NA | −0.34 |
| 1972–2001 | 30 | 12.5% | 16.9% | 0.45 | NA | 0.20 | NA | −0.07 |
| 1980–1989 | 10 | 15.6% | 10.0% | 0.51 | 0.32 | 0.16 | NA | 0.00 |
| 1980–1999 | 20 | 12.4% | 15.0% | 0.39 | 0.32 | 0.18 | NA | 0.17 |
| 1990–1999 | 10 | 9.2% | 18.9% | 0.37 | 0.30 | 0.12 | 0.55 | 0.17 |
| 1997–2006 | 10 | 14.5% | 17.9% | 0.01 | −0.03 | 0.14 | 0.12 | 0.20 |
| 2000–2006 | 7 | 22.3% | 12.9% | 0.83 | −0.39 | 0.73 | 0.81 | −0.19 |
| [1] NAREIT（不动产投资信托）指数从1990年之后开始使用 | | | | | | | | |

**图 6–19　不动产资产类别说明**

信息来源：安德鲁·詹姆斯·麦克莱因（Andrew James McLean）和加里·W. 埃尔德雷德（Gary W. Eldred）的著作《投资房地产（第五版）》（*Investing in Real Estate, Fifth Edition*）；绿街顾问网站（greenstreetadvisors.com）；《底层》（*The Ground Floor*），《巴伦》房地产专栏（barrons.com）；养老金房地产协会网站（prea.org）；SNL 证券房地产网站（snl.com）；富达房地产投资（fidelity.com）；Cohen & Steers 不动产股份（sohenandsteers.com）；先锋房地产投资信托指数（vanguard.com）；美国房地产投资信托权益指数协会网站（nareit.com）；NCREIF 商业财产指数（ncreif.com）；GPR 欧洲财产指数（gpr.nl）；GPR 亚洲财产（gpr.nl）；东京房地产指数（spglobal.com）；道琼斯权益房地产投资信托指数（djindexes.com）；房地产投资信托公司（reis.com）；摩根士丹利资本国际美国权益房地产投资信托指数（mscibarra.com）；摩根士丹利房地产基金（morganstanley.com）。

| 投资理由 | 风险与关注点 |
|---|---|
| • 由于其相对直接的创收模式，不动产具有重要的防御特征。随着时间的推移，现金流增加的机会也可能使不动产在有利的经济和人口环境中繁荣起来。不动产投资信托的回报往往超过债券的回报，有时还能与股票的回报相竞争 | • 当全球、国家或地方处于反通货膨胀或通货紧缩的经济环境中，不动产可能不是一项好的投资。由于租赁条款的性质，尽管不动产的营业收入往往滞后于经济变化，但在非常不利时期，出租人可能会违反租赁承诺，可能会减少或拒绝支付租金，但不会宣布拖欠其他未偿债务 |
| • 由于其回报主要受特定资产的供需状况影响，不动产与美国股票和发达的非美国股票回报的相关性较低，与美国和非美国债券、高收益固定收益证券和新兴市场股票的回报略呈负相关；因此，它们可以作为投资组合中的一个有效的分散者。不动产类型和地理位置的异质性也允许投资者在不动产领域内和跨领域中实现多元化 | • 为应对通胀和通缩周期、不断变化的供需状况、利率变动、借贷行为、资本过剩和资本真空等情况，不动产有时可能会出现极端的价格和回报，（1）不动产价格和重置价值之间；以及（2）相对于不动产投资信托，股价和每股资产净值之间存在较大差异 |
| • 作为一种有形的、可见的、或许美观的资产，不动产资产供应是合理固定的，或由于分区法、开发限制或土地管理和保护政策而可能不容易扩展，其创收能力和资本价值对受到就业趋势、移民、新家庭的形成和长期通货膨胀的影响，许多形式的不动产都可以作为一般价格水平上升的对冲工具 | • 许多不动产资产是不可分割的，其特征是流动性不足、交易成本高、买卖周期长，以及廉价出售时会出现大幅价格折扣 |
| • 由于许多物业类型的评估过程相对不频繁且具有主观性，不动产回报的标准差通常低于股票回报的标准差，而不动产投资信托回报的标准差，可能高于债券回报的标准偏差 | • 某些不动产财产和所有权形式可能很昂贵，或在以下方面较为复杂：定位、研究、估价、融资、维护、管理、出租、纳税、资本重组、改善、转让和计算回报，以及确定合理的退出策略 |
| • 由于这是一个相对低效的市场，不动产为有经验的参与者提供了一个机会：通过了解特定房产的结构和潜力、金融和运营专业知识、市场知识和获取关系，从而识别和获取价值 | • 由于不动产的单一资产、单一区域、单一类型的性质和本质上的不可移动性，以及某些不动产的类型和位置的相对受欢迎程度不断变化，不动产投资可能会受到以下因素影响，包括：（1）泡沫式资产价格变动，随后可能出现价格大幅下跌；（2）与物业本身或其建筑材料有关的环境法律和索赔要求；（3）折旧、损耗或过时；（4）运营资金的质量（FFO）；（5）当地的税法、分区要求、合法权利和习俗；（6）因天灾、恐怖主义和其他风险导致的不可承保损失；（7）酒店和公寓的租赁期限略短于其他不动产；（8）为免税的美国投资者产生的非相关业务应税收入 |

图 6-19　不动产资产类别说明（续）

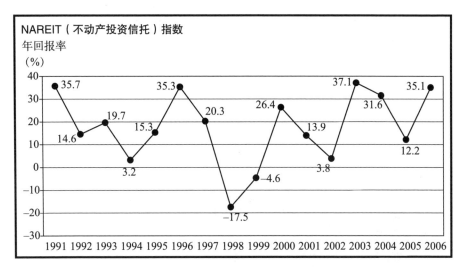

图 6–19　不动产资产类别说明（续）

## 资产类别的权重及用途

我们应该认识到长期平均回报不一定是短期表现的准确预测，而且短期回报可能与长期回报存在比较大的偏差。然而，在完整的金融市场周期的重要阶段，为各种资产类别的权重提出一般指导方针是可以做到的。图 6–20 显示了投资者在不同周期阶段对 18 种资产类别的相对重视程度。

图 6–20 中的战术资产类别权重仅具有代表性，并不适用于所有金融市场环境。图 6–20 顶部显示的周期性曲线代表了股票相关资产的一般价格趋势。在周期左侧所示阶段的下行阶段，防御性和非股票相关资产类别的权重过高，而美国、非美国和新兴市场的股票和类似股票另类投资的权重较低。随着股票熊市触底，开始回升，并继续进入股票牛市的早期和中期阶段，投资者可能会在策略上增加对所有形式的股票和类似股票的另类投资的重视，同时淡化现金 / 固定收益，以及类似固定收益的另类投资。

随着股市开始达到周期性峰值，投资者可能会策略性地调整投资组合，转向防御性资产类别，如高质量固定收益证券、现金和流动性工具，以及其他类型的资本保护资产和投资策略。在股票熊市的低谷期，投资者可以根据股票熊市是否伴随着以下因素来决定对固定收益工具的配置程度和类型：（1）利率上升（例如美国在 20 世纪 70 年代的大部分时间里），在这种情况下，投资者应该淡化长期固定收益证券，而倾向于期限很短的工具；或

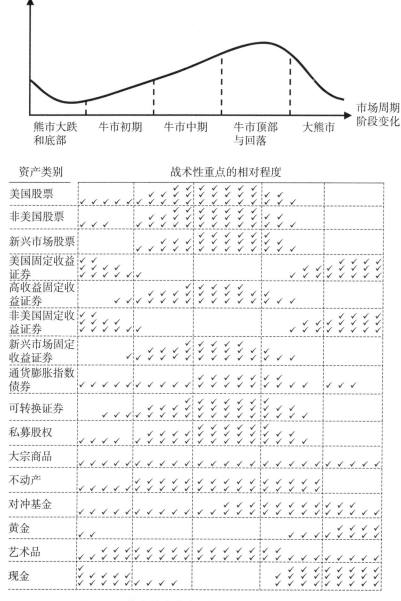

图 6-20　战术性资产类别权重的代表性周期变化

者（2）利率下降（例如日本在 20 世纪 90 年代的大部分时间里发生的情况），在这种情况下，如图 6-20 所示，投资者应该重视长期固定收益证券和现金工具。

某些资产有时可能表现得像其他资产一样。图 6-21 显示了这些多角色资产的 9 个分组。

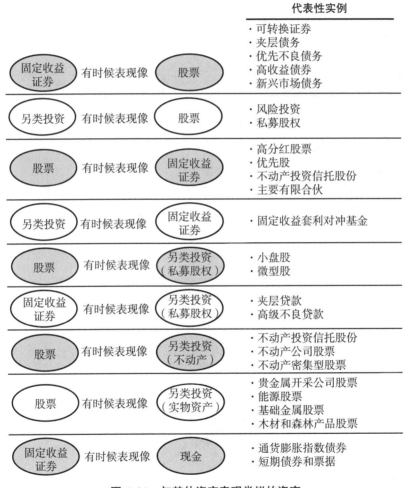

图 6-21　与其他资产表现类似的资产

图 6-21 的最上面一行列出了几种类型的固定收益证券，在某些情况下，这些证券可能会显示类似于股票资产的回报模式、回报的标准偏差和回报的

相关性。此类固定收益工具包括可转换证券、夹层债务、优先不良债务、高收益债券和新兴市场债务。为追求类似的灵活性，部分投资者可能会采用衍生工具及／或各种对冲技术，将投资组合可能面临的各种资产相关回报、风险及相关性因素分离和重组，从而将投资组合的因素敞口与特定资产选择分离开来。在思考特定资产类别在各种经济和金融市场条件和资产配置策略中可以发挥的作用时，就算只是为了安心和应急，投资者也应该明智地考虑资产保护策略。图6–22列出了针对不同类型的经济和金融环境下若干可能的资产配置和资产保护策略。

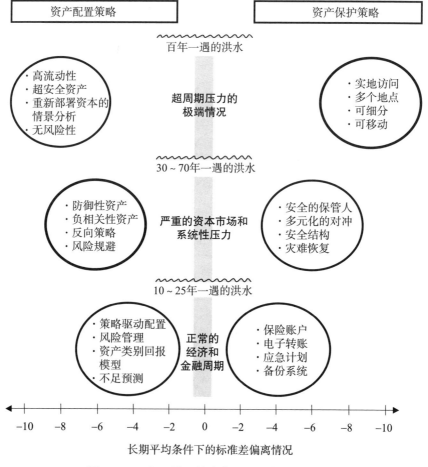

**图6–22　不同环境下的资产配置与资产保护策略**

在正常的经济和金融周期中（图 6–22 底部），资产配置策略主要是由对投资前景和投资政策、投资者偏好、各种资产类别的特征以及其他定性和定量因素的考虑所驱动的。在这种情况下，与资产保护相关的系统要素将按照预期发挥作用，一般不会受到超出正常和以前遇到的条件的严重考验，如图 6–22 所示，一个世纪可能发生 4~10 次 10 年至 25 年一遇的洪水。

在预测和应对严重且高度不可预测的资本市场和系统性压力（如图 6–22 中间部分所示）时，资产配置策略往往是高度谨慎和防御性的，强调风险控制、风险转移、负相关资产和其他避免损失的行动。这种情况可能很少发生，一个世纪发生两三次，在这种情况下，资产保护措施往往侧重于资产保管人的实物安全和财务健全性、可能与之进行对冲的交易对手的多元化、安全的法律和监督结构以及可靠的、经过预先测试的灾难恢复程序和设施。为了应对超周期压力的极端情况（如图 6–22 的顶部所示），资产配置策略可能会考虑在投资者一生中发生概率极小的非常遥远的情形。高流动性、超安全资产和风险控制策略将受到重视，可能还会伴随着机会主义计划，在严重混乱的价格水平上重新投入资金。在这种投资者可能永远不会遇到的情况下，资产保护措施可能会强调对多个地点的资产的实地访问，以及可验证的、可细分的、可移动的资产类型。

# 第 **7** 章

# 资产回报率分析

## 概述

投资者应当了解特定资产类别的投资回报率变化情况。虽然过去的投资表现并不能确保未来的回报结果，但是投资者仍能通过对资产回报率数据的深入研究和分析，获得深刻见解，并形成合理预期，从而构建合适稳健的投资组合。

本章研究了资产回报率数据的三种处理方式：（1）按若干年份分组；（2）按20世纪70、80、90年代以及2000—2006年不同时期的单个年份分组；（3）按经济环境分组。接下来，本章将探讨1980—2006年间回报率处于领先地位的不同资产类别的轮动变化情况：（1）回顾1990—2006年美国股市的表现情况；（2）对1925年、1950年、1975年、2000年年末和2007年下半年的股票市值进行排序，考察不同阶段的市值处于领先地位的美国公司；（3）回顾1991—2007下半年市值最大的美国公司股价逐年变化情况。

仔细审视和思考不同时间段的投资回报，可能会为以下方面提供有用的视角：（1）先前时期同类资产或不同类资产的收益表现；（2）特定资产收益表现最好和最差的时期；（3）不同时期投资结果可能表现出来的波动性。有了这样的理解，投资者就可以对近年来的投资收益或损失是否大幅高于、低于或与以往的长期经验一致保持相对稳定的看法。简而言之，对资产年回报率的分析可以帮助投资者区分异常情况和正常情况，从而更好地控制他们的希望和恐惧。

## 资产回报率数据的构建

投资者可以通过各种方式收集和展示资产的年回报率数据。在研究此类数据时，投资者应该思考哪些组织提供了这些数据，它们是如何构建这些数据的，这些数据的时间跨度以及构建这些结果的方法是如何相互匹配的。图7-1展示了本章中用于收集和显示资产年回报率数据的三种方法。

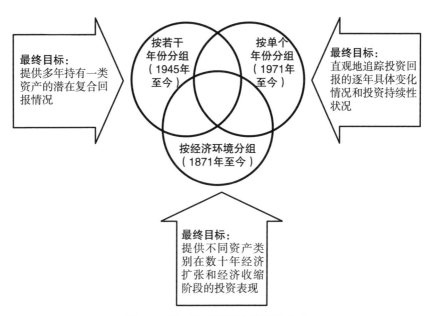

图 7-1　构建资产回报率数据的方法

图 7-1 将年回报率数据按若干年份分组处理（1945 年至今），使投资者

能够了解持有一类资产可以获得的复合年投资回报情况——表现为总回报指数，运用多年份的时间框架结构。图 7-1 还展示了按单个年份分组处理的数据（1971 年至今），投资者可以直观地追踪投资回报的逐年具体变化情况和投资持续性状况，以及按经济环境处理数据的方法（1871 年至今），它揭示了资产类别在数十年中各个经济扩张和收缩阶段的投资表现。以下各部分内容将分别介绍并描述如何使用这三种处理资产回报率数据的方法。

## 按若干年份分组的资产年回报率

通过研究 10 年、20 年、30 年或更长时间内的资产年回报率，投资者能够对不同资产类别的历史回报率有一定理解。表 7-1 列出了 25 类资产近 10 年、近 20 年、近 30 年以及现代时期（此处定义为 1945—2006 年）的复合增长率。这些资产在 2004 年、2005 年和 2006 年的年度回报率在表中也有所描述。

### 总体观察和说明

在阅读表 7-1 不同时期和不同资产类别的回报率对比之前，投资者应该考虑这些数据的总体观察和说明。

第一，现代时期和近 30 年、近 20 年和近 10 年的回报率代表了复合增长率，它并没有列出某些单个年份的投资回报率，这些数据可能显著高于或低于复合年平均回报率，有些年份的回报率数据是负数。

第二，在大多数情况下，回报率是指名义总回报率，换言之，资产的年资本利得或损失是和股利或利息（若适用）相结合的。为了将名义回报率转换为实际回报率，投资者必须从名义回报率中减去通货膨胀率，或者在名义回报率中加上通货紧缩率。除注明外，表 7-1 中的回报率通常以美元为单位。这意味着在统计时期内，如果本币兑美元汇率上涨，那么以美元表示的回报率将高于以本币表示的回报率。同理，如果本币兑美元汇率下跌，那么以美

表 7–1　　　　　　　　按若干年份分组的资产回报率（1945—2006 年）

名义回报率（除特别注明，均以美元为单位）

| 指数 / 数据来源 | |
|---|---|
| 美国劳工部公布的消费者价格指数——全部城市有工资的收入群体 | |
| **股票** | |
| 美国股票 | 标准普尔 500 综合指数总回报率 |
| 美国新兴成长型股票 | 普信金融新视野基金 |
| 美国小盘股股票 | 空间基金顾问公司中小公司基金 |
| 欧洲、澳大利亚与远东（EAFE）股票 | 明晟资本国际 EAFE 指数 |
| 欧洲股票 | 明晟欧洲指数（以当地货币结算） |
| 日本股票 | 明晟日本指数 |
| 亚洲股票 | 明晟泛太平洋（不含日本）指数 |
| 新兴市场股票 | 标准普尔 / IFCI 综合指数 [1] |
| **固定收益证券** | |
| 现金 | 90 天期美国国债 |
| 美国长期国债 | 伊博森公司长期政府债券指数 |
| 美国中期政府债券 | 伊博森公司中期债券指数 |
| 公司债券 | 伊博森公司长期公司债券指数 |
| 高收益债券 | 伊博森公司高收益债券指数 |
| 非美国债券 | 花旗非美国 1 年期以上政府债券总回报指数 |
| 市政债券 | 雷曼兄弟 7 年期市政债券指数 |
| **不动产** | |
| 商业不动产 | NCREIF 地产指数 |
| 不动产投资信托 | NAREIT（不动产投资信托）指数 |
| 住宅 | 美国不动产经纪人协会（住宅建筑） |
| 美国农田 | 美国农业部 /NCREIF 农田指数 / 摩根士丹利研究公司 |
| **大宗商品与贵金属** | |
| 抵押品 | 根据美国商品研究局指数计算的所有商品期货总回报指数 [2] |
| 黄金 | 汉迪哈曼现货黄金价格指数 |
| 白银 | 汉迪哈曼现货白银价格指数 |
| **私募股权、风险投资和对冲基金** | |
| 私募基金 | 康桥汇世美国私募基金指数 |
| 风险投资 | 康桥汇世美国风险投资指数 |
| 对冲基金 | HFRI 对冲基金加权综合指数 |

过去的投资表现并不能确保未来的投资结果。

注：1. 新兴市场股票包括 1945—1984 年间若干个新兴市场；1984 年之后，使用的是标准普尔 /IFCI 综合指数。

　　2. 抵押品被认为是投资于 90 天期美国国债。

　　3. 从 1945—2006 年的现代时期，包括所有资产类别，但以下资产类别除外：新兴成长股票（1946—2006 年）；欧洲、澳大利亚与远东（EAFE）股票（1950—2006 年）；商业不动产（1960—2006 年）；和抵押大宗商品（1957—2006 年）。

| 现代时期[3] (1945—2006年) | | 近30年 (1997—2006年) | 近20年 (1987—2006年) | 近10年 (1997—2006年) | 2004 | 2005 | 2006 |
|---|---|---|---|---|---|---|---|
| 年回报率 | 标准差 | 年回报率 | 年回报率 | 年回报率 | 总回报率 | 总回报率 | 总回报率 |
| 4.0% | 3.5% | 4.2% | 3.1% | 2.4% | 3.1% | 3.4% | 2.6% |
| | | | | | | | |
| 11.9 | 16.9 | 12.5 | 11.8 | 8.4 | 10.9 | 4.9 | 15.8 |
| 12.8 | 25.2 | 14.9 | 13.7 | 9.9 | 19.2 | 13.2 | 8.6 |
| 14.6 | 25.3 | 16.4 | 13.2 | 13.5 | 18.4 | 5.7 | 16.2 |
| 11.9 | 25.3 | 12.2 | 8.1 | 7.7 | 20.3 | 13.5 | 26.3 |
| NA | NA | 12.2 | 9.0 | 7.8 | 20.9 | 9.4 | 33.7 |
| 13.0 | 33.7 | 9.8 | 2.8 | 2.2 | 15.9 | 25.5 | 6.2 |
| NA | NA | 11.6 | 9.8 | 3.9 | 29.6 | 14.8 | 33.2 |
| 13.4 | 31.7 | 12.4 | 15.4 | 10.5 | 28.1 | 35.2 | 35.1 |
| | | | | | | | |
| 4.5 | 3.0 | 6.0 | 4.5 | 3.6 | 1.2 | 3.0 | 4.8 |
| 5.7 | 10.2 | 9.0 | 8.6 | 7.8 | 8.5 | 7.8 | 1.2 |
| 5.7 | 6.2 | 8.0 | 6.8 | 5.8 | 2.2 | 1.4 | 3.1 |
| 6.0 | 9.6 | 9.0 | 8.6 | 7.7 | 8.7 | 5.9 | 3.2 |
| 7.2 | 10.8 | 10.1 | 8.9 | 6.5 | 11.1 | 2.7 | 11.9 |
| NA | NA | NA | NA | 4.7 | 12.1 | −9.1 | 7.0 |
| NA | NA | NA | 6.2 | 5.2 | 3.2 | 1.7 | 4.0 |
| | | | | | | | |
| 8.7 | 5.6 | 9.8 | 8.0 | 12.1 | 14.5 | 20.1 | 16.0 |
| NA | NA | 15.7 | 13.3 | 14.9 | 31.6 | 12.2 | 35.1 |
| 6.9 | 4.0 | 6.0 | 5.2 | 6.0 | 8.1 | 12.2 | 0.0 |
| 9.2 | 9.1 | 6.5 | 8.1 | 11.4 | 20.5 | 33.9 | 20.6 |
| | | | | | | | |
| 6.9 | 13.1 | 6.6 | 5.3 | 4.7 | 12.5 | 18.9 | −2.9 |
| NA | NA | 5.3 | 2.4 | 5.5 | 5.5 | 17.9 | 23.2 |
| 5.6 | 50.1 | 3.7 | 4.5 | 10.6 | 14.9 | 23.2 | 44.0 |
| | | | | | | | |
| NA | NA | NA | 14.2 | 14.9 | 24.4 | 27.6 | 25.8 |
| NA | NA | NA | 17.5 | 17.8 | 15.4 | 8.0 | 17.6 |
| NA | NA | NA | NA | 10.6 | 9.0 | 9.3 | 12.9 |

资料来源：摩根士丹利投资管理公司；本书作者；摩根士丹利研究公司；明晟公司；法兰克罗素公司；花旗集团；NAREIT（不动产投资信托协会）；空间基金顾问公司；瑞士信贷；美国不动产经纪人协会；普徕仕投资公司；标准普尔；《华尔街日报》；雷曼兄弟公司；高盛集团；汤姆森金融公司；美国康桥咨询公司；对冲基金研究公司；伊博森咨询公司；美国晨星公司；DRI 公司和辉盛公司。

元表示的回报率将低于以本币表示的回报率。

第三，虽然历史回报率可能只提供粗略的数量级数据，投资者未来可能以此作为投资这类资产的回报依据，但这些数据决不能确保未来的投资表现。为构造一个适合投资者自身投资时间跨度、风险承受度、收入需求、流动性要求及其他特征的资产配置，投资者不仅要考虑资产的年回报率，而且同等重要的是，还需要考虑其标准差以及与其他资产类别之间的相关性。为了给投资者提供更广阔的视野来观察资产回报率的变动幅度，表 7-1 展示了1945—2006 年间各类资产的年回报率的标准差。现代时期（1945—2006 年）资产年回报率的标准差很可能与其更短或更长时期的年回报率标准差存在很大的差异。

第四，投资者应了解具体的构建方法，以及用以表示各类资产的投资表现所选用的指数或数据来源的优势和劣势。

第五，随着时间的推移，某些资产类别的数据数量和质量可能不一致，在较长的时间范围内可能会出现重大缺陷。

### 对不同时期和不同资产类别的观察

为了后面更好地利用表 7-1 提供的"按若干年份分组的资产回报率"相关数据进行分析，下面的几个观察结果可以作为指导原则加以了解。

第一，1945—2006 年间，持有美国股票所产生的年平均回报率（以标准普尔 500 综合指数总回报率为代表）为 11.9%（标准差为 16.9%），1997—2006 年为 8.4%，1987—2006 年为 11.8%，1977—2006 年为 12.5%。

第二，美国新兴成长型股票（以普信新视野基金的表现衡量）和美国小盘股（以 DFA 中小公司基金的表现衡量）的年平均回报率，在 1945—2006 年间分别高达 12.8% 和 14.6%，显著高于这些资产在 1997—2006 年间的表现，在这个时间段，两类资产的年平均回报率分别为 9.9% 和 13.5%。

第三，我们注意到在 1945—2006 年间，下列股票的年回报率的标准差都很高：日本股票为 33.7%；新兴市场股票为 31.7%；白银为 50.1%。相比之下，在 1945—2006 年间，年回报率标准差相对较低的资产类别是：现金为 3%；美国中期政府债券为 6.2%；商业不动产为 5.6%；以及住宅为 4%。

第四，1997—2006 年的回报率与 1945—2006 年的回报率相差甚远：（1）日本股票在 1997—2006 年间的年平均回报率为 2.2%，而在现代时期的年平均回报率为 13%；（2）新兴市场股票在 1997—2006 年间的年平均回报率为 10.5%，而在现代时期的年平均回报率为 13.4%；（3）欧洲、澳大利亚与远东（EAFE）股票在 1997—2006 年间的年平均回报率为 7.7%，而在现代时期的年平均回报率为 11.9%；（4）美国长期国债在 1997—2006 年间的年平均回报率为 7.8%，而在现代时期的年平均回报率为 5.7%。

第五，2006 年黄金和白银的回报率分别为 23.2% 和 44%，显著高于 2004 年的 5.5% 和 14.9%，以及 2005 年的 17.9% 和 23.2%。

第六，在 1997—2006 年间，持有不动产投资信托的年回报率为 14.9%，远超持有住宅的年回报率 6.0%。

## 按单个年份分组的资产年回报率

仔细研究各资产类别年回报率的年度表现，能够帮助投资者更深入地了解资产价格在不同时期的表现。表 7–2、表 7–3、表 7–4 和表 7–5 包含 1970—2006 年间的 44 个指数的年回报率和通货膨胀率，按照资产大类进行排列，包括美国股票、非美国股票、美国固定收益证券、非美国固定收益证券、另类投资和美国现金等价物。

### 总体观察和说明

前面讨论的与表 7–1 相关的许多总体观察和说明，同样适用于表 7–2、表 7–3、表 7–4 和表 7–5。需要特别注意的是，年回报率是以美元表示的名义总回报率，投资者应当熟悉用于代表每一类资产投资业绩表现的指数或者数据来源的构建方法、优点和缺点。就股票指数而言，总回报率表示的是包

表 7–2　　　　　　　　资产年回报率（2000—2006 年）

期初 1 美元到 2006 年 12 月 31 日的价值
（按年度复合回报计算）

10 年期或区间期限的表现
（2000—2006 年）　　　　　　　　　以美元表示的名义总回报率

| 价值（美元） | 年复合增长率 | 标准差 | 夏普比率 | 资产类别指数 |
|---|---|---|---|---|
| | | | | **美国股票指数** |
| 1.08 | 1.1% | 17.7% | （0.11） | 标准普尔 500 指数 |
| 1.96 | 10.1% | 15.6% | 0.45 | 标准普尔 400 中盘股指数 |
| 2.15 | 11.5% | 16.3% | 0.52 | 标准普尔 600 小盘股指数 |
| 0.59 | −7.2% | 30.5% | （0.34） | 纳斯达克综合指数（价格回报率） |
| 1.70 | 7.9% | 21.3% | 0.23 | 罗素 2000 指数（小盘股 3000 指数） |
| 0.70 | −4.9% | 21.1% | （0.38） | 罗素 1000 成长指数 |
| 1.69 | 7.8% | 15.8% | 0.30 | 罗素 1000 价值指数 |
| 0.98 | −0.2% | 26.5% | （0.13） | 罗素 2000 成长指数 |
| 2.86 | 16.2% | 17.8% | 0.73 | 罗素 2000 价值指数 |
| 1.14 | 2.0% | 18.4% | （0.06） | 威尔逊 5000 指数 |
| | | | | **非美国股票指数** |
| 1.20 | 2.6% | 20.8% | （0.02） | 明晟世界自由总回报率指数 |
| 1.42 | 5.1% | 23.9% | 0.08 | 明晟除美国外世界自由总回报率指数 |
| 1.00 | 0.0% | 18.2% | （0.17） | 明晟美国净回报率指数 |
| 1.36 | 4.4% | 23.7% | 0.06 | 明晟 EAFE 净回报率指数 |
| 1.47 | 5.6% | 24.2% | 0.10 | 明晟欧洲自由净回报率指数 |
| 0.96 | −0.6% | 25.7% | （0.15） | 明晟日本净回报率指数 |
| 1.54 | 6.4% | 27.7% | 0.12 | 明晟除日本外远东自由总回报率指数 |
| 1.14 | 1.9% | 25.0% | （0.05） | 明晟太平洋（亚洲发达国家）净回报率指数 |
| 3.47 | 19.5% | 36.5% | 0.45 | 明晟新兴全球自由拉丁美洲总回报率指数 |
| 2.24 | 12.2% | 29.8% | 0.30 | 明晟新兴市场自由总回报率指数 |
| | | | | **美国和非美国固定收益指数** |
| 1.55 | 6.5% | 3.6% | 0.94 | 雷曼兄弟美国综合债券（应税）指数 [1] |
| 1.46 | 5.5% | 3.1% | 0.76 | 雷曼兄弟 7 年期市政债券指数 [2] |
| 1.71 | 8.0% | 10.3% | 0.47 | 高收益（瑞士信贷中高级）证券指数 |
| 1.50 | 6.0% | 5.9% | 0.48 | 10 年期美国国债指数 |
| 1.35 | 4.4% | 10.5% | 0.12 | 非美国（摩根大通非美国债券）指数 |

| 2000 | 2001 | 2002 | 2003 | 2004 | 2005 | 2006 |
|---|---|---|---|---|---|---|
| −9.1% | −11.9% | −22.1% | 28.7% | 10.9% | 4.9% | 15.8% |
| 17.5% | −0.6% | −14.5% | 35.6% | 16.5% | 12.6% | 10.3% |
| 11.8% | 6.6% | −14.6% | 38.8% | 22.6% | 7.7% | 15.1% |
| −39.3% | −21.1% | −31.5% | 50.0% | 8.6% | 1.4% | 9.5% |
| −3.0% | 2.5% | −20.5% | 47.3% | 18.3% | 4.6% | 18.4% |
| −22.4% | −20.4% | −27.9% | 29.7% | 6.3% | 5.3% | 9.1% |
| 7.0% | −5.6% | −15.5% | 30.0% | 16.5% | 7.1% | 22.3% |
| −22.4% | −9.2% | −30.3% | 48.5% | 14.3% | 4.2% | 13.4% |
| 22.8% | 14.0% | −11.4% | 46.0% | 22.3% | 4.7% | 23.5% |
| −10.9% | −11.0% | −20.9% | 31.6% | 12.5% | 6.4% | 15.8% |
| | | | | | | |
| −12.9% | −16.5% | −19.5% | 33.8% | 15.3% | 10.0% | 20.7% |
| −13.2% | −21.2% | −15.5% | 40.0% | 20.8% | 15.0% | 26.2% |
| −12.8% | −12.4% | −23.1% | 28.4% | 10.1% | 5.1% | 14.7% |
| −14.2% | −21.4% | −15.9% | 38.6% | 20.3% | 13.5% | 26.3% |
| −8.4% | −19.9% | −18.4% | 38.5% | 20.9% | 9.4% | 33.7% |
| −28.2% | −29.4% | −10.3% | 35.9% | 15.9% | 25.5% | 6.2% |
| −36.8% | −2.1% | −9.2% | 45.0% | 17.6% | 21.8% | 32.2% |
| −25.8% | −25.4% | −9.3% | 38.5% | 19.0% | 22.6% | 12.2% |
| −14.0% | −0.4% | −22.5% | 73.7% | 39.6% | 50.4% | 43.5% |
| −30.6% | −2.4% | −6.0% | 56.3% | 26.0% | 34.5% | 32.6% |
| | | | | | | |
| 11.6% | 8.4% | 10.3% | 4.1% | 4.3% | 2.4% | 4.3% |
| 9.1% | 5.2% | 10.4% | 5.4% | 3.2% | 1.7% | 4.0% |
| −4.2% | 5.8% | 3.1% | 27.9% | 12.0% | 2.3% | 12.0% |
| 14.5% | 4.0% | 14.7% | 1.3% | 4.9% | 2.0% | 1.4% |
| −2.5% | −3.6% | 12.7% | 18.8% | 12.1% | −10.2% | 6.8% |

续前表

| 期初 1 美元到 2006 年 12 月 31 日的价值<br>（按年度复合回报计算） | | | | |
|---|---|---|---|---|
| 10 年期或区间期限的表现<br>（2000—2006 年） | | | | 以美元表示的名义总回报率 |
| 价值<br>（美元） | 年复合<br>增长率 | 标准差 | 夏普<br>比率 | 资产类别指数 |
| 1.51 | 6.1% | 9.0% | 0.33 | 全球（交易未对冲的 JP 摩根全球政府债券）指数 |
| 2.33 | 12.9% | 8.7% | 1.12 | 新兴市场债券指数（摩根大通 EMBI+）[3] |
| 1.25 | 3.2% | 13.4% | 0.01 | 美林全部可转换全优质债券指数 |
| | | | | **另类投资指数** |
| 4.08 | 22.3% | 12.9% | 1.48 | NAREIT（不动产投资信托）指数 |
| 2.25 | 12.3% | 5.0% | 1.82 | NCRRIF 财产（商业不动产产）指数 |
| 1.58 | 6.8% | 3.9% | 0.93 | 全国房地产经纪人协会（住宅住房）指数 |
| 2.22 | 12.0% | 12.9% | 0.69 | NCREIF 农田（美国农田）指数 |
| 1.99 | 10.4% | 17.4% | 0.42 | 康桥汇世美国私募基金指数 |
| 0.78 | –3.4% | 25.8% | (0.25) | 康桥汇世美国风险投资指数 |
| 1.74 | 8.2% | 17.6% | 0.29 | 风险投资所有私募股权基金指数 |
| 1.74 | 8.2% | 6.7% | 0.77 | HFRI 基金加权综合对冲基金指数 |
| 1.53 | 6.3% | 3.9% | 0.80 | HFRI 母基金指数 |
| 1.62 | 7.1% | 13.2% | 0.30 | 商品调查局总回报指数 |
| 1.45 | 5.4% | 4.2% | 0.54 | 巴克莱商品交易顾问指数 |
| 2.20 | 11.9% | 12.2% | 0.72 | 汉迪哈曼现货黄金价格指数 |
| 2.38 | 13.2% | 20.2% | 0.50 | 汉迪哈曼现货白银价格指数 |
| 1.67 | 7.6% | 4.6% | 0.98 | 雷曼兄弟 TIPS 指数 / 布里奇沃特指数[4] |
| 2.14 | 11.5% | 10.2% | 0.82 | 梅摩艺术品指数 |
| | | | | **美国现金等价物指数** |
| 1.24 | 3.1% | 1.9% | 0.00 | 花旗集团美国国债（90 天期）指数 |
| 1.20 | 2.7% | 0.7% | (0.64) | 通货膨胀（CPI-U） |

除非另有注明，否则所有指数都表示的是总回报。"总回报率"指的是包含所有股利在内的总回报率；"净回报率"指的是扣除外国预扣税后的总回报率；"价格回报率"指的是未考虑股利的回报率数据；"自由"指的是相关市场上的证券可以被国际投资者自由交易的部分。

注：

1. 雷曼兄弟美国综合债券指数表示那些美国境内、应征税的、以美元标价的证券，代表美国投资级固定利率的债券市场。截至 2007 年 6 月，该指数的构成部分大致包含：38% 的抵押贷款支持证券；23% 的美国国债；19% 的公司债券；14% 的政府相关债券；5% 的商

| 2000 | 2001 | 2002 | 2003 | 2004 | 2005 | 2006 |
|---|---|---|---|---|---|---|
| 2.3% | −0.8% | 19.4% | 14.5% | 10.1% | −6.5% | 5.9% |
| 15.7% | −0.8% | 14.2% | 28.8% | 11.8% | 11.9% | 10.5% |
| −10.0% | −4.4% | −8.6% | 27.2% | 9.6% | 1.0% | 12.8% |
| | | | | | | |
| 26.4% | 13.9% | 3.8% | 37.1% | 31.6% | 12.2% | 35.1% |
| 12.3% | 7.3% | 6.8% | 9.0% | 14.5% | 20.1% | 16.6% |
| 4.5% | 9.6% | 6.4% | 7.3% | 8.1% | 12.2% | −0.2% |
| 4.8% | 0.9% | −1.8% | 9.7% | 20.5% | 33.9% | 20.6% |
| 0.1% | −11.9% | −7.9% | 23.2% | 24.0% | 27.6% | 25.8% |
| 29.9% | −38.9% | −31.2% | −1.8% | 15.2% | 7.9% | 17.6% |
| 22.1% | −20.4% | −11.0% | 18.3% | 16.4% | 22.6% | 19.0% |
| 5.0% | 4.6% | −1.5% | 19.6% | 9.0% | 9.3% | 12.9% |
| 4.1% | 2.8% | 1.0% | 11.6% | 6.9% | 7.5% | 10.4% |
| 14.3% | −17.2% | 18.4% | 11.3% | 12.5% | 18.9% | −2.9% |
| 7.9% | 0.8% | 12.4% | 8.7% | 3.3% | 1.7% | 3.7% |
| −6.7% | 2.1% | 24.7% | 20.9% | 5.5% | 17.9% | 23.2% |
| −14.8% | 1.1% | 1.6% | 26.1% | 14.9% | 30.2% | 44.0% |
| 13.2% | 7.9% | 11.8% | 9.4% | 8.5% | 2.8% | 0.4% |
| 16.2% | 0.8% | −4.9% | 21.7% | 13.0% | 14.5% | 22.0% |
| | | | | | | |
| 6.0% | 4.1% | 1.7% | 1.1% | 1.2% | 3.0% | 4.8% |
| 3.4% | 1.8% | 2.7% | 1.8% | 3.1% | 3.4% | 2.6% |

业抵押贷款支持证券；和 1% 的资产支持证券。
2. 1990 年以前的市政债券由摩根士丹利投资管理公司提供。
3. EMBI+ 自 1994 年使用至今；在此之前使用 EBMI。
4. 布里奇沃特公司策略基准美国 8 年期 TIPS 综合指数在 1970 年 1 月—1997 年 2 月期间被使用；雷曼兄弟 TIPS 指数在 1997 年 2 月之后使用。
资料来源：摩根士丹利投资管理公司；摩根士丹利全球财富管理资产配置集团；作者。

含未扣除非美国预扣税的股利的总回报，净回报率表示的是已经扣除了非美国预扣税的股利的总回报，价格回报率表示投资回报率数据中并没有包含股利。最后，一种资产的价格指数在过去单个年份或者一段时期的表现并不意味着这种资产的表现在未来会简单重复。事实上，在许多情况下，无论先前趋势的延续有多么充分的理由，一年或多年的异常价格行为可能会支持这种走势的逆转。

## 对 2000—2006 年间不同年份和不同指数之间表现的观察

表 7-2 向我们展示了 2000—2006 年 44 种资产类别完整的回报率数据。在经历了 20 世纪 90 年代后期的强劲增长后，以标准普尔 500 指数为衡量标准，美国股票在 2000 年、2001 年和 2002 年分别下跌了 9.1%、11.9% 和 22.1%，以纳斯达克综合指数为衡量标准，则分别下跌了 39.3%、21.1% 和 31.5%。

以标准普尔 400 中盘股指数为代表的中盘股，连续六年的表现超过以标准普尔 500 大盘股指数为代表的大盘股，具体数字为：2000 年 17.5% 对 –9.1%，2001 年 –0.6% 对 –11.9%，2002 年 –14.5% 对 –22.1%，2003 年 35.6% 对 28.7%，2004 年 16.5% 对 10.9%，以及 2005 年 12.6% 对 4.9%。

同样地，以罗素 1000 价值指数为代表的价值型大盘股，在 2000—2006 年的七年中，表现再次优于以罗素 1000 成长指数为代表的成长型大盘股，最引人注目的是 2000 年，价值型大盘股上涨了 7%，而成长型大盘股下跌了 22.4%。

在 2000—2002 年间，所有的非美国股票指数都出现了下跌，然后在 2003—2006 年间，几乎连续四年都有两位数的回报，从而实现了反弹。从 2003—2006 年，明晟 EAFE 净回报率指数分别增长了 38.6%、20.3%、13.5% 和 26.3%。如果 2000 年 1 月 1 日在明晟 EAFE 净回报率指数股上投资 1 美元，到 2006 年底，其投资价值将增长到 1.36 美元。2003—2006 年，明晟新兴全球自由拉丁美洲总回报率指数分别实现了 73.7%、39.6%、50.4% 和 43.5% 的高增长。因此，若 2000 年 1 月 1 日在该指数上投资 1 美元，到 2006 年 12 月

31 日的时候，将增长到 3.47 美元——这是所有美国或非美国股票指数中回报率最高的。

雷曼兄弟美国综合债券（应税）指数在七年中都取得了正收益，其中 2000 年（11.6%）和 2002 年（10.3%）的回报率超过了 10%。以摩根大通新兴市场债券增强型指数衡量的新兴市场债券，在七年中有五年——分别为 2000 年、2003 年、2004 年、2005 年和 2006 年，其表现优于以摩根大通全球政府债券指数（交易未对冲）衡量的全球债券。

不动产投资信托的回报率是所有资产类别中最高的。如果在 2000 年 1 月 1 日在 NAREIT（不动产投资信托）指数中投入 1 美元，到 2006 年 12 月 31 日，其投资将增长到 4.08 美元。以康桥汇世美国风险投资指数为代表的风险投资，是唯一连续三年产生负收益的另类投资资产：2001 年为 –38.9%，2002 年为 –31.2%，2003 年为 –1.8%。而康桥汇世美国私募基金指数和风险经济所有私募股权基金指数都经历了连续两年的负收益：2001 年分别为 –11.9% 和 –20.4%，2002 年分别为 –7.9% 和 –11.0%，不过随后迎来强劲反弹，连续四年实现正收益。在 2000 年下跌 14.8% 之后，汉迪哈曼现货白银价格指数从 2003—2006 年连续四年实现两位数的回报率，分别为 26.1%、14.9%、30.2% 和 44.0%。

在 2000—2006 年的七年时间里，花旗集团 90 天美国国债指数仅有三年的表现优于以消费者价格指数衡量的通货膨胀，这三年的数据分别是：2000 年的 6.0%：3.4%，2001 年的 4.1%：1.8%，2006 年的 4.8%：2.6%。

## 对 1990—1999 年间不同年份和不同指数之间表现的观察

表 7–2 向我们展示了 1990—1999 年 44 种资产类别完整的回报率数据。表 7–3 中最让人印象深刻的回报率现象之一是 1995—1999 年标准普尔 500 指数和纳斯达克综合指数的价格表现，在这个时间段里，标准普尔 500 指数的年回报率分别上涨了 37.4%、23.1%、33.4%、28.6% 和 21.0%，纳斯达克综合指数的年回报率分别上涨了 39.9%、22.7%、21.6%、39.6% 和 85.6%。在这回报率都超过 20% 的特殊五年时间之前，标准普尔 500 指数和纳斯达克综

表 7–3　　　　　　　　资产年回报率（1990—1999 年）

期初 1 美元到 1999 年 12 月 31 日的价值
（按年度复合回报计算）

| 10 年期或区间期限的表现<br>（1990—1999 年） | | | | 以美元表示的名义总回报率 |
|---|---|---|---|---|
| 价值<br>（美元） | 年复合<br>增长率 | 标准差 | 夏普<br>比率 | 资产类别指数 |
| | | | | **美国股票指数** |
| 5.33 | 18.2% | 14.1% | 0.93 | 标准普尔 500 指数 |
| 4.94 | 17.3% | 16.6% | 0.74 | 标准普尔 400 中盘股指数 |
| 3.17 | 12.2% | 20.2% | 0.35 | 标准普尔 600 小盘股指数 |
| 8.95 | 24.5% | 29.6% | 0.66 | 纳斯达克综合指数（价格回报率） |
| 3.52 | 13.4% | 18.4% | 0.45 | 罗素 2000 指数（小盘股 3000 指数） |
| 6.35 | 20.3% | 17.0% | 0.90 | 罗素 1000 成长指数 |
| 4.25 | 15.6% | 14.8% | 0.71 | 罗素 1000 价值指数 |
| 3.55 | 13.5% | 21.0% | 0.40 | 罗素 2000 成长指数 |
| 3.23 | 12.4% | 20.5% | 0.36 | 罗素 2000 价值指数 |
| 5.02 | 17.5% | 14.3% | 0.87 | 威尔逊 5000 指数 |
| | | | | **非美国股票指数** |
| 3.06 | 11.8% | 13.9% | 0.49 | 明晟世界自由总回报率指数 |
| 2.64 | 11.4% | 13.5% | 0.47 | 明晟除美国外世界自由总回报率指数 |
| 5.28 | 18.1% | 14.4% | 0.90 | 明晟美国净回报率指数 |
| 1.97 | 7.0% | 16.9% | 0.11 | 明晟 EAFE 净回报率指数 |
| 3.72 | 14.0% | 12.7% | 0.71 | 明晟欧洲自由净回报率指数 |
| 0.92 | −0.9% | 28.9% | （0.21） | 明晟日本净回报率指数 |
| 2.67 | 11.5% | 44.0% | 0.15 | 明晟除日本外远东自由总回报率指数 |
| 1.03 | 0.3% | 27.9% | （0.17） | 明晟太平洋（亚洲发达国家）净回报率指数 |
| 5.74 | 19.1% | 51.8% | 0.27 | 明晟新兴全球自由拉丁美洲总回报率指数 |
| 2.85 | 11.0% | 36.8% | 0.16 | 明晟新兴市场自由总回报率指数 |
| | | | | **美国和非美国固定收益指数** |
| 2.10 | 7.7% | 6.6% | 0.40 | 雷曼兄弟美国综合债券（应税）指数 [1] |
| 1.89 | 6.6% | 5.2% | 0.30 | 雷曼兄弟 7 年期市政债券指数 [2] |
| 2.96 | 11.5% | 14.0% | 0.45 | 高收益（瑞士信贷中高级）证券指数 |
| 1.96 | 6.9% | 10.4% | 0.18 | 10 年期美国国债指数 |
| 2.27 | 8.5% | 9.3% | 0.37 | 非美国（摩根大通非美国债券）指数 |

| 1990 | 1991 | 1992 | 1993 | 1994 | 1995 | 1996 | 1997 | 1998 | 1999 |
|---|---|---|---|---|---|---|---|---|---|
| −3.1% | 30.5% | 7.7% | 10.0% | 1.3% | 37.4% | 23.1% | 33.4% | 28.6% | 21.0% |
| −5.1% | 50.1% | 11.9% | 13.9% | −3.6% | 30.9% | 19.2% | 32.3% | 19.1% | 14.7% |
| −25.4% | 45.9% | 19.4% | 17.6% | −5.7% | 30.0% | 21.3% | 25.6% | −1.3% | 12.4% |
| −17.8% | 56.8% | 15.5% | 14.8% | −3.2% | 39.9% | 22.7% | 21.6% | 39.6% | 85.6% |
| −19.5% | 46.0% | 18.4% | 18.9% | −1.8% | 28.5% | 16.5% | 22.4% | −2.6% | 21.3% |
| −0.3% | 41.3% | 5.0% | 2.9% | 2.6% | 37.2% | 23.1% | 30.5% | 38.7% | 33.2% |
| −8.1% | 24.6% | 13.6% | 18.1% | −2.0% | 38.4% | 21.6% | 35.2% | 15.6% | 7.4% |
| −17.4% | 51.2% | 7.8% | 13.4% | −2.4% | 31.0% | 11.3% | 13.0% | 1.2% | 43.1% |
| −21.8% | 41.7% | 29.1% | 23.8% | −1.5% | 25.8% | 21.4% | 31.8% | −6.5% | −1.5% |
| −6.2% | 33.4% | 9.2% | 11.4% | −0.1% | 36.5% | 22.4% | 31.0% | 22.9% | 22.9% |
|  |  |  |  |  |  |  |  |  |  |
| −16.5% | 19.1% | −4.6% | 23.2% | 5.1% | 20.7% | 13.5% | 16.2% | 24.8% | 25.2% |
|  | 12.4% | −11.9% | 32.6% | 7.3% | 11.8% | 6.9% | 2.6% | 19.1% | 28.3% |
| −3.2% | 30.1% | 6.4% | 9.1% | 1.1% | 37.1% | 23.2% | 33.4% | 30.1% | 21.9% |
| −23.5% | 12.1% | −12.2% | 32.6% | 7.8% | 11.2% | 6.0% | 1.8% | 20.0% | 27.0% |
| −3.9% | 13.1% | −4.7% | 29.3% | 2.3% | 21.6% | 21.1% | 23.8% | 28.5% | 15.9% |
| −36.1% | 8.9% | −21.5% | 25.5% | 21.4% | 0.7% | −15.5% | −23.7% | 5.1% | 61.5% |
|  | 31.0% | 21.8% | 103.4% | −19.0% | 8.8% | 11.1% | −45.5% | −4.8% | 62.1% |
| −34.4% | 11.3% | −18.4% | 35.7% | 12.8% | 2.8% | −8.6% | −25.5% | 2.4% | 57.6% |
| −7.8% | 146.2% | 17.0% | 52.3% | 0.6% | −15.8% | 18.9% | 31.7% | −35.3% | 65.5% |
| −10.6% | 59.9% | 11.4% | 74.8% | −7.3% | −5.2% | 6.0% | −11.6% | −25.3% | 66.4% |
|  |  |  |  |  |  |  |  |  |  |
| 9.0% | 16.0% | 7.4% | 9.8% | −2.9% | 18.5% | 3.6% | 9.7% | 8.7% | −0.8% |
| 7.4% | 11.7% | 8.1% | 10.4% | −2.8% | 14.1% | 4.4% | 7.7% | 6.2% | −0.1% |
| −6.4% | 43.8% | 16.6% | 18.9% | −0.4% | 17.8% | 13.0% | 13.0% | 1.9% | 3.9% |
| 6.8% | 17.2% | 6.5% | 11.8% | −7.9% | 23.7% | 0.1% | 11.3% | 12.9% | −8.4% |
| 15.6% | 15.9% | 1.6% | 14.5% | 4.9% | 21.1% | 5.3% | −3.8% | 18.3% | −4.5% |

续前表

| 期初 1 美元到 1999 年 12 月 31 日的价值<br>（按年度复合回报计算） | | | | |
|---|---|---|---|---|
| 10 年期或区间期限的表现<br>（1990—1999 年） | | | | 以美元表示的名义总回报率 |
| 价值<br>（美元） | 年复合<br>增长率 | 标准差 | 夏普<br>比率 | 资产类别指数 |
| 2.06 | 7.5% | 7.7% | 0.31 | 全球（交易未对冲的 JP 摩根全球政府债券）指数 |
| 3.74 | 15.8% | 23.1% | 0.46 | 新兴市场债券指数（摩根大通 EMBI+）[3] |
| 4.36 | 15.9% | 14.9% | 0.72 | 美林全部可转换全优质债券指数 |
| | | | | **另类投资指数** |
| 2.40 | 9.2% | 18.9% | 0.22 | NAREIT（不动产投资信托）指数 |
| 1.74 | 5.7% | 7.4% | 0.09 | NCRRIF 财产（商业不动产产）指数 |
| 1.49 | 4.0% | 2.7% | （0.38） | 全国房地产经纪人协会（住宅住房）指数 |
| 2.13 | 7.9% | 1.1% | 2.53 | NCREIF 农田（美国农田）指数 |
| 5.66 | 18.9% | 9.4% | 1.47 | 康桥汇世美国私募基金指数 |
| 27.14 | 39.1% | 78.8% | 0.43 | 康桥汇世美国风险投资指数 |
| 13.41 | 29.6% | 43.7% | 0.56 | 风险投资所有私募股权基金指数 |
| 5.35 | 18.3% | 11.3% | 1.17 | HFRI 基金加权综合对冲基金指数 |
| 3.27 | 12.6% | 10.5% | 0.71 | HFRI 母基金指数 |
| 1.08 | 0.7% | 9.7% | （0.45） | 商品调查局总回报指数 |
| 1.98 | 7.1% | 7.2% | 0.28 | 巴克莱商品交易顾问指数 |
| 0.72 | −3.2% | 10.0% | （0.83） | 汉迪哈曼现货黄金价格指数 |
| 1.04 | 0.4% | 18.1% | （0.26） | 汉迪哈曼现货白银价格指数 |
| 1.87 | 6.4% | 3.4% | 0.40 | 雷曼兄弟 TIPS 指数 / 布里奇沃特指数[4] |
| 1.11 | 1.0% | 20.0% | （0.20） | 梅摩艺术品指数 |
| | | | | **美国现金等价物指数** |
| 1.64 | 5.1% | 1.3% | 0.00 | 花旗集团美国国债（90 天期）指数 |
| 1.33 | 2.9% | 1.2% | （1.74） | 通货膨胀（CPI-U） |

除非另有注明，否则所有指数都表示的是总回报。总回报率指的是包含所有股利在内的总
回报率；净回报率指的是扣除外国预扣税后的总回报率；价格回报率指的是未考虑股利的
回报率数据；自由指的是相关市场上的证券可以被国际投资者自由交易的部分。

注：

1. 雷曼兄弟美国综合债券指数表示那些美国境内、应征税的、以美元标价的证券，代表美
国投资级固定利率的债券市场。截至 2007 年 6 月，该指数的构成部分大致包含：38% 的
抵押贷款支持证券；23% 的美国国债；19% 的公司债券；14% 的政府相关债券；5% 的商

| 1990 | 1991 | 1992 | 1993 | 1994 | 1995 | 1996 | 1997 | 1998 | 1999 |
|---|---|---|---|---|---|---|---|---|---|
| 8.6% | 15.5% | 4.6% | 12.3% | 1.3% | 19.3% | 4.4% | 1.4% | 15.3% | −5.1% |
| | 38.8% | 6.9% | 44.2% | −18.9% | 26.8% | 39.3% | 13.0% | −14.4% | 26.0% |
| −7.0% | 32.4% | 21.4% | 18.1% | −6.0% | 24.7% | 15.9% | 19.6% | 8.9% | 39.6% |
| | | | | | | | | | |
| −15.4% | 35.7% | 14.6% | 19.7% | 3.2% | 15.3% | 35.3% | 20.3% | −17.5% | −4.6% |
| 2.3% | −5.6% | −4.3% | 1.4% | 6.4% | 7.5% | 10.3% | 13.9% | 16.3% | 11.4% |
| −1.1% | 9.4% | 2.4% | 4.9% | 2.5% | 4.2% | 4.7% | 6.0% | 3.7% | 4.0% |
| 8.2% | 8.9% | 6.3% | 8.2% | 8.7% | 8.9% | 9.0% | 7.7% | 7.2% | 5.9% |
| 4.7% | 9.3% | 14.9% | 24.8% | 11.5% | 22.7% | 26.8% | 29.9% | 15.4% | 32.8% |
| 2.3% | 21.0% | 13.6% | 19.8% | 18.1% | 47.8% | 42.3% | 37.3% | 27.5% | 271.0% |
| −5.0% | 22.4% | 14.0% | 28.5% | 7.4% | 44.0% | 33.6% | 28.5% | 17.5% | 152.4% |
| 5.8% | 32.2% | 21.2% | 30.9% | 4.1% | 21.5% | 21.1% | 16.8% | 2.6% | 31.3% |
| 17.5% | 14.5% | 12.3% | 26.3% | −3.5% | 11.1% | 14.4% | 16.2% | −5.1% | 26.5% |
| −4.0% | −4.0% | −3.2% | 6.1% | 10.2% | 8.9% | 12.0% | 4.4% | −20.5% | 2.1% |
| 21.0% | 3.7% | −0.9% | 10.4% | −0.7% | 13.6% | 9.1% | 10.9% | 7.0% | −1.2% |
| −2.5% | −10.1% | −5.6% | 17.5% | −2.4% | 1.2% | −4.6% | −22.2% | 0.6% | 0.5% |
| −19.3% | −7.9% | −4.7% | 38.4% | −4.1% | 4.9% | −7.4% | 25.8% | −15.1% | 6.9% |
| 10.8% | 7.8% | 7.3% | 9.2% | 3.2% | 11.2% | 6.9% | 2.1% | 3.9% | 2.4% |
| 9.5% | −36.2% | 17.1% | −8.1% | −9.6% | 32.5% | 8.5% | −14.6% | 18.6% | 11.8% |
| | | | | | | | | | |
| 7.9% | 5.8% | 3.6% | 3.1% | 4.2% | 5.8% | 5.3% | 5.3% | 5.1% | 4.7% |
| 6.1% | 3.0% | 3.0% | 2.8% | 2.6% | 2.6% | 3.2% | 1.7% | 1.6% | 2.7% |

业抵押贷款支持证券；和 1% 的资产支持证券。

2. 1990 年以前的市政债券由摩根士丹利投资管理公司提供。

3. EMBI+ 自 1994 年使用至今；在此之前使用 EBMI。

4. 布里奇沃特公司策略基准美国 8 年期 TIPS 综合指数在 1970 年 1 月—1997 年 2 月期间被使用；雷曼兄弟 TIPS 指数在 1997 年 2 月之后使用。

资料来源：摩根士丹利投资管理公司；摩根士丹利全球财富管理资产配置集团；作者。

合指数很少连续三年上涨 20% 以上，更不用说连续四年或五年了。

1997 年是 1990—1999 年间以罗素 1000 价值指数为代表的价值型大盘股的表现第四次（其余年份是 1992 年、1993 年和 1995 年）超过以罗素 1000 成长指数为代表的成长型大盘股。

从 1993 年到 1999 年，以明晟欧洲自由净回报率指数为代表的欧洲股票保持了较高的正回报水平，分别上涨了 29.3%、2.3%、21.6%、21.1%、23.8%、28.5% 和 15.9%。如果投资者在 1990 年 1 月 1 日投资 1 美元于明晟欧洲自由净回报率指数，那么到 1999 年底，其投资价值将增长到 3.72 美元。在相同的时间段里，以相同的货币金额进行投资，标准普尔 500 指数的期末价值余额为 5.33 美元，明晟日本净回报率指数的期末价值余额为 0.92 美元，明晟除日本外远东自由总回报率指数的期末价值余额为 2.67 美元，明晟太平洋（亚洲发达国家）净回报率指数的期末价值余额为 1.03 美元，明晟新兴全球自由拉丁美洲总回报率指数的期末价值余额为 5.74 美元，明晟新兴市场自由总回报率指数的期末价值余额为 2.85 美元。

1990—1999 年间，日本、亚洲（除日本外）、亚洲发达国家、拉丁美洲和新兴市场的股票指数在三年甚至更长的时间段内均表现出负的投资回报率。明晟日本净回报率指数在 1990 年下跌 36.1%，1992 年下跌 21.5%，1996 年下跌 15.5%，1997 年下跌 23.7%；明晟除日本外远东自由总回报率指数在 1994 年下跌 19.0%，1997 年下跌 45.5%，1998 下跌 4.8%；明晟太平洋（亚洲发达国家）净回报率指数 1990 年下跌 34.4%，1992 年下跌 18.4%，1996 年下跌 8.6%，1997 年下跌 25.5%；明晟新兴全球自由拉丁美洲总回报率指数 1990 年下跌 7.8%，1995 年下跌 15.8%，1998 年下跌 35.3%；明晟新兴市场自由总回报率指数 1990 年下跌 10.6%，1994 年下跌 7.3%，1995 年下跌 5.2%，1997 年下跌 11.6%，1998 年下跌 25.3%。

固定收益证券方面，以 1990—1999 年的总回报率为基础，雷曼兄弟美国综合债券指数（应税）在十年中有七年的表现差于高回报（瑞士信贷中高级）证券指数。如果于 1990 年 1 月 1 日买入 1 美元的雷曼兄弟美国综合债券指数，到 1999 年 12 月 31 日，其总价值为 2.10 美元，而同期高收益

（瑞士信贷中高级）证券指数的表现更佳，总价值为 2.96 美元。部分原因是 1991 年的总回报率为 32.4%，1992 年为 21.4%，1993 年为 18.1%，1995 年为 24.7%，1996 年为 15.9%，1997 年为 19.6%，1999 年为 39.6%，所以，美林全部可转换全优质债券指数的 10 年期的回报表现优于表 7–3 中的所有其他固定收益类指数的回报（就此而言，它的回报是明晟新兴市场自由总权益指数回报的 2 倍）。如果在 1990 年 1 月 1 日投资 1 美元到美林全部可转换全优质债券指数，到 1999 年 12 月 31 日其价值为 4.36 美元。

在 1990—1999 年的十年间，NAREIT（不动产投资信托）指数的表现优于 NCREIF 不动产（商业不动产）指数、美国不动产经纪人协会（住宅建筑）指数和 NCREIF 农田（美国农田）指数。在这十年的后半期，NAREIT 指数在 1996 年创造了 35.3% 的回报率，随后在 1997 年创造了 20.3% 的回报率，紧接着是连续两年的亏损，1998 年下跌了 17.5%，1999 年下跌了 4.6%。在 1990—1999 年间，风险投资所有私募股权基金指数和康桥汇世美国风险投资指数展现出优异的投资业绩。如果在 1990 年 1 月 1 日将 1 美元投入康桥汇世美国私募基金指数，到 1999 年 12 月 31 日，其投资价值将增至 5.66 美元。

在 1990—1999 年的十年时间里，HFRI 基金加权综合对冲基金指数有六年的回报率超过 20%，分别是：1991 年回报率为 32.2%，1992 年回报率为 21.2%，1993 年回报率为 30.9%，1995 年回报率为 21.5%，1996 年回报率为 21.1%，1999 年回报率为 31.3%。HFRI 母基金指数在 1990—1999 年的十年时间里，有两年的回报率超过 20%，1993 年和 1999 年分别增长 26.3% 和 26.5%；另外也有两年出现负回报率，1994 年为 −3.5%，1998 年为 −5.1%。同样在另类投资中，汉迪哈曼现货黄金价格指数在 1990—1999 年的十年时间里，有六年下跌，分别是：1990 年回报率为 −2.5%，1991 年回报率为 −10.1%，1992 年回报率为 −5.6%，1994 年回报率为 −2.4%，1996 年回报率为 −4.6%，1997 年回报率为 −22.2%。因此，如果在 1990 年 1 月 1 日在该指数上投资 1 美元，到 1999 年 12 月 31 日投资价值余额将是表 7–3 所示的所有资产类别中最低的——仅有 0.72 美元。

1990—2006 年间，花旗集团美国国债（90 天期）指数的回报率，每年都高于以消费者物价指数（CPI）衡量的美国通货膨胀率。如果在 1990 年 1 月 1 日在美国 90 天期国库券上投资 1 美元，那么到 1999 年 12 月 30 日将获得 1.64 美元，超过投资于 CPI 所赚取的 1.33 美元，以及投资于其他几种资产类别指数所获得的收益，包括黄金、白银、艺术品、大宗商品、住宅、亚洲发达国家股票和日本股票。

## 对 1980—1989 年间不同年份和不同指数之间表现的观察

观察 1980—1989 年这十年间的数据，我们可以得到一些重要的结论，这十年是一个从 20 世纪 70 年代末的高通货膨胀、高利率环境向 90 年代更利于股票投资过渡的时期。表 7–4 列出了 24 种资产在这十年间的回报率数据。在 1982 年、1983 年、1985 年、1988 年和 1989 年，标准普尔 400 中盘股指数的表现五次超越标准普尔 500 指数。有五年时间，以罗素 1000 成长指数为代表的成长型大盘股的表现，超越了以罗素 1000 价值指数为代表的价值型大盘股票，分别为：1980 年 39.6% : 24.4%，1982 年 20.5% : 20.0%，1985 年 32.9% : 31.5%，1987 年 5.3% : 0.5%，和 1989 年 35.9% : 25.2%。有七年时间，价值型中小盘股（罗素 2000 价值指数）的表现，优于成长型中小盘股（罗素 2000 成长指数），分别为：1981 年 14.9% : –9.2%，1982 年 28.5% : 21.0%，1983 年 38.6% : 20.1%，1984 年 2.3% : –15.8%，1986 年 7.4% : 3.6%，1987 年 –7.1% : –10.5% 和 1988 年 29.5% : 20.4%。

1980—1989 年中有七年时间，明晟 EAFE 净回报率指数的表现优于标准普尔 500 指数，分别为：1981 年 –2.3% : –4.9%、1983 年 23.7% : 22.6%、1984 年 7.4% : 6.3%、1985 年 56.2% : 31.7%、1986 年 69.4% : 18.7%、1987 年 24.6% : 5.3% 和 1988 年 28.3% : 16.6%。1983—1988 年，明晟日本净回报率指数连续六年获得高收益，回报率分别为 24.5%、16.9%、43.1%、99.4%、43.0% 和 35.4%，但在随后的 1989 年，回报率出现断崖式下跌，仅为 1.7%。

雷曼兄弟美国综合债券（应税）指数在 1982 年、1984 年、1985 年、1986 年和 1989 年均产生了两位数的正回报率，分别为 32.6%、15.2%、22.1%、15.3%、14.5%。1980—1989 年，不动产投资信托的表现有八年时间超越了商业不动产的表现，分别是：1980 年 24.4%：18.1%、1982 年 21.6%：9.4%、1983 年 30.6%：13.1%、1984 年 20.9%：13.8%、1985 年 19.1%：11.2%、1986 年 19.2%：8.3%、1988 年 13.5%：9.6% 和 1989 年 8.8%：7.8%。NCREIF 农田（美国农田）指数则有五年时间为负回报率：1982 年为 –3.1%，1984 年为 –4.9%，1985 年为 –4.1%，1986 年为 –16.3%，1987 年为 –18.4%。风险投资收益用康桥汇世美国风险投资指数衡量，在 1984—1989 年的六年时间里表现相对较差，回报率分别为 –1.2%、2.0%、7.3%、6.7%、3.1% 和 6.6%。以巴克莱商品交易顾问指数为代表的管理期货基金，有六年的回报率超过 15%：1981 年为 23.9%，1982 年为 16.7%，1983 年为 23.8%，1985 年为 25.5%，1987 年为 57.3%，1988 年为 21.8%。

在 20 世纪 90 年代，汉迪哈曼现货白银价格在十年中有八年出现负回报率：1980 年为 –44.1%，1981 年为 –47.3%，1983 年为 –17.9%，1984 年为 –28.9%，1985 年为 –8.3%，1986 年为 –7.9%，1988 年为 –10.1%，1989 年为 –14.0%，这也反映了预期通货膨胀率的下降。以梅摩艺术品指数形式表示的艺术品回报率经历了两年负收益，1982 年为 –4.3% 和 1986 年为 –3.9%，不过它在七年里出现超过 10% 的回报率：1980 年为 40.9%，1983 年为 11.3%，1984 年为 17.8%，1985 年为 41.5%，1987 年为 43.5%，1988 年为 60.0%，1989 年为 25.5%。在 20 世纪 90 年代初，花旗集团美国国债（90 天期）指数有四年时间产生了两位数的回报率：1980 年为 11.9%，1981 年为 15.0%，1982 年为 11.3%，1984 年为 10.0%。

表 7-4 　　　　　　　　资产年回报率（1980—1989 年）

期初 1 美元到 1989 年 12 月 31 日的价值
（按年度复合回报计算）

10 年期或区间期限的表现
（1980—1989 年）　　　　　　　　　　　　　　以美元表示的名义总回报率

| 价值（美元） | 年复合增长率 | 标准差 | 夏普比率 | 资产类别指数 |
|---|---|---|---|---|
| | | | | **美国股票指数** |
| 5.04 | 17.6% | 12.7% | 0.66 | 标准普尔 500 指数 |
| 3.96 | 18.8% | 14.0% | 0.68 | 标准普尔 400 中盘股指数 |
| | | | | 标准普尔 600 小盘股指数 |
| 3.01 | 11.7% | 15.3% | 0.16 | 纳斯达克综合指数（价格回报率） |
| 3.89 | 14.5% | 16.8% | 0.32 | 罗素 2000 指数（小盘股 3000 指数） |
| 4.19 | 15.4% | 16.4% | 0.38 | 罗素 1000 成长指数 |
| 5.23 | 18.0% | 10.9% | 0.81 | 罗素 1000 价值指数 |
| 2.98 | 11.5% | 21.2% | 0.11 | 罗素 2000 成长指数 |
| 4.99 | 17.4% | 14.6% | 0.56 | 罗素 2000 价值指数 |
| 4.66 | 16.6% | 13.2% | 0.56 | 威尔逊 5000 指数 |
| | | | | **非美国股票指数** |
| | | | | 明晟世界自由总回报率指数 |
| | | | | 明晟除美国外世界自由总回报率指数 |
| 3.33 | 14.3% | 12.4% | 0.41 | 明晟美国净回报率指数 |
| 7.30 | 22.0% | 23.4% | 0.55 | 明晟 EAFE 净回报率指数 |
| 4.92 | 17.3% | 26.1% | 0.31 | 明晟欧洲自由净回报率指数 |
| 12.14 | 28.4% | 28.6% | 0.67 | 明晟日本净回报率指数 |
| | | | | 明晟除日本外远东自由总回报率指数 |
| 10.12 | 26.0% | 28.1% | 0.60 | 明晟太平洋（亚洲发达国家）净回报率指数 |
| | | | | 明晟新兴全球自由拉丁美洲总回报率指数 |
| | | | | 明晟新兴市场自由总回报率指数 |
| | | | | **美国和非美国固定收益指数** |
| 3.23 | 12.4% | 9.3% | 0.35 | 雷曼兄弟美国综合债券（应税）指数 [1] |
| 2.21 | 8.2% | 20.1% | (0.05) | 雷曼兄弟 7 年期市政债券指数 [2] |
| | | | | 高收益（瑞士信贷中高级）证券指数 |
| 3.02 | 11.7% | 12.1% | 0.21 | 10 年期美国国债指数 |
| | | | | 非美国（摩根大通非美国债券）指数 |

| 1980 | 1981 | 1982 | 1983 | 1984 | 1985 | 1986 | 1987 | 1988 | 1989 |
|---|---|---|---|---|---|---|---|---|---|
| 32.5% | −4.9% | 21.5% | 22.6% | 6.3% | 31.7% | 18.7% | 5.3% | 16.6% | 31.7% |
|  |  | 22.7% | 26.1% | 1.2% | 35.6% | 16.2% | 2.0% | 20.9% | 35.5% |
|  |  |  |  |  |  |  |  |  |  |
| 33.9% | −3.2% | 18.7% | 19.9% | −11.2% | 31.4% | 7.4% | −5.3% | 15.4% | 18.3% |
| 38.6% | 2.0% | 25.0% | 29.1% | −7.3% | 31.1% | 5.7% | 8.8% | 25.0% | 16.3% |
| 39.6% | −11.3% | 20.5% | 16.0% | −1.0% | 32.9% | 15.4% | 5.3% | 11.3% | 35.9% |
| 24.4% | 1.3% | 20.0% | 28.3% | 10.1% | 31.5% | 20.0% | 0.5% | 23.2% | 25.2% |
| 52.3% | −9.2% | 21.0% | 20.1% | −15.8% | 31.0% | 3.6% | −10.5% | 20.4% | 20.2% |
| 25.4% | 14.9% | 28.5% | 38.6% | 2.3% | 31.0% | 7.4% | −7.1% | 29.5% | 12.4% |
| 33.7% | −3.8% | 18.7% | 23.5% | 3.0% | 32.6% | 16.1% | 2.3% | 17.9% | 29.2% |
|  |  |  |  |  |  |  |  |  |  |
|  |  |  |  |  |  |  |  | 23.9% | 17.2% |
|  |  |  |  |  |  |  |  |  |  |
|  | −5.7% | 20.0% | 20.4% | 4.5% | 31.1% | 16.3% | 2.9% | 14.6% | 30.0% |
| 22.6% | −2.3% | −1.9% | 23.7% | 7.4% | 56.2% | 69.4% | 24.6% | 28.3% | 10.5% |
| 11.9% | −12.5% | 4.0% | 21.0% | 0.6% | 78.6% | 43.9% | 3.7% | 15.8% | 28.5% |
| 29.7% | 15.5% | −0.9% | 24.5% | 16.9% | 43.1% | 99.4% | 43.0% | 35.4% | 1.7% |
|  |  |  |  |  |  |  |  |  |  |
| 35.7% | 7.8% | −6.7% | 26.0% | 13.1% | 39.0% | 93.4% | 39.7% | 35.0% | 2.5% |
|  |  |  |  |  |  |  |  | 40.4% | 65.0% |
|  |  |  |  |  |  |  |  |  |  |
| 2.7% | 6.3% | 32.6% | 8.4% | 15.2% | 22.1% | 15.3% | 2.8% | 7.9% | 14.5% |
| −17.6% | −15.5% | 47.9% | 3.3% | 8.4% | 24.0% | 27.3% | −5.1% | 11.5% | 14.6% |
|  |  |  |  |  |  |  | 6.5% | 13.7% | 0.4% |
| −0.1% | 5.4% | 33.5% | 2.9% | 14.3% | 27.3% | 19.7% | −3.2% | 6.4% | 16.4% |
|  |  |  |  |  |  | 28.1% | 36.1% | 1.8% | 15.6% |

续前表

| 期初 1 美元到 1989 年 12 月 31 日的价值<br>（按年度复合回报计算） | | | | |
|---|---|---|---|---|
| 10 年期或区间期限的表现<br>（1980—1989 年） | | | | 以美元表示的名义总回报率 |
| 价值<br>（美元） | 年复合<br>增长率 | 标准差 | 夏普比率 | 资产类别指数 |
| | | | | 全球（交易未对冲的 JP 摩根全球政府债券）指数 |
| | | | | 新兴市场债券指数（摩根大通 EMBI+）[3] |
| | | | | 美林全部可转换全优质债券指数 |
| | | | | **另类投资指数** |
| 4.28 | 15.6% | 10.0% | 0.64 | NAREIT（不动产投资信托）指数 |
| 2.98 | 11.5% | 3.7% | 0.63 | NCRRIF 财产（商业不动产产）指数 |
| 1.59 | 4.8% | 2.9% | (1.51) | 全国房地产经纪人协会（住宅住房）指数 |
| 0.69 | −4.4% | 9.3% | (1.46) | NCREIF 农田（美国农田）指数 |
| | | | | 康桥汇世美国私募基金指数 |
| 1.86 | 7.2% | 6.7% | (0.31) | 康桥汇世美国风险投资指数 |
| 3.41 | 13.0% | 27.2% | 0.14 | 风险投资所有私募股权基金指数 |
| | | | | HFRI 基金加权综合对冲基金指数 |
| | | | | HFRI 母基金指数 |
| 1.61 | 6.1% | 9.2% | (0.33) | 商品调查局总回报指数 |
| 4.94 | 19.4% | 16.5% | 0.62 | 巴克莱商品交易顾问指数 |
| 0.78 | −2.4% | 19.0% | (0.61) | 汉迪哈曼现货黄金价格指数 |
| 0.19 | −15.5% | 25.7% | (0.96) | 汉迪哈曼现货白银价格指数 |
| 2.44 | 9.3% | 3.2% | 0.04 | 雷曼兄弟 TIPS 指数 / 布里奇沃特指数[4] |
| 7.60 | 22.5% | 21.7% | 0.61 | 梅摩艺术品指数 |
| | | | | **美国现金等价物指数** |
| 2.41 | 9.2% | 2.9% | 0.00 | 花旗集团美国国债（90 天期）指数 |
| 1.64 | 5.1% | 3.2% | (1.28) | 通货膨胀（CPI-U） |

除非另有注明，否则所有指数都表示的是总回报。总回报率指的是包含所有股利在内的总回报率；净回报率指的是扣除外国预扣税后的总回报率；"价格回报率"指的是未考虑股利的回报率数据；自由指的是相关市场上的证券可以被国际投资者自由交易的部分。

注：

1. 雷曼兄弟美国综合债券指数表示那些美国境内、应征税的、以美元标价的证券，代表美国投资级固定利率的债券市场。截至 2007 年 6 月，该指数的构成部分大致包含：38% 的抵押贷款支持证券；23% 的美国国债；19% 的公司债券；14% 的政府相关债券；5% 的商

| 1980 | 1981 | 1982 | 1983 | 1984 | 1985 | 1986 | 1987 | 1988 | 1989 |
|---|---|---|---|---|---|---|---|---|---|
| | | | | | | | 2.2% | 6.8% | 14.0% |
| | | | | | | | | 12.8% | 12.5% |
| 24.4% | 6.0% | 21.6% | 30.6% | 20.9% | 19.1% | 19.2% | −3.6% | 13.5% | 8.8% |
| 18.1% | 16.6% | 9.4% | 13.1% | 13.8% | 11.2% | 8.3% | 8.0% | 9.6% | 7.8% |
| 11.5% | 5.7% | 1.8% | 3.1% | 3.1% | 4.7% | 7.0% | 5.7% | 3.9% | 1.5% |
| | | −3.1% | 2.1% | −4.9% | −4.1% | −16.3% | −18.4% | 4.7% | 7.7% |
| | | | | | | | 1.2% | 3.5% | 12.7% | 10.4% |
| | 18.1% | 5.3% | 18.1% | −1.2% | 2.0% | 7.3% | 6.7% | 3.1% | 6.6% |
| 77.4% | −13.1% | 27.4% | 43.7% | −6.6% | 9.0% | 0.9% | 2.9% | 9.3% | 4.5% |
| | | 12.9% | −9.1% | 4.9% | −1.2% | 18.7% | 16.0% | 4.6% | 5.1% |
| | 23.9% | 16.7% | 23.8% | 8.7% | 25.5% | 3.8% | 57.3% | 21.8% | 1.8% |
| 14.5% | −31.9% | 13.9% | −16.5% | −19.2% | 6.9% | 20.4% | 21.9% | −5.1% | −9% |
| −44.1% | −47.3% | 32.1% | −17.9% | −28.9% | −8.3% | −7.9% | 24.8% | 10.1% | −14.0% |
| 13.7% | 9.4% | 13.2% | 3.5% | 7.8% | 12.4% | 6.9% | 7.1% | 8.7% | 11.1% |
| 40.9% | 9.8% | −4.3% | 11.3% | 17.8% | 41.5% | −3.9% | 43.5% | 60.0% | 26.5% |
| 11.9% | 15.0% | 11.3% | 8.9% | 10.0% | 7.8% | 6.2% | 5.9% | 6.8% | 8.6% |
| 12.5% | 8.9% | 3.8% | 3.8% | 4.0% | 3.8% | 1.1% | 4.4% | 4.4% | 4.7% |

业抵押贷款支持证券；和 1% 的资产支持证券。
2.1990 年以前的市政债券由摩根士丹利投资管理公司提供。
3.EMBI+ 自 1994 年使用至今；在此之前使用 EBMI。
4. 布里奇沃特公司策略基准美国 8 年期 TIPS 综合指数在 1970 年 1 月—1997 年 2 月期间被使用；雷曼兄弟 TIPS 指数在 1997 年 2 月之后使用。
资料来源：摩根士丹利投资管理公司；摩根士丹利全球财富管理资产配置集团；作者。

表 7–5　　　　　　　　　　资产年回报率（1970—1979 年）

| 期初 1 美元到 1979 年 12 月 31 日的价值<br>（按年度复合回报计算） | | | | |
|---|---|---|---|---|
| 10 年期或区间期限的表现<br>（1970—1979 年） | | | | 以美元表示的名义总回报率 |
| 价值<br>（美元） | 年复合<br>增长率 | 标准差 | 夏普比率 | 资产类别指数 |
| | | | | **美国股票指数** |
| 1.77 | 5.9% | 19.2% | (0.03) | 标准普尔 500 指数 |
| | | | | 标准普尔 400 中盘股指数 |
| | | | | 标准普尔 600 小盘股指数 |
| 1.32 | 3.6% | 25.9% | (0.11) | 纳斯达克综合指数（价格回报率） |
| | | | | 罗素 2000 指数（小盘股 3000 指数） |
| | | | | 罗素 1000 成长指数 |
| | | | | 罗素 1000 价值指数 |
| | | | | 罗素 2000 成长指数 |
| | | | | 罗素 2000 价值指数 |
| 1.90 | 7.4% | 22.1% | 0.05 | 威尔逊 5000 指数 |
| | | | | |
| | | | | **非美国股票指数** |
| | | | | 明晟世界自由总回报率指数 |
| | | | | 明晟除美国外世界自由总回报率指数 |
| | | | | 明晟美国净回报率指数 |
| 2.32 | 8.8% | 22.5% | 0.11 | 明晟 EAFE 净回报率指数 |
| 1.95 | 6.9% | 20.6% | 0.02 | 明晟欧洲自由净回报率指数 |
| 4.70 | 16.7% | 45.2% | 0.23 | 明晟日本净回报率指数 |
| | | | | 明晟除日本外远东自由总回报率指数 |
| 3.74 | 14.1% | 39.0% | 0.20 | 明晟太平洋（亚洲发达国家）净回报率指数 |
| | | | | 明晟新兴全球自由拉丁美洲总回报率指数 |
| | | | | 明晟新兴市场自由总回报率指数 |
| | | | | |
| | | | | **美国和非美国固定收益指数** |
| | | | | 雷曼兄弟美国综合债券（应税）指数 [1] |
| 1.67 | 5.3% | 9.6% | (0.11) | 雷曼兄弟 7 年期市政债券指数 [2] |
| | | | | 高收益（瑞士信贷中高级）证券指数 |
| 1.70 | 5.4% | 6.4% | (0.15) | 10 年期美国国债指数 |
| | | | | 非美国（摩根大通非美国债券）指数 |

| 1970 | 1971 | 1972 | 1973 | 1974 | 1975 | 1976 | 1977 | 1978 | 1979 |
|---|---|---|---|---|---|---|---|---|---|
| 3.9% | 14.3% | 19.0% | −14.7% | −26.5% | 37.2% | 23.9% | −7.1% | 6.6% | 18.6% |
| | | 17.2% | −31.1% | −35.1% | 29.8% | 26.1% | 7.3% | 12.3% | 28.1% |
| | | | | | | | | | 43.1% |
| | | | | | | | | | 23.9% |
| | | | | | | | | | 20.5% |
| | | | | | | | | | 50.8% |
| | | | | | | | | | 35.4% |
| | | 17.6% | 18.0% | −18.5% | −28.4% | 38.5% | 26.6% | −2.6% | 9.3% | 25.6% |
| −11.7% | 29.6% | 36.3% | −14.9% | −23.2% | 35.4% | 2.5% | 18.1% | 32.6% | 4.8% |
| −10.6% | 26.3% | 14.4% | −8.8% | −24.1% | 41.5% | −7.8% | 21.9% | 21.9% | 12.3% |
| −12.2% | 53.6% | 125.8% | −20.5% | −16.1% | 19.4% | 25.1% | 15.4% | 52.8% | −12.2% |
| −12.8% | 37.6% | 106.4% | −21.3% | −21.5% | 25.9% | 20.9% | 13.0% | 48.0% | −4.0% |
| | | | | | | 15.6% | 3.0% | 1.4% | 1.9% |
| 21.1% | 12.3% | 1.5% | 4.3% | −10.7% | 11.6% | 15.8% | 3.9% | −4.0% | 1.0% |
| 16.8% | 9.8% | 2.8% | 3.7% | 2.0% | 3.6% | 16.0% | 1.3% | −0.8% | 0.7% |

续前表

| 期初 1 美元到 1979 年 12 月 31 日的价值<br>（按年度复合回报计算） | | | | |
|---|---|---|---|---|
| 10 年期或区间期限的表现<br>（1970—1979 年） | | | | 以美元表示的名义总回报率 |
| 价值<br>（美元） | 年复合<br>增长率 | 标准差 | 夏普比率 | 资产类别指数 |
| | | | | 全球（交易未对冲的 JP 摩根全球政府债券）指数 |
| | | | | 新兴市场债券指数（摩根大通 EMBI+）[3] |
| | | | | 美林全部可转换全优质债券指数 |
| | | | | |
| | | | | **另类投资指数** |
| 2.32 | 11.1% | 23.5% | 0.20 | NAREIT（不动产投资信托）指数 |
| | | | | NCRRIF 财产（商业不动产产）指数 |
| 2.57 | 9.9% | 3.1% | 1.14 | 全国房地产经纪人协会（住宅住房）指数 |
| | | | | NCREIF 农田（美国农田）指数 |
| | | | | 康桥汇世美国私募基金指数 |
| | | | | 康桥汇世美国风险投资指数 |
| 6.10 | 19.8% | 54.1% | 0.25 | 风险投资所有私募股权基金指数 |
| | | | | HFRI 基金加权综合对冲基金指数 |
| | | | | HFRI 母基金指数 |
| | | | | 商品调查局总回报指数 |
| | | | | 巴克莱商品交易顾问指数 |
| 12.91 | 29.1% | 44.9% | 0.51 | 汉迪哈曼现货黄金价格指数 |
| 17.04 | 37.0% | 116.3% | 0.26 | 汉迪哈曼现货白银价格指数 |
| 3.06 | 11.8% | 4.5% | 1.21 | 雷曼兄弟 TIPS 指数 / 布里奇沃特指数[4] |
| 2.90 | 11.2% | 26.4% | 0.18 | 梅摩艺术品指数 |
| | | | | |
| | | | | **美国现金等价物指数** |
| 1.86 | 6.4% | 2.1% | 0.00 | 花旗集团美国国债（90 天期）指数 |
| 2.03 | 7.4% | 3.4% | 0.29 | 通货膨胀（CPI-U） |

除非另有注明，否则所有指数都表示的是总收益。总回报率指的是包含所有股利在内的总回报率；净回报率指的是扣除外国预扣税后的总回报率；价格回报率指的是未考虑股利的回报率数据；自由指的是相关市场上的证券可以被国际投资者自由交易的部分。

注：

1. 雷曼兄弟美国综合债券指数表示那些美国境内、应征税的、以美元标价的证券，代表美国投资级固定利率的债券市场。截至 2007 年 6 月，该指数的构成部分大致包含：38% 的抵押贷款支持证券；23% 的美国国债；19% 的公司债券；14% 的政府相关债券；5% 的商

| 1970 | 1971 | 1972 | 1973 | 1974 | 1975 | 1976 | 1977 | 1978 | 1979 |
|---|---|---|---|---|---|---|---|---|---|
| | | 8.0% | −15.5% | −21.4% | 19.3% | 47.6% | 22.4% | 10.3% | 35.9% |
| | | | | | | | | 16.1% | 20.5% |
| 3.6% | 9.2% | 8.8% | 8.9% | 10.8% | 9.5% | 8.9% | 13.3% | 15.2% | 11.0% |
| −11.9% | 54.0% | 21.7% | −41.5% | −47.2% | 134.3% | 60.3% | 41.4% | 59.4% | 41.4% |
| −5.1% | 16.5% | 48.7% | 72.2% | 66.3% | −24.8% | −4.0% | 22.4% | 37.0% | 126.5% |
| | −15.9% | 47.8% | 59.8% | 34.0% | −4.6% | 5.0% | 9.1% | 27.0% | 361.3% |
| 11.4% | 7.9% | 7.6% | 15.4% | 20.4% | 8.0% | 10.1% | 8.3% | 12.6% | 17.6% |
| −20.5% | 44.5% | 18.2% | 46.5% | −17.2% | −18.9% | 44.0% | 5.1% | 20.4% | 18.8% |
| 4.9% | 4.0% | 5.1% | 7.5% | 7.2% | 5.4% | 4.4% | 6.1% | 9.1% | 10.3% |
| 5.6% | 3.3% | 3.4% | 8.7% | 12.3% | 6.9% | 4.9% | 6.7% | 9.0% | 13.3% |

业抵押贷款支持证券；和 1% 的资产支持证券。
2. 1990 年以前的市政债券由摩根士丹利投资管理公司提供。
3. EMBI+ 自 1994 年使用至今；在此之前使用 EBMI。
4. 布里奇沃特公司策略基准美国 8 年期 TIPS 综合指数在 1970 年 1 月—1997 年 2 月期间被使用；雷曼兄弟 TIPS 指数在 1997 年 2 月之后使用。
资料来源：摩根士丹利投资管理公司；摩根士丹利全球财富管理资产配置集团；作者。

## 对 1970—1979 年间不同年份和不同指数之间表现的观察

表 7–5 向我们展示了 13 个资产类别在 1970–1979 这十年时间里完整的回报率数据。20 世纪 70 年代发生了一些影响深远的事件，包括能源价格大幅上涨、通货膨胀和利率变化，这些都以各种方式影响资产的回报率。在 1973—1974 年的熊市中，标准普尔 500 指数分别下降了 14.7% 和 26.5%。在同一时期，纳斯达克综合指数分别下跌了 31.1% 和 35.1%，但在随后几年里出现了反弹，1975 年上涨了 29.8%，1978 年上涨了 12.3%，1979 年上涨了 28.1%。在 1979 年，中小盘罗素 2000 价值指数上升了 35.4%，而中小盘罗素 2000 成长指数上升了 50.8%。

在 1970——1979 年间，明晟 EAFE 净回报率指数有四年时间的涨幅超过 20%，分别是：1971 年上涨 29.6%，1972 年上涨 36.3%，1975 年上涨 35.4%，1978 年上涨 32.6%。同期，明晟日本净回报率指数有六年涨幅超过了 15%，分别是：1971 年上涨 53.6%，1972 年上涨 125.8%，1975 年上涨 19.4%，1976 年上涨 25.1%，1977 年上涨 15.4%，1978 年上涨 52.8%。同期，NAREIT（不动产投资信托）指数的年回报率有两年是负的，分别是：1973 年为 –15.5%，1974 年为 –21.4%。在这十年时间里，投资于住宅建筑的回报率有六年超过了 9.0%，分别是：1971 年为 9.2%，1974 年为 10.8%，1975 年为 9.5%，1977 年为 13.3%，1978 年为 15.2%，1979 年为 11.0%。同期，汉迪哈曼现货黄金价格指数有七年时间涨幅在 10% 以上，1971 年、1972 年、1973 年和 1974 年分别上涨了 16.5%、48.7%、72.2% 和 66.3%，1977 年、1978 年和 1979 年分别上涨了 22.4%、37.0% 和 126.5%，但这一指数在 1970 年、1975 年和 1976 年出现负回报率，分别为 –5.1%、–24.8% 和 –4.0%。

在 1970—1979 年这十年时间里，梅摩艺术品指数有六年时间的涨幅超过 15%，分别是：1971 年为 44.5%，1972 年为 18.2%，1973 年为 46.5%，1976 年为 44.0%，1978 年为 20.4%1979 年为 18.8%。同期，花旗集团美国国债（90 天期）指数的回报率在大部分时间内保持着上升趋势，1977 年、1978 年和 1979 年的回报率分别为 6.1%、9.1% 和 10.3%，这反映了消费者物价指数（CPI）和多种短期利率都在上涨。

# 按经济环境分组的资产年回报率

投资者可以通过研究主要资产类别在不同经济条件下的年回报率情况，获得这些主要资产类别中长期投资吸引力的有价值的观点。表 7–6 回顾了消费者物价指数（CPI）、股票、债券、美国国债、商业票据、住宅、农田、黄金和白银在以下四种经济环境下的多年期回报率情况：（1）通货紧缩；（2）价格稳定；（3）反通货膨胀和温和通货膨胀；（4）急剧通货膨胀。

## 总体观察和说明

表 7–6 中数据的时间跨度超过了 130 年——从 1871 年到 21 世纪初，这么长的时间周期被划分为时间长度不等的几个经济阶段。思想深邃的历史学家和经济学家可能会对部分阶段的时间长度和特征持有一致的观点，但并不是对所有阶段的划分都保持相同的意见。事实上，对于几乎所有这些资产类别，其数据的数量和质量，特别是 20 世纪 50 年代之前，尤其是 1900 年之前，都存在一定程度的不精确性、不完整性和选择偏差，以及主观性。即使在现代时期，某些资产类别，诸如住宅和农田，它们的数据也不一定与其他资产类别，诸如股票和债券的数据保持相同的频率，或以相同的方法收集和整理。

在表 7–6 的第一部分，1870—2000 年间有四次通货紧缩时期，总共加起来持续了约 38 年，在这个累积的通货紧缩时期内，CPI 平均每年下跌 3.3%，股票每年下跌 3.3%，住房、农田和白银每年分别下跌 0.4%、12.2% 和 13.2%。相比之下，短期现金工具和债券的年均回报率分别为 4.8% 和 5.2%。

研究资产大类在不同经济周期阶段下的投资表现的主要目的之一，是帮助投资者识别何时应该对某些资产类别进行战略上的增持或减持。图 7–2 总结了不同经济环境下常见的资产配置比重。

图 7–2 的横轴是如表 7–6 中所述的四种主要的经济环境：通货紧缩经济环境下的特点是总体价格水平普遍下降；价格稳定经济环境下的特点是总体价格水平维持在一个相对比较稳定的状态；反通货膨胀／温和通货膨胀经济环境下的特点是总体价格水平温和上升，偶尔还会出现小幅下降；急剧通货

表 7–6 　　　　　　1871—2000 年不同经济环境下资产年回报率

以美元为单位的名义回报率（另有注明的除外）

| 时期 | 发展特点 |
|---|---|
| **通货紧缩：总体价格水平普遍下降（约 38 年）** | |
| 1871—1896 年 | 铁路带动大西部开发 |
| 1892—1895 年 | 1893 年和 1895 年的经济恐慌；工业衰退 / 罢工 |
| 1919—1922 年 | 第一次世界大战后货币供应紧缩 |
| 1929—1932 年 | 股市大崩盘和大萧条 |
| | 4 个时期的平均值[1] |
| **价格稳定：总体价格水平比较稳定（约 25 年）** | |
| 1896—1900 年 | 美国在美西战争中取得胜利 |
| 1921—1929 年 | 咆哮的 20 年代 |
| 1934—1940 年 | 从大萧条中崛起 |
| 1952—1955 年 | 艾森豪威尔时代早期 |
| | 4 个时期的平均值[1] |
| **反通货膨胀 / 温和通货膨胀：总体价格温和上涨（约 63 年）** | |
| 1885—1892 年 | 铁路和强盗式资本家时代 |
| 1899—1915 年 | 经济盛衰周期让位于美联储成立 |
| 1942—1945 年 | 第二次世界大战 |
| 1951—1965 年 | 美联储 / 财政部的逆周期政策 |
| 1982—2000 年 | 20 世纪 80 年代和 90 年代的经济扩张时期 |
| | 5 个时期的平均值[1] |
| **急剧通货膨胀：总体价格水平急剧上升（约 30 年）** | |
| 1914—1919 年 | 第一次世界大战 |
| 1945—1947 年 | 第二次世界大战后被压抑的需求得到释放 |
| 1949—1951 年 | 朝鲜战争（1950—1953 年） |
| 1965—1971 年 | 越南战争爆发 |
| 1971—1981 年 | 货币供应扩张与能源价格上涨 |
| | 5 个时期的平均值[1] |

注：1. 多期平均值对重复的年份只进行了一次计算；

2. 消费者价格指数和之前的衡量方式；

3. 标准普尔 500 综合指数总收益和之前的衡量方式；

4. 长期政府债券指数和之前的衡量方式；

5. 伊博森公司和纽约联邦储备银行商业票据指数；

6. 美国不动产经纪人协会；

7. NCREIF 农田指数，该指数包含了估计的收益数据；

8. 汉迪哈曼现货黄金价格指数；

9. 汉迪哈曼现货白银价格指数；

| CPI[2] | 股票[3] | 债券[4] | 现金等价物 美国国债和CP[5] | 不动产相关资产 住宅[6] | 农田[7] | 贵金属 黄金[8] | 白银[9] |
|---|---|---|---|---|---|---|---|
| −1.5% | 5.5% | 6.4% | 5.4% | N/AV | N/AV | （9） | −6.8% |
| −3.3% | −2.5% | 5.1% | 4.1% | 1.5% | N/AV | （9） | −8.0% |
| −2.0% | 5.0% | 4.2% | 6.7% | 1.0% | −12.1% | （9） | −18.2% |
| −6.4% | −21.2% | 5.0% | 3.0% | −3.9% | −12.3% | （9） | −19.8% |
| −3.3% | −3.3% | 5.2% | 4.8% | −0.4% | −12.2% | | −13.2% |
| 0.3% | 26.1% | 3.3% | 3.3% | 0.0% | 9.3% | （9） | −1.0% |
| −1.3% | 20.2% | 6.4% | 5.4% | 4.4% | −2.8% | （9） | −3.3% |
| 1.0% | 12.2% | 6.2% | 0.7% | 7.2% | 3.9% | 6.3% | 1.0% |
| 0.3% | 24.5% | 3.5% | 1.5% | 4.5% | 6.5% | （9） | 2.1% |
| 0.1% | 20.8% | 4.9% | 2.7% | 4.0% | 4.2% | | −0.3% |
| 0.0% | 4.5% | 4.4% | 5.1% | N/AV | N/AV | （9） | −4.5% |
| 1.3% | 8.2% | 4.1% | 5.3% | 5.7% | N/AV | （9） | −0.5% |
| 2.5% | 26.1% | 4.5% | 0.9% | 10.0% | 18.1% | （9） | 3.3% |
| 1.6% | 16.5% | 2.2% | 3.5% | 5.5% | 6.7% | （9） | 3.0% |
| 3.3% | 16.9% | 12.6% | 6.2% | 4.1% | 2.4% | −2.0% | −3.0% |
| 1.7% | 14.4% | 5.6% | 4.2% | 6.3% | 9.1% | | −0.3% |
| 13.3% | 11.6% | 2.1% | 4.7% | 17.5% | 14.7% | （9） | 15.5% |
| 6.8% | 12.3% | 2.6% | 1.0% | 12.2% | 18.5% | （9） | 8.6% |
| 5.8% | 24.8% | 0.9% | 2.3% | 10.2% | 21.7% | （9） | 20.5% |
| 4.0% | 6.4% | 6.1% | 6.8% | 10.3% | 12.7% | 31.6% | 23.7% |
| 8.3% | 5.8% | 3.8% | 8.8% | 10.3% | 14.6% | 28.0% | 21.5% |
| 8.3% | 12.1% | 3.1% | 4.7% | 12.1% | 16.4% | 24.8% | 18.0% |

10. 由于美国政府的规定，美国官方黄金价格没有完全反映出真实的价格变化程度。

N/AV 表示没有获得全部数据。

这里并没有涉及许多资产类别和资产子类别，包括：价值型和成长型股票投资风格；小盘股、中盘股和大盘股股票；发达国家和 / 或新兴国家的国际股票；发达国家和 / 或新兴国家的非美国债券；高收益债券；抵押品；私募股权；风险投资；通货膨胀指数债券；艺术品；对冲基金；以及对冲基金母基金。

过去的投资表现并不能保证未来的结果。

**资料来源：** 摩根士丹利投资管理公司；作者；以及上述各附注中引用的资料来源。

膨胀经济环境下的特点是总体价格水平快速上升。每一种经济环境有可能：（1）由一系列不同影响因素造成；（2）持续时间长短明显不同；（3）发生的严重程度不同；（4）在政府、货币和国际层面上引起不同的反应，可能会影响随后经济环境变化的深度、广度和持续时间。

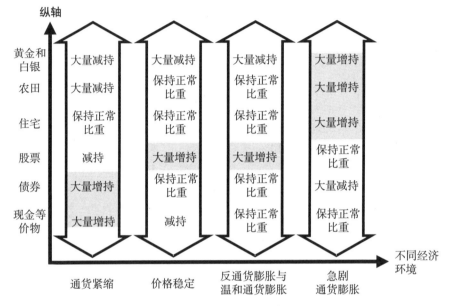

图 7-2　不同经济环境下的常见资产配置比重

图 7-2 的纵轴是六组资产类别：现金等价物、债券、股票、住宅、农田以及黄金和白银。现代资产类别包括许多其他类型且重要的资产子类别，包括发达国家和新兴国家的非美国股票和债券、可转换证券、高收益证券、通货膨胀指数债券、固定收益证券、大宗商品、通过对冲基金和其他形式的绝对回报投资战略、私募股权、风险投资、艺术品、商业不动产和管理期货策略。

对于图 7-2 中六个高度简化的资产类别，较宽的竖直箭头代表了基于1871—2000 年历史经验形成的四种战略投资组合。图 7-2 中增持或减持某种资产类别权重是高度简化的一般性方针，而非追求精确性和细致性的原则。每个箭头给出的总体方针并没有考虑以下因素：（1）四种经济环境中特殊情况下出现的潜在显著差异性；（2）对此处提到的资产类别或其他资产类别进行对冲或投资的特殊方式；（3）投资者自身的风险偏好、市场前景、资产偏好、人口状况以及任何关于投资分散化或集中化的限制条例；（4）特定资产类别的转换成本、信息来源、流动性特征、可用投资工具及其他重要特征。

脑海中要时刻谨记，在通货紧缩的经济环境下，成功的投资策略往往会大量增持现金等价物和债券；对住宅保持正常权重；减持股票；大量降低农田和金银的投资比重。在价格稳定的经济环境下，成功的投资策略会大量增持股票；对债券、农田和住房保持正常权重；减持现金等价物；并大量降低黄金和白银的投资比重。在反通货膨胀和温和通货膨胀经济环境下，成功的投资策略通常与价格稳定阶段的资产配置相似。这种投资组合倾向于大量增持股票；对债券、现金等价物、住房和农田保持正常权重；大量减持黄金和白银。反之，在急剧通货膨胀经济环境下，成功的投资策略强调大量增持有形资产类别，如黄金和白银、农田和住房；对股票和现金等价物保持正常权重；大大降低债券的投资比重。

## 对不同时期和不同资产类别之间表现的观察

表 7-6 显示，美国经济在大约 38 年的时间里经历了四个独立的通货紧缩时期，短则 4 年，长则 26 年。从四个时期的平均值来看，CPI 年均下跌 3.3%，股票价格年均下跌 3.3%（实际上 1919—1922 年股票价格年均上涨 5.0%，在 1871—1896 年年均上涨 5.5%）。在通货紧缩时期，债券的投资表现优异——每年的总回报率达到 5.2%，而农田则年均下跌 12.2%，白银年均下跌 13.2%。同期住宅价格年均下跌 0.4%，远远低于农田价格的下跌幅度。

事实上，美国经济也在约 25 年间经历了四个独立的价格稳定时期，短则 4 年，长则 9 年。在价格稳定的四个时期中，CPI 年均仅上涨 0.1%。股票往往在价格稳定时期蓬勃发展，如表 7-6 所示，同期股票在所有资产类别和任何经济同期阶段中都获得了最高的复合增长率：每年为 20.8%。同期债券的年均回报率为 4.9%，农田的年均回报率为 4.2%，住宅的年均回报率为 4%，而白银的价格年均下跌 0.3%。

美国经济在 63 年间经历了 5 个独立的反通货膨胀和温和通货膨胀时期，短则 4 年，长则 19 年。在这 5 个时期中，CPI 年均上涨 1.7%。同期股票、农田和住宅的表现相对较好，分别每年上涨 14.4%、9.1% 和 6.3%。或许让人感到令人惊讶的是，同期债券产生了每年 5.6% 的名义总回报率，实际上高于通货紧缩时期债券年均 5.2% 的名义总回报率。然而，如果考虑实际回报，即根据 CPI 变化做出调整后，在反通货膨胀和温和通货膨胀时期，债券的实际回报率为每年 3.9%（等于每年 5.6% 的名义回报率减去同期每年 1.7% 的平均 CPI）。这低于债券在通货紧缩阶段的 8.5% 的实际有效年回报率（等于其每年 5.2% 的名义回报率加上同期每年 3.3% 的 CPI）。

美国经济在约 30 年间经历了五个相互独立的急剧通货膨胀时期，短则 3 年，长则 11 年。在这五个时期中，CPI 年均上涨 8.3%。黄金、白银和农田等高收益资产每年的总回报率分别为 24.8%、18.0% 和 16.4%。同期住宅和股票每年的总回报率为 12.1%，而债券的年均回报率则为 3.1%。

## 资产类别中回报率领先者的轮动

图 7–3 向我们展示了 1980—2006 年间，投资者所考虑的少数资产类别和资产子类别的业绩表现，其投资组合中可能包含以下资产：（1）成长型、价值型或价值成长混合性投资风格的美国大盘股和小盘股股票；（2）美国应税债券；（3）非美国的发达市场股票。这些资产类别由以下指数代表：（1）标准普尔 500 指数代表大盘股；（2）罗素 1000 成长指数代表成长型大盘股；（3）罗素 1000 价值指数代表价值型大盘股；（4）罗素 2000 成长指数代表成长型小盘股；（5）罗素 2000 价值指数代表价值型小盘股；（6）罗素 2000 指数，代表小盘股，既包括成长型股票，也包括价值型股票；（7）欧洲、澳洲和远东（EAFE）指数，代表非美国发达市场的股票；（8）雷曼兄弟综指债券，代表美国应税债券。

仔细研究图 7–3 中的业绩表现数据，我们可以获得以下几个重要的资产配置提示。第一，美国股票市场的六个资产类别和资产子类别的回报率经常出现大幅波动。例如，在价值型小盘股的投资表现排名第一的年份（1981年、1983 年、1988 年、1992 年、2000 年、2001 年和 2004 年），成长型大盘股的排名则比较靠后，分别为第八、第七、第七、第七、第七和第七。第二，所有资产类别都至少有两次机会，其回报率排名第一或第二，偶尔有资产类别这个机会高达 9 次。非美国股票有 9 次回报率排名第一或第二，价值型小盘股有 11 次，成长型大盘股票有 9 次，价值型大盘股有 5 次，美国应税债券有 7 次，小盘股有 4 次，成长型小盘股有 4 次。第三，非美国股票连续三年（1985—1987 年）成为投资表现最好的资产类别，然而接下来又连续四年（1989—1992 年）成为表现最差的资产类别，但紧接着连续两年（1993—

图 7–3　资产类别回报率领先者的轮动

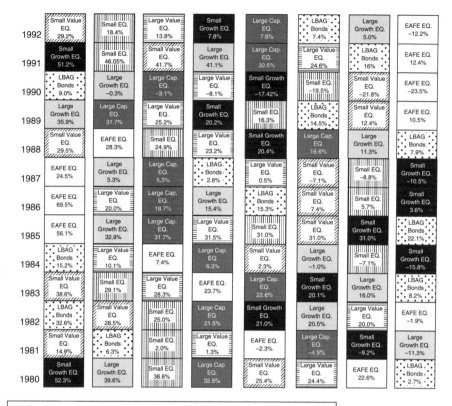

| 年份 | 1 | 2 | 3 | 4 | 5 | 6 | 7 | 8 |
|---|---|---|---|---|---|---|---|---|
| 1992 | Small Value EQ. 29.2% | Small EQ. 18.4% | Large Value EQ. 13.8% | Small Growth EQ. 7.8% | Large Cap. EQ. 7.6% | LBAG Bonds 7.4% | Large Growth EQ. 5.0% | EAFE EQ. −12.2% |
| 1991 | Small Growth EQ. 51.2% | Small EQ. 46.05% | Large Value EQ. 41.7% | Large Growth EQ. 41.1% | Large Cap. EQ. 30.5% | Large Value EQ. 24.6% | LBAG Bonds 16% | EAFE EQ. 12.4% |
| 1990 | LBAG Bonds 9.0% | Large Growth EQ. −0.3% | Large Cap. EQ. −3.1% | Large Value EQ. −8.1% | Small Growth EQ. −17.42% | Small Value EQ. −19.5% | Small EQ. −21.8% | EAFE EQ. −23.5% |
| 1989 | Large Growth EQ. 35.9% | Large Cap. EQ. 31.7% | Large Value EQ. 25.2% | Small Growth EQ. 20.2% | Small EQ. 16.3% | LBAG Bonds 14.5% | Small Value EQ. 12.4% | EAFE EQ. 10.5% |
| 1988 | Small Value EQ. 29.5% | EAFE EQ. 28.3% | Small EQ. 24.9% | Large Value EQ. 23.2% | Small Growth EQ. 20.4% | Large Cap. EQ. 16.6% | Large Growth EQ. 11.3% | LBAG Bonds 7.9% |
| 1987 | EAFE EQ. 24.5% | Large Growth EQ. 5.3% | Large Cap. EQ. 5.3% | LBAG Bonds 2.8% | Large Value EQ. 0.5% | Small Value EQ. −7.1% | Small EQ. −8.8% | Small Growth EQ. −10.5% |
| 1986 | EAFE EQ. 69.5% | Large Value EQ. 20.0% | Large Cap. EQ. 18.7% | Large Growth EQ. 15.4% | LBAG Bonds 15.3% | Small Value EQ. 7.4% | Small EQ. 5.7% | Small Growth EQ. 3.6% |
| 1985 | EAFE EQ. 56.1% | Large Growth EQ. 32.9% | Large Cap. EQ. 31.7% | Large Value EQ. 31.5% | Small EQ. 31.0% | Small Value EQ. 31.0% | Small Growth EQ. 31.0% | LBAG Bonds 22.1% |
| 1984 | LBAG Bonds 15.2% | Large Value EQ. 10.1% | EAFE EQ. 7.4% | Large Cap. EQ. 6.3% | Small EQ. 2.3% | Large Growth EQ. −1.0% | Small Growth EQ. −7.1% | Small Value EQ. −15.8% |
| 1983 | Small Value EQ. 38.6% | Small EQ. 29.1% | EAFE EQ. 28.3% | Large Cap. EQ. 23.7% | Large Value EQ. 22.6% | Small Growth EQ. 20.1% | Large Growth EQ. 16.0% | LBAG Bonds 8.2% |
| 1982 | LBAG Bonds 32.6% | Small EQ. 28.5% | Small EQ. 25.0% | Large Cap. EQ. 21.5% | Small Growth EQ. 21.0% | Large Growth EQ. 20.5% | Large Value EQ. 20.0% | EAFE EQ. −1.9% |
| 1981 | Small Value EQ. 14.9% | LBAG Bonds 6.3% | Small EQ. 2.0% | Large Value EQ. 1.3% | EAFE EQ. −2.3% | Large Cap. EQ. −4.9% | Small Growth EQ. −9.2% | Large Growth EQ. −11.3% |
| 1980 | Small Growth EQ. 52.3% | Large Growth EQ. 39.6% | Small EQ. 38.6% | Small Growth EQ. 32.5% | Small Value EQ. 25.4% | Large Cap. EQ. 24.4% | EAFE EQ. 22.6% | LBAG Bonds 2.7% |

注：各种资产的含义及其对应的颜色
1. Small Value EQ.=代表价值型小盘股公司的罗素2000价值指数
2. LBAG=雷曼兄弟美国综合债券（应税）指数
3. Small EQ.=代表小盘股公司的罗素2000指数
4. Large Value EQ.=代表价值型大盘股公司的罗素1000价值指数
5. Small Growth EQ.=代表成长型小盘股公司的罗素2000成长指数
6. Large Cap. EQ.=标准普尔500指数
7. Large Growth EQ.=代表成长型大盘股公司的罗素1000成长指数
8. EAFE EQ.=欧洲、澳洲和远东（EAFE）股票

**图 7–3　资产类别回报率领先者的轮动（续）**

资料来源：Frank Russell 公司；明晟；雷曼兄弟公司；标准普尔公司；以及作者。

1994 年）又成为表现最好的资产类别。2005—2006 年，非美国股票再次成为表现最好的资产类别。

虽然对图 7–3 的深入分析可以获得许多其他方面的比较成果，但有两个与资产配置相关的重要见解尤为突出。首先是投资者试图每年（甚至每两年）成功地转换到表现最好的资产组时可能会遇到的困难和成本。因此，明智的投资策略（也有降低交易成本的好处）可能涉及一些健康的多元化和再平衡活动，并尽可能多地考虑某些资产组在多年基础上的合理预期表现。其次，同样重要的是，资产类别的投资业绩存在从最优到最差或相反方向变化的循环交替现象。非美国股票从最佳排名到最差排名再回到最佳排名的轮回正好印证了这一点。同样值得注意的是，成长型大盘股的回报率在 1989 年排名第一，1990 年排名第二，1991 年排名第四，1992 年排名第七，1993 年排名第八，然后在 1994 年回升至第二，接着是 1995 年排名第三，1996 年排名第一。之后的 2000 年、2001 年和 2002 年暴跌至第七位，在 2003 年排名第六位，2004 年跌到第七位，然后在 2005 年反弹至第三位，2006 年再次跌至第七位，这已经是七年间第五次跌到这个位置。这种"高－低－高－低"的投资业绩循环模式，是支持明智的战术投资组合再平衡策略（第 4 章中已经分析过）的另一个论据，这是对投资者战略资产配置的深入思考。

## 单个年份股票行业部门的回报率

很多组织和分析资产回报率的方法同样可以应用到某个特定资产类别。举例来说，美国股票投资者可能希望按以下方式整理不同行业部门的回报率：（1）按若干年份分组（例如，以 10 年或 20 年为基础）；（2）按单个年份（例如，1997—2006 年的每一年）；（3）按经济环境（例如，按通货膨胀、价格稳定和通货紧缩期间的投资业绩）。为了给投资者示范如何通过观察资产类别内部的方式得到信息，表 7–7 列出了 1990—2006 年间标准普尔 500 综合指数中 10 个行业部门的总投资回报率，包括加上股息或减去资本价值的任何变动。

### 总体观察和说明

表 7–7 的下半部分左侧的第 2 列显示了截至 2006 年，标准普尔 500 指数中 10 个行业中每个行业的公司数量，而每个行业 1990 年初的公司数量则列于该表上半部左侧的第 2 列。对这两列中的数据进行快速直观的比较，可

以发现标准普尔 500 指数随时间变化的特点。例如，在 2006 年末，标准普尔 500 指数中有 78 家公司属于信息技术行业，而在 1990 年末，信息技术行业仅有 35 家公司进入标准普尔 500 指数。同样地，在 2006 年末，标准普尔 500 指数中有 87 家公司属于金融行业，而 1990 年底仅有 57 家此类公司进入标准普尔 500 指数。

表 7–7　　　　　　　　　　标准普尔 500 指数的行业部门年回报率

| 标准普尔 500 指数行业部门 | 1990 年公司数量 | 总回报率（%） | | | | | | | |
|---|---|---|---|---|---|---|---|---|---|
| | | 1990 | 1991 | 1992 | 1993 | 1994 | 1995 | 1996 | 1997 |
| 消费者非必需品 | 101 | −12.2 | 41.5 | 19.7 | 14.6 | −8.3 | 20.3 | 12.4 | 34.4 |
| 消费者必需品 | 45 | 15.3 | 41.7 | 5.3 | −3.9 | 9.8 | 39.6 | 25.9 | 32.9 |
| 能源 | 28 | 2.9 | 6.9 | 2.3 | 15.9 | 3.7 | 31.0 | 25.9 | 25.3 |
| 金融 | 57 | −20.8 | 49.1 | 23.3 | 10.6 | −3.5 | 54.1 | 35.2 | 48.2 |
| 卫生保健 | 26 | 17.3 | 53.7 | −16.2 | −8.2 | 13.7 | 58.0 | 21.0 | 43.7 |
| 工业 | 101 | −7.6 | 29.5 | 9.6 | 18.6 | −2.4 | 39.1 | 25.1 | 27.0 |
| 信息技术 | 35 | 3.0 | 9.1 | 2.9 | 21.7 | 19.9 | 39.4 | 43.9 | 28.5 |
| 原材料 | 61 | −10.7 | 25.5 | 10.3 | 13.5 | 5.8 | 20.0 | 15.8 | 8.4 |
| 通信服务 | 11 | −13.9 | 13.2 | 16.2 | 15.1 | −4.8 | 42.3 | 1.1 | 41.2 |
| 公共事业 | 35 | −0.6 | 23.9 | 6.6 | 13.7 | −11.8 | 32.7 | 5.7 | 24.7 |
| 标准普尔 500 指数 | 500 | −3.1 | 30.5 | 7.6 | 10.1 | 1.3 | 37.6 | 23.0 | 33.4 |

| 标准普尔 500 指数行业部门 | 1990 年公司数量 | 总回报率（%） | | | | | | | |
|---|---|---|---|---|---|---|---|---|---|
| | | 1998 | 1999 | 2000 | 2001 | 2002 | 2003 | 2004 | 2005 | 2006 |
| 消费者非必需品 | 101 | 41.1 | 25.2 | −20.0 | 2.8 | −23.8 | 37.4 | 13.2 | −6.4 | 18.6 |
| 消费者必需品 | 45 | 15.8 | −15.1 | 16.8 | −6.4 | −4.3 | 11.6 | 8.2 | 3.6 | 14.4 |
| 能源 | 28 | 0.6 | 18.7 | 15.7 | −10.4 | −11.1 | 25.6 | 31.5 | 31.4 | 24.2 |
| 金融 | 57 | 11.4 | 4.1 | 25.7 | −9.0 | −14.6 | 31.0 | 10.9 | 6.5 | 19.2 |
| 卫生保健 | 26 | 43.9 | −10.7 | 37.1 | −11.9 | −18.8 | 15.1 | 1.7 | 6.5 | 7.5 |
| 工业 | 101 | 10.9 | 21.5 | 5.9 | −5.7 | −26.3 | 32.2 | 18.0 | 2.3 | 13.3 |
| 信息技术 | 35 | 78.1 | 78.7 | −40.9 | −25.9 | −37.4 | 47.2 | 2.6 | 1.0 | 8.4 |
| 原材料 | 61 | −6.2 | 25.3 | −15.7 | 3.5 | −5.5 | 38.2 | 13.2 | 4.4 | 18.6 |
| 通信服务 | 11 | 52.4 | 19.1 | −38.8 | −12.2 | −34.1 | 7.1 | 19.9 | −5.6 | 36.8 |

续前表

| | | | | | | | | | |
|---|---|---|---|---|---|---|---|---|---|
| 公共事业 | 35 | 14.8 | −9.2 | 57.2 | −30.4 | −30.0 | 26.3 | 24.3 | 16.8 | 21.0 |
| 标准普尔 500 指数 | 500 | 28.6 | 21.0 | −9.1 | −11.9 | −22.1 | 28.7 | 10.9 | 4.9 | 15.8 |

| 标准普尔 500 指数行业部门 | 2006 年公司数量 | 2006 年 12 月 31 日 1 美元的价值（按复合回报计算） | | | |
|---|---|---|---|---|---|
| | | 10 年（1997—2006 年） | | | |
| | | 价值（美元） | 年均复合增长率 | 标准差（%） | 夏普比率 |
| 消费者非必需品 | 88 | 2.57 | 9.9 | 23.4 | 0.42 |
| 消费者必需品 | 38 | 1.95 | 6.9 | 13.8 | 0.50 |
| 能源 | 31 | 3.72 | 14.0 | 16.3 | 0.86 |
| 金融 | 87 | 3.10 | 12.0 | 18.7 | 0.64 |
| 卫生保健 | 55 | 2.42 | 9.3 | 23.2 | 0.40 |
| 工业 | 52 | 2.28 | 8.6 | 17.1 | 0.50 |
| 信息技术 | 78 | 1.86 | 6.4 | 43.7 | 0.14 |
| 原材料 | 29 | 2.04 | 7.4 | 16.1 | 0.46 |
| 通信服务 | 10 | 1.50 | 4.2 | 31.1 | 0.13 |
| 公共事业 | 32 | 2.21 | 8.2 | 27.2 | 0.30 |
| 标准普尔 500 指数 | 500 | 2.24 | 8.4 | 19.1 | 0.44 |

**资料来源**：作者；标准普尔公司；辉盛公司。

标准普尔 500 指数中每个行业的公司数量，与每个公司的总市值规模一样，都会影响该行业在标准普尔 500 指数中权重的变化。股票市场价格和/或标准普尔 500 指数构成政策的变化，可能导致标准普尔某一特定行业部门在指数和整体经济中的重要性变得过高或过低。从历史角度来看，表 7–8 向我们展示了 1984—2006 年标准普尔 500 指数每年行业部门构成的变化情况。

表 7–8 显示，截至 2006 年底，信息技术行业市值占标准普尔 500 指数总市值的 15.1%，低于 1999 年底的 29.2%，高于 1994 年的 8.6%。同样，金融行业市值在 2006 年底占标准普尔 500 指数总市值的 22.3%，高于 1999 年末的 13.0%。相比之下，能源行业市值在 2006 年底占标准普尔 500 指数总市值的 9.8%，与前一年基本持平，但与 1984 年占标准普尔 500 指数的 15.3% 相比，出现大幅下降。

表 7-8

标准普尔 500 指数的行业部门构成

标准普尔 500 指数市值占比（%）

| 标准普尔行业部门 | 1984 | 1985 | 1986 | 1987 | 1988 | 1989 | 1990 | 1991 | 1992 | 1993 | 1994 |
|---|---|---|---|---|---|---|---|---|---|---|---|
| 消费者非必需品 | 15.0 | 15.5 | 16.3 | 16.0 | 16.4 | 15.0 | 12.8 | 14.0 | 15.8 | 16.4 | 14.9 |
| 消费者必需品 | 10.2 | 10.3 | 10.8 | 11.0 | 11.3 | 11.3 | 14.0 | 15.2 | 14.5 | 12.5 | 13.2 |
| 能源 | 15.3 | 11.6 | 11.5 | 11.6 | 11.8 | 12.4 | 13.4 | 10.6 | 9.7 | 10.0 | 10.0 |
| 金融 | 6.4 | 7.5 | 7.2 | 6.1 | 8.0 | 8.9 | 7.5 | 8.7 | 10.6 | 11.2 | 10.7 |
| 卫生保健 | 6.4 | 6.9 | 8.0 | 8.4 | 8.1 | 8.4 | 10.4 | 12.4 | 9.9 | 8.2 | 9.2 |
| 工业 | 13.7 | 15.0 | 14.5 | 15.4 | 15.0 | 14.2 | 13.6 | 13.2 | 13.3 | 13.9 | 13.0 |
| 信息技术 | 14.4 | 13.9 | 11.2 | 9.6 | 8.1 | 5.9 | 6.3 | 5.3 | 5.1 | 5.9 | 8.6 |
| 原材料 | 7.3 | 7.6 | 8.0 | 8.8 | 8.2 | 7.8 | 7.2 | 6.8 | 6.9 | 7.1 | 7.1 |
| 通信服务 | 5.3 | 5.6 | 6.1 | 7.5 | 7.6 | 9.8 | 8.7 | 8.0 | 8.5 | 9.1 | 8.6 |
| 公共事业 | 6.1 | 6.1 | 6.4 | 5.6 | 5.6 | 6.3 | 6.2 | 5.8 | 5.6 | 5.6 | 4.8 |
| 合计 | 100.0 | 100.0 | 100.0 | 100.0 | 100.0 | 100.0 | 100.0 | 100.0 | 100.0 | 100.0 | 100.0 |

标准普尔 500 指数市值占比（%）

| 标准普尔行业部门 | 1995 | 1996 | 1997 | 1998 | 1999 | 2000 | 2001 | 2002 | 2003 | 2004 | 2005 | 2006 |
|---|---|---|---|---|---|---|---|---|---|---|---|---|
| 消费者非必需品 | 13.0 | 11.7 | 12.1 | 12.5 | 12.7 | 10.3 | 13.1 | 13.4 | 11.3 | 11.9 | 10.8 | 10.6 |
| 消费者必需品 | 12.8 | 12.7 | 12.3 | 11.1 | 7.2 | 8.1 | 8.2 | 9.5 | 11.0 | 10.5 | 9.5 | 9.3 |
| 能源 | 9.1 | 9.2 | 8.4 | 6.3 | 5.6 | 6.6 | 6.3 | 6.0 | 5.8 | 7.2 | 9.3 | 9.8 |
| 金融 | 13.1 | 15.0 | 17.2 | 15.4 | 13.0 | 17.3 | 17.8 | 20.5 | 20.6 | 20.6 | 21.3 | 22.3 |
| 卫生保健 | 10.8 | 10.4 | 11.3 | 12.3 | 9.3 | 14.4 | 14.4 | 14.9 | 13.3 | 12.7 | 13.3 | 12.0 |
| 工业 | 12.6 | 12.7 | 11.7 | 10.1 | 9.9 | 10.6 | 11.3 | 11.5 | 10.9 | 11.8 | 11.3 | 10.8 |
| 信息技术 | 9.4 | 12.4 | 12.3 | 17.7 | 29.2 | 21.2 | 17.6 | 14.3 | 17.7 | 16.1 | 15.1 | 15.1 |
| 原材料 | 6.1 | 5.7 | 4.5 | 3.1 | 3.0 | 2.3 | 2.6 | 2.8 | 3.0 | 3.1 | 3.0 | 3.0 |
| 通信服务 | 8.5 | 6.5 | 6.9 | 8.4 | 7.9 | 5.5 | 5.5 | 4.2 | 3.5 | 3.3 | 3.0 | 3.5 |
| 公共事业 | 4.5 | 3.7 | 3.3 | 3.0 | 2.2 | 3.8 | 3.1 | 2.9 | 2.8 | 2.9 | 3.4 | 3.6 |
| 合计 | 100.0 | 100.0 | 100.0 | 100.0 | 100.0 | 100.0 | 100.0 | 100.0 | 100.0 | 100.0 | 100.0 | 100.0 |

注：这些标准普尔 500 指数行业部门的历史数据并不是标准普尔或明晟公布的官方数字，而是基于摩根士丹利量化策略部门的调整数据得来的；因此，这些数据可能会被修正。

资料来源：辉盛公司；摩根士丹利量化策略部门；摩根士丹利研究公司；作者。

## 对不同年份和不同行业部门之间投资业绩的观察

回顾表 7–7，从 1997 年到 2006 年，标准普尔 500 指数的年均复合增长率为 8.4%。因此，如果在 1997 年 1 月 1 日将 1 美元投资在标准普尔 500 指数上，到 2006 年 12 月 31 日这 1 美元将升值至 2.24 美元。在 1997—2006 年的十年间，两个标准普尔行业部门的年均复合增长率超过了 10%，其中：能源行业年均复合增长率为 14%；金融行业年均复合增长率为 12%。如果在 1997 年 1 月 1 日分别将 1 美元投资于标准普尔 500 指数的能源行业和金融行业，那么到 2006 年 12 月 31 日，其投资价值将分别增至 3.72 美元和 3.1 美元。

在 1997—2006 年的十年时间里，投资业绩表现最差的行业是通信服务、信息技术和消费者必需品。如果投资者在 1997 年初将 1 美元投资于通信服务、信息技术和消费者必需品行业，那么到 2006 年底，其投资价值将分别增长至 1.5 美元、1.86 美元和 1.95 美元。

# 股票市值最大的公司

关于美国经济和金融市场的增长，以及特定公司的财富随着时间的推移而变化的另一个重要角度，可以从对市值最大的公司几十年来的观察中获得。表 7–9 给出了整个 20 世纪，分布在 1925 年末、1950 年末、1975 年末和 2000 年末，以 25 年为间隔的股票市值最大的 10 家公司市值规模和市场份额情况。

从总体上看，1925 年美国最大的 10 家公司的股票市值合计为 69 亿美元，占美国股票市场总市值 273 亿美元的 25.38%。当年美国最大的公司是 AT&T（通信企业），其股票市值为 13 亿美元，相当于美国股票市场总市值的 4.82%。其他市值最大的 10 家公司还包括 2 家石油公司（新泽西州标准石油公司和加利福尼亚州标准石油公司）、3 家工业公司（通用电气、美国钢铁和通用汽车）、1 家零售公司（伍尔沃斯公司）和 3 家铁路公司（宾夕法尼亚铁路公司、纽约中央铁路公司和南太平洋铁路公司）。

表 7–9 　　　　　　　　　股票市值最大的美国公司

## 1925

| 1925 年 | 股票市值（百万美元） | 占美国股票总市值的百分比（%） |
|---|---|---|
| AT&T | 1 318 | 4.82 |
| 新泽西州标准石油公司 | 952 | 3.48 |
| 通用电气 | 784 | 2.87 |
| 美国钢铁 | 691 | 2.53 |
| 通用汽车 | 606 | 2.22 |
| 加利福尼亚州标准石油公司 | 589 | 2.15 |
| 伍尔沃斯公司 | 549 | 2.01 |
| 宾夕法尼亚铁路公司 | 548 | 2.00 |
| 纽约中央铁路公司 | 516 | 1.89 |
| 南太平洋铁路公司 | 387 | 1.41 |
| 10 家公司合计 | 6 940 | 25.38 |
| 股票市场总市值 | 27 344 | 100.00 |

## 1950

| 1950 年 | 股票市值（百万美元） | 占美国股票总市值的百分比（%） |
|---|---|---|
| AT&T | 4 320 | 5.04 |
| 通用汽车 | 4 049 | 4.73 |
| 通用电气 | 3 782 | 4.41 |
| 杜邦公司 | 2 778 | 3.24 |
| 新泽西州标准石油公司 | 1 587 | 1.85 |
| 联合碳化物公司 | 1 425 | 1.66 |
| 加利福尼亚州标准石油公司 | 1 317 | 1.54 |
| 西尔斯罗巴克公司 | 1 241 | 1.45 |
| 得克萨斯公司 | 1 132 | 1.32 |
| 美国钢铁 | 1 099 | 1.28 |
| 10 家公司合计 | 22 730 | 26.52 |
| 股票市场总市值 | 85 709 | 100.00 |

续前表

1975

| 1975 年 | 股票市值（百万美元） | 占美国股票总市值的百分比（%） |
|---|---|---|
| IBM | 33 289 | 5.06 |
| AT&T | 28 856 | 4.39 |
| 埃克森石油公司 | 19 855 | 3.02 |
| 伊士曼柯达公司 | 17 148 | 2.61 |
| 通用汽车 | 16 503 | 2.51 |
| 西尔斯罗巴克公司 | 10 189 | 1.55 |
| 陶氏化学 | 8 491 | 1.29 |
| 通用电气 | 8 446 | 1.28 |
| 宝洁公司 | 7 341 | 1.12 |
| 德士古公司 | 6 344 | 0.97 |
| 10 家公司合计 | 156 462 | 23.80 |
| 股票市场总市值 | 657 403 | 100.00 |

2000

| 2000 年 | 股票市值（百万美元） | 占美国股票总市值的百分比（%） |
|---|---|---|
| 通用电气 | 476 115 | 4.06 |
| 埃克森美孚公司 | 302 195 | 2.58 |
| 思科公司 | 275 017 | 2.35 |
| 花旗集团 | 256 446 | 2.19 |
| 沃尔玛 | 237 203 | 2.02 |
| 微软 | 230 798 | 1.97 |
| 英特尔 | 202 110 | 1.73 |
| 西南贝尔电信 | 161 632 | 1.38 |
| 可口可乐 | 151 415 | 1.29 |
| IBM | 150 822 | 1.29 |
| 10 家公司合计 | 2 443 753 | 20.86 |
| 股票市场总市值 | 11 715 019 | 100.00 |

资料来源：《纽约时报》，1999 年 12 月 20 日。

到 1950 年，美国股票市场总市值已经上升至 857 亿美元，是 1925 年的 3.13 倍。最大的 10 家公司的股票市值合计占美国股票市场总市值的 26.52%，其中 AT&T 仍然是市值最大的公司，市值达到 43 亿美元，占美国股票市场总市值的 5.04%。其他市值最大的 10 家公司还包括 3 家工业公司（通用汽车、通用电气和美国钢铁）、2 家化学公司（杜邦公司和联合碳化物公司）、1 家零售公司（西尔斯罗巴克公司）和 3 家石油公司（新泽西州标准石油公司、加利福尼亚州标准石油公司和得克萨斯公司）。

25 年后的 1975 年，美国股票市场总市值达到 6574 亿美元，相当于 1950 年总市值的 7.67 倍。IBM 取代了 AT&T 成为市值最大的公司，其市值达到 333 亿美元，占美国股票市场总市值的 5.06%。其他市值最大的 10 家公司还包括 1 家通信公司（AT&T）、2 家石油公司（埃克森石油公司和德士古公司）、1 家化学公司（陶氏化学）、1 家零售公司（西尔斯罗巴克公司）、2 家工业公司（通用汽车和通用电气）和 2 家消费品公司（伊士曼柯达公司和宝洁公司）。

到 2000 年末，美国股票市场总市值已经上升至 11.7 万亿美元，相当于 1975 年总市值的 17.82 倍。而在一年前，也就是 1999 年底，美国股票市场总市值为 15.1 万亿美元，仅仅微软一家公司的市值就达到 5947 亿美元。2000 年底，通用电气的市值为 4761 亿美元，占美国股票市场总市值的 4.06%，这比 1975 年美国股票市场总市值的 72% 还要多一些。通用电气在 1925 年、1950 年、1975 年和 2000 年都跻身于市值最大的 10 家公司中。其他市值最大的 10 家公司还包括 1 家石油公司（埃克森美孚，其前身是埃克森和新泽西州标准石油公司，它们在表 7-9 的所有四个时期均跻身于市值最大的 10 家公司），1 家零售公司（沃尔玛），4 家信息技术公司（思科公司、微软、英特尔和 IBM），1 家金融公司（花旗集团），1 家通信公司（西南贝尔电信，其前身为 AT&T）和 1 家消费品公司（可口可乐）。

## 按单个年份分析美国市值最大公司的回报率

投资者可以通过追踪特定公司的股票价格回报率在一段时间内的模式，

了解公司价值增长和收缩的一些方式。股票价格可能出现一些增长方式包括：（1）稳定的、合理的持续性增长；（2）某种程度的周期性循环，例如连续两年价格上涨，随后两年价格停滞或下跌；（3）长期的年度价格大幅上涨，随后是单年或多年的重大价格逆转。投资者应该预期会遇到各种各样的年度回报模式，这些模式部分受到金融市场整体状况的影响，具体公司的执行情况好坏，以及投资者整体对特定公司之前的业绩和未来前景的积极或消极评估的影响。

表 7-10 向我们展示了 1997—2006 年，在不包括股利的情况下，美国 10 家最大公司（按 2007 年第二季度末的股票市值计算）的年回报率。这些公司按股票总市值从高到低排列，分别是埃克森美孚公司、通用电气、微软、AT&T、花旗集团、美国银行、沃尔玛、宝洁公司、美国国际集团和雪佛龙公司。

## 总体观察和说明

首先，表 7-10 中显示的美国市值最大公司的股票价格回报率反映了这些公司从年初到年底的股价变化，并对任何股票拆分进行了调整。它们不包括分配给股东的公司分拆资产，或支付的股息，或对普通股的再投资。

其次，一家公司的年末总市值是由股票价格乘以已发行的普通股的总数量（包括相关可转换证券的股票以及根据认股权证和员工股票期权计划可发行的股票等数量）计算得到的。一家公司的股票总市值，可能由于以下的原因而发生增减：（1）公司股价在拆分调整后出现上涨或下跌；（2）公司普通股总数量的增加或减少，比如普通股发行、公司回购股票或公司通过发行新股票来并购另一家公司。

最后，股票未来的价格走势不一定与之前年份的价格表现相似。因此，投资者应该非常谨慎，不要根据公司过去的股价模式，对未来的股价走势做出不切实际的结论和推断。

表 7—10　美国股票市值前 10 名公司的年回报率

| 公司 | 股票价格回报率（%） | | | | | | | | | | |
| --- | --- | --- | --- | --- | --- | --- | --- | --- | --- | --- | --- |
| | 1997 | 1998 | 1999 | 2000 | 2001 | 2002 | 2003 | 2004 | 2005 | 2006 | 2Q2007 |
| 埃克森美孚公司 | 24.9 | 19.5 | 10.2 | 7.9 | -9.6 | -11.1 | 17.3 | 25.0 | 9.6 | 36.4 | 9.5 |
| 通用电气 | 48.4 | 39.0 | 51.7 | -7.1 | -16.4 | -39.2 | 27.2 | 17.8 | -4.0 | 6.2 | 2.9 |
| 微软 | 56.4 | 114.6 | 68.4 | -62.8 | 52.7 | -22.0 | 5.9 | -2.4 | -2.1 | 14.2 | -1.3 |
| AT&T | 41.2 | 46.4 | -9.1 | -2.1 | -18.0 | -30.8 | -3.8 | -1.2 | -5.0 | 46.0 | 16.1 |
| 花旗集团 | 78.1 | -7.8 | 68.1 | 22.3 | -1.1 | -25.3 | 37.9 | -0.7 | 0.7 | 14.8 | -7.9 |
| 美国银行 | 24.4 | -1.1 | -16.5 | -8.6 | 37.2 | 10.5 | 15.6 | 16.8 | -1.8 | 15.7 | -8.4 |
| 沃尔玛 | 73.4 | 106.5 | 69.8 | -23.1 | 8.3 | -12.2 | 5.0 | -0.4 | -11.4 | -1.3 | 4.2 |
| 宝洁公司 | 48.3 | 14.4 | 20.0 | -28.4 | 0.9 | 9.4 | 16.2 | 10.3 | 5.1 | 11.0 | -4.8 |
| 美国国际集团 | 50.7 | 33.3 | 39.9 | 36.7 | -19.4 | -27.1 | 14.6 | -0.9 | 3.9 | 5.0 | -2.3 |
| 雪佛龙公司 | 18.5 | 7.7 | 4.4 | -2.5 | 6.1 | -25.8 | 29.9 | 21.6 | 8.1 | 29.5 | 14.6 |

2006 年 12 月 31 日 1 美元的价值（按复合回报计算）10 年（1997—2006 年）

| 公司 | 价值（美元） | 复合增长率（%） | 标准差（%） | 夏普比率 |
| --- | --- | --- | --- | --- |
| 埃克森美孚公司 | 3.13 | 12.1 | 15.0 | 0.50 |
| 通用电气 | 2.26 | 8.5 | 29.8 | 0.13 |
| 微软 | 2.89 | 11.2 | 51.1 | 0.13 |
| AT&T | 1.38 | 3.3 | 27.8 | 0.05 |
| 花旗集团 | 3.95 | 14.7 | 33.5 | 0.30 |
| 美国银行 | 2.18 | 8.1 | 16.2 | 0.22 |
| 沃尔玛 | 4.06 | 15.0 | 44.6 | 0.23 |
| 宝洁公司 | 2.41 | 9.2 | 18.9 | 0.24 |
| 美国国际集团 | 2.79 | 10.8 | 26.1 | 0.24 |
| 雪佛龙公司 | 2.26 | 8.5 | 16.6 | 0.24 |

注：所有的年度回报率均不包含股息支付，并反映了相应的股票分派——埃克森美孚公司：1997 年和 2000 年均为 1 派 2；通用电气：1997 年为 1 派 2，2000 年均为 1 派 3；微软：1998 年、1999 年和 2003 年均为 1 派 2，2002 年实行反向股票分析，为 5 派 1；花旗集团：1997 年和 1999 年均为 1 派 3，2000 年均为 1 派 3，2004 年为 1 派 2；美国银行：1999 年为 1 派 2；沃尔玛：1997 年和 2004 年均为 1 派 2；美国国际集团：1997 年、1998 年和 2000 年均为 2 派 3，1999 年为 4 派 5；雪佛龙：2004 年为 1 派 2。
资料来源：辉盛公司和作者。

## 对不同年份和不同公司表现的观察

以 10 年为基础，按照股票市值衡量，在美国市值最大的公司中，复合增长率最高的是沃尔玛公司，为 15%。因此，如果在 1997 年 1 月 1 日将 1 美元投资给沃尔玛，到 2006 年底，其价值将为 4.06 美元。在同一时期，排名紧随其后的是花旗集团、埃克森美孚公司、微软和美国国际集团，其复合增长率分别为 14.7%、12.1%、11.2% 和 10.8%。如果在 1997 年 1 月 1 日将 1 美元投资给花旗集团、埃克森美孚、微软和美国国际集团，到 2006 年 12 月 31 日，其投资价值将分别增长至 3.95 美元、3.13 美元、2.89 美元和 2.79 美元。1997—2006 年，在股票总市值排名前 10 的公司中，通用电气、雪佛龙公司、美国银行和 AT&T 的复合增长率最低，分别为 8.5%、8.5%、8.1% 和 3.3%。如果投资者在 1997 年 1 月 1 日向上述公司分别投资 1 美元，到 2006 年底，投资在通用电气和雪佛龙的 1 美元将增长至 2.26 美元，投资在美国银行的 1 美元将增长至 2.18 美元，投资在 AT&T 的 1 美元将增长至 1.38 美元。

一家公司的股票市值要想在 2000 年底跻身美国十大公司之列，要么它必须在 20 世纪 90 年代初拥有相当大的规模，并保持在这个规模上，就像通用电气、埃克森美孚公司、沃尔玛、西南贝尔电信、可口可乐和 IBM；要么它必须经历市值的快速增长，就像微软、英特尔、花旗集团，尤其是思科公司。从 1995 年到 1999 年，通用电气股价连续五年实现高增长，这五年股价分别上涨了 41.2%、37.3%、48.4%、39.0% 和 51.7%，但在 2000 年和 2001 年分别下降了 7.1% 和 16.4%。

总而言之，20 世纪 90 年代末和 21 世纪初对于表 7–10 所示的 10 家公司股价来说是黄金时期。在 100 个公司年（10 家公司乘以 10 年）中，有 36 个公司年（不包括 2007 年第二季度）价格下跌。最大幅度的股价下跌来自微软公司（2000 年的 –62.8%），其次是通用电气（2002 年的 –39.2%）。最大幅度的股价上涨同样来自微软公司（1998 年的 114.6%）。

由于在很大程度上受预期和实际能源价格变动的影响，埃克森美孚的股价表现从 1997 年到 2000 年连续四年上涨，分别上涨 24.9%、19.5%、10.2% 和 7.9%。由于在一定程度上受到利率和信贷质量周期的影响，花旗集团的股价出现了间歇性的涨跌，1997 年上涨 78.1%，1998 年下跌 7.8%，然后再次上涨，1999 年上涨 68.1%，2000 年上涨 22.3%。在 2001 年和 2002 年，花旗集团的股价分别下跌了 –1.1% 和 –25.3%，然后在 2003 年上涨了 37.9%，2004 年再次下跌 –0.7%。随后，花旗集团的股价又在 2005 年和 2006 年分别上涨了 0.7% 和 14.8%。

在 20 世纪 90 年代，沃尔玛的股价连续三年出现大幅增长——1997 年增长 73.4%，1998 年增长 106.5%，1999 年增长 69.8%，然后在 2000 年下跌了 23.1%。沃尔玛的股价在 2001 年和 2003 年继续上涨（分别为 8.3% 和 5%），2002 年却大幅下降，跌幅为 –12.2%。随后 2004—2006 年，沃尔玛的股价又经历了连续三年的下跌，跌幅分别为 –0.4%、–11.4% 和 –1.3%。在信息技术领域，微软公司的股价连续三年实现高速增长，在 1997 年、1998 年和 1999 年分别上涨了 56.4%、114.6% 和 68.4%，然后在 2000 年下跌了 62.8%（2001 年反弹 52.7%）。微软的股价在 2002—2006 年间持续波动，波动幅度分别为 –22%、+5.9%、–2.4%、–2.1% 和 +14.2%。美国国际集团在 1997—2000 年间，股价强劲上涨，涨幅分别为 50.7%、33.3%、39.9% 和 36.7%。2003—2006 年，雪佛龙公司股价连续四年实现上涨，涨幅分别为 29.9%、21.6%、8.1% 和 29.5%。

投资者应注意，我们在表 7–10 中所列出的企业仅代表以 2007 年第二季度末股票市值计算的美国最大的 10 家公司。因此，它们逐年的股票价格表现模式并不能代表其他公司的股票价格表现。从历史角度了解不同年份的股票价格表现可以：（1）更有耐心、有权衡地和明智地做出投资选择；（2）揭示公司股价行为的周期性和其他周期性影响；（3）对金融发展历史过程中特定时期的稀缺性或普通性提供了重要的见解。

第五部分

5

金融市场分析与
投资视角

第 **8** 章

# 构建分析框架

## 概述

在资产配置过程中，如果投资者能够同时运用远景分析（长期的、宏观的工具）和深度分析（短期的、微观的工具）时，他们可能会获得大量的收益，并减少次优决策的影响。这需要耐心、技巧和经验。为了实现这个目标，投资者需要一系列能够提供结构和增强反思的工具。在考虑每个主要资产类别时，投资者需要通过一个形象的望远镜来识别：（1）重要的趋势；（2）趋势的持续时间；（3）这些趋势可能产生的影响程度。与此同时，投资者需要一个形象的显微镜来解构和评估特定资产类别内特定投资和投资经理的本质特征。

本章描述了大量的分析工具和技术方法，包括：（1）社会分析，研究一个国家相互联系的金融、经济、政治和社会环境；（2）市场周期分析，揭示基本面因素、估值因素和心理因素在不同市场阶段对资产价格的不同影响程度；（3）情景分析，对各种经济和金融结果出现的概率进行假设，并且把这些结果和战术性资产配置决策联系起来，考虑会中断市场长期趋势的可能冲击、不平衡和错误；（4）投资者满意度分析，考察投资者行为和市场结果对投资者满意度的影响。

本章还探讨了其他一些分析工具，例如：（1）战略实施分析，回顾了投资战略实施中的许多关键决策点和影响每个决策的选择因素；（2）财务比较分析，演示了在投资某一资产类别时应如何去组织和评估关键财务指标；（3）金融市场环境分析，描述了投资者在有利和不利金融环境下的动机、行动和预期；（4）资产配置的阶段和周期，展示了投资者在其延长的金融投资生涯中的参与、增长、实现和确认阶段。

投资者应尽可能多地运用相关工具，在资产配置过程中运用洞察力、严谨性和新思维。投入在这些工具上的相对时间和重视程度通常在很大程度上取决于市场环境、所考虑的资产类别和投资，以及投资者的心态。

## 社会分析

投资者应该考虑一个经济体的稳定程度、增长程度、国家凝聚力和前瞻性思维。这条分析线适用于投资美国和非美国股票、固定收益证券以及另类投资，包括风险投资、私募股权投资、不动产和其他如对冲基金之类的投资品种。一般来说，投资的稳健性和吸引力在很大程度上取决于一个国家社会的整体健康状况，而社会是由相互依存的金融、经济、政治和社会因素以及其他特征组成的。

图8-1向我们展示了人类社会的许多构成要素。

国家、地区和人民以不断向上的模式寻求实现他们的愿望。但在这个过程中，他们的梦想经常遇到经济和金融周期的变幻莫测、外部事件、冲突与和平的转换、信心水平的变化以及优先事项的改变。在将大量资产投入某一资产类别和/或世界某一特定地区之前，明智的做法是问问自己，一个国家在采取一系列建设性或破坏性行动时，将走向何方。通常，这些问题的答案很难通过精确的测量或计算获得。然而，投资者可以而且必须努力对影响资产配置和投资活动的当前和未来环境有一个整体的认识。例如，在金融领域，投资者可能希望反思一个国家是否可能追求或继续追求资本友好的政策，或是否可能采取资本不友好的政策。图 8-1 展示了与这些政府和市场趋势相关的几种原因和影响。在经济领域，投资者需要注意有利与不利的发展和政策，以及这些政策背后的力量是在系统外部（外生事件）还是在系统内部（内生事件）。在政治领域，投资者最好确定一个国家的政策和政治是与大多数人的支持和意愿保持同步、领先还是落后。最后，在社会领域，重要的是要知道国家在多大程度上维护或忽视民众的基本权利、责任和权利。

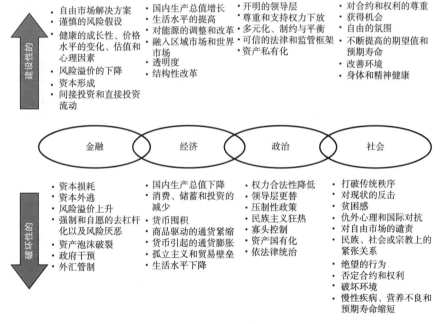

图 8-1　人类社会的构成因素

## 市场周期分析

　　资产配置过程中的一个极其重要的基石是有能力确定：（1）特定资产类别（或资产类别的子类别）处于市场周期的什么阶段；（2）在这一阶段决定价格水平的主要因素。金融资产（如股票和债券）和实物资产（如大宗商品、贵金属、艺术品和收藏品）的价格通常取决于三种因素的组合变化：
（1）基本面因素；（2）估值因素；（3）心理、技术、流动性因素。图 8-2 向
我们展示了资产价格一般遵循的模式。

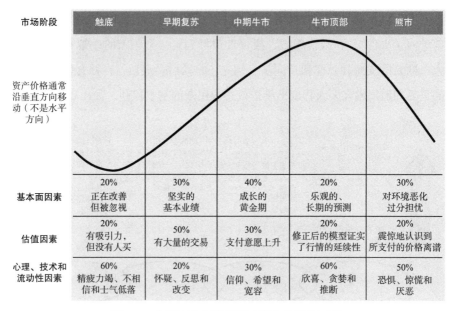

**图 8-2 在不同市场阶段影响资产价格的因素**

注：上述百分比仅是假设性的，反映了作者的个人观点。

图 8-2 以简化的形式描述了资产价格变化的五个主要阶段，大多数资
产的价格以不同的幅度，特别是不同的持续时间，经历了不同程度的逆转。
这些阶段包括：（1）触底，低迷的价格很少或根本没有激起投资者的热情；
（2）早期复苏，此时低价开始让投资者相信其潜在价值；（3）中期牛市，基
本面价值指标吸引来更多的投资者和 / 或不断增加的投资资本；（4）牛市顶
部，投资者对资产类别的热情日益高涨，将价格推至极端高位；（5）熊市，
越来越多的投资者放弃了对资产的热情，自愿将其出售。

图 8-2 还描述了三个关键性决定因素在一个典型市场周期的五个阶段中
所发挥的重要性是不同的。基本面因素（界定资产的内在吸引力、效用或目
标）往往在市场周期的底部和顶部对价格变动只发挥很小的作用。基本面因
素常常在牛市中期的价格决定过程中发挥着更重要的作用，这个时候通常也

是投资者最理性的时候。

估值因素（考虑到一项资产的现金流的模式、时间、现值，以及相对于它本身和其他类型资产的终值）往往在牛市的早期阶段发挥最大的影响。在这个阶段，非常有吸引力的价值往往会使投资者从不相信者变为相信者。在市场周期的其他阶段，估值因素对投资者行为的影响则要远小于其他因素。

心理、技术和流动性因素在市场周期的顶部或底部阶段，在推动资产价格快速上升或极速下降时起着非常重要的作用。心理因素（第 5 章已经详细讨论过）横跨人类情感的整个领域，技术和流动性因素包含了一项资产的流动性、投资者资金的来源和流向，以及一个资产相对于其他资产是否具有吸引力或缺乏吸引力。总之，心理、技术和流动性因素在市场极端情况下的作用远远超过基本面和估值因素。

## 情景分析

在投资者考虑了社会影响、某一资产类别（或子类别）的主导阶段和市场周期的相关力量之后，他们可能会将思想和资源投入到假设的经济和金融情景分析中，从而获利。这种分析的主要价值来自：（1）从乐观到悲观的情景范围的相对完整性；（2）将预测的经济结果粗略地转换为其对各种资产类别的潜在影响；（3）每种情景出现的概率分配；（4）构建适合每个投资者的战术资产配置（通常时间周期为一年）。

投资者在构思和评估各种情景及其对金融市场和投资组合的预期影响时，应牢记几点注意事项。预测，特别是与其相关的概率，只是纯粹的预测，而非实际情况。现实几乎没有以内在一致的方式呈现，也很少能够达到预测的程度。此外，经济和金融历史上不乏意外的结果，因此，很多结果是完全预测不到的。

表 8–1 包含了一个矩阵，它分析了各种各样的美国经济和金融情景可能产生的影响。

表 8–1 涵盖了从分析日开始的 12 个月时间，情景 1 代表的是一个经济增长势头良好的状态（+3.5%），这一增长态势伴随着通货膨胀（+3.5%），以及标准普尔 500 指数企业的税后利润的增加（+18.0%）。这样的结果可能与一个全球真实 GDP 的上升有关（+3.5%）。在这种情形下，预测的 10 年期美国国债的利率在到期时为 6%，预测的 30 年期美国国债的利率在到期时为 6.5%。假设长期国债的利率在 12 个月的期初值是 5.5%，期末是 6.5%，预测的标准普尔 500 股票指数的总回报率（包括股利）将会达到 15%，预测的 30 年期美国国债的总回报率（包括息票）将会是 –20.4%。

在这个假设的例子中，情景 1 出现的概率为 10%。稳健的投资者如果不同意这个概率，而是更强烈地认为情景 1 会成为现实，那么他们可能会采取一种战术性（一年）资产配置，该资产配置将由 55% 的股票、25% 的债券（期限和票面取决于投资者对利率前景的预期）、10% 的另类投资，以及 10% 的现金等价物构成。

在表 8–1 的右下端，情景 6 代表的是一个通货紧缩的预测，认为实际的经济活动收缩 1%，消费价格下降 2%，标准普尔 500 指数企业的税后利润下降 15%。在这种情形下，全球 GDP 可能直接下降 1%，预测的 10 年期美国国债的利率在到期时为 3%，预测的 30 年期美国国债的利率在到期时为 3.5%。因此，预测的标准普尔 500 股票指数的总回报率（包括股利）将会是 –30%，预测的 30 年期美国国债的总回报率（包括息票）将会达到 56.7%。

这个假设的情景 6 出现的概率为 5%。中性的投资者如果强烈地感觉到情景 6 会发生，他们可以采取高度防御性的战术（一年）资产配置，包含 25% 的股票、50% 的债券（期限和票面取决于投资者对利率的预期）、5% 的另类投资，以及 20% 的现金等价物。

表 8-1 经济和金融情景假设分析

| 经济和金融前景[1] | 情景 1 高增长 高通货膨胀 | 情景 2 一般增长 一般通货膨胀 | 情景 3 一般增长 低通货膨胀 |
|---|---|---|---|
| 美国实际 GDP | +3.5% | +2.5% | +1.5% |
| CPI 通货膨胀率 | +3.5% | +3.3% | +1.4% |
| 美国企业总体税后利润 | +10% | +7% | −5.1% |
| 标准普尔 500 指数企业税后利润 | +18% | +15% | +8% |
| 世界实际 GDP | +3.5% | +3% | +2% |
| 资本市场 | | | |
| 10 年期美国国债利率 | 6% | 5.4% | 5.3% |
| 30 年期美国国债利率[2] | 6.5% | 6% | 5.5% |
| 美国股票总回报率（标准普尔 500 指数） | +15% | +10% | +6% |
| 30 年期美国国债总回报率 | −20.4% | −8.2% | +5.5% |
| 概率 | 10% | 25% | 30% |
| 合适的战术性资产配置 | | | |
| 股票 | 55% | 50% | 45% |
| 债券（存续时间取决于投资者） | 25% | 25% | 30% |
| 另类投资[3] | 10% | 15% | 20% |
| 现金 | 10% | 10% | 5% |

| 经济和金融前景 | 情景 4 零增长，低通货膨胀 | 情景 5 反通货膨胀 | 情景 6 通货紧缩 |
|---|---|---|---|
| 美国实际 GDP | 0% | 0% | −1% |
| CPI 通货膨胀率 | +1% | +0.5% | −2% |
| 美国企业总体税后利润 | −14% | −16% | −20% |
| 标准普尔 500 指数企业税后利润 | −5% | −10% | −15% |
| 世界实际 GDP | +2% | 0% | −1% |
| 资本市场 | | | |

续前表

| | | | |
|---|---|---|---|
| 10 年期美国国债利率 | 4.5% | 4% | 3% |
| 30 年期美国国债利率 | 4.8% | 4.5% | 3.5% |
| 美国股票总回报率（标准普尔 500 指数） | −10% | −20% | −30% |
| 30 年期美国国债总回报率 | +20.7% | +37.7% | +56.7% |
| 概率 | 20% | 10% | 5% |
| 合适的战术性资产配置 | | | |
| 股票 | 35% | 30% | 25% |
| 债券（存续时间取决于投资者） | 35% | 45% | 50% |
| 另类投资 [3] | 15% | 10% | 5% |
| 现金 | 15% | 15% | 20% |

注:
1. 这里显示的预测结果、概率和配置是假设性的，仅仅代表作者个人的观点。
2. 长期（30 年期）美国国债的利率在预测的一年持有期的期初假定为 5.5%。
3. 包括不动产 / 不动产投资信托基金、商品和贵金属；私募股权和风险投资；通货膨胀证券；对冲基金和对冲母基金。

## 具有潜在严重后果的情形

寻找可能预示金融市场重大转折点的潜在过度行为的投资者应该记住，指数价格的时间长度和百分比变化本身不足以引发趋势逆转。作为一个一般原则，这里有三种方式可以中断价格长期向上或向下的趋势，并可能将其推向一个新的方向：（1）经济系统或普遍信心水平受到一次或多次重大外部冲击；（2）一个经济体内部严重失衡的累积和最终瓦解；（3）货币政策、财政政策、贸易政策或其他政策上的失误损害了一个国家、一个区域或全球经济的关键部门。

图 8-3 列出了一些可能产生严重后果的情景，分为外部冲击、内部不平衡和政策失误三大类。

图 8-3 中列举的潜在情景并没有完全列出所有可能发生的情况。不过，这里所列出的情景能够帮助投资者事先了解到：（1）一个或多个这样的（或其他的）结果对股票、固定收益证券、另类投资、现金和货币的短期和长期价格变动的预期影响；（2）更重要的是，中央银行、监管机构、政府、投资者和其他金融市场参与者对特定情景可能做出的反应的实质和途径。

| 外部冲击 | 内部不平衡 | 政策失误 |
|---|---|---|
| • 主要国际借款方发起债务重新安排谈判和／或宣布违约<br>• 非美国投资者主要出售美元计价的金融资产<br>• 严重的恐怖主义行为，涉及常规或非常规武器，或可能的生物、化学或核制剂<br>• 动乱地区的紧张局势升级为更广泛的武装冲突<br>• 政府和金融市场之间的对抗不断蔓延<br>• 一个主要经济体和本地区的国家之间爆发了出口大战<br>• 大型证券托管人或支付网络的运营和／或财务问题阻碍了交易的及时清算和结算<br>• 黑客和病毒开发者有效地扰乱一个国家或全球依赖计算机的公用事业、电信、空中交通管制、国防或其他基础设施，或使其中的重要部分瘫痪 | • 贷款和／或衍生品市场出现大规模亏损<br>• 一家或多家大型金融机构和／或工业企业宣布破产<br>• 高估值的股票市场板块经历了显著的价格下跌<br>• 某些经济体的经济增长急剧下降<br>• 外债负担和／或不良金融贷款导致主要经济体内部的银行危机 | • 全球范围内过多的货币流动性被注入（或突然退出），导致资产价格显著膨胀（或紧缩），和／或总体价格水平膨胀（或紧缩）<br>• 日元、欧元、美元和／或其他货币中出现主要货币不稳定<br>• 政府采取保护主义政策，限制商品、服务和／或资本的流动 |

图 8-3  具有潜在严重后果的情形

## 投资者满意度分析

当投资者调查可能影响特定资产类别、金融市场和经济的外部力量时，

他们应该考虑，并在可能的情况下，尽可能量化他们面对市场对其资产配置
决定的肯定或拒绝的反应。

例如，投资者如果预期某一特定的资产类别的价格会上升，就需要决定
是否：（1）购买该资产；（2）持有该资产（如果已经拥有）；（3）出售该资
产。图 8-4 以决策树的形式展示了这些决定。

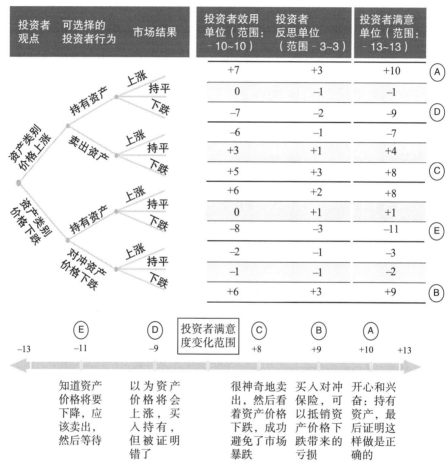

**图 8-4　投资者行为和市场结果对投资者满意度的影响**

注：上面的数值仅仅是理论上的假设，只是作者的个人观点。

在决定购买、持有或卖出一项特定资产类别之后，其价格可能会上涨、
保持不变或下降。这些结果中的每一种都会对投资者产生一定程度的效用

（快乐或失望），同时也会带来一定程度的反思，从而对以前的行为进行事后剖析。投资者的效用与投资者的反思相结合，会产生某种程度的投资者满意或不满意，满意程度从温和到极端都存在。

　　投资者可以为这些潜在结果分配一些任意但一致的数字评级量表，以评估对他们心理的相对影响，并将各种结果与其他结果进行排名（尽管该量表是基于数字的，但满意度的单位往往是高度主观的，对每个投资者来说都是特定的）。例如，图 8-4 显示了一个投资者对 12 种可能结果的反应，这些结果是以下因素的函数：（1）投资者对资产价格可能未来走势的看法；（2）他或她基于该意见或完全无视该意见而实际采取的行动；（3）实际市场结果。

　　例如，沿着图 8-4 中的上方分支（标记为"资产类别价格上涨"，然后是"持有资产"，然后是"上涨"），决策树的三个节点中的每一个都意味着：（1）投资者认为该资产类别的价格会上涨；（2）投资者持有（或购买）该资产；（3）事实上，价格确实上涨了。这一系列的事件产生了 7 个单位的投资者效用（在 10 ~ –10 个单位的主观范围内）。将它与 3 个单位的投资者反思（在 3 ~ –3 个单位的主观范围内）相加，得出了 10 个单位的投资者总体满意度（在 13 ~ –13 个单位的潜在范围内）。图 8-4 决策树分支上的 A 点和底部投资者满意度谱系上的相应 A 点表示：（1）投资者坚信价格会上涨；（2）投资者持有该资产；（3）在这个例子中，实际的价格上涨带来了一系列非常积极的情绪，包括对投资结果的正确判断，以及对自己的掌控能力和金融敏锐感的欣喜之情。

　　投资者满意度谱系的另一端也是一系列情感，它们由如下情况引起：（1）投资者相信资产的价格会下降；（2）投资者持有资产而不是出售它；（3）价格随后出现了下跌。对于一个特定的投资者，这一系列的事件产生了 –8 个单位的投资者效用，加上 –3 个单位的投资者反思，共产生了 –11 个单位的投资者总体满意度。图 8-4 上方决策树上的 E 点和底部投资者满意度谱系上的 E 点就是这样一个结果。投资者忽略了对价格下跌的强烈感觉，没有出售资产。在投资者满意度方面，价格下跌导致了复杂的、不满意的情绪，例如自我责备和持续陷入一系列假设情景之中。

尽管试图用数值来衡量变化无常且高度个性化的感受是不精确和不科学的，但这种方法可以在采取投资行动之前，激发和组织投资者对潜在结果及其财务和情感影响的思考。

## 投资策略执行分析

在整个资产配置过程中，投资者可能会面临如何实施符合并反映其资产配置目标的投资策略选择的问题。一系列的因素可以帮助投资者确定哪种选择最适合他们。图8-5展示了一部分决策点，以及在每个决策点上，投资者面临的多种可能性。

图8-5中从左到右的连续选择，是宏观层面的问题开始，如宏观资产类别的选择决策：是只投资于传统资产类别，还是也投资于另类投资类别。为简化起见，图8-5中的任何一个决策点都没有显示其他选择，如只投资于另类投资类别。涵盖每个决策点的弧线表示投资者面临的选择范围。图的右边列出了可能影响投资者选择决策树的一个分支或另一个分支的因素。图8-5假设投资者选择了传统资产类别分支，然后是股票分支，再然后是决策树的直接所有权分支。图8-5中的许多相同的决定和选择，经过一定的修改，也适用于其他资产类别，如债务证券或另类投资。鉴于图8-5中对股票的选择，还可以出现一些更详细的选择。

直接所有权与集合所有权的决定，可能会引导投资者直接拥有证券或通过共同基金等集合工具来拥有证券。时间、成本和税收方面的考虑将影响这一决定。决定投资于股票的投资者需要确定自己是选择大盘股、中盘股还是小盘股。为简化起见，图8-5没有显示中盘股的问题。对这一决定有影响的众多因素包括：（1）大盘股与小盘股在各自市场周期的地位；（2）这两类股票的相对估值，与它们各自的历史估值范围和相互之间的对比。

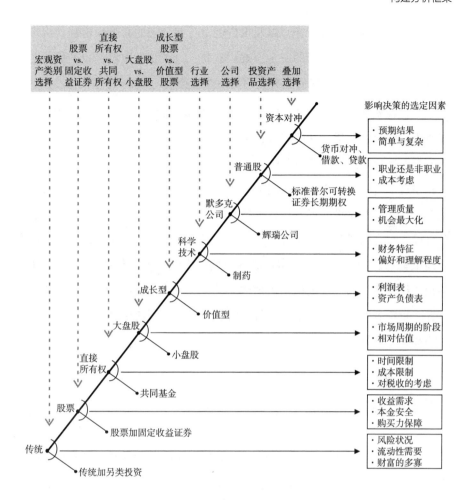

图 8-5　投资战略实施中的决策点

与此类似，对成长型股票和价值型股票的抉择取决于市场作为一个整体，是否关注和 / 或者可能开始关注各种损益表项目，比如利润、收入、现金流和盈利增长率。这样的环境可能意味着（投资者的意愿）向成长型股票倾斜。或者，市场作为一个整体，是否关注和 / 或可能关注资产负债表项目，比如现金和其他有形资产的水平、债务与权益的比率、或有负债及账面价值。这样的环境可能会促使许多投资者更喜欢价值型股票。

在大盘股和小盘股、价值型和成长型之间做出选择后，投资者通常会选择一个或多个行业，然后在这些行业中选择一家或多家公司。行业的周期性和长期性的金融和运营特征，以及投资者对行业动态的喜爱和理解，将影响行业选择。影响公司选择的三个重要因素是：（1）管理质量；（2）公司业务的吸引力；（3）该公司如何充分利用其商业机会。

一旦投资者确定了行业和公司，他们通常会面临许多不同的投资方式：普通股，期权，期货，认股权证，可转换债券，与优先股、期货、股权相关的债券，指数跟踪证券和其他投资工具。使用哪种投资工具取决于：（1）投资者在这个过程中投入了多少时间，对投资过程的理解有多深入；（2）相对交易成本。在确定投资形式后，一些投资者会考虑选择叠加工具。叠加通常会将投资组合的风险回报特征转向更保守或更激进。近年来，这些投资组合叠加工具的范围、形式、成本规制和可用性大幅扩大，包括以下几种：（1）对投资组合或个人头寸的资本价值的对冲；（2）货币对冲；（3）借贷资金或证券。投资者对简单与复杂的偏好，将影响他们是否使用叠加工具，以及使用哪些叠加工具。

## 财务比较分析

随着时间的推移，资产配置和投资策略的成功，在很大程度上，取决于投资者在评估资产类别、特定投资和货币之间及内部的价格与价值关系方面的能力。基于这些知识和敏锐度，成功的投资者可以识别并购买业绩优异的投资和资产类别。同样重要的是，它们可以避免表现不佳的投资和资产类别。

其核心是，整个投资银行和投资管理领域都围绕相对资产价格来判断其真实价值。投资研究和资产管理原则，公开上市交易股票和私募股权，债券交易，资本市场和承销功能，以及兼并、收购、重组和资产剥离活动，所有这些都是为了解决一个基本问题：给定资产的价值是大于、等于还是小于其价格？

在如何确定金融资产和实物资产的价值的问题上，人们付出了巨大的努力，使用了大量定量和定性工具和技术。许多投资者认为，一项资产的价值是由某人在某一特定时刻愿意为它支付的价格所决定的。考虑到资产的收入现金流和最终价格的时间、规模和风险程度，其他投资者使用各种现金流贴现（DCF）模型和类似的结构，还有一些投资者则依赖于最近被买卖的可比资产的市场出清价格。

常识、洞察力、诚实和严格的分析以及良好的判断力有可能为大多数投资者所使用。通过适当的努力，投资者有可能收集到有关某一特定资产类别的可类比的相关数据。在合理的范围内，如果持一种适当的怀疑态度，那么这些信息通常有助于投资者识别被大幅高估或低估的投资产品。

为了说明如何应用这种方法，以下几段讨论了一种资产类别，即公开上市交易的股票。投资者可以在许多其他资产类别中采用类似的方法，从高级债券、高收益债券、可转换债券、通货膨胀指数债券或新兴市场债务，到共同基金、对冲基金或单位信托基金，再到各种形式的大宗商品、私募股权、石油和天然气、风险投资或不动产投资。这些资产类别或资产子类别中的每一个都具有某些与众不同的特征，因此值得采用特殊的分析方法。与此同时，许多基本目标和原则广泛适用于不同的资产类别。这些指导方针包括：（1）计算的一致性；（2）选择适当的分析时间范围；（3）可比数据的创造性和可靠性；（4）不要做出不切实际的结论；（5）具有等待价格回归价值的信心和耐心。

在公开交易的股票资产类别中，一种产生显著长期投资业绩的方法是识别优秀的企业，以合理的价格对其进行投资，并长期持有。通过这种方式，对公司有利的基本面状况、复利收益的力量，以及低周转率的相对税收优势和费用的降低，通常可以产生更好的投资结果，并最终战胜证券价格短期波动带来的不利影响。

运用这种方法投资普通股的一个关键要素是，能够识别具有以下特征的公司：（1）盈利能力——真正的长期经济吸引力；（2）保护能力——保护它们的赚钱能力免受竞争和 / 或政府干预而被削弱；（3）利润再投资——有足够的机会以高回报率将留存收益进行再投资。这种方法的有效性还要求投资者选择这些特征中的适当指标，这些指标可以在数年间进行测度，并且在公司和行业之间具有合理的可比性。

表 8-2 包含了一些著名公司的盈利能力、保护能力和利润再投资方面的数据，向我们展示了根据这三个标准衡量的公司经营业绩。

表 8-2                                选定的美国公司财务比较分析

| | 盈利能力 | | 保护能力 | | 利润再投资净资产 | | |
| | 2004—2006平均值（%） | | 2004—2006平均值（%） | | 回报率（%） | | |
| 公司 | 毛利率 | 营业利润率 | 研发费用率（R&D） | 管理费用率（SG&A） | 2000 | 2003 | 2006 |
|---|---|---|---|---|---|---|---|
| 波音 | 16.4 | 4.9 | 4.3 | 71.1 | 22.8 | 9.9 | 46.7 |
| 戴尔 | 18.1 | 8.3 | 1.0 | 8.8 | 41.1 | 42.1 | 68.5 |
| 亨氏 | 36.2 | 14.8 | n/a | 21.3 | 65.8 | 41.1 | 35.0 |
| IBM | 39.8 | 12.3 | 6.3 | 21.9 | 29.2 | 27.3 | 33.0 |
| 太阳微系统 | 41.6 | −6.7 | 16.3 | 29.0 | 23.6 | −42.1 | −12.9 |
| 惠氏 | 50.4 | 15.7 | 14.7 | 32.7 | 89.2 | 32.8 | 292 |
| 宝洁 | 51.2 | 19.3 | 3.3 | 32.0 | 34.4 | 35.4 | 13.8 |
| 英特尔 | 56.2 | 25.6 | 14.6 | 15.2 | 28.6 | 14.9 | 14.0 |
| 谷歌 | 57.5 | 28.8 | 9.5 | 16.6 | n/a | 17.5 | 17.3 |
| 可口可乐 | 65.3 | 26.2 | n/a | 39.1 | 39.4 | 34.0 | 27.9 |
| 雅诗兰黛 | 74.3 | 10.7 | 1.1 | 63.1 | 20.7 | 18.7 | 25.7 |
| 微软 | 83.0 | 32.8 | 17.2 | 33.0 | 22.8 | 17.3 | 314 |
| 辉瑞 | 84.4 | 25.4 | 14.9 | 32.5 | 40.4 | 19.5 | 21.0 |

注：过去的表现不能代表未来的结果。

定义：

毛利率＝销售额减去销售成本占销售额的百分比。

营业利润率＝毛利润减去销售总额中的管理费用率和研发费用率百分比。

管理费用率＝销售、一般和行政费用占销售额的百分比。

研发费用率＝研发成本占销售额的百分比。

ROE＝净资产回报率＝年初收益占账面价值的百分比。

资料来源：价值线公司、辉盛公司和作者。

## 盈利能力

对于表 8-2 中的每家公司来说，2004—2006 年的盈利能力主要根据毛利率和营业利润率这两个标准来衡量。毛利率是一家公司的销售额减去其销售商品的成本，再除以销售额算出来的百分比来表示。例如，英特尔公司 2004—2006 年的平均毛利率为 56.2%；IBM 为 39.8%；雅诗兰黛公司为74.3%。微软公司这三年的平均毛利率为 83%，而波音公司只有 16.4%。

营业利润率通常反映了一家公司在扣除以下各项费用后，将收入转化为利润的能力：（1）已售商品成本；（2）管理费用；（3）研发费用。例如，戴尔公司在 2004—2006 年的营业利润率为 8.3%，尽管其毛利率相对较低，只有 18.1%。相比之下，IBM 公司在这三年的营业利润率为 12.3%，比戴尔公司高出 4 个百分点，而 IBM 公司的毛利率为 39.8%，比戴尔公司高出整整21.7 个百分点。掌握了这些信息，投资者就可以权衡戴尔公司较低的研发费用率（占销售额的 1%，而 IBM 公司的研发费用占销售额的 6.3%）和管理费用率（2004—2006 年戴尔公司的管理费用占销售额的 8.8%，而同期 IBM 公司的管理费用占销售额的 21.9%）的相对战略和战术优势与劣势。

## 保护能力

衡量一家公司保护其盈利能力的两个粗略标准是：（1）其在研发上的投入占销售额的百分比；（2）销售、一般和行政费用支出在销售额中所占的比重，包括营销、促销和广告支出，旨在保持公司的竞争地位和市场份额。高水平的研发或管理费用本身并不能保证公司成功捍卫其地位。最重要的是，这两种费用的效率程度，反过来反映了管理层明智地部署企业资源的能力，构思和执行一个成功的战略愿景，以及雇用、授权、激励和保留有才华的人力资源的能力。

在表 8-2 所示的公司中，2004—2006 年波音公司和戴尔公司分别将 4.3%和 1% 的销售额用于研发，辉瑞公司和微软公司分别将销售额的 14.9% 和17.2% 投入到研发。太阳微系统公司为 16.3%，英特尔公司为 17.2%，惠氏公司（前身为美国家居产品公司）为 14.7%。

对许多公司来说，管理费用率是这些公司持续努力巩固其竞争地位的风向标。这些公司可能会在市场营销、广告、销售和促销费用上进行投资，以扩大和深化围绕其品牌、销售队伍和 / 或分销系统的战略和战术防御。然而，与此同时，管理费用在销售额中绝对占比数字比较高，可能是管理效率低下、企业慷慨过度或效率低下、官僚体系臃肿阻碍而非促进竞争性创新和市场响应的一个指标。因此，投资者及其投资顾问应不遗余力地尝试解构管理费用类别，并查看其各个组成部分中的数据。

例如，表 8-2 表明，辉瑞公司、可口可乐公司和雅诗兰黛公司在 2004—2006 年的销售中，分别花费了 32.5%、39.1% 和 63.1% 的管理费用。这些公司中的每一家都在销售队伍、分销基础设施、广告和促销活动上投入了大量的资金和管理精力，所有这些都是保护和提升其品牌和竞争力不可或缺的组成部分。

另一方面，波音公司和戴尔公司分别将其 2004—2006 年销售额的 7.1% 和 8.8% 用于管理费用。与辉瑞公司、可口可乐公司和雅诗兰黛公司相比，这两家公司的毛利率都要低得多，因此，从销售金额所占百分比来看，用于管理费用的绝对空间较小。此外，波音公司对其竞争地位的部分保护来自其技术先进、采购敏锐度、供应商关系管理、服务网络和售后支持等方面。戴尔公司对其竞争优势的捍卫部分源于其复杂的制造和组装能力、基于互联网的销售和市场营销战略，以及优秀的库存和财务管理技能。

公司的防御能力可能与研发费用或管理费用占其销售额的高比例有关，也可能无关。投资者应考虑这些支出：（1）作为提升保护能力的活动占总毛利润的百分比；（2）与不断变化的公司差异化和竞争形式有关的行业动态发展；（3）在众多衡量专利权保护和增强的措施中，这只是其中两项；（4）在可以获得更具体数据的情况下，以解构的形式或组成部分的形式进行考虑。

## 利润再投资

一家公司要想成为一个有吸引力的投资对象，该公司就要有大量机会在很长一段时间内继续按照高回报率将其获得的收益进行再投资。衡量这种收益能力的指标包括净资产回报率（指公司税后净收益占股东权益或账面价值的百分比）。

表 8–2 显示，戴尔公司 2006 年的净资产回报率为 68.5%（2000 年为 41.1%，2003 年为 42.1%），亨氏公司 2006 年的净资产回报率为 35%（2000 年为 65.8%，2003 年为 41.1%），谷歌公司 2006 年的净资产回报率为 17.3%（2003 年为 17.5%），可口可乐公司 2006 年的净资产回报率为 27.9%（2000 年为 39.4%，2003 年为 34%）。

采用公司的净资产回报率作为衡量其利润再投资能力时，应注意以下几点。

第一，一家公司的净资产回报率可能会在短期或中期内发生变化，这是由于行业基本面（这一点是公司无法控制的）发生了改变。这方面的因素包括利率、能源和其他商品的价格、经济活动的总体水平以及公司所在行业和国家的具体需求趋势。因此，投资者往往高度重视一家公司在不断变化的环境中创造高净资产回报率的能力。

第二，公司净资产回报率的质量会受会计政策和财务管理实践质量的影响。收益数据的质量可能受到以下因素的影响：收入确认程序；客户支付行为假设；存货、研发和折旧惯例；假设和实际养老金计划投资回报；员工股票期权薪酬水平；与合并、收购、重组和资产剥离活动有关的一系列主观会计判断。收益计算中的主观性程度强调了投资者有必要阅读公司财务报表附注，并在规定的数字后面寻找，以便进行一致的多年度、多公司比较。

第三，净资产回报率的计算，受到公司资产负债表内外的财务杠杆（债务－股权组合）的影响。例如，一家税后收入 1 亿美元、股本 5 亿美元、资产负债表上没有长期债务的公司可能产生 20% 的净资产回报率；而一家税后收入 1 亿美元、股本 2 亿美元、长期债务 3 亿美元的类似公司可能产生 50% 的净资产回报率。在实践中，两家公司的税后收入在绝对意义上是相同的：1 亿美元。投资者是否将 20% 的净资产回报率或 50% 的净资产回报率作为衡量利润再投资收益的标准，以及哪个选择会更有优势，这需要综合考虑：

（1）行业经营和财务特征；（2）影响现金流产生和使用的公司政策；（3）公司经营所在行业的性质和经济环境；（4）尤其重要的是，投资者对公司杠杆相关风险的态度。

## 金融市场环境分析

了解如何认识、预测和应对金融环境的变化（区别于金融环境中的变化）是在任何有意义的时间范围内，获得成功投资的主要挑战之一。

金融资产前景的重大环境变化通常需要投资者进行深刻反思，并对资产配置百分比变化进行重新排序。例如，在 20 世纪 50 年代和 60 年代，美国经济显著扩张，投资者在进行资产配置的过程中，就需要重新配置股票或类似股票的资产。相比之下，20 世纪 70 年代通货膨胀率上升 [ 伴随着两次由欧佩克（OPEC）主导的原油价格大幅上涨 ]、利率上升，而标准普尔 500 指数在 1973 年下降了 14.7%，随后在 1974 年下降了 26.5%，而股票作为一种资产类别，在这 10 年的大部分时间里，其回报率通常都不具有吸引力。

在美联储从 1979 年 10 月开始降低通胀的坚定决心的帮助下，美国经济和企业利润连续多年实现增长，美国家庭越来越多地将退休和投资计划分配到股票和股票共同基金，在这些因素的共同作用下，20 世纪 80 年代和 90 年代，市场再次给那些重配股票和类似股票资产的投资者以高额回报。相比之下，20 世纪 90 年代的日本出现了经济衰退和价格普遍通货紧缩，持有日本政府债券的回报率比持有日本股票的回报率高出 2.5 倍。

进入 21 世纪后，美国股票市场和许多非美国股票市场都经历了价格下跌，标准普尔 500 指数在 2000 年、2001 年和 2002 年分别下跌了 9.1%、11.9% 和 22.1%。表现相对较好的是固定收益证券、现金和另类投资等产品，这促使许多投资者对金融市场和特定资产类别的环境进行了反思和评估。支持股票和类似股票资产持续取得高收益的长期因素包括：（1）美国和世界许多其他地区的经济增长和盈利能力所带来的预期回报；（2）持续的技术进步和对资本友好的政府；（3）对价格变化、流动性和资本流动以及货币政策与财政政策的合理良性预测。

　　主张降低股票和类似股票资产的资产配置比例的长期因素包括：（1）较高的历史股票估值指标（如市盈率、市净率、市销率和股息率）；（2）各种形式的金融杠杆的规模、复杂性和普遍性，其中包括消费者和企业借贷、衍生品的广泛使用以及高杠杆机构的激增；（3）美国个人储蓄率低，国际收支经常项目赤字创 115 年来最高水平，如图 8-6 所示。

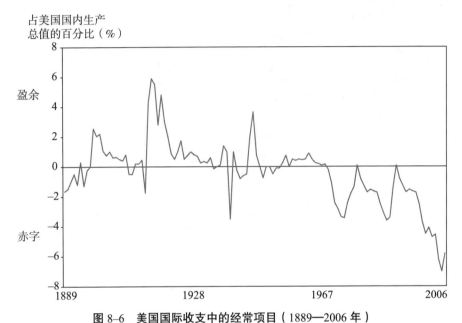

**图 8-6　美国国际收支中的经常项目（1889—2006 年）**

资料来源：摩根士丹利经济研究；经济分析局；以及美国的历史统计数据。

　　金融市场的形势不仅会有力地影响资产配置，还会影响投资者行为和投资策略的常用方法。例如，在一个趋于成熟的股票牛市中，现金作为一种资产类别和市场择时策略往往会被轻视，市场倾向于使用满仓操作的投资方法和长期买入股票的投资心态。图 8-7 描述了有利和不利的金融环境对投资者动机、行为和预期的一些影响。

　　图 8-7 中的两个饼图估计了投资者在牛市中的动机，并与他们在熊市中的动机进行了比较。在牛市期间，投资者的主要动机是赚钱；在熊市期间，他们的主要动机转为避免损失。

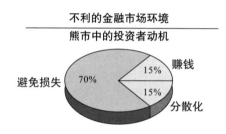

**有利的金融市场环境**

**牛市中的投资者动机**

赚钱 60%
10% 避免损失
30%
分散化

**对投资者行为和预期的影响**

· 大量新创造的个人财富
· 更广泛的地域、资产类别和投资策略
· 投资者期望过高且往往不切实际
· 投资者对现有金融中介机构比较满意
· 显性和隐性的风险假设
· 股票、类似股票的产品和垫头借支在资产配置中更为重要
· 对业绩投资、"进攻型"另类投资类别和对冲基金策略的兴趣增加
· 投资管理精品店、顾问、第三方融资机构的扩大
· 强调资本增值

**不利的金融市场环境**

**熊市中的投资者动机**

赚钱
15%
避免损失 70%
15%
分散化

**对投资者行为和预期的影响**

· 财富减少和新增财富减少
· 缩小地域投资、资产类别和投资策略的范围
· 投资者对投资业绩较为不满
· 投资者努力寻找高质量的金融中介机构
· 强调风险降低、风险控制和风险管理
· 短期和中期固定收益证券在资产配置中更重要
· 对"防御型"另类投资类别和对冲基金策略的兴趣增加
· 合并/关闭投资管理精品店、顾问和第三方融资机构
· 重视资本保值

**图 8-7　金融市场环境对投资者的影响**

　　图 8-7 还对比了有利的金融市场环境和不利的金融市场环境对投资者
行为和预期的一些常见影响。在金融资产价格长期上涨的情况下，投资者愿
意考虑更广泛的地域、资产类别和实施策略。在预期和风险假设上升的情况

下，许多投资者倾向于强调资本增值、股票和类似股票的产品，以及"进攻型"另类投资类别和对冲基金策略。

在金融资产价格长期下跌的时期，许多投资者倾向于专注于缩小地域投资、资产类别和投资策略的范围。投资者关注资本保值和具有防御性质的主流投资，如短期和中期固定收益证券。由于预期受到抑制，风险意识增强，投资者倾向于强调"防御型"的另类投资类别和对冲基金策略。

## 资产配置的阶段和周期

投资者在其资产的构建、配置和投资管理中面临一系列阶段和周期。图 8-8 描述了这些阶段和周期。

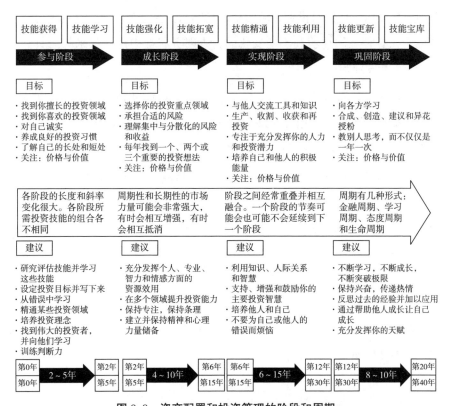

图 8-8　资产配置和投资管理的阶段和周期

图 8-8 底部所示的时间段，并非对所有投资者都是固定的，但给出了投资者经历的每个主要阶段可能需要花费的时间的代表性观点，可能会持续 20~40 年。一些投资者可能会投入时间和精力学习资产配置和投资管理技能，而其他投资者可能会投入资源，学习如何评估代表他们行动的第三方的资产配置和投资管理技能。

资产配置和投资管理过程的第一阶段可以称为参与阶段，通常持续 2~5 年，在这个阶段，投资者获得并学习投资技能。在这个阶段，投资者可以在学习大量投资智慧和知识的同时，找到他们喜欢的投资领域。

第二个阶段可以称为成长阶段，一般持续 4~10 年，在这个阶段，投资者拓宽并强化了他们的投资技能。在这个阶段，投资者可能会对资产配置和投资管理的风格、技术和资源产生更深的理解。

第三阶段可以被称为实现阶段，通常持续 6~15 年，在这个阶段，投资者利用并展示了他们对投资领域的精通和熟悉。在这个阶段，投资者可以利用他们在各种金融环境和不断变化的个人财务状况中建立起来的工具、经验、关系和专业知识。

第四个阶段可以称为巩固阶段，通常持续 8~10 年或更长时间，在这个阶段，投资者更新、利用并扩展他们的金融知识和技能宝库。在这个阶段，投资者可能会与其他投资者进行积极而富有成效的双向学习和知识交流。

市场波动、价格上涨和下跌、基本面、估值和心理/技术/流动性过剩的周期将贯穿这四个主要阶段。在周期和阶段融合的过程中，有几个一般性原则需要记住。各阶段的进展时间和速度可能相差很大。所需资产配置和投资管理技能的组合在不同阶段往往有所不同。周期性和长期性的市场力量可能都很强大，有时会相互增强，有时会相互抵消。资产配置和投资管理阶段经常重叠并相互融合。一个阶段的进展速度可能延续到下一个阶段，也可能不会延续到下一个阶段。最后，周期存在好几种形式，包括金融周期、学习周期、态度周期和生命周期。

第六部分

**战术和战略**

# 第 **9** 章

## 资产配置矩阵和工作表

### 概述

随着个人投资者对他们的金融和投资决策承担越来越多的责任，他们需要实用的工具来帮助使他们的思维井然有序。在这些工具中，有各种各样的工作表、调查问卷、分析表格、风险评估测验、软件和计划分析工具，它们的来源渠道很广泛，都是为了唤起投资者对现在和未来的反应而设计的。这些工作表有些简洁，有些冗长，有些复杂；一些是来自投资咨询公司和理财规划公司提供的正式文本，还有很多可以从金融网站上获得；有些是免费的，有些是收费的。大多数产品都有附加值，有些产品的附加值远远高于其他产品。

本章介绍了资产配置工作表和矩阵的作用，同时也提及了其他一些分析手段，包括制定财务目标、个人财务报表、财务计划、投资者的投资理念概述和投资策略综述。随后本章探讨了一些基于投资心态、投资前景和投资者年龄的一般性资产配置指導原則，幫助投資者回顧不同的金融、經濟和個人的週期性循環，以及市場結果如何影響投資者的資產配置。

本章還介紹了一個矩陣，它涵蓋了世界上不同地區的主要資產類別和資產子類別，並且考慮到本幣和非本幣的換算問題，在矩陣之後，本章提供了好幾張內容翔實的工作表，這些工作表都附帶很多問題，可以幫助投資者確定其資產配置。每張工作表涉及 10 個關鍵主題，這些工作表分別是：（1）投資者概況工作表（包括 26 個問題和評論）；（2）投資前景工作表（包括 21 個問題和評論）；（3）投資範圍工作表（包括 20 個問題和評論）。與資產配置有關的投資者風險、投資前景風險以及投資者特定風險，風險規避矩陣可以幫助投資者甄別、預測並盡量規避其中最重要的 15 種風險。

本章所述的一系列工作表、指導原則以及矩陣可以作為有效的工具，從而將投資者的觀點、境況以及想法轉化為特定的資產配置方案。與此同時，正確認識這些工具的作用也是十分重要的，既不要忽視重要的細節，亦不能為細節所累。投資者不能鑽研過它們後就將這些工作表束之高閣，而應該在不同的人生階段和金融市場環境中不時對它們進行重溫。

## 資產配置過程中的工作表

工作表和相關工具提供了一種相對直接的方式來探索和建立投資者的經驗，同時擴大他們的知識基礎，使其從大量拓展的資源和金融選擇中做出合理的選擇。為了更好地理解這一目標，資產配置工作表可以幫助投資者發現：（1）哪些是資產配置和投資決策中最重要的個人因素和外部因素；（2）與以前相比，資產配置如何拓展指導原則，或選擇更合適的參照基準；（3）投資者偏好的投資組合（和其他投資組合）預計將在未來給投資者帶來什麼樣的收益和價值。

許多沒有明確投資目標的個人投資者會以資產額為限進行資產配置和管理自己的開支，避免把錢花光。換句話說，在投資者的一生中，投資關注的重點會經常發生變化，從關注財富的積累轉為關注財富的保值。資產配置工作表可以幫助投資者預測、規劃和實施他們不斷變化的目標和計劃。

本章所介绍的资产配置工作表和矩阵，目的是为了帮助投资者对以下几个方面做出准确而深刻的描述：（1）投资者的独特境况、对风险的容忍度和个人特征；（2）投资者拟纳入其资产配置的金融资产的短期及长期市场前景；（3）在可能的投资范围中特定投资工具的特征、优点以及不足；（4）不同种类的投资风险以及规避或者尽量最小化这些风险的可能方式；（5）资产在地区、货币和特定资产类别之间的预期和实际配置情况。

这些工作表和矩阵强调了投资者、投资环境和一系列投资选择安排之间的相互作用。它们旨在与各种风险测试、分析问卷和工作表一起使用，这些测试和工作表可以从其他很多地方获得。当投资者在审视并完成这些工作表以及其他地方可能获得的任何工作表或问卷时，每个工作表或矩阵都能够激发其全面、独立、客观地思考，并指导其开展投资活动。

第5章描述的几个重要的行为金融学概念认为，许多原本认为自己相当理性的个人投资者在对待有关财富和风险问题时，往往会变得没那么理性。因此，本章给出的工作表和矩阵尽量认可这种行为并将其考虑在内。例如，许多投资者对损失的担忧超过获取同等程度回报带来的快乐。因此，投资者需要认识到，尽管本书中和其他地方的工作表与矩阵都有一定的局限性，但在投资者构建和再平衡资产配置的过程中，它们仍然可以非常有用地对自己、市场和投资可能性做出严格、细致、通常准确的描述。

资产配置工作表和矩阵通常是资产配置过程中不可或缺的元素，然而，还有其他非常重要的资产配置活动也是投资者需要关注的。如图9-1所示，如果投资者把资产配置工作表作为连续多阶段有机过程的一部分，就可能提高成功配置资产的概率。

图9-1向我们展示了资产配置过程的七个关键组成部分，这些组成部分结合起来，有力地影响投资者获得持久投资成功的机会。图中的步骤1列出了三个活动，可以让投资者为资产配置做好准备：（1）对投资者所希望达到的财务目标进行简要但是合理完整的陈述；（2）个人财务报表，包括收入、支出、现金流量和资产负债的详细汇总，以资产负债表的形式呈现；（3）基于不同的假设因素制订财务计划。这些假设因素包括：收入、支出和通货膨

胀情况；未来的大额支出，如教育、置业或退休；不同资产的回报情况；以及有助于投资者估算其投资生涯中不同阶段的资产净值的其他因素。对于许多投资者来说，步骤 1 相当于财务检查，可能会也可能不会伴随全面的财务审查和 / 或从金融和投资角度提出的投资建议。图 9-1 中的步骤 2、步骤 3 和步骤 4 描述了三个调查领域（本章将以详细工作表的形式探讨），可以帮助投资者选择特定的资产并构建资产配置。步骤 2 用到的是投资者概况工作表，这张表有助于分析可能影响资产选择的个性因素。步骤 3 用到的是投资前景工作表，这张表关注有可能影响资产配置决策的金融资产的长期和短期

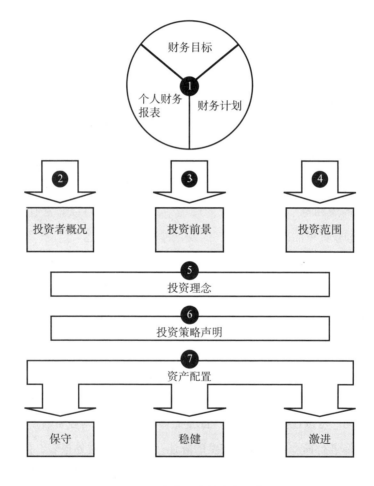

图 9-1　资产配置的决定因素

市场前景。步骤4用到的是投资范围工作表，这张表研究了投资者所关心的潜在投资机会以及这些投资机会如何影响资产配置。

步骤5帮助投资者形成一种投资理念，以便可以根据自己的意愿或多或少表达这种理念，可以是几段或几页的文字，也可以是草草写在纸上的简明要点。在其他考虑因素中，投资理念概述了投资者如何在金融市场中进行投资和寻找的所有经验，包括他们准备如何密切关注金融市场和特定投资，如何选择自己信赖的信息、建议和标准来评估投资机会，以及投资者可能在某种程度上模仿的其他成功模式。

步骤6描述了投资策略声明的创建。在过去几十年里，越来越多的专业和个人投资者开始制定正式的投资策略声明，以记录回报目标、风险承受度、资产类别偏好、资产配置的范围和目标、时间跨度、评估的频率、再平衡过程、托管和报告安排、投资管理者的选择标准和授权指令以及费用支出。在金融市场条件过于有利或不利时，这些正式声明也可以作为参考，并不时促使审查，以便在需要时进行修订。

步骤7展示了资产配置过程本身，即在保守、稳健或激进的投资框架体系下，如何对国内股票和/或国际股票、固定收益证券、另类投资和现金进行组合投资。这些投资框架体系主要由投资风格、评级和其他特征来界定，并根据审慎考虑原则，充分与投资者个人概况、投资前景和可供选择的潜在投资范围等因素相结合进行构建。

## 资产配置工作表的内容

资产配置工作表（包含投资者概况、投资前景和投资范围）帮助投资者决定：（1）投资者的个性特征会如何影响资产配置决策；（2）未来金融市场环境的特殊性会如何影响资产配置决策；（3）特定资产类别或特定投资的特殊性可能如何影响资产配置决策。图9–2简要概括了其所列七个步骤的目的，并显示了投资者正确进行资产配置的先后次序。

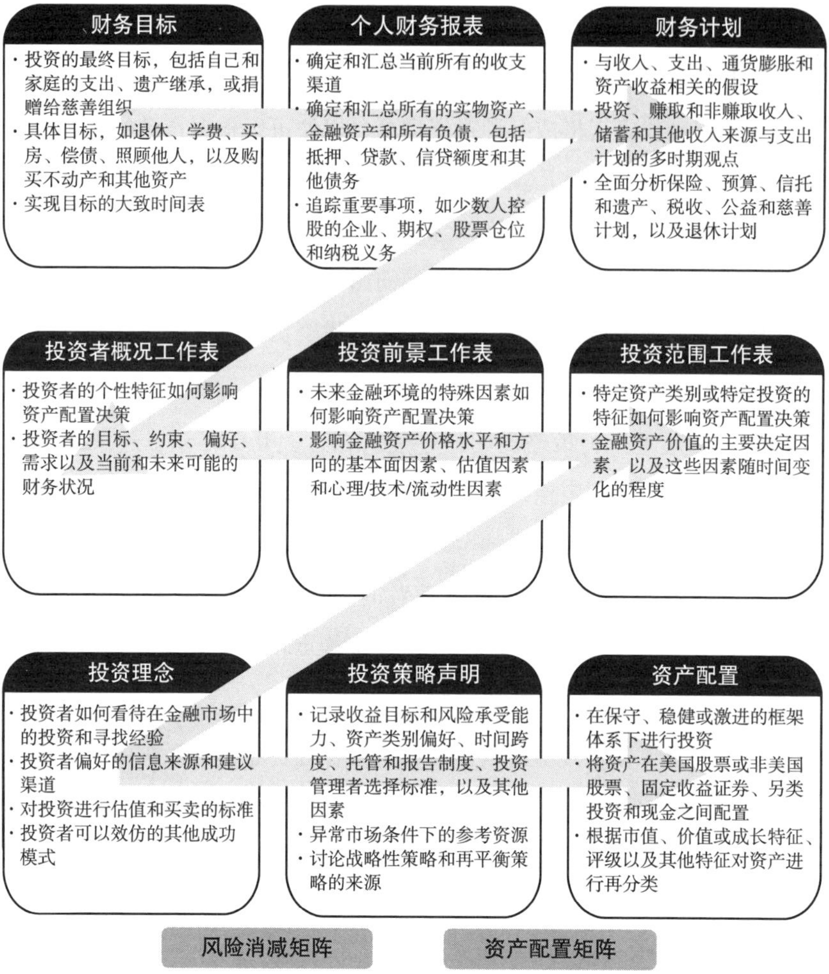

| 财务目标 | 个人财务报表 | 财务计划 |
|---|---|---|
| ·投资的最终目标，包括自己和家庭的支出、遗产继承，或捐赠给慈善组织<br>·具体目标，如退休、学费、买房、偿债、照顾他人，以及购买不动产和其他资产<br>·实现目标的大致时间表 | ·确定和汇总当前所有的收支渠道<br>·确定和汇总所有的实物资产、金融资产和所有负债，包括抵押、贷款、信贷额度和其他债务<br>·追踪重要事项，如少数人控股的企业、期权、股票仓位和纳税义务 | ·与收入、支出、通货膨胀和资产收益相关的假设<br>·投资、赚取和非赚取收入、储蓄和其他收入来源与支出计划的多时期观点<br>·全面分析保险、预算、信托和遗产、税收、公益和慈善计划，以及退休计划 |

| 投资者概况工作表 | 投资前景工作表 | 投资范围工作表 |
|---|---|---|
| ·投资者的个性特征如何影响资产配置决策<br>·投资者的目标、约束、偏好、需求以及当前和未来可能的财务状况 | ·未来金融环境的特殊因素如何影响资产配置决策<br>·影响金融资产价格水平和方向的基本面因素、估值因素和心理/技术/流动性因素 | ·特定资产类别或特定投资的特征如何影响资产配置决策<br>·金融资产价值的主要决定因素，以及这些因素随时间变化的程度 |

| 投资理念 | 投资策略声明 | 资产配置 |
|---|---|---|
| ·投资者如何看待在金融市场中的投资和寻找经验<br>·投资者偏好的信息来源和建议渠道<br>·对投资进行估值和买卖的标准<br>·投资者可以效仿的其他成功模式 | ·记录收益目标和风险承受能力、资产类别偏好、时间跨度、托管和报告制度、投资管理者选择标准，以及其他因素<br>·异常市场条件下的参考资源<br>·讨论战略性策略和再平衡策略的来源 | ·在保守、稳健或激进的框架体系下进行投资<br>·将资产在美国股票或非美国股票、固定收益证券、另类投资和现金之间配置<br>·根据市值、价值或成长特征、评级以及其他特征对资产进行再分类 |

风险消减矩阵    资产配置矩阵

图 9-2    资产配置工作表的内容

　　如果可能的话，投资者应该在填写图 9-7、图 9-9 和图 9-11 中的资产配置工作表之前，列出他们的财务目标，准备一份个人财务报表，制订一份财务计划。在进行资产配置之前，他们还应该写一个简短的投资理念大纲和投资策略声明。这些步骤的顺序由贯穿图 9-2 中的 9 个框的浅灰色箭头表示。这只是一个建议的顺序；并非所有投资者都会按照图中显示的顺序完成所有这些步骤。

## 资产配置工作表的缺陷

一系列将投资者概况、投资前景和投资范围与投资者的资产配置联系起来的工作表，如果使用得当，并从适当的角度来分析，可能就是一个非常有用的工具。作为工具和指南，资产配置工作表可以帮助投资者预测变化多端的金融市场环境，并对此做出恰当的反应。

投资者在本章所列的工作表中填写的具体答案，目的是为了获得值得信赖的资产配置方案。总的来说，投资者需要对他们的资产配置有信心，即使在非常不利的金融市场环境下，他们的资产配置方案也具有可操作性，会表现良好。与此同时，依赖于投资者和其他信息来源构建的资产配置模型的确定性和可预测性，投资者对此应该保持清醒，不要有不合适的错觉。

虽然资产配置工作表可以帮助投资者选择旨在实现特定财务目标的资产类别，但这些工作表并没有解决实现这些目标所需的金额到底有多大的问题。同样，资产配置工作表的设计也会对投资者最终的资产配置分析和具体建议产生影响。投资者可以在相关网站上找到各种风险分析测量问卷和其他工作表，这些网站有：financeware.com、quicken.com、decisioneering.com、troweprice.com。其他一些表格可以在 Bankofamerica.com、fidelity.com、cbs.marketwatch.com、scudder.com、vankampen.com、vanguard.com、thestreet.com 等网站上找到。一些工作表采用的是多项选择式的调查问卷。其他一些表格给出了资产配置样本或者可行的资产配置范围，还有一些工作表运用评分的办法，通过对结果进行数量分析来帮助投资者选择特定的资产配置方案。本章中的工作表主要是一些开放式的问题，为答案留出足够的空间，并附有一定的文字注释。资产配置工作表的另一个缺陷，与投资者倾向于忽视从特定投资中赚取回报的可能性有关，这些回报远远低于相关资产类别的预期长期回报。一般来说，投资者在资产配置工作表的设计、内容或使用上不能过于教条化。

## 资产配置的指导原则

　　总的来说，制定明确的资产配置指导原则以充分利用主要资产类别的相关特征是可能的，这些原则可以充分反映投资者的心态、投资前景和实际年龄。图9-3列举了其中的几个原则。

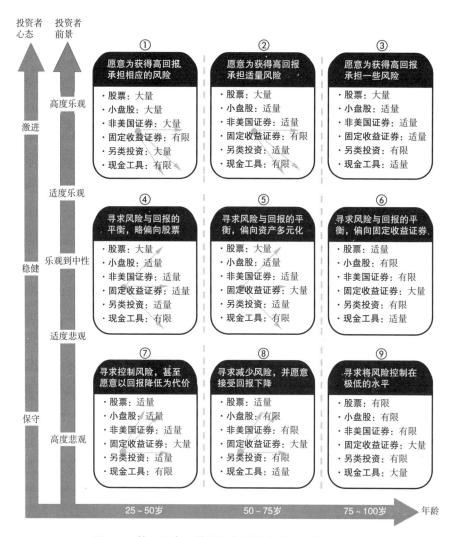

图9-3　基于心态、前景和年龄的资产配置指导原则

## 年龄分组

在图 9–3 中，横轴代表个人投资者投资生涯中的三个年龄段。假设投资者从 25 岁开始投资，第一个年龄段包括 25~50 岁的个人投资者；第二个年龄段由 50~75 岁的个人投资者组成；第三个年龄段则包括 75~100 岁的个人投资者。并非每个投资者的投资生涯都可以简单地划分为三个 25 年这样的区间。同时，人们开始更加长寿，生活也更积极。许多个人投资者的工作时间在延长，工作的灵活性也大大增强。这种趋势可以有力地影响投资者的资产配置方案和投资策略。

## 投资者心态

图 9–3 中的两条纵轴显示了除年龄之外影响投资者一般资产配置指导原则的另外两个因素。左边的纵轴代表投资者的不同心态，包括激进型（追求更高的投资回报，同时愿意承担更高的风险）、稳健型（寻求风险和回报的相对平衡）和保守型（尽可能控制资本损失的风险，这意味着不得不接受较低的投资回报）。

图 9–3 中右边的坐标轴描述了投资者对投资前景所持有的不同预期。从高度乐观（认为金融市场环境非常有利于美国和非美国股票、债权和另类投资品种），到适度乐观，到市场中性（认为金融市场环境对美国和非美国的金融资产既不特别看好也不特别看空），到适度悲观，再到高度悲观（认为金融市场环境对美国和非美国股票、债权和另类投资品种将会非常不利）。

为了简单起见，本章将图 9–3 中的两个纵轴对应起来。也就是说，当投资者有激进的投资心态时，就假定他们对未来的投资前景高度乐观或者适度乐观。当投资者具有保守的投资心态时，就假定他们对未来的投资前景高度悲观或者适度悲观。

这些简化的假设可能并不总是正确的。例如，投资者可能有激进的投资心态，加上温和到中性甚至高度悲观的投资前景；或者，他们可能有保守的投资心态，加上温和到中性或高度乐观的投资前景。

在这种情况下，投资者应该审慎地仔细考虑纵向文本框组合（文本框1、4和7为一组；文本框2、5和8位一组；文本框3、6和9为一组）所代表的资产配置指导原则，这样才能在准确反映投资者心态和投资者前景的基础上创建合适的指导原则。

## 心态和前景的转变

在很多情况下，投资者的心态在25年的时间间隔内也有可能经历一次、几次甚至多次转变。由于人性的多元化特征，投资心态的变化也没有固定的规律可循。这种变化可能是渐进的，也可能是突然的。变化可能是由偏好的转变所引发的：这体现在当前收入相对于资本利得；资本增长相对于资本损失的风险；本金保护相对于购买力保护；或流动性与长期复利收益。同样地，投资者对金融市场状况的预期可能会随着时间的推移而发生改变。

随着投资者年龄的增长，这些转变的可能性由文本框上的三个灰色箭头突显出来，它们分别是1、2、4、5、7和8。例如，一个激进、对市场环境高度乐观并且属于25~50年龄段的投资者可能在他或她到50~75年龄段的时候，会按照文本框1中的指导原则进行资产配置：（1）仍然保持激进和高度乐观（由文本框1上的灰色箭头表示，指向文本框3）；（2）趋向于稳健的投资方式，同时对金融市场持有中性的预期（由文本框1上的中间灰色箭头表示，指向文本框5）；（3）转变为更加保守的投资心态，同时对金融资产的前景高度悲观（由文本框1上的底部灰色箭头表示，指向文本框8）。图中2、4、5、7和8中的灰色箭头也反映了投资者的投资心态随着时间的推移可能发生的转变。

## 资产配置的一般指导原则

由投资者的投资中立性、投资前景和实际年龄共同驱动的一些资产配置一般指导原则列示在每个文本框的顶部，并且每个文本框内用项目符号分条列示特定资产类别的指导原则。例如，75~100岁年龄段的投资者，具有保守的投资心态且对投资前景高度悲观（文本框9），可能会寻求资本损失风险保持在一个非常低的水平。因此，这类投资者的资产配置可能少量投资于股票、小盘股、非美国股票和债务证券以及另类投资，而大量投向固定收入证券和现金工具。

同时，25~50 岁的具有积极的投资心态且对投资前景高度乐观的投资者（第 1 栏），可能愿意承担更高的资本损失风险以寻求更高的投资收益。这类投资者可能认为股票和类似股票的投资，比如偿还期较长的复合资产，会在较长一段时间内（20 年或更长）产生丰厚的投资收益，但他们对持有期在 6 个月、1 年、5 年，甚至 10 年的此类资产的收益情况信心反而比较低。

对于这样的投资者来说，要将其资产配置中的相当一部分投入到股票和类似股票的投资中，他们必须高度自信，相信回报的波动性和价格风险的增加不会导致高度焦虑、自我怀疑，也不会在波动的金融市场周期的错误时刻放弃最初期望的资产配置。如果这些投资者有理由相信自己能保持高度的投资耐心和毅力，那么他们将会大量配置股票、小盘股、非美国股票和债券类证券以及另类投资，而少量配置固定收益证券和现金工具。

对于中间 50~75 岁的投资者而言，如果他们具有稳健的投资心态且对投资前景保持中性的观点（第 5 栏），将会寻求投资回报和资本损失风险之间的平衡，并因此在不同的资产类别中进行分散投资。简而言之，具有这些特征的投资者希望自己的资产配置有足够的增长机会，以实现他们的财务目标，同时具有足够的稳定性，以便：（1）在不利的金融市场环境中维持总的资本价值；（2）获得足够数量的业绩良好的投资，以确保总回报，即便有些风险较大的投资品种可能将遭受暂时或永久的资本损失。因此，这些投资者的资产配置方案可能包含大量股票和固定收益证券，中等数量的小盘股、非美国股票和债务证券以及另类投资，而包含较少的现金工具。

## 投资者的资产配置周期

在投资过程中，投资者可能会感受到几个不同的、通常是重叠的周期的影响，这些周期可以影响他们的资产配置。假设投资活动在 20 岁左右开始，那么投资者的投资行为可能会持续 70 年或更久。图 9-4 中列出了影响个人投资者资产配置的八个相关周期。

投资者可以将图 9-4 所示的周期视为一种金融生物节律图，追踪人生经历的起起落落。就每个周期所对应的不同时长来说，这些周期在持续长度和强度上都存在着很大的差异。因此，投资者生活模式的变迁可能会因经济和金融市场的涨跌趋势而加强或削弱。

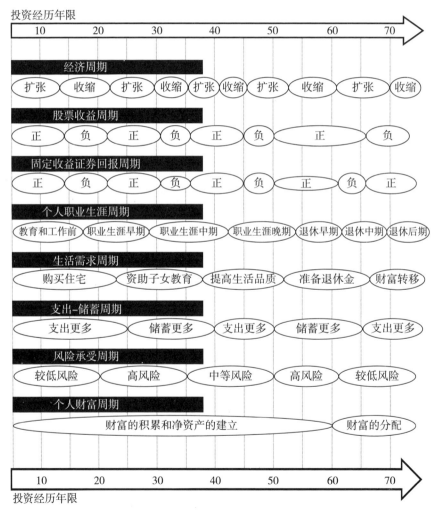

图 9-4　影响个人投资者资产配置的潜在周期

图 9-4 最上面的三个周期与影响资产配置的外部因素有关。经济周期描述了国内、国际和地区经济的扩张或收缩。这些经济周期影响着利率、盈利能力以及其他决定金融资产价值的因素。为了应对基本面因素、估值和心理/技术/流动性因素影响的改变，股票回报周期和固定收益证券回报周期也会对价格、收入和利润的涨跌情况产生影响。这些周期能够直接影响到投资者资产配置活动的损益。

图 9-4 下面的五个周期极具个人特色，这些周期极大影响了个人投资者的生活、投资经验和资产配置过程。个人职业生涯周期描述了职业生涯前、职业生涯中和退休后的三个重要阶段和若干子阶段。这些与工作相关的周期通常会影响投资者可能希望从资产配置中获得的当前收入水平，这与就业方式差异导致的收入水平不同存在显著差别。

生活需求周期指的是个人投资者在其一生中，需要慎重考虑的一些重大支出。这些支出主要包括购买一处或多处住宅、子女的教育费用、改善生活质量、购买高价值商品或劳务、退休后的开支，以及将财富向后代、公益事业或者其他对象转移。

支出－储蓄周期强调的是，在这一时期，投资者的支出可能多于储蓄——也许是在其投资生涯的早期、中期和晚期；或者相反，投资者的储蓄可能多于支出，比如在其投资生涯的早期到中期，或者在中期到晚期过渡的时期。

风险承受周期是指投资者为了追求更高回报而愿意承担更高资本损失风险的时期；或者与此相反，投资者希望降低或完全避免风险而愿意降低投资组合回报的时期。这种风险承担和规避周期因投资的标准规则而异。例如，许多投资案例表明，投资者应该准备在其投资生涯的早期阶段，持有大量风险较高的资产。尽管有这些规则，鉴于整体投资组合的适度规模，未来生活需求出现的大小和时机，以及投资者可能刚入门，因此他们可能很希望将其投资组合的风险保持在相对较低的水平。

个人财富周期描述了财富积累然后再分配的漫长过程。由于投资者可以多次聚集财富，并且可以主动或被动地分配财富，因而有些投资者可能在一生中不止经历过一次这样的周期。

## 市场表现的顺序

明智的投资者应该在很长一段时间内，考虑并可视化他们的投资组合，作为这个过程的一部分，考虑在这段时间的不同时间段里可能出现的市场表现序列。图9-5描绘了这样一个过程，在75年时间跨度里，以每5年做一个时间间隔，考量股票市场的表现。

总体时间跨度、细分的时间区间以及所选择的资产类别可能与图9-5中的有所不同。例如，投资者可能会关注固定收益证券和另类投资在超过20年或30年的跨度中每隔1年或2年的市场表现。在图9-5中，股票市场表现的总体走势被划分为上涨、持平、下跌。

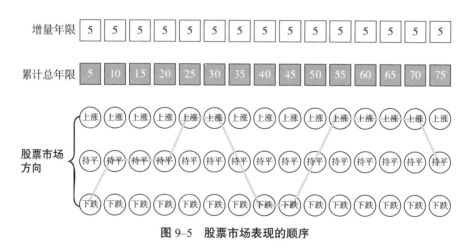

图9-5 股票市场表现的顺序

在图9-5所示的5年间隔序列中，股票市场的运行情况如下：（1）连续5年下跌；（2）连续15年基本平缓运行；（3）连续10年上涨；（4）连续10年下跌；（5）连续20年大体呈上涨趋势；（6）最近5年平缓运行。如果接受上涨、持平、下跌的幅度和累积效应在图中没有得到反映，并且股票市场的表现不必完全以5年作为一个区间来划分，那么图9-5可以被认为是1930—

2005 年间美国股票市场的价格变化过程的一个大致模拟。

鉴于很难准确预测某一特定资产类别在一年内的市场走势,更不用说一个 5 年间隔或一系列的 5 年间隔了,投资者在设计和使用类似图 9–5 这样的图表时要十分小心和谨慎。然而,通过回顾历史,刻画出特定资产类别的市场表现轨迹,将有助于投资者预测未来可能出现的情况。例如,图 9–5 显示,美国股市在连续四个 5 年期里表现出持续强劲的状态是多么罕见和非同寻常。

这个过程还可以帮助投资者区分周期性和长期性的牛市或熊市。例如,许多金融分析师认为周期性熊市的持续时间相对较短(12 ~ 24 个月),其幅度相对较小(价格下跌 20% ~ 30%),而长期熊市的持续时间相对较长(5 ~ 10 年或更长),其幅度相对较大(价格下跌 30% ~ 50% 或更多)。

通过可视化描绘投资回报随时间变化的过程,投资者可以更清楚地意识到,从投资组合中撤出资本的策略(通常称为"支出政策")与金融市场的实际表现紧密结合是十分重要的。否则,投资者就可能面临风险,在最初设定的投资期限之内就耗尽其投资组合(即资本消耗殆尽)。

例如,表 9–1 显示了投资者不考虑股票市场表现的未来顺序就采用支出政策,将会对其资本产生何种影响。

在表 9–1 的顺序 A 中,股票市场在早期经历了连续两年的资本损失,每年价格下跌 20%,随后又连续三年获得了资本收益,每年价格上涨 12%。对于以 100 美元的初始投资开始的投资者,其第一年的支出为初始投资的 5%,每年增加 10%(在原来的 5% 的基础上),在第五年末,总资本将缩水至54.21 美元。

相反,在顺序 B 中,股票市场先是连续三年获得资本收益,每年有 12% 的价格上涨,随后连续两年出现资本损失,每年价格下跌 20%。假设初始投资同样为 100 美元,其第一年的支出为初始投资的 5%,以后每年增长 10%(在 5% 的基础上),那么在第五年末,总资本将缩水至 65.43 美元,或比顺序 A 结束时的可用资本多出 21%。

**表 9–1**                    不同股票市场顺序下的投资结果

**顺序A：先是资本损失，随后是资本收益**

|  | 第1年 | 第2年 | 第3年 | 第4年 | 第5年 |
|---|---|---|---|---|---|
| 投资（美元） | 100.00 | 75.00 | 54.50 | 59.99 | 54.93 |
| 乘：投资回报率（%） | −20 | −20 | +12 | +12 | +12 |
| 等于：期末的价值（美元） | 80.00 | 60.00 | 61.04 | 61.59 | 61.53 |
| 减：每年支出[1]（美元） | −5.00 | −5.50 | −6.05 | −6.66 | −7.32 |
| 等于：可用资本（美元） | 75.00 | 54.50 | 54.99 | 54.93 | 54.21 |

**序列B：先是资本回报，随后是资本损失**

|  | 第1年 | 第2年 | 第3年 | 第4年 | 第5年 |
|---|---|---|---|---|---|
| 投资（美元） | 100.00 | 107.00 | 114.34 | 122.01 | 90.95 |
| 乘：投资回报率（%） | +12 | +12 | +12 | −20 | −20 |
| 等于：期末的价值（美元） | 112.00 | 119.84 | 128.06 | 97.61 | 72.76 |
| 减：每年支出（美元） | −5.00 | −5.50 | −6.05 | −6.66 | −7.33 |
| 等于：可用资本（美元） | 107.00 | 114.34 | 122.01 | 90.95 | 65.43 |

注：1. 第一年为初始投资的5%，以后每年在5%的基础上增加10%。

　　当资本损失程度增加，这种差距就更加明显。例如，如果投资者从100美元的初始资本起步，其支出为初始投资额的5%，以后每年增加10%（在5%的基础上），市场回报率的次序为–30%、–30%、+10%、+10%、+10%，初始资本在五年结束时将剩下31.28美元，而当市场回报率的次序为+10%、+10%、+10%、–30%、–30%，初始资本在五年结束时则剩下44.35美元。因此，在投资者寻求不耗尽其总资产规模的期限时，投资回报的顺序或者次序发挥着至关重要的作用。

## 资产配置矩阵

　　资产配置矩阵向我们展示了投资组合根据资产类别、资产子类别、地区和货币进行配置的情况。表9–2就是一个详细的资产配置矩阵代表。

表 9–2　　　　　　　　　　　不同股票市场顺序下的投资结果

| 资产类别 | 美国 本币 | 美国 非本币 | 加拿大 本币 | 加拿大 非本币 | 欧洲 本币 | 欧洲 非本币 | 日本 本币 | 日本 非本币 | 亚洲发达国家和地区[1] 本币 | 亚洲发达国家和地区[1] 非本币 | 新兴市场[2] 合计 | | 合计 |
|---|---|---|---|---|---|---|---|---|---|---|---|---|---|
| **股票** | | | | | | | | | | | | | |
| **美国股票** | | | | | | | | | | | | | |
| 成长型大盘股 | % | % | | | | | | | | | | | % |
| 价值型大盘股 | % | % | | | | | | | | | | | % |
| 成长型中盘股 | % | % | | | | | | | | | | | % |
| 价值型中盘股 | % | % | | | | | | | | | | | % |
| 成长型小盘股 | % | % | | | | | | | | | | | % |
| 价值型小盘股 | % | % | | | | | | | | | | | % |
| **非美国股票** | | | | | | | | | | | | | |
| 发达国家大盘股 | | | % | % | % | % | % | % | % | % | | | % |
| 发达国家小盘股 | | | % | % | % | % | % | % | % | % | | | % |
| 新兴市场大盘股 | | | | | | | | | | | % | % | % |
| 新兴市场小盘股 | | | | | | | | | | | % | % | % |
| **固定收益证券** | | | | | | | | | | | | | |
| **美国固定收益证券** | | | | | | | | | | | | | |
| 投资级–应税 | % | % | | | | | | | | | | | % |
| 投资级–免税 | % | % | | | | | | | | | | | % |
| 高收益–应税 | % | % | | | | | | | | | | | % |
| 高收益–免税 | % | % | | | | | | | | | | | % |
| **非美国固定收益证券** | | | | | | | | | | | | | |
| 发达国家 | | | % | % | % | % | % | % | % | % | | | % |
| 新兴市场 | | | | | | | | | | | % | % | % |
| 可转换证券 | % | % | % | % | % | % | % | % | % | % | | | % |
| 通胀指数化债券 | % | % | % | % | % | % | % | % | % | % | | | % |
| **另类投资** | | | | | | | | | | | | | |
| 私募股权 | % | % | % | % | % | % | % | % | % | % | % | % | % |
| 大宗商品 | % | % | % | % | % | % | % | % | % | % | % | % | % |
| 不动产 | % | % | % | % | % | % | % | % | % | % | % | % | % |
| 对冲基金 | % | % | % | % | % | % | % | % | % | % | % | % | % |
| 贵金属 | % | % | % | % | % | % | % | % | % | % | % | % | % |
| 艺术品 | % | % | % | % | % | % | % | % | % | % | % | % | % |
| **现金** | | | | | | | | | | | | | |
| 现金及等价物 | % | % | % | % | % | % | % | % | % | % | % | % | % |
| **合计** | % | % | % | % | % | % | % | % | % | % | % | % | % |

注：
1. 包括中国香港、新加坡、澳大利亚和新西兰。
2. 位于欧洲、美洲、亚洲、非洲和中东。

复制一份如表 9–2 所示的资产配置矩阵，以便在回顾本章的投资者概况、投资前景和投资范围工作表时可以放在手边作为注释，这是一个不错的想法。通过查看表 9–2，投资者可以确定他们总资产被分配在美国和非美国的股票和固定收益证券、另类投资以及现金工具中的比重。

对于这些资产类别及其相关的子类别，投资者还可以分别用本币或者非本币表示投到美国、加拿大、欧洲、日本、亚洲发达国家和新兴市场的总投资组合的份额。灰色阴影区域表示可能不容易获得或根本不存在的资产类别。

以表 9-2 中的矩阵这样有组织的格式查看资产配置有几个好处。首先，他们的投资组合是不同类型资产的组合，不是所有资产都会在同一时间表现良好，也不应该出现所有资产都在同一时间表现糟糕。在某种程度上，各种资产回报彼此之间的相关性较低，这种业绩轮换甚至可能更加明显，不同资产类别的回报在不同时间对整体财务业绩的抵销效应也会更加明显。其次，矩阵的形式可以帮助投资者在定期或在自身情况、市场前景或投资范围发生重大变化后重新审视其资产配置方案。最后，对资产配置进行准确和有规律的评估，特别是在连续的时间区间操作，能够帮助投资者适当调整其战略资产配置政策，进行战术资产配置再平衡活动。这样，投资者就可以获得一种资产配置，这种配置更有可能让投资者对投资组合的风险和回报产生足够的舒适感和信心。

## 投资者概况工作表

在所有影响资产配置的因素中，投资者自身的情况（包括背景、愿望、担忧、梦想和财务状况）是最重要的。图 9-6 显示了投资者概况工作表中 10 个重要的方面，与下面工作表中的顺序一样，按顺时针方向排列，从 12 点的位置开始。

图 9-6 总结的投资者概况工作表的主要目的之一是帮助投资者更深入、更有组织地了解那些可能使他们倾向于或远离特定资产类别的个人品性、特征和情况。与此同时，图 9-6 的工作表中列出的许多因素都受到高度不确定性的影响，既有投资者的预期寿命，还有他们的工作年限与退休年限的比较。

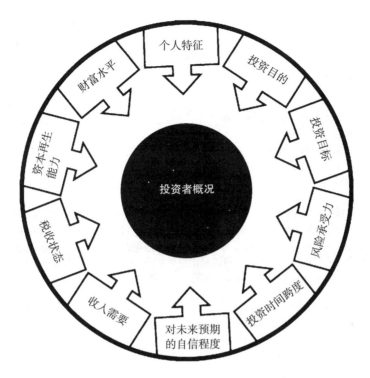

**图 9-6　影响资产配置的投资者个人因素**

　　许多非常重要的投资者因素，几乎无法进行准确衡量。例如，投资者的风险承受力很难进行准确评估，部分原因是投资者的风险承受力可能会随时间的推移和金融市场环境的变化而经历不同阶段，还有部分原因是个人在非金融领域和金融领域的风险行为之间的联系也不同。

　　投资者基本情况中还包括其他诸多因素，有些是非金融因素，有些是金融因素。非金融因素中包括投资者的投资目的和投资目标、投资的时间跨度，以及对未来预测的自信程度。金融因素包括财富水平、税收状态、收入需求和资本再生能力。表 9-3 展示的是一张投资者概况工作表，包括与投资者个人情况相关的 26 个问题，分为 10 大方面：（1）个人特征；（2）投资目的；（3）投资目标；（4）风险承受力；（5）投资的时间跨度；（6）对未来预期的自信程度；（7）收入需要；（8）税收状态；（9）资本再生能力；（10）财富水平。每个问题后面都留有空间让投资者写下答案，此外，每部分后还附有简要的说明或评论，讨论这些内容如何影响投资者的资产配置。

表 9–3　　　　　　　　　　　　　　　投资者概况工作表

<table>
<tr><td rowspan="20">投资者概况</td><td colspan="1">

**1. 个人特征**

- 投资者的年龄是多少＿＿＿＿＿＿＿＿＿＿＿
- 投资者预计退休前还要工作多久＿＿＿＿＿＿＿＿＿＿＿＿＿＿＿
- 对退休年限的合理预期是＿＿＿＿＿＿＿＿＿＿＿＿＿＿＿＿＿＿
- 投资者在投资和金融方面有多少经验＿＿＿＿＿＿＿＿＿＿＿＿＿
- 投资者实际参与投资组合的倾向是什么＿＿＿＿＿＿＿＿＿＿＿＿
- 投资者的资金来源有哪些＿＿＿＿＿＿＿＿＿＿＿＿＿＿＿＿＿＿

评论

投资者的实际年龄和职业年限会影响到投资者在投资组合中承受损失的能力。同时，投资者的年龄也会影响到要实现特定的财富目标可以进行投资的年限。

投资者的经验水平可以是长期的，也可以是短期的，可以是深刻的，也可以是肤浅的，可能包括重大的积极或消极的经验，这些经验可能决定资产选择。通常情况下，投资者的经验程度与投资期限一样重要。

**2. 投资目的**

- 投资者资本的最终用途是什么＿＿＿＿＿＿＿＿＿＿＿＿＿＿＿＿
- 投资者支出的时间安排和数量是怎样的＿＿＿＿＿＿＿＿＿＿＿＿
- 投资者资本的各种用途是否存在优先顺序排列＿＿＿＿＿＿＿＿＿

评论

决定于：（1）投资者初始资本的规模；（2）资本投资的时间长度；（3）资本的大量流入和／或流出；（4）对于所持资产的已实现回报率，投资者可能需要也可能不需要优先考虑其资本的预期用途。投资组合的投资目的还可能包括：（1）购买首要住宅、度假住宅或其他多处住宅；（2）投资、购买或创办企业；（3）为子女、父母或其他受抚养人提供教育、医疗健康或其他费用；（4）购买和／或收集牲畜、赛马、艺术品、汽车、古董、珠宝和其他贵重物品；（5）通过购买多处房产、游艇或飞机来提高生活品质；（6）为社会、居民、教育、宗教或者其他慈善事业捐赠

**3. 投资目标**

- 投资者给组合设定的目标是什么＿＿＿＿＿＿＿＿＿＿＿＿＿＿＿
- 投资者是否意识到要在不同投资目标之间进行权衡选择＿＿＿＿＿

评论

投资者经常被要求为其投资组合选择目标并对其进行排序，这些投资目标包括：（1）资本增值；（2）增加收入：（3）保护或维持购买力；（4）本金安全；（5）本金的流动性或变现能力。与此同时，必须考虑一些更深层次、更基本的目标。简而言之，这些目标可能包括：（1）保持财富水平；（2）变得富裕；（3）不必为支出担忧；（4）摆脱贫穷。对于投资者来说，有些目标的实现是需要成本的，并不是所有目标都可以同时实现，把这些牢记在心是非常有用的。例如，专注于资本的增值可能要承担更大幅度的价格波动、更低的收入和潜在的资本损失

</td></tr>
</table>

续前表

<table>
<tr><td rowspan="16">投资者概况</td><td>

**4. 风险承受力**

• 投资者承受已发生或未发生损失的能力怎么样? ＿＿＿＿＿＿＿＿＿＿＿＿＿

• 如果投资组合市值下跌了 10%、20%、30%、40% 或更多, 投资者将如何应对? ＿＿＿＿＿＿＿＿＿＿＿＿＿＿＿＿＿＿＿＿＿＿＿＿＿＿＿＿＿＿＿＿＿＿＿

评论

最难评估的投资者特征之一是投资者的风险承受力。并非所有投资者都拥有相同的风险承受力, 许多投资者的风险承受力可能在其人生的不同阶段和不同的金融市场环境中有所不同。对很多投资者来说, 大量已实现或潜在的损失会引发情绪波动、恐慌、自责、麻痹、判断力受损以及许多其他形式的心理和精神不安; 其他投资者可能会以高情商、冷静、理性、清晰的思维和合理的反应来应对现实或潜在的损失。在投资范围中, 一个广为流传的说法是, 投资者必须承担更高水平的风险, 甚至要面临资本损失的可能性——才能在一段时间内获得更高的回报率。并非所有投资者都这么认为。例如, 一些规避风险的投资者未来将拥有期权或股份, 甚至在实际拥有之前就寻求对冲、出售头寸或多元化的方法。投资者需要深思熟虑, 尽可能深入地思考他们对不同类型资产的不同程度的毁灭性财务表现可能做出的反应。投资者经常被问及, 他们是想吃得更好, 还是想睡得更好。不幸的是, 这个问题的正确答案只有在金融资产面临糟糕的市场困境时才可能知道

**5. 投资的时间跨度**

• 投资者设定的投资时限是多长＿＿＿＿＿＿＿＿＿＿＿＿＿＿＿＿＿＿

• 投资者何时需要用到其全部或部分本金＿＿＿＿＿＿＿＿＿＿＿＿＿＿＿＿

评论

资产配置和财务规划的深层潜在目标之一是不要让投资者活得比他或她的资产更久, 也就是在未来的时间里不要将所有的资金都耗尽。为了应对这一挑战, 投资者如果能够在短期、中期和长期的背景下重新审视以下内容将是十分有益的: (1) 自己的剩余寿命; (2) 其整体投资组合的性质、期限和收益情况, 以及投资组合的关键组成部分; (3) 资金按计划流入和流出投资组合; (4) 可能会发生的潜在或有事项

**6. 对未来预期的自信程度**

• 投资者对自己资本的短期、中期和长期流入和流出的信心如何＿＿＿＿＿＿＿

• 投资者对自己资产的短期、中期和长期的投资收益情况有多大信心＿＿＿＿＿

评论

值得重申的是, 投资者对资本流动和资本市场状况的预测过于自信或缺乏信心, 并不会使此类预测发生的可能性增加或减少。与此同时, 投资组合的间隔时间越长, 可能: (1) 增加资产产生接近其长期平均回报率的机会; (2) 改变关于资本流入和流出的名义或实际货币数量的确定性程度。计算机或模型生成的流量和回报可能会给人一种确定性的错觉, 而实际上这种预测常常是不准确的。大多数人可以粗略地衡量他们一生中大额资本流入和/或流出的时机分布, 从购买或出售房屋到教育支出, 再到退休开支。投资者应该通过对可能性和结果范围的评估, 寻求一种现实的而非虚假的安全感。反过来, 这种想法应该会影响投资者的: (1) 对复杂事物的适应性; (2) 根据不断变化的市场情况进行投资组合再平衡活动的频率和程度; (3) 在各种市场周期中能够专注于避免或纠正投资错误, 做出正确的判断和保持耐心

</td></tr>
</table>

续前表

<table>
<tr><td rowspan="10">投资者概况</td><td>

**7. 收入需要**

- 从投资组合中提取资金的时间和金额可能是怎样的＿＿＿＿＿＿＿＿＿＿＿
- 收入需要的范围是怎样的？这些收入需要的可预测性如何＿＿＿＿＿＿＿＿
- 根据不断变化的资产配置、投资业绩以及投资者和受益人的寿命，投资者调整其预期收入需求的难易程度如何＿＿＿＿＿＿＿＿＿＿＿＿＿＿＿＿＿＿

评论

一般而言，投资者可用收入的固定和可变部分与其收入需求相平衡，可能随以下混合因素而波动：（1）投资组合中的资产组合；（2）预期的稳定、上升或下降的投资回报、投资者支出率和资本撤出模式；（3）总体价格水平的上升或下降（如通货膨胀、反通货膨胀或通货紧缩）；（4）推迟或不推迟某些预算费用的能力，包括债务偿还、医疗费用、预定慈善捐款、可推迟的生活方式改善；（5）重要的是投资者和投资组合受益人的寿命。投资者可能需要调整其年度支出水平，以考虑投资组合的投资结果。否则，保持代表原始投资组合固定（或上升）百分比的年度支出百分比水平，并且对不利的投资结果不敏感，尤其是在投资组合生命的早期，可能会在投资组合预期到期前多年耗尽投资者的所有资金

**8. 税收状态**

- 在联邦、州、地方和（可能的）国际层面上，投资者当前和可能的未来收入、资本利得、遗产、财产和其他税收状态是怎样的＿＿＿＿＿＿＿＿＿＿＿＿＿

评论

从长远来看，成功投资的本质是能够年复一年地以可观的回报率持续增加投资组合中资产的价值。为实现这一点，需要重点考虑的是：（1）资产应以结构，如401（k）、基奥计划和IRA计划、年金、信托、基金会、单独管理的投资账户和相关实体拥有，以尽量减少、推迟或保护投资组合免受税收负担；（2）拥有正确类型的资产（如适当的免税债券或税负较低的投资）；（3）要在了解税收的情况下投资，而不应忽视税收因素。虽然允许税收因素驱动投资行为可能是不明智的，但不考虑此类活动的税务后果而随意分配资产和执行投资政策也是不明智的。与此相关的考虑因素是，许多个人投资者倾向于以税前价值计算其总净值，但实际上，应该把眼下推迟但最终仍需要支付的税收因素也考虑在内

**9. 资本再生能力**

- 如果有必要的话，投资者获得额外资本的难易程度是怎样的＿＿＿＿＿＿＿＿
- 是否有可能在未来的某个时刻，通过以非杠杆资产为抵押的借款，或者通过收获或将资产转化为货币形式，来获得大量的流动性＿＿＿＿＿＿＿＿＿＿＿＿

评论

许多通过发展和出售公司而积累财富的投资者都知道，如果有必要，他们可以重新开创、建立和出售新公司。对大多数投资者资本再生能力的主要影响来自其年度职业收益的水平、可变性和形式。在未来某个时候，其他产生额外资本的方式包括：（1）遗产；（2）与较早出售公司相关的盈余准备金；（3）特许权使用费、背书费或许可费产生的现金流；（4）法律事务的解决；（5）出售木材、部分不动产、艺术品、船只和其他财产等

</td></tr>
</table>

续前表

| | 10. 财富水平 |
|---|---|
| 投资者概况 | • 投资者的资产净值规模是多少＿＿＿＿＿＿＿＿＿＿＿＿＿＿＿＿＿＿＿＿＿＿<br>• 投资者的资产净值的形式是什么＿＿＿＿＿＿＿＿＿＿＿＿＿＿＿＿＿＿＿＿<br>• 投资者在多大程度上保护了其资产净值＿＿＿＿＿＿＿＿＿＿＿＿＿＿＿＿<br>**评论**<br>投资者的财务战略和资产配置将受到其拥有或预期拥有的可用于投资的资金量的影响。许多投资者一开始几乎没有资本，而其他投资者可能投入的资金规模达到数十万、数百万甚至数十亿美元。一般来说，投资者的净值越大、流动性越强，可以考虑的资产范围就越广，投资组合中可能存在的非流动或低效资产类别的程度也就越大。净值有多种形式，包括：（1）创收活动和资产；（2）已经实现的资本增值；（3）未实现的资本增值（如合格和不合格员工的股票期权和集中的股权头寸）；（4）将在未来某个日期支付的各种形式的福利；（5）其他流动和非流动资产。投资者资产净值的结构和金额也会受到潜在或实际的显性、隐性或或有负债的影响。这类负债包括借款、因嵌入收益而应付的当前和未来税款，以及待决的已知或未知付款或法律判决此外，投资者的财富水平和创收能力可能会受到保护，也可能不会，通过：（1）各种形式的对冲，使用期权、其他衍生品和结构化投资工具；（2）各种形式的保险，如人寿、意外、责任、残疾和长期护理保险；（3）社会保障、401（k）计划、利润分享计划、基奥计划和个人退休账户（IRA） |

## 投资前景工作表

整体投资前景在资产配置中起着至关重要的作用。图 9–7 总结了投资前景工作表中的 10 个重要方面，与下面工作表中的顺序一样，按顺时针方向排列，从 12 点的位置开始。

图 9–8 中总结的投资前景工作表的主要目的是帮助投资者辨别未来的短期和长期金融市场状况是否更有利、不利还是或与近期每一类资产的状况相同。同样地，投资者试图辨别投资前景中的主要趋势的强度和持续时间，以及这些趋势发生周期性循环的可能性。

整体投资前景是影响投资者资产配置的重要因素，这种影响不仅体现为时刻变化的金融市场环境下不同资产类别的潜在回报，而且反映了获取正的投资回报投资者所选择的投资方式。例如，在美国股市连续多年上涨的核心年份，许多投资者可能会选择持有追踪标准普尔 500 指数等市场平均价格走势的指数基金。另一方面，在股票绝对回报率大幅下降甚至为负的过渡时

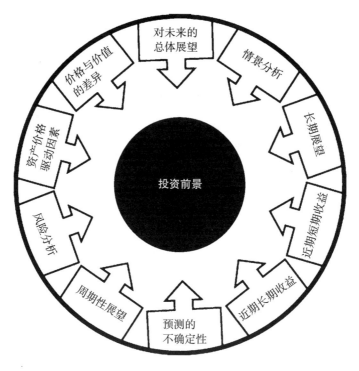

图9-7　影响资产配置的投资前景因素

期，持有美国股票的投资者可能会选择强调主动管理的行业选择和个股选择，而不是指数化投资方法。

表9-4展示的是一张投资前景工作表，包含22个与投资前景相关的问题，分为10个主要方面：（1）对未来的总体展望；（2）情景分析；（3）长期展望；（4）近期短期回报；（5）近期长期回报；（6）预测的不确定性；（7）周期性展望；（8）风险分析；（9）资产价格驱动因素；（10）价格与价值的差异。每一组问题后面都留有一段空白，供投资者简要作答，然后每个部分都提供了一些关于每个调查领域如何影响资产配置的一般性评论和观察。

表 9–4 投资前景工作表

**投资前景**

### 1. 对未来的总体展望

- 可能决定投资资产前景的主要影响因素是什么＿＿＿＿＿＿＿＿＿＿＿＿＿＿＿＿＿
＿＿＿＿＿＿＿＿＿＿＿＿＿＿＿＿＿＿＿＿＿＿＿＿＿＿＿＿＿＿＿＿＿＿＿＿＿＿＿

- 这些影响因素的绝对优势和相对优势是什么＿＿＿＿＿＿＿＿＿＿＿＿＿＿＿＿＿
＿＿＿＿＿＿＿＿＿＿＿＿＿＿＿＿＿＿＿＿＿＿＿＿＿＿＿＿＿＿＿＿＿＿＿＿＿＿＿

- 这些影响因素在何时、以何种方式影响主要的资产类别＿＿＿＿＿＿＿＿＿＿＿＿
＿＿＿＿＿＿＿＿＿＿＿＿＿＿＿＿＿＿＿＿＿＿＿＿＿＿＿＿＿＿＿＿＿＿＿＿＿＿＿

**评论**

投资者应该记住，投资前景不会随时间的推移而保持不变。投资范围中的某些因素可能会表现出较大程度的波动，其他因素的变化可能较为缓慢，甚至不易被察觉，尽管它们的影响并不小。尽管许多资产配置模型使用固定的平均回报率、通货膨胀率、标准差和其他变量，但在实践中，随着时间的推移，这些参数中的一些或全部可能会发生变化，有时是显著的变化。影响投资资产的重要基本面因素包括：（1）货币政策，包括货币供应量增长、利率和汇率目标、金融机构法定准备金水平和保证金要求；（2）财政政策，包括税收和政府支出的形式和金额；（3）经济前景，包括国内和世界其他经济体和地区的消费者、企业、政府和国际社会对商品和服务的可能需求模式；（4）一般价格水平以及劳动力、食品、原材料、能源等特定领域的通货膨胀、反通货膨胀或通货紧缩变化；（5）利率和货币趋势；（6）地缘政治、气象、社会、公民、人口、监管、技术和环境趋势。影响投资资产估值的重要因素包括：（1）股息回报率和利率；（2）波动率水平和风险溢价相对于所谓的无风险回报率；（3）盈利水平和增长率。影响投资资产的心理、技术和流动性因素包括：（1）消费者、企业和投资者的信心水平；（2）资本市场的供求状况；（3）国内和国际投资组合和直接投资流动；（4）波动率和价格 – 成交量模式和条件；（5）反复发生的事件，如选举和气候变化，以及意想不到的事件，如军事行动、流行病、恐怖主义行为或积极的外交突破

### 2. 情景分析

- 投资者资本的最终用途是什么＿＿＿＿＿＿＿＿＿＿＿＿＿＿＿＿＿＿＿＿＿＿＿
＿＿＿＿＿＿＿＿＿＿＿＿＿＿＿＿＿＿＿＿＿＿＿＿＿＿＿＿＿＿＿＿＿＿＿＿＿＿＿

- 投资者支出的时间和金额是如何安排的＿＿＿＿＿＿＿＿＿＿＿＿＿＿＿＿＿＿＿
＿＿＿＿＿＿＿＿＿＿＿＿＿＿＿＿＿＿＿＿＿＿＿＿＿＿＿＿＿＿＿＿＿＿＿＿＿＿＿

- 投资者对其资本的预期用途是否需要优先考虑＿＿＿＿＿＿＿＿＿＿＿＿＿＿＿＿
＿＿＿＿＿＿＿＿＿＿＿＿＿＿＿＿＿＿＿＿＿＿＿＿＿＿＿＿＿＿＿＿＿＿＿＿＿＿＿

**评论**

情景分析是评估投资前景的一个非常有价值的工具。在这样的过程中，投资者提出了一个可管理的情景数量（可能是 3~6 个，也可能多达 10 个），从有利的情景到不利的情景都包括在内。列出可能产生上述每种情景的基本面、估值和心理 / 技术 / 流动性条件也很有用。最后，情景分析的一个重要部分是为每个设计的情景赋予一个百分比概率。这绝不是一项微不足道的练习，通常需要耐心、坚持、反思、洞察力、逻辑、判断，似乎还需要投资的第六感或第七感

续前表

### 3. 长期展望

- 影响资产表现的长期条件在未来是否可能会改善或恶化_____
- 这些长期影响因素可能会持续多久，可能会出现哪些新的影响因素来巩固、增
  强或取代它们_____

评论

许多较为成功的资产配置和投资策略决策都利用了长期存在的人口、经济、政治、结构和技术变革。因此，投资者可能已经决定大幅增加对某些资产类别的投资，同时减少对其他资产类别的投资。例如，从高度概括的角度来看，20 世纪 50 年代和 90 年代是投资股票和类股票资产的有利时期，而 30 年代和 70 年代则是投资股票和类股票资产的不利时期。一些投资者能够预见这些时期，或者在这些时期开始后不久就认识到它们，从而在较长的时期内从中获利。然而，许多其他投资者意识到，他们不太可能以持久的准确性发现并利用这些长期变化。因此，这些投资者的目标是通过避免对单个资产类别，甚至在一个资产类别内，对特定期限、期限或信用类别（固定收益证券）或特定市值或成长 / 价值类别（股票）做出极端或教条的承诺，来实现投资表现的一致性。长期来看，投资者应该警惕转型期，在这一时期，某一特定资产类别的回报会转向新的水平。这种转变应该会导致投资者在新的时间框架内看待、利用和投资资产的方式发生有意义的变化

### 4. 近期短期回报

- 投资的资产和特定的资产类别的近期短期回报模式是怎样的？这些回报与历史平均水平相比是高还是低_____
- 哪些因素会导致这种回报持续发生、中止或逆转_____

评论

对特定资产类别的最近 1 年、3 年、5 年和 10 年的回报率，必须给予适当的重视，这一点非常重要。近期的高、中、低水平的投资回报率并不意味着这些回报率将继续保持不变，或者转到新的方向。研究近期短期回报模式的主要价值在于将其置于以下某种背景中：（1）整体的周期性和长期性前景；（2）相应回报的历史平均值。例如，如果私募股权和风险资本资产类别最近的 1 年、3 年、5 年和 10 年回报率非常高，那么在历史回报率下降的前 5% 中，此类信息应提高投资者对此类回报在可预见的未来持续保持下去的必要条件和可能性的认识

### 5. 近期长期回报

- 投资的资产和特定的资产类别的近期长期回报模式是怎样的？这些回报与最近的历史平均水平相比是高还是低_____
- 哪些因素会导致这种回报持续发生、中止或逆转_____

评论

分析最近 10 年、20 年和 30 年的回报可以帮助投资者评估某些资产配置的长期表现，但不确定这种表现是否可以重复。对投资者而言，这种分析的挑战和机遇在于这一过程可能引发质疑和反思。在 20 世纪 80 年代和 90 年代的几十年间，美国大盘股的长期回报率从 10% ~ 11% 上升到 13% ~ 14%。了解这种长期回报上升的真正影响应该会激励投资者思考这种业绩变化的原因，包括通货膨胀率和利率下降、全球化、技术进步和生产力、企业盈利能力的扩大、税率的降低、有利的退休环境和投资资金流入，以及这些情况在未来是否会持续或逆转，以及持续或逆转的程度

续前表

### 6. 预测的不确定性

- 预测影响投资的关键变量有多困难_____
- 投资者在预测中出现重大错误可能导致什么后果_____

评论

谨慎的做法是定期评估每个主要资产类别的预期前景所依据的假设。与此同时，重要的是要考虑主流的共识观点，注意不要纯粹为了反对而持相反的观点，也不要根据自己的是非曲直来权衡这种相反的观点。作为这个过程的一部分，应该问一问：（1）共识观点是否已经反映在资产价格中；（2）什么情况会让这种共识观点变得不准确；（3）相对于共识观点而言，意外的大幅上涨或下跌的影响是什么。虽然投资业绩和金融市场表现在任何时候都不取决于未来的可预测性或不可预测性的程度，但混乱或投资者不确定性加剧的时期可能提供大量机会和风险。在评估给定的预测时，投资者应检查实际结果是否更有可能高于或低于预期。不应让长期的高度可预测的结果诱使投资者对未来产生虚假的自信。一些有利的经济和/或投资趋势可能会持续很长一段时间，而其他投资趋势可能突然发生转变，可能形成一个新的方向，或者仅仅是暂时的逆转。出于错误原因而做对的投资后果与出于正确原因而做错的投资后果，这两者之间的区别是什么，值得经常权衡和反思。

### 7. 周期性展望

- 影响资产表现的周期性条件在未来会改善还是恶化_____
- 这些周期性影响可能会持续多长时间，抵消这些影响的因素需要多长时间才能形成并且扭转原先因素的影响_____

评论

由于人的本性、人类行为和市场的内在规律，许多力量都会减弱、抑制或者扭转它们看似无法阻挡的向上或向下的趋势。在自由度较高的市场中，高价格往往会抑制需求并增加供应，而低价格往往会刺激需求并减少供应。成功的资产配置和投资策略的一个组成部分是认识到许多趋势不会永远不间断地持续下去，而是呈现出有规律或无规律的上涨、下跌或者持平状态。尽管预测投资前景周期性变化的开始通常相当困难，但这种困难不应阻止投资者定期质疑原因、影响、模式和趋势的持续时间、规模和可能的重复（或消失）

### 8. 风险分析

- 投资前景面临的主要风险是什么_____
- 这些风险如何被监测到_____

评论

投资前景中的风险有多种形式。从基本面来看，投资前景可能会受到以下因素的负面影响：（1）对现有秩序的外部冲击，通常会对经济或金融系统造成冲击，例如，必需品（如石油）的价格突然变化；（2）破坏经济平稳运行的内部不平衡状态，例如，信贷危机爆发，导致贷款不能发放或偿还；（3）政府的行政、立法或司法部门的重大决策失误，例如限制性的保护关税，或中央银行货币供给的过度扩张或紧缩。从估值的角度来看，当估值水平急剧收缩时，可能会出现投资风险。虽然这种收缩可能会在资产估值处于较高水平时发生，但当有关资产类别的交易处于适中或较低的估值水平时，估值收缩也可能发生。从心理/技术/流动性的角度

续前表

来看，在以下情况下可能会出现投资风险：（1）投资者、企业、消费者或国际社
会的信心下降；（2）供需关系和价格/数量关系在资产市场显示出不利的趋势；
（3）流向资产市场的参与者、投资中介机构和交易市场的流动性受到限制或完全
中断。监测投资前景中的风险需要有纪律地、持续地、全面地和明智地收集和权
衡可以破坏资产市场和价格稳定的显性和隐性力量

### 9. 资产价格驱动因素

- 对于给定的资产类别及子类别，其主要的价格驱动因素是什么＿＿＿＿＿＿
- 这些驱动因素是如何关联和运行的，哪些因素可能会加强或削弱它们的影响？
＿＿＿＿＿＿＿＿＿＿＿＿＿＿＿＿＿＿＿＿＿＿＿＿＿＿＿＿＿＿＿＿＿

评论
通过对给定资产类别和资产子类别的价格驱动因素进行思考、列举和分类，投资
者可以更好地判断产生不同投资结果的真实原因。例如，影响高收益债券价格的
主要因素有：（1）整体经济或者需要通过高收益债券融资的主要行业的货币和信
贷状况；（2）相互竞争的资产类别的回报和价格；（3）高收益债券主要投资群体
的资金的流入流出情况；（4）做市商的流动性状况、市场参与者的避险策略以及
公募和私募高收益债券的供应量。通过对资产价格驱动因素的相互关联和运作方
式的系统和深思熟虑的回顾，以及对随着时间推移哪些因素可能会增加或削弱这
些资产价格驱动因素的影响的思考，投资者可以大大发挥和利用这些知识的价值

### 10. 价格与价值的差异

- 对于给定的资产类别，其价格和价值的差异程度有多大＿＿＿＿＿＿＿＿＿
- 这种差异的趋势是怎样的＿＿＿＿＿＿＿＿＿＿＿＿＿＿＿＿＿＿＿＿＿＿
评论
从本质上讲，大多数投资活动的功能和目的是确定资产价格与其真实价值之间的
正确关系。通常，人们会围绕资产的真实价值展开激烈的辩论，引用各种理论模
型来支持任何一方的论点，辩论的激烈程度与所感知到的分歧程度成正比。不同
资产类别或不同时间的价格和价值差异并不一致，持续的时间当然也不一致。在
不同的时期，一项资产的价格可能远远高于其真实价值，近似等于其真实价值，
或大大低于其真实价值。通过持续努力对资产价值和价格给予至少同样多的关注，
投资者可以增加他或她在理解投资前景，从而在资产配置和投资策略方面成功的
机会

## 投资范围工作表

可供投资者选择的、合适的投资选项——投资范围，会对资产配置工作
产生深远的影响。图9-8总结了投资范围工作表中的10个重要方面，与下
面工作表中的顺序一样，按顺时针方向排列，从12点的位置开始。

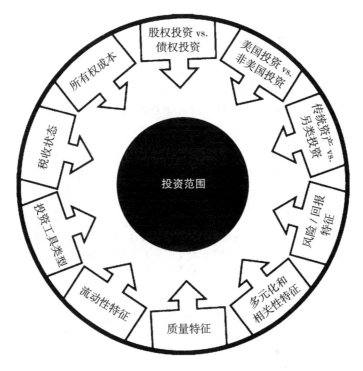

图 9-8　影响资产配置的投资范围因素

表 9-5 中的投资范围工作表旨在帮助投资者批判性地评估所考虑的投资特征是否符合投资者的目标和需求，以及预期投资前景中的各种紧急情况。投资范围工作表讨论了资产配置中的三个基本决策：股票与债券；美国投资与非美国投资；传统工具和另类工具。

表 9-5 包含了 20 个与投资范围相关的问题，分为 10 个方面：（1）股权投资与债权投资；（2）美国投资与非美国投资；（3）传统资产与另类投资；（4）风险 / 回报特征；（5）多元化和相关性特征；（6）质量特征；（7）流动性特征；（8）投资工具类型；（9）税收状态；（10）所有权成本。每一组问题后面都有空间让投资者草草记下答案，然后每个部分都提供一些一般性评论和观察，讨论每个调查领域可能会如何影响投资者的资产配置。

表 9–5                                    投资范围工作表

### 1. 股权投资与债权投资

- 投资者对短期和中期名义资本保护的期望程度（例如，较低的预期价格波动程度）与其对中长期购买力保护的期望程度如何比较_____
- 投资者是更愿意成为债权人（即作为贷方，或作为债务证券的购买者）还是所有者（即在固定收益证券持有人的权利已得到满足之后，享受剩余权益和利润的分配）_____

评论

在股权投资与债权投资之间进行选择是资产配置和投资策略过程中最基本的决策之一。正如第6章所讨论的，这些资产类别中的每一个都涉及特殊的优势、劣势、潜在的价格上涨或下跌走势以及各自的分析技术。每个资产大类在不同的经济环境下表现也不一样，从高增长到适度增长，到零增长，到适度回撤，再到严重紧缩。同时，股权投资与债权投资在恶性通货膨胀、高通货膨胀、温和通货膨胀、温和通货紧缩、严重通货紧缩期间的表现可能相似，也可能不同。一个非常流行的观点认为，股权和类似股权的投资在经济和利润增长期间表现最好，因此，它们为投资者（实际上是企业主）提供购买力保护，因为他或她能够随着经济的发展，随着收入和利润的增加，获得资本价值，从而使得收益增加。相反，人们普遍认为，由于本金和利息偿还的金额和预定时间通常固定，债权投资更有可能（但不总是）提供某种程度的名义价格保护，即使在经济收缩时期也是如此——如果利率没有显著上升，如果息票支付足够高，和/或如果债务工具的最终期限不太长，那么这种保障作用更明显。与任何关于股权和债权资产类别的一般观点类似，这些看法中有些确实与现实相符合，但也有非常多的例外情况，投资者在配置资产时也应该仔细考虑。一些股权产品，尤其是收益主要由预期股息或可转换债券息票支付组成的证券，可能会表现出类似债权的价格行为。同样，一些债权投资，特别是票面利率非常低和/或质量评级低可能导致资本价值大幅波动的债权产品，可能会像股票一样有效地涨跌。总之，在经济的长短期周期的不同时期，在价格水平变化的不同时期，根据投资者自身的具体情况，其资产配置可能更偏重股权而非债权投资，反之亦然

### 2. 美国投资与非美国投资

- 投资者投资于非本国的地区、国家、公司、债券发行人、行业部门以及货币的意愿程度，以及对该类投资有利和不利方面的理解程度_____
- 与美国资产的表现相比，投资者投资组合中的非美国资产的表现有何相似或不同_____

评论

投资者将资产投资在美国与非美国股票、债券、另类投资或现金的比例多少取决于几个因素，包括：（1）投资者自己对非国内投资的适应程度和经验；（2）从资本增长、资本保值和收入的角度来看，外国投资相对于国内投资的吸引力；（3）投资组合中非美国投资的存在是否可以现实地、有意义地和积极地改变投资组合的整体风险/回报状态。在某些情况下，非美国投资的表现可能与美国投资表现基本相同。在其他环境中，非美国投资可能会提供独特且无法获得的经济、信贷和货币风险状态，从而显著地增强特定资产配置的上涨潜力和/或下跌保护。投资者应考虑：（1）收集非美国投资信息的成本；（2）与非美国投资相关的潜在政治和/或货币风险；（3）金融和经济数据的准确性、可靠性和跨国可比性；（4）与非

投资前景

续前表

| 投资前景 | |
|---|---|
| | 美国资产交易执行、头寸报告和托管相关的费用；(5)可供投资选择的非美国资产品种的相对完整性。在世界走向更高层次一体化的时代，在境外进行投资往往更容易，而这种活动可能使投资者获得与国内不同的回报模式。与此同时，投资者应该牢记与境外投资相关的相当丰富的历史经验、成功、风险和不足之处 |
| | **3. 传统资产与另类投资** |
| | • 另类投资与传统资产如股票、债券和现金相比有以下特点：较高的最低投资额限制；评估价值和收益的时间框架和/或步骤不同；较高的年管理费和/或业绩费；多季度或多年度的最低持有（锁定）期。为了追求高水平投资、不同的回报模式和不同的回报率，投资者将资金投入另类投资的意愿有多强？_____ |
| | • 当传统的公开交易产品不能产生有吸引力的回报时，另类投资通过维持或提升投资组合的回报状况来为投资组合提供真正的多元化回报的可能性有多大____ |
| | 评论 |
| | 从20世纪80年代和90年代开始，各种规模和类型、离岸、合伙和独立账户形式以及各种投资风格的另类投资产品越来越多地供合格投资者选择。私人投资范围包括：(1)不动产投资，包括林地、石油和天然气；(2)直接以不动产投资信托（REIT）形式进行的不动产投资；(3)大宗商品，包括黄金和其他贵金属、商品期货和商品交易顾问（CTA），通常只做多或做多/做空；(4)套利驱动策略，一般集中在风险套利、可转换证券套利、资本结构和配对股票套利领域；(5)风险投资；(6)杠杆收购投资；(7)绝对回报、市场中性或相对价值策略，涉及各种形式的对冲、多头/空头技术和指数套利；(8)问题证券、破产投资和重组活动；(9)对冲基金，其中一些可能从事各种套利、基于行业、宏观导向或其他策略中的一种或多种；(10)母基金，它们是一组单独的基金，通常参与另类投资范围内的一些或几个领域。一般来说，另类投资往往会吸引投资者的注意力和部分资产配置，因为它们的回报有吸引力，其回报与传统资产类别的相关性比较低，还可能有机会与技术高超的投资经理共同投资，并充分利用他们的专业知识。在另类投资有利的时期，投资者有时会忽略与该资产类别相关的许多缺点，包括：(1)较高的最低投资门槛和较长的最低锁定期；(2)与估值方法、方法透明度、利益冲突、投资集中度和流动性以及管理人投资监控和风险控制系统的稳健性有关的内部资产管理问题；(3)高收费结构；(4)在某些情况下，高换手率和/或回报的高额税率。在考虑另类投资资产类别时，投资者最好对资产管理者的投资过程、杠杆和衍生品投资（如适用）的使用以及不利金融市场条件下的过去和预期未来表现进行彻底的尽职调查 |
| | **4. 风险/回报特征** |
| | • 备选资产的风险/回报情况如何？这种状态会维持多久_____ |
| | • 在有利的和不利的市场环境下，备选资产的存在或缺失将如何影响整个投资组合的整体实力_____ |
| | 评论 |
| | 在股票、债券或另类投资等主要资产类别的牛市期间，投资者过度关注相关资产的回报特征，同时淡化或完全忽略其相关风险特征，这是人的天性。投资者的风险厌恶程度越高，投资市场就越有可能经历波动，投资者就越应该高频次地分析 |

续前表

| | | |
|---|---|---|
| 投资前景 | | 投资的潜在风险，评估资本减值或损失的情况、概率和后果。在以尽可能务实的方式探索资产的风险／回报情况时，投资者应特别注意和审查使用了哪些风险度量指标，例如波动率、标准差、先前市场熊市周期中的最大回撤（损失）和其他有用的方法。同样地，对投资上涨前景的预测应牢固地建立在合理的方法论和现实的、明确陈述的假设之上。投资者应不断提醒自己，对投资未来风险／回报状况的预测只是估计，因此会随着现实和环境的变化而变化。投资组合中资产的存在与否会以多种方式影响投资组合的整体表现。当投资组合中大部分资产的价格都在下跌时，那些价值保持不变，甚至还在增值的资产可能会给投资者带来必要的信心和镇定，能够帮助投资者要么维持投资组合，要么重新平衡调整资产配置。有时，某一种资产或一组资产的价格大幅下跌，即使它们只是整个投资组合中的一小部分，也能有效地震惊到投资者，阻止他或她调整投资组合，无论现实是多么迫切地需要这些调整。另一方面，持有一种价格表现非凡的资产类别，可能为投资者提供心理上和实际上的机会，在审慎的情况下将资金重新配置到其他资产类别 |

### 5. 多元化和相关性特征

- 备选资产在一个适度分散（或集中）的投资组合中会有作用吗＿＿＿＿＿＿＿
- 备选资产与投资组合中其他主要资产的回报相关程度，以及造成这种相关度随时间变化的因素是什么＿＿＿＿＿＿＿＿＿＿＿＿＿＿＿＿＿＿＿＿＿＿＿＿＿

评论

在过去50年里，投资理论的一项重要突破是认识到，投资组合多元化的分散效果并不是来自投资或资产类别的数量，而是来自投资组合中主要资产类别回报之间的相关关系。根据投资者的概况和投资前景，每个投资者通常不希望其投资组合的多元化（或集中）程度是一样的。因此，每项资产不仅需要根据其自身的优点进行评估，还需要根据其回报和风险特征如何加强、抵销或削弱所有其他资产的回报和风险特征进行评估。同样重要的是，还需要认真考虑选择投资风格和回报彼此相关性不高的资产管理者。大多数资产的回报相关性与其他资产的回报相关性随着时间的推移表现出一定程度的变化，受到各自资产对全球经济变迁、价格通胀和资本市场状况的独特和不断变化的反应的影响。当资产与投资组合中其他资产的相关性出现大幅上升时，资产的回报往往会朝着相同的方向前进。因此，整个投资组合往往会做出反应，就好像资产是集中的，而不是分散的。例如，在1987年初，就在最需要多元化投资的时候，中国香港股票回报与美国股票回报的相关性相对较低，相关系数为0.42。然而，在1987年10月美国股市严重下跌时，中国香港股票回报与美国股票回报表现出相当高的相关性，相关系数为0.91。以此为例，在糟糕的市场环境下，投资者无法像他们认为的那样充分利用多元化的好处

### 6. 质量特征

- 如何测度投资组合中每种资产的质量以及整体投资组合中每种资产的质量表现

_____

- 投资组合中每种资产质量可能的发展趋势以及总体投资市场评价如何反映不同资产的质量＿＿＿＿＿＿＿＿＿＿＿＿＿＿＿＿＿＿＿＿＿＿＿＿＿＿＿＿＿＿＿

续前表

| 投资前景 | 评论 |
| --- | --- |
| | 对于不同的资产类别,我们要用不同的方式测度其质量。对于固定收益证券和现金等价物,质量评级机构综合运用了资本结构分析、流动性和偿债覆盖率、特殊财务压力测试,以及在不断变化的市场环境下形成的各种定量和判断因素。在股票投资领域,质量衡量标准往往不那么标准化,应用也不那么广泛,因为股票投资者通常更关心资本增值机会,而不是发行人偿还债务的能力。然而,特别是在艰难的经济和/或金融市场环境下,股票资产质量问题可能变得至关重要。在这种环境下,公司的管理业绩和诚信、资产负债表实力、资本资源、收入和盈利的可预测性,以及优先股和普通股利覆盖率都在评估股票质量时被考虑在内,特别是在整体经济和金融市场条件不利的时期,还要将公司过去的经营和财务业绩考虑进来。对于另类投资中不同的子类别,质量基准往往不像其他资产类别那样具有结构性,应用频率也较低。在某种程度上,这是由于在另类投资领域的许多效率较低的子行业中,很难收集、应用和广泛传播资产质量数据。鉴于另类投资的专业性,以及该资产类别的投资者可能在很大程度上接触到一个人或一小群人的技能、判断、资产估值和质量评级能力,投资者同样重要的是要注意和识别质量考虑。一般而言,资产的质量特征可能是其资产类别特有的,对于许多资产来说,质量可能会改善或恶化,这取决于资产类别的外部和内部因素。通常,对质量特征的认识,加上意识到并非所有的投资方法都会在所有市场环境中成功,应该有助于投资者决定是否保留、增加或放弃资产类别、投资头寸或资产管理者。投资风格和资产质量特征往往在较长的周期中进行判断,而周期的长度和方向的变化尤其难以预测。在看涨的金融环境下,质量因素在一段时间内往往被忽视,或者肯定不是判断资产、确定投资策略和执行资产配置的首要因素。即使在这种情况下,谨慎的投资者也不会忽视资产质量的重要性,以帮助在不那么有利的投资市场环境到来时保持投资组合的价值 |
| | **7. 流动性特征** |
| | • 在正常的投资市场条件下,投资者在不显著影响其市场价格的情况下买卖特定资产的难易程度如何_____ <br> • 在不常见或异常的投资市场条件下,投资者能否在不显著影响其市场价格的情况下轻松地买卖特定资产_____ |
| | 评论 <br> 在决定资产配置或投资策略的大部分时间里,大多数投资者很少关注资产的流动性特征(即在不引发价格上涨或价格下跌的情况下买卖资产的难易程度)。这种对流动性因素的相对忽视源于:(1)相对于给定资产的正常交易量,任何一个投资者的买卖意向通常是可控的;(2)许多投资者长期买入并持有其投资组合中相当一部分资产;(3)低估了其他一些投资者可能同时决定购买或出售该投资者想要购买或出售同一资产的事实;(4)在很长一段时间内,流动性风险对投资者来说是不重要的,随后是短时间的低交易流动性,这再次在很长一段时间内通过合理的静止的流动性条件获得成功。如果投资者认为他或她可能不得不在短时间内处置某些资产和/或购买其他资产,或者流动性不足可能会扰乱正常的买卖流动,则应考虑如何进行此类活动或这种情况可能在过去影响了这些资产的价格,也可能在未来影响到这些资产的价格。对于大多数(如果不是全部)投资者来说,在市场动荡或陷入困境时,很难准确地量化资产的流动性特征。一些可能的流动性指 |

续前表

| | |
|---|---|
| 投资前景 | 标包括：（1）资产每日、每周、每月和每年交易量的总货币价值；（2）资产的可自由交易（也称为公共"流通量"）单位的总供应量；（3）资产的绝对价格；（4）可能影响资产供需平衡的集中、限制、期权、保证金或其他技术条件；（5）尤其重要的是，与正常时期资产买卖地点和方式相关的类型、惯例、成本、实践、访问方法、竞争市场和结算机制。许多资产在现金等价物市场、高等级和政府/政府相关债券市场的某些领域以及股票市场的许多大市值领域表现出合理的交易流动性。在金融危机时期，即使是这些资产也可能无法以有组织、价格连续的方式轻松买卖。一些资产类别和子行业的特点是流动性水平低或非常低，包括许多另类投资范围，以及小市值股票和部分免税、高收益和新兴市场股票和固定收益产品。在构建或评估投资组合时，或考虑对投资组合进行大量战术调整时，投资者应注意由于买卖的市场影响而可能产生的巨大交易成本。因此，在估算给定资产配置的可变现价值时，谨慎的做法可能是在报价中考虑适当的百分比折扣，以反映与每项资产相关的流动性水平 |
| | **8. 投资工具类型**<br><br>• 被考虑纳入投资者投资组合的每种资产类别的可用投资工具形式的优点和缺点都有哪些＿＿＿＿＿＿＿＿＿＿＿＿＿＿＿＿＿＿＿＿＿＿<br>• 投资者投资组合中各种投资工具的理想复杂程度是什么样的＿＿＿＿＿＿＿＿<br>＿＿＿＿＿＿＿＿＿＿＿＿＿＿＿＿＿＿＿＿＿＿＿＿＿＿＿＿＿＿＿＿<br><br>评论<br><br>投资工具的形式是指投资者拥有特定资产的方式，或该资产如何打包并提供给投资者。许多投资有多种形式，而有一些投资只有一种形式或非常有限的形式选择。工具形式涵盖从资产的直接或受益所有权到结构性证券（结合了多种证券类型的元素，例如债券加上追踪特定行业的指数工具，例如医药股）、独立账户管理、诸如投资合伙企业的集合式投资工具、开放式和封闭式共同基金、保险产品、由多个资产管理者、信托、年金、外汇基金、单位投资信托、指数基金和交易所交易基金（ETFs）共同组成的打包产品。还有各种各样的母基金，包括投资于另类投资资产类别中的私人合伙企业的母基金，以及投资于其他基金混合的所谓资产配置或生活方式基金，目的是实现特定的投资组合或投资目标。在20世纪80年代后期和整个90年代，许多广受关注的指数（例如英国的FTSE100指数和美国的标准普尔500指数）中的成分股修改和替代的频率明显加快，导致越来越多的以股票为导向的投资者转向低成本指数追踪基金，以此来获得指数的平均收益。对于多个资产类别，投资者可能被迫以一种或有限数量的工具形式持有资产。对于许多其他资产类别，以何种形式拥有资产的决定将受到以下问题的影响：（1）成本，包括资产管理、托管、监控和报告费用；（2）获得投资或其资产管理者的潜在途径；（3）可分割性和买卖全部或部分投资的效率；（4）流动性；（5）开展保证金交易或借款交易的可能性；（6）税收；（7）可能的多层收费（在母基金等工具中）；（8）风险分担。实际上，投资者投资组合里的工具类型取决于资产特征与投资者对各种工具的厌恶和偏好程度 |
| | **9. 税收状态**<br><br>• 对于备选的资产和投资工具，其现在和未来的税收状态如何＿＿＿＿＿＿＿＿＿<br>• 这些备选的资产和投资工具的税收状态是否会影响投资者的整体税收状态＿＿＿＿<br>＿＿＿＿＿＿＿＿＿＿＿＿＿＿＿＿＿＿＿＿＿＿＿＿＿＿＿＿＿＿＿＿ |

续前表

<table>
<tr><td rowspan="4">投资前景</td><td>评论<br>为了在投资和资产配置方面取得成功，投资者需要特别注意所有潜在的税收形式，从而关注税后的投资回报。通过这样做，投资者可以评估给定资产或工具形式对投资者及其投资组合的整体税收状态的可能影响。一些投资和投资工具是免税或部分征税、税收优惠或延期税收的。其他的投资和投资工具可能已经发生了税收上的变化，在相关税收立法颁布后失去了特定的税收优惠。决定资产最终纳税水平的因素包括：（1）提交纳税申报表的资产所有人的公司、S型公司、合伙企业或个人分类；（2）投资者的纳税地点；（3）资产本身在境内、境外或在特定的州、地方或其他指定的税务管辖区内注册或纳税；（4）替代性最低税（AMT）或非法人营业税（UBT）。正确处理税法的限制和细微差别除了需要技巧、经验，通常还需要高度的耐心。投资者应向合格的税务顾问咨询有关税务事宜的建议和指导</td></tr>
<tr><td>10. 所有权成本</td></tr>
<tr><td>• 投资者持有特定资产的初始成本和后续成本有哪些＿＿＿＿＿＿＿＿＿＿<br><br>• 投资者是否考虑了持有资产的显性成本和隐性成本＿＿＿＿＿＿＿＿＿＿</td></tr>
<tr><td>评论<br>随着时间的推移，拥有资产的成本对投资者实现的复合回报有着直接的影响。这些费用包括佣金、前端和后端销售费用、赎回费和罚款、12b–1和其他营销支出补偿费、资产管理费、绩效费、包装费、信托和咨询费、行政费、托管费、结算费、过户费，以及不可忽视的记录保存费和报税费。这些费用有的可以免税，有的不能。其中一些费用是一次性的，有些可能是基于活动的，或者可能随着时间的推移而重复发生。有些费用是固定的，而其他一些费用可能会随着一般价格水平和／或投资组合价值的变化而变化。对于投资者来说，收集与其投资组合相关的所有费用的完整账目，然后计算这些费用对投资组合预期投资收益的影响是非常重要的。在许多情况下，与某些类型的资产和／或工具形式相关的费用会大大降低投资组合的有效年回报率，并在此过程中大大降低投资组合的最终复合价值</td></tr>
</table>

## 风险规避矩阵

在整个资产配置过程中，投资者需要客观且全面地评价：（1）投资者自身的风险承受能力（利用表9–3中的问题4）；（2）金融市场中可能的风险因素（利用表9–4中的问题8）；（3）特定资产类别和证券的风险／回报特征（利用表9–5中的问题4）。通过这种方式，投资者可以将他们的注意力持续集中于风险分配、风险监测和风险管理等重要目标。

为了帮助投资者评估和跟踪资产配置中经常遇到的许多风险，表9–6给出了一个风险规避矩阵。

表 9–6 中的风险规避矩阵描述了投资者特有的五种风险（与表 9–3 相关）：（1）购买力风险；（2）支出不足风险；（3）对冲风险；（4）税收风险；（5）信心受挫风险。此外，风险规避矩阵描述了五种与市场前景相关的风险（与表 9–4 相关）：（1）资本损失风险；（2）波动性风险；（3）流动性风险；（4）相关性风险；（5）系统性风险。最后，风险规避矩阵描述了五种与资产相关的风险（与表 9–5 相关）：（1）再投资风险；（2）信用风险；（3）事件风险；（4）提前偿付风险；（5）货币风险。

表 9–6 简要描述了每种风险以及投资者减轻或规避该风险的代表性方法。该图右侧部分的方框为投资者提供了空间来说明风险可减轻的程度，以及他们认为自己有效减轻了所描述的特定风险的程度。出于这一目的，投资者可以用数字 1、2、3 来描述风险缓解的等级，其中 1 表示风险可高度缓解和 / 或已高度缓解，3 表示风险不太可能缓解和 / 或已经没有被减轻到任何有意义的程度。如果投资者认为可以更精细地评估这些因素，他们不妨改为使用 1~5 甚至 1~10 的数量范围。

表 9–6 所示的风险规避矩阵的主要目的是：（1）提醒投资者风险的多样性；（2）帮助他们认识到不同类型风险之间的相互作用；（3）使他们对多重风险共同作用的潜在影响敏感。表 9–5 中的关于风险的内容并不完整，风险类型和降低风险的代表性方法也并不全面，这里只是为投资者提供一般性的指导。一些投资者可能希望在表 9–6 中描述的风险类别中添加风险类别，考虑到杠杆风险等因素，这类风险与投资者借钱为其投资组合中的部分资产融资时产生的不同风险范围有关。

根据现代投资组合理论，资产配置的首要目标之一是通过多元化投资将不可消除的系统性风险降至最低。借助表 9–6，投资者可以通过区分和应对以下风险来识别并努力降低风险：（1）可预测且可控的风险；（2）可预测但不可控的风险；（3）不可预测但可控的风险；（4）不可预测且不可控的风险。

表 9–6 风险规避矩阵

| 风险类型 | 对风险的简要描述 | 规避风险的代表性方法 | 风险可被规避的程度 | 风险已被规避的程度 |
|---|---|---|---|---|
| **与投资者相关的风险** | | | | |
| 购买力风险 | 与商品和服务的总体价格水平变化相比，投资收益表现较差 | 重点投资可以跑赢通胀的证券，如某些类型的股票或通胀指数债券 | ☐ | ☐ |
| 支出不足风险 | 可用资本和年收入不足以满足投资者的需求 | 认真监测和调整与投资组合和资本市场业绩表现相关的支出规则 | ☐ | ☐ |
| 对冲风险 | 用于对冲投资组合的策略被证明是无效的或产生了相反的结果 | 在识别、应用和持续监控对冲行动时要谨慎 | ☐ | ☐ |
| 税收风险 | 由于法律或操纵投资组合引发的行为增加了投资者的税收 | 定期向合格的税务顾问咨询 | ☐ | ☐ |
| 信心受挫风险 | 投资者对自己的投资能力和／或投资资产的信心有所下降 | 明智地减少或暂停资本市场投资活动；使用可信赖的外部资源 | ☐ | ☐ |
| **与市场前景相关的风险** | | | | |
| 资本损失风险 | 由于价格、利率或估值方法的变化而造成的已实现的或未实现的损失 | 采取抵消不利价格走势的对冲策略，如卖空和使用看跌期权、看涨期权、期货和其他工具 | ☐ | ☐ |
| 波动性风险 | 比平常更宽幅和更频繁的资产价格波动 | 资产多元化和／或纳入价格波动程度较低的资产 | ☐ | ☐ |
| 流动性风险 | 在不造成不利价格影响的情况下进行买卖很困难 | 在建立投资头寸规模时，关注交易量和最坏的流动性情景 | ☐ | ☐ |
| 相关性风险 | 那些价格变动旨在相互抵销的资产，实际上是朝着同一方向移动的 | 对过去相关变化的原因进行彻底审查，并对未来此类事件进行现实评估 | ☐ | ☐ |

续前表

| 风险类型 | 对风险的简要描述 | 规避风险的代表性方法 | 风险可被规避的程度 | 风险已被规避的程度 |
|---|---|---|---|---|
| 系统性风险 | 价格机制中的一个或几个组成部分（交易、借贷或结算机制）在一段时间内停止正常运作 | 交易对手财务健康状况分析；尽可能建立替代来源；制订应急和灾难恢复计划 | | |
| **资产特定风险** | | | | |
| 再投资风险 | 无法将股息再投资于股票，或以最初回报率水平将息票再投资于债券 | 考虑自动股息再投资计划和零票息债券结构安排 | | |
| 信用风险 | 评级机构或市场参与者对一项投资的财务实力的降级和/或恶化 | 审查利润表、现金流量表和资产负债表数据的质量和稳健性趋势；对财务状况疲软的早期预警迹象保持警觉 | | |
| 事件风险 | 因合并、借款、分拆、一次性大额发放股息或进行资产买卖等事件导致的投资财务状况突然变化 | 观察同一行业或类似行业的其他实体企业的行为；预先防范性地转向其他投资 | | |
| 提前偿付风险 | 通过债券可赎回性、期限收缩、提前偿还抵押贷款等方式提前收回全部或部分投资本金 | 选择不授予发行人提前偿还本金选择权的投资，如不可赎回债券 | | |
| 货币风险 | 由于对外投资的货币贬值而导致投资的国内货币价值下降 | 在适当的市场环境下应用具有成本效益的货币套期保值方案 | | |

# 译者后记

诺贝尔经济学奖得主克鲁格曼曾说过，经济学家唯一的样本是历史。对投资者来说，资产配置同样适用。经济学家从历史中发现了经济周期，而金融学家则从历史中发现了资产配置的周期，也就是我们常说的资产轮动。资产配置是投资过程中最重要的环节之一，也是决定投资组合业绩的主要因素。不管是对个人投资者，还是对专业的投资机构，做好资产配置工作是获得满意投资结果的前提条件。随着金融市场环境的不断变化，金融产品层出不穷，可供我们选择的品种也越来越多，而与之相伴的投资风险也越来越大。随着投资品从单一资产扩展到多资产类型，投资范围从国内市场扩展到国际市场，资产配置的内容也发生了改变，既包括在国内与国际资产之间的配置，也包括对汇率风险、信用风险、市场风险等各类风险状况的处理。于是，单一资产投资方案变得难以满足投资需求，资产配置的重要意义与作用逐渐凸显出来。完整可行且又灵活调整的资产配置方案可以帮助投资者降低单一资产的非系统性风险，从而更好地实现最初所设定的投资目标。

戴维·M.达斯特所著的这本《资产配置的艺术（第2版）》为投资者提供了一个全面而又新颖的视角，便于投资者对投资过程中的投资组合进行构建与调整。面对不断变化的资产价格和不断丰富的投资目标，投资者渴望了解投资知识，需要合理和务实的建议。《资产配置的艺术（第2版）》就是为了帮助个人投资者形成正确的配置思维而作。全书首先介绍了资产配置的重要性，然后分析了资产配置的工具和概念，并对资产配置的过程和资产配置的再平衡做了重点分析，最后，针对个人投资者的行为和资产类别的区别特征，用资产配置的矩阵和工作表来构建分析框架，寻求低风险、高回报的配置组合。

全书主要由浙大城市学院汪涛、郭宁和章国标翻译，浙大城市学院怀卡托大学联合学院金融专业的徐淑仪、徐嘉璐、宋小彤和苏欣怡也参与了部分章节的翻译，余安童、卢妍甄、汤琳媛和徐宁潞参与了资料的收集与整理工作。特别感谢浙大城市学院的何敏老师和卢吾老师在翻译过程中提供的专业性建议。感谢孙志勇和李康等所做的基础性工作。感谢白桂珍编辑为本书的编辑出版做了大量细致、具体的工作。全书最后由汪涛通读定稿。

资产配置活动不断迭代，各类资产名称和学术名词内涵丰富，我们在翻译的过程中尽可能兼顾翻译的学术性与通俗性，书中如有不当之处，恳请广大读者批评指正。


汪　涛

北京阅想时代文化发展有限责任公司为中国人民大学出版社有限公司下属的商业新知事业部，致力于经管类优秀出版物（外版书为主）的策划及出版，主要涉及经济管理、金融、投资理财、心理学、成功励志、生活等出版领域，下设"阅想·商业""阅想·财富""阅想·新知""阅想·心理""阅想·生活"以及"阅想·人文"等多条产品线，致力于为国内商业人士提供涵盖先进、前沿的管理理念和思想的专业类图书和趋势类图书，同时也为满足商业人士的内心诉求，打造一系列提倡心理和生活健康的心理学图书和生活管理类图书。

## 《价值投资：从格雷厄姆到巴菲特的头号投资法则》

- 格雷厄姆和多德价值投资理念传承者的扛鼎之作。
- 备受美国众多知名基金经理人和华尔街投资大牛推崇的、所有价值投资门徒的比读书。
- 当代最重要的投资宝典之一、堪与格雷厄姆的《证券分析》媲美。

## 《传承：世代家族的财富管理观》

- 服务全球上百家家族企业的咨询领域权威专家 倾力打造。
- 与超富裕家族打交道者、家族企业传承人必读佳作。
- 100 多个百年家族企业故事揭秘企业与家族跨代成功之路。
- 助力家族打破"富不过三代"的魔咒，实现持续繁荣与代代相传。

## 《巴菲特教你选择成长股》

- 价值投资追随者经典入门之作，清晰阐释巴菲特选股策略，跟着巴菲特学会找到好生意、好企业、好价格，将股王经验转化为直接可用的投资准则。

- 巴菲特推崇长期，甚至终生持有股票，而摒弃超短线操作。在他看来，市场先生短期是情绪异常、捉摸不定的。本书结合案例分析，使投资者更容易理解巴菲特的长期投资策略，并能够一步一步地跟随巴菲特的道路，在市场中找到便宜货。

## 《投资的心理护城河：影响投资决策的非技术性因素》

- 深刻剖析最常见的干扰投资决策的非技术性因素。

- 认清投资决策中易犯的心理学谬误，制定避免投资失败的最佳策略。

- 远离恐惧和贪婪，充分把握市场时机，为投资筑起强大的心理护城河。

## 《黄金投资新手入门》

- 金生利，利生金，一本书讲透黄金投资的基本常识。

- 手把手教你在投资风险充满不确定性的当下，利用黄金的避险特质让自己的资产保值增值。

**《聪明的期权投资者：期权交易中的价值投资策略》**

- 一本系统、有效学习期权投资策略、完善投资组合、改进投资结果的实战指南书。
- 清晰而系统地指出了一条通往长期财富的路径，让投资新手可以学到期权稳赚的万能解决方案。

**《马丁·普林格技术分析法（第2版）》**

- 美国股票技术分析师协会专业推荐。
- 全球顶尖技术分析大师马丁·普林格巅峰之作《技术分析》精华版。
- 证券交易员和技术分析师案头必备指南。

**《跟大师学指数投资》**

- 全球十位投资管理行业终身贡献奖获得者之一、全球备受尊敬的投资家为你梳理指数投资从无人问津到笑傲江湖的发展历程，用事实证明只有了解指数投资优越性的投资者才可能成为真正的投资赢家。
- 高瓴资本集团创始人、董事长兼首席执行官张磊，美国投资大师伯顿·马尔基尔（Burton G. Malkiel）作序推荐。